U0106973

三十年的演變與發展

轉型時期的香港經濟

馮邦彥　著

Hong Kong's Economy
in Transition

目錄

前言

屈指算來，筆者從事香港經濟研究，至今已有整整 30 年了。1985 年 5 月 27 日，中英兩國簽署的《聯合聲明》生效，香港正式進入回歸中國的過渡時期。1986 年 2 月 18 日，經國務院批准，香港東南經濟信息中心（Southeast Economic Information Center Limited）正式成立，由楊振漢先生出任公司副董事長兼總經理。1987 年 3 月，楊先生到廣州暨南大學特區港澳經濟研究所招聘研究員，筆者通過了面試。同年 9 月 15 日，筆者第一次來到香港，成為香港東南經濟信息中心的分析員，開始了對香港經濟的研究歷程。

這一時期，香港經濟正面臨前所未有的動盪：1983 年 3 月香港前途談判期間，老牌英資財團怡和集團宣佈遷冊海外，消息甫一傳出，仿佛在香港扔下了一顆炸彈；1987 年 10 月全球股災爆發，香港聯合交易所有限公司（簡稱 "聯交所"，通稱 "香港聯合交易所"）前所未有停市四天、香港期貨交易所瀕臨倒閉；1989 年 "六四" 事件引發香港中銀集團被大規模擠提；1990 年滙豐銀行宣佈結構重組、變相遷冊海外……這一系列驚心動魄的政治、經濟事件，成為筆者研究香港經濟的最佳材料。筆者追蹤這些事件展開研究，查閱了大量報刊、上市公司年報等資料，走訪香港經濟的各個重要部門及相關人士、學者，參與了各種研討會，對香港的瞭解、認識得到了前所未有的深化。

1992 年，筆者調任新華社香港分社研究室研究員，1993 年 7 月又調到香港特區籌委會預備工作委員會秘書處任經濟小組秘書。這一期間，筆者參與了特區籌委會預備工作委員會的大會、經濟專題會議及各種內部討論，走訪了霍英東、李嘉誠、羅康瑞、范徐麗泰、梁振英、方黃吉雯等香港知名人士，聆聽了他們對香港經濟及其發展前景的分析看法，從中得益匪淺。在香港工作期間，筆者對香港經濟各個方面都展開了研究，包括香港經濟的發展歷程、發展趨勢，香港金融、地產、製造業等各主要產業，香港經濟制度和經濟政策，香港的國際聯繫及與內地的聯繫等。當時，香港正步入回歸中國的敏感過渡時期，我們重點研究了香港的資本結構及其變動趨勢，亦研究了香港的英資、華資財團的投資發展策略。

1994 年筆者從香港調回暨南大學特區港澳經濟研究所，並先後擔任暨南大學特區港澳經濟研究所所長（2000—2007 年）和暨南大學經濟學院院長（2005—2008 年）。回到內地後筆者展開了對香港經濟的後續研究。從 2002 年到 2005 年，筆者先後不下十次到香港利豐集團進行調研，翻閱了利豐的全部資料（包括文獻、珍貴圖片甚至檔案），採訪了集團董事會主席馮國經博士、董事總經理馮國綸先生以及集團的幾乎所有高級管理人員、部分資深員工，參加了他們的地區經理會議，通過這種調研，筆者對香港經濟有了更微觀的認識。2007 年底，筆者應香港保險業聯會的邀請，前後用了約半年時間對香港保險業各相關機構和數十位資深從業前輩展開了大規模的調研。這些調研使筆者對香港金融業的一個分支行業 —— 保險業有了更為深刻的認識。

2003 年 6 月 30 日即內地與香港簽署 CEPA 的第二天，廣東省常務副省長鍾陽勝打電話給筆者，要求暨南大學特區港澳經濟所派幾位教授到他的辦公室。在辦公室，鍾省長向我們傳達了中央有關 CEPA 簽署的背景和精神，要求我們立即展開調研，分析 CEPA 實施可能對廣東的影響及相關對策。受鍾省長的委託，我們完成了研究報告 ——《CEPA 對廣東經濟的影響及對策研究》。這是廣東省第一份關於 CEPA 對廣東經濟影響分析與對策的研究報告。稍後，經廣東省政府批准，暨南大學特區港澳經濟研究所成為粵港高層聯席會議下設機構 ——"粵港發展策略研究小組" 粵方單位成員之一，乃該小組粵方唯一高校學術機構，其他單位成員包括省政府發展計劃委員會、省委政研市、省府發展研究中心等。在該小組工作期間，我們參與了粵方單位成員的內部討論及與港方成員單位中央政策小組的討論，為粵港高層聯席會議作準備。這一時期的經歷使筆者對粵港兩地的合作有了更深入的瞭解。

從香港回到內地後至今，筆者相繼撰寫出版了《香港英資財團（一八四一年至一九九六年）》（1996 年）、《香港華資財團（1841—1997）》（1997 年）、《香港地產業百年》（2001 年）、《香港金融業百年》（2002 年）、《香港產業結構研究》（2002年）、《百年利豐：從財團商號到現代跨國集團》（2006 年）、《厚生利群：香港保險史（一八四一至二零零八）》（2009 年）、《百年利豐：跨國集團亞洲再出發》（2011年）、《香港：打造全球性金融中心 —— 兼論構建大珠三角金融中心圈》（2012 年）、《香港企業併購經典》（2013 年）、《香港產業機構轉型》（2014 年）、《香港金融與貨幣制度》（2015 年）及《承先啟後：馮氏利豐邁向 110 週年 —— 一個跨國商貿企業的創新與超越》（2016 年）等著作。同時也繼續撰寫發表了一批相關論文。其中，《香港英資財團》和《香港華資財團》自出版後一直受到市場的關注，成為瞭解、研究香港經濟的重要參考書籍之一。在 2001 年香港國際圖書博覽會上，這兩本專著被三聯書店（香港）有限公司列入十大重點推介書。

光陰似箭，一轉眼，香港迎來回歸 20 週年。香港自進入過渡時期以來也已跨越了30 多年。為此，筆者計劃將過去 30 年來發表的（包括部分尚未發表的）有關香港經濟的論文結集成書，定名為《轉型時期的香港經濟》。全書共分四部分，分別從經濟政策與經濟轉型，財政、貨幣與金融，資本與財團及粵港合作與廣東珠三角地區的發展等四個方面，回顧香港過去 30 年來的演變和發展，並提出香港未來發展的一些方向和發展趨勢。本書的部分論文有所增刪，但筆者儘量保持它們原來的面貌。

第一篇《經濟政策與經濟轉型》共收錄了 11 篇論文，包括《香港在中國經濟現代化進程中的作用》《80 年代港英政府經濟政策趨向分析》《香港土地管理制度的基本特點及其利弊》《香港製造業發展路向與策略》《香港經濟的奇跡》《香港經濟結構的第二次轉型及其影響》和《香港產業結構第三次轉型：構建 "1+3" 產業體系》等，主要分析了過渡時期以來香港經濟政策的主要內涵及其轉變、香港產業結構轉型的基本趨勢及其存在問題。根據香港的比較優勢、資源稟賦和現有產業基礎，現階段香港產業結構轉型的基本趨勢，是邁向全球性國際金融中心，同時鞏固和提升其作為國際貿易及物流中心、國際旅遊中心和國際創新中心的戰略地位，構建 "1+3" 的產業體系，從而繼續保持和提高其在國際經濟中的競爭力。不過，鑒於香港存在不少令人憂慮的深層次問題，香港要成功實現第三次產業結構轉型，必須具備三個政策前提：第一，維持香港政治、經濟、社會的繁榮穩定，進一步改善投資營商環境；第二，特區政府和香港社會轉變 "積極不干預" 的思維方式，制定和實施 "適度有為" 的產業政策，積極推動經濟轉型；第三，深化與中國內地特別是廣東珠三角地區的經濟融合，重建香港在國際經濟中的戰略優勢。

第二篇《財政、貨幣與金融》共收錄了 9 篇論文，包括《港英政府理財哲學與財政政策的演變》《回歸以來香港特區政府財政政策分析》《 "九七" 前後香港經濟、金融面臨的挑戰與風險》《亞洲金融風暴衝擊港元聯繫匯率制》《港元聯繫匯率制度的運作機制及其利弊分析》和《香港作為國際金融中心的比較優勢、差距與戰略定位》等，主要研究了香港財政政策的演變、香港聯繫匯率制度面對的衝擊及其完善、香港金融業轉型發展以及香港國際金融中心鞏固提升等問題。我們認為，隨着中國經濟的崛起，香港有可能透過依託亞洲特別是中國內地經濟腹地，逐步發展成為與紐約、倫敦並駕齊驅的全球性國際金融中心。不過前提是，香港與其經濟腹地廣東珠三角地區充分利用中央授予的關於建立 "金融改革創新綜合試驗區" 的許可權，以及 CEPA 在廣東 "先行先試" 等制度安排，突破金融業合作的制度、體制、機制障礙，實現三地金融資源的自由流動，進而形成以香港為龍頭、以深圳和廣州為兩翼、以珠三角城市為支點的大珠三角金融中心圈。這一篇主要從金融業發展的角度，回應第一篇《香港經濟結構轉型》的一個重要方面和方向。

第三篇《資本與財團》共收錄了 8 篇論文，包括《論香港英資財團的歷史命運》《英資從巔峰滑落的歷史背景與原因》《香港華人家族企業的管理模式》《中資在香港經濟中的地位、角色及發展策略》《百年利豐：基業長青的經營管理之道》《從李嘉誠部署交班看華人家族企業的傳承》和《李嘉誠"長和系"的業務重組及其原因分析》等，主要分析過渡時期以來香港英資財團勢力的削弱及其歷史原因，中資在香港經濟中的地位、角色及發展策略，香港華資財團的企業經營管理模式的優勢及其存在問題，香港華人家族企業的傳承，以及香港主要華資財團的投資發展策略等問題。這一篇主要從資本與財團的層面，反映過渡時期以來香港經濟的發展演變。

第四篇《粵港合作與廣東珠三角地區的發展》共收錄了9篇論文，包括《珠江三角洲的崛起及其啟示》《CEPA 框架下粵港澳經濟一體化發展趨勢研究》《在 CEPA 框架下：深化粵港金融合作，將廣東建成金融強省》《CEPA 在廣東實施面臨的困境與策略性思考》《深化粵港金融合作，加快深穗區域金融中心發展》《新時期粵港澳金融合作的重點領域與策略》和《"一帶一路"戰略與粵港澳大灣區的構建》等論文，主要研究在國家改革開放方針下廣東珠三角地區的崛起，粵港經濟合作，特別是在 CEPA 框架下粵港經濟合作的發展趨勢、合作的重點領域及存在的主要問題，還有在國家"一帶一路"和自貿區戰略下粵港澳合作的新趨勢等。這一篇主要從香港與內地經濟合作的層面，研究過渡時期以來香港經濟的轉型和發展。在 2007 年撰寫的《CEPA 在廣東實施面對的困境與策略性思考》一文中，我們深入分析了 CEPA 實施面臨的困境，包括隨着 WTO 過渡期結束，CEPA 的優先性逐漸減弱；CEPA 開放的全面性與香港中小服務企業進入難度的矛盾，以及市場壁壘與兩地服務業市場發育程度的差異。為此，建議"根據 CEPA'先易後難，逐步推進'的原則，積極向中央爭取政策，使 CEPA 對香港的開放在廣東先行一步，或者說，以廣東為對香港生產性服務業進一步開放的實驗區"；"在 CEPA 框架下建立'廣東服務業開放試驗區'，可以針對香港生產性服務業的優勢，更進一步降低准入'門檻'或放寬限制，使更多的香港有競爭力的生產性服務企業進入廣東發展"。這些建議現在都成為了現實。

以上是本書的一個基本脈絡。本書能出版，要衷心感謝三聯書店（香港）有限公司的鼎力支持，尤其要感謝總編輯侯明女士和出版二部經理梁偉基博士的大力支持和積極協助，感謝責編的辛勤工作，沒有他們的專業精神和努力，本書實難順利出版。

誠然，由於筆者水平所限，書中可能有不少錯漏之處，懇請讀者批評、指正。

馮邦彥　謹識

CHAPTER 1.

經濟政策與
經濟轉型

香港在中國經濟現代化進程中的作用

【摘要】隨着中國對外開放的逐步展開,香港在中國特別是沿海地區的開放、改革和經濟發展中所起的作用日益重要。如何充分發揮香港的優勢和作用,已成為中國走向現代化進程中的一個重要研究課題。本文深入、全面地研究了在改革開放背景下,香港在中國經濟現代化過程中的兩個層面的作用:在對外經貿關係層面,香港逐步成為中國連結國際市場最重要的樞紐和橋樑,包括成為中國發展對外貿易最重要的轉口港,推動了沿海開放地區外向型經濟的發展,以及成為中國引進外資的重要渠道;在經濟體制改革層面,香港作為現代商品經濟高度發達和法制相對完備的社區,對中國特別是廣東以及沿海開放地區經濟體制改革的示範效應和催化作用逐漸顯著,包括隨着外資引進而產生的日益增長的市場經濟因素對原有傳統經濟模式的衝擊和滲透,以及香港對中國內地發展現代商品經濟的借鑒作用等兩個方面。本文最後提出要充分發揮香港的優勢及其在中國經濟現代化進程中的作用應注意的幾個問題,包括加強香港與內地經濟合作過程中的協調作用,進一步擴大雙方經濟合作的基礎;繼續保持香港經濟的國際性及其自由經濟體制的正常運轉;加強對香港經濟發展規律和運作機制的研究,推動沿海開放地區經濟體制的率先改革。

一、中國連結國際市場最重要的樞紐和橋樑

1979 年,中國決定在廣東實行"特殊改革、靈活措施",並在毗鄰港澳的深圳、珠海等地設立經濟特區後,香港與內地經濟關係進入全面發展的階段,香港實際上成了中國內地連結國際市場最重要的樞紐和橋樑。

1. 香港成為中國對外貿易發展中最重要的轉口港

50 年代初到 70 年代末,中國與國際社會的經濟交往受到阻隔,香港與內地經濟關係僅維持着一般商品貿易關係,而且主要表現在單向式的貿易往來,即內地向港輸出糧食及原料。即使在這段時期,香港仍是中國內地主要的出口市場和創匯來源地。

近十年來，兩地貿易關係發生了兩個顯著變化：（1）港產品輸入內地的貨值和在內地市場所佔比重大幅度增長。1978 年香港產品輸入內地貨值僅 0.8 億港元，到 1987 年已增至 278.7 億港元；香港產品在內地市場所佔比重已從 0.2% 上升到 14.3%，內地已成為香港產品的第二大出口市場。（2）轉口貿易大幅增長。1978 年內地經港轉口貿值僅 36.6 億港元，到 1987 年已增至 842.7 億港元；內地經港轉口貿值在內地輸港貿值中的比重亦由 34.5% 上升到 73.1%。同期，經港輸入中國內地的外國轉口貿值從 2.1 億港元增至 601.7 億港元。中國供應及吸納的轉口貿值在香港地區轉口貿值總額中所佔比重，已從 29.3% 上升到 79.0%。**01**

導致這些變化的主要原因：（1）近年來中國加快對外貿易的發展。由於中國內地出口產品多屬初級產品及中低檔製成品，在容量相對細小的香港市場漸趨飽和，除非在產品結構及品質上有所突破，否則難有大的作為；而隨着兩地經濟關係的發展，中國內地出口產品藉助香港的國際銷售管道和完善的通訊、運輸系統及金融服務系統進入國際市場的步伐則大大加快。據統計，1987 年中國內地出口總值中，約四分之一是經港轉口到其他國際市場的。**02**（2）香港製造業內移和廣東珠江三角洲大規模發展來料加工裝配業務，使傳統貿易方式出現突破性的發展，由單純的商品貿易形態向資本—技術貿易形態過渡，從港或經港輸入內地的設備、原材料和內地加工裝配產品經港轉口國外市場均大幅增加。據《恒生經濟月報》估計，過去幾年間香港轉口貿值中，每年平均約有兩成來自加工業務。**03**（3）內地透過香港的中介作用與台灣、韓國等的間接貿易急劇發展。據統計，1978—1987 年，內地與台灣經香港的轉口貿易額從 2.2 億港元增至 118.2 億港元，增長了 52.7 倍。**04** 上述情況表明，香港作為內地傳統出口創匯基礎的重要性已相對下降，而作為中國內地發展對外貿易的橋頭堡和中轉站的角色則大大增強。這對於現階段內地在開放之初資訊不靈、市場不明的情況下開拓國際市場，並建立自己的國際銷售網絡具有重大意義。

01′

華潤貿易諮詢有限公司編印：《香港經濟貿易統計彙編（1947—1987）》。

02′

根據《中國統計月報》1987 年第 12 期資料分析。

03′

參閱香港《大眾報》，1988 年 6 月 30 日。

04′

參閱華潤貿易諮詢有限公司編印：《香港經濟貿易統計彙編（1947—1987）》。

2. 香港工業內移推動了沿海開放地區外向型經濟的發展

香港工業內移始於 80 年代初,近年已達到空前規模。據香港貿易發展局的一份調查報告估計,到 1988 年上半年,港商在廣東省設立的直接投資企業(包括獨資、合資、合作經營企業)約 2,400—2,700 家,僱傭勞工 48 萬—54 萬人,實際投入資金約 29 億—32 億美元(到 1988 年第三季度);而在廣東省內設置的 13,000 家來料加工裝配企業中,約有 80% 為港商從事來料加工裝配業務,僱傭勞工 85 萬—120 萬人,實際投入資金超過 18 億美元。廣東省在 1979—1987 年間獲得的工繳費約 20 億美元,僅 1987 年就達 5 億美元。[01] 香港與廣東珠三角已逐步趨向形成 "前店後坊" 的分工格局,香港廠商把其總公司,包括採購部、營業部、設計部留在香港,負責籌集資金、海外接單、產品設計、品質管制以及包裝、銷售等,而把其勞動密集型的工序或生產線移入廣東珠三角等沿海開放地區,發揮這些地區勞動力和土地資源的比較優勢,使之成為香港巨大的加工生產基地。

形成這種 "前店後坊" 分工格局的基本原因,是兩地的比較利益優勢具有很強的互補性。香港有發達的金融體系、充裕的資金來源、廣闊的國際市場及回饋靈敏的資訊,並對國際市場需求的變動有很強的適應性,但近年迫於勞工短缺及工資、土地價格上漲的壓力,面臨產業結構調整,亟需將其勞動密集型產業或工序往外轉移;珠江三角洲等沿海地區則資金匱乏、市場狹窄、技術落後、資訊不靈,其主要比較優勢在於廉價的勞動力和土地資源。兩地的比較利益優勢在中國對外開放政策的推動和市場機制的誘導下結合起來,對香港而言,這種結合擴大了它的工業基礎,使其在完成自身工業轉型之前獲得了一個喘息時期,一定程度紓解了其勞工短缺、成本上漲等困難,增強了港產品在國際市場的競爭力。從內地看,這種結合一方面解決了沿海開放地區數百萬農村剩餘勞動力的出路問題,使在封閉經濟體制下長期閒置的勞力、土地等生產要素能被迅速調動起來,形成現實的生產力和經濟效益。更重要的,是這些地區由此獲得了外匯、資金,引進了大量先進或適用的技術和設備,推動了鄉鎮企業的崛起、經濟結構的轉換及外向型經濟的發展。

目前這種 "前店後坊" 的分工趨勢已出現新的動向,即從內地與香港的合作進一步發展到內地與香港、台灣三個地區之間的合作,香港中介人角色進一步加強。據數據顯示,台灣北部鞋廠已有 45% 以上透過香港移到內地設廠。去年(1988 年——編者註)台商到福建投資設廠的項目和資金數額都大幅度增長,超過以往八年的總和。香港—珠江三角洲的合作模式將透過香港的中介作用,發展到台灣—福建的合

01

參閱香港貿易發展局:"Survey on Hong Kong Re-exports-Summary Report",1988 年 11 月。

作模式，顯示了良好的發展前景。所謂"中國經濟圈"的構想，實際上正是對這種經濟關係的前瞻或理想化。

3. 香港成為中國內地引進外資的重要管道

近年來，隨着內地同香港貿易和經濟分工的迅速發展，香港成為內地引進外資最重要的渠道，表現在：

（1）香港是中國內地最大的投資者。據中國經貿部統計，到 1987 年止，在全國批准的 10,008 個外商投資企業中，港澳地區有 8,570 多個，約佔 85.7%；利用外資協定金額 219.6 億美元，港澳地區達 142.6 億美元，約佔 65%；實際使用金額 85 億美元，港澳地區達 43 億美元，約佔 50.6%。[01]

（2）香港金融機構對內地非銀行客戶貸款急劇增加，從 1979 年底累計放貸餘額 1 億多港元，增至 1987 年的 232 億港元。[02]

（3）香港作為亞太地區銀團貸款中心，成為內地大型項目的集資場所。據統計，僅 1984—1987 年 7 月，香港為內地安排的銀團貸款就達 262.1 億港元。[03]

（4）香港證券市場開始成為內地集資的重要場所，以債券形式的集資活動已經起步，從長遠看，內地大企業及駐港中資企業在香港股票市場上市集資也具有潛在的發展前景。

此外，雙方在交通運輸、通訊、旅遊以及資訊等各方面的合作也獲得全面發展。內地和香港經濟關係的迅速發展，反過來亦提高了香港在國際經濟中的地位，香港成了國際資本進入中國內地市場的重要跳板。

二、對中國經濟體制改革的示範效應和催化作用

隨着香港與內地經濟關係的迅速發展和雙方人員的密切交流，香港作為亞太地區經濟發展的成功典型，作為現代商品經濟高度發達和法制相對完備的社區，對中國，特別是廣東以及沿海開放地區經濟體制改革的示範效應和催化作用逐漸顯著。目前這種作用正循兩個方面逐步展開：

01
參閱《中國對外經濟貿易年鑑》，1988 年。

02
參閱中國銀行香港分行編：《港澳經濟季刊》，1988 年第 2 期。

03
參閱中國銀行香港分行編：《港澳經濟季刊》，1987 年第 4 期。

1. 隨着外資引進而產生的日益增長的市場經濟因素對原有傳統經濟模式的衝擊和滲透

從一定意義上說，因外資引進而產生的經濟活動，包括獨資、合資、合作經營、補償貿易和來料加工裝配，是國際上特別是香港的現代商品經濟的延伸和附屬，它客觀上要求按市場經濟的規律運作，這就相應地帶進了適應現代商品經濟發展的國際慣例、企業管理制度以及市場競爭的壓力。這部分因外資引進而形成的經濟活動儘管在中國整體經濟中微不足道，但由於它相對集中在沿海開放地區，特別是包括深圳、珠海、廣州的珠三角，就大大增加了該地區市場經濟的因素。特別是外商投資企業清晰的產權關係、先進的企業管理制度以及由此而產生的高效率，對當地正在發展中的、機制相對靈活的鄉鎮企業產生了強烈的示範效應。而且這些外商投資企業往往以鄉鎮企業為合作、合資、發展來料加工裝配業務的對象，給鄉鎮企業帶來其所急需的外匯、設備、技術和市場，這就在一定程度上推動了鄉鎮企業的發展，進而改變了該地區的所有制結構，壯大了市場經濟的力量。據調查，1978—1987年，珠江三角洲的東莞、中山、順德、南海四市縣的財政收入中，來自國營企業的比重已從 60.4% 下降到 24.3%，來自鄉鎮企業的比重則從 38.6% 上升到 52.5%。[01] 鄉鎮企業在該地區國民經濟中的地位急速上升，迫使國營企業處於不改革就難以發展的境地。"三資"企業、"三來一補"企業和鄉鎮企業的發展，使得原有的產品經濟體制與經濟發展更不相適應，並從中發育起勞動力市場、外匯市場、資金市場、生產資料市場以及技術市場、資訊市場等等，儘管這些發展是初步的，甚至是原始的，但它對經濟改革的影響實在不容忽視。[02]

更重要的是，對外開放促進了社會觀念的更新。開放之初，深圳蛇口工業區樹起"時間就是金錢，效率就是生命"的標語牌，在全國影響深遠。隨着對外開放實踐的發展，作為現代商品經濟觀念的效益觀念、市場觀念、商譽觀念、人才觀念乃至法治觀念都對沿海開放地區造成了不同程度的衝擊，一大批農民、市民成長為熟知現代商品經濟和瞭解國際行情的企業家。這為整個社會的進一步改革奠定了基礎。

2. 香港對中國內地發展現代商品經濟的借鑒作用

香港對中國內地發展現代商品經濟的借鑒作用包含兩個層次的意義：一是香港開放型自由市場經濟模式作為現代商品經濟的一種特殊模式，對中國沿海開放地區，特別是深圳、海南等經濟特區的借鑒作用；二是香港模式所體現的現代商品經濟的發

01
根據筆者到珠江三角洲實地調查的資料整理。

02
楊振漢、馮邦彥、梁秩森：《珠江三角洲的崛起及其啟示》，香港《經濟導報》，1988 年第16、17 期。

展規律和運作機制對中國經濟體制改革的借鑒、啟迪作用。目前，這種借鑒主要在第一個層次上展開。二戰後 40 餘年間，香港在資源短缺、地域窄小的情況下，從南中國的一個轉口港迅速發展為新興工業地區、亞太重要的金融貿易中心，從 1987 年人均 GNP 達到 8,200 美元，香港所創造的經濟奇跡，使得它的自由港模式及其經濟發展經驗對深圳經濟特區模式的形成和投資環境的改善產生了重大影響，這種影響又從深圳擴展到珠江三角洲以至沿海開放地帶。"特區不特"這句話，固然是指全國產品經濟體制對特區的制約，但亦反映出，特區所實施的特殊政策被迅速移植、推廣到沿海開放地區，大大加快了沿海經濟改革的步伐。

目前，沿海地區對香港的借鑒正從多方面展開：政治上，借鑒香港公務員制度和廉政公署經驗；經濟上，借鑒香港政府的積極不干預政策，以及土地拍賣、股票上市、證券發行、公共建設等方面的制度和管理經驗；法律上，對經濟法律的研究、移植亦已起步。值得注意的是，近年對香港的借鑒已從個別經濟發展經驗轉向整體模式，這突出表現在海南建省的過程中。實際上，新建的海南省（本文寫於海南建省後不久 —— 編者註）亦正向着自由經濟區模式發展，即將制訂的海南特區稅制、股票條例、債券條例、賣地細則等，都在很大程度上參照了香港現行法則。當然，這種借鑒在理論上仍存在着很大的爭議。

自從中共十三大提出社會主義初級階段理論，理論界展開重新認識資本主義的探討後，在第二個層次上對香港的借鑒也已經起步。厲以寧教授在香港曾指出："總結香港經濟發展的經驗，把這些經驗作為全中國人的共同財富，使它們有助於中國經濟改革的進展，有助於中國的經濟繁榮，我想，這不僅是我們大家的願望，更應該是大陸與香港經濟界人士的一種責任。" **01** 可見，香港對中國整體經濟改革的重要性已日益顯露。當然，由於內地與香港經濟規模差異很大，經濟成長的背景、條件各不相同，對香港的借鑒不可能全盤照搬。但是，可以毫不誇張地說，由於香港與內地經濟的緊密聯繫和雙方人員的頻繁交往，再加上在香港存在着具備一定規模的中資集團，香港已成為現階段中國重新認識資本主義、研究及借鑒國際上現代商品經濟發展規律和運作機制的最重要窗口。

一方面是通過香港進入的市場經濟因素不斷增長，對原有產品經濟造成重大衝擊，另一方面是沿海開放地區為改善投資環境，吸引外資，借鑒國際上特別是香港經濟發展經驗，對原有體制進行改造，兩方面作用的結合，大大加快了沿海開放地區經

01

厲以寧：《論香港的繁榮和香港的經驗》，《信報》，1989 年 1 月 27 日。

濟改革的進度。這突出表現在廣東珠江三角洲地區。這種以開放為契機，從南到北、從沿海到內地逐層推進的區域改革思路，有助於克服全國改革中不顧地區差別"一刀切"所帶來的種種問題，從而減少改革的難度和風險。去年（1988年——編者註），中央提出沿海經濟發展戰略，其實質是要進一步加快沿海地區經濟體制的改革，使其與國際上現代商品經濟體制相銜接，以便進一步實現各種生產資源和要素的合理配置。因此，香港在中國經濟改革總體戰略中的地位將更加重要。

三、進一步發揮香港優勢和作用的幾個問題

要充分發揮香港的優勢及其在中國經濟現代化進程中的作用，應注意以下幾個問題：

1. 加強香港與內地經濟合作過程中的協調，進一步擴大雙方經濟合作的基礎。

現階段，兩地在政治制度、經濟體制和法律系統等方面都存在着巨大差異，即使到了1997年香港回歸中國，兩地經濟成長的相對獨立性和經濟體制的差異仍將長期存在。因此，兩地經濟關係愈密切，愈需加強雙方的協調和銜接，以避免和減少不必要的摩擦和矛盾。目前，兩地經濟關係中，互補性是主導方面，這是雙方合作的基礎。不過，兩地出口產品的結構大體相近，都以輕紡、電子產品為主，只是雙方產品的檔次不同，競爭還不是很激烈。隨着沿海地區經濟發展水平的提高和產品升級換代，兩地間的競爭會日益加劇，從而削弱兩地合作的基礎。因此，當前亟需從長遠發展角度，分析兩地經濟發展的相對優勢和劣勢，制訂出兩地的長期發展戰略，協調兩地間產業結構、產品結構的發展，以便有效地利用兩地各自的優勢，增強互補性，避免惡性競爭，擴大兩地經濟合作的基礎，提高兩地在國際市場上的整體競爭水平。具體而言：

第一，進一步加強香港的貿易轉口港地位。有人擔心，隨着中國對外貿易發展及與國際市場聯繫逐步密切，香港作為中國對外貿易轉口港的地位將會削減。這種擔心不無道理。因此，在中國對外貿易發展戰略中，對香港的作用應有正確的估計。筆者認為，即使從中長期看，香港貿易轉口港地位不僅不應削弱，相反還應進一步加強。理由是：（1）目前中國出口總額中，對香港出口及轉口部分佔三分之一以上，香港在中國對外貿易中地位舉足輕重；（2）香港完善的通訊運輸系統、與國際市場傳統的緊密聯繫、大批的工商管理人才是中國開拓國際市場最有利的條件；（3）香

港在中國內地與台灣、韓國、印尼等地區間接貿易中的中介作用不可替代,因此從戰略看,中國應充分利用香港優勢,透過香港逐步建立開拓國際市場的銷售渠道、網絡及市場訊息回饋系統,各省外貿系統應研究如何與本省駐港中資企業在體制和業務等方面加強銜接,解決好利益分配問題,逐步形成集團經營,進而發展為跨國公司。此外,隨着內地與香港經濟關係的急速發展,兩地的交通運載能力已漸趨飽和,有時甚至出現超負荷狀態,也需加強總體協調。

第二,加強兩地的科技合作。目前兩地工業合作的主要形式是在勞動密集型產業上的來料加工裝配。這種形式對促進兩地的經濟合作和發展都起到了積極作用。問題是不應長期停留在這一水平上。從長遠看,它無助於推動香港工業轉型。目前,香港由於工業基礎薄弱、科技人才缺乏、企業規模細小、投資行為短期化以及港府不干預政策等原因,其工業轉型步伐已落後於韓國及台灣。從內地看,經過 40 年建設,已建立了相對雄厚的工業基礎,擁有大批科技人才及先進技術。因此,改革現行科技體制,加強兩地科技合作,有利於把內地的科技力量和香港的資訊、市場結合起來,發揮香港工業吸收科技成果快、對市場應變能力強的特點,既可協助香港工業轉型,又有利於加快中國科技成果商品化的過程,並推動兩地的經濟合作發展到技術密集型領域,這將進一步擴大兩地經濟合作的基礎。

第三,進一步擴大兩地在金融業方面的合作規模。目前,雙方在金融方面的合作規模不大,內地通過香港銀行籌集資金的方式主要以直接或間接的商業貸款和銀團貸款為主,今後可進一步運用國際上較新穎的金融工具和融資方式,如貨幣和利率掉期、票據發行融資安排、轉讓銀團貸款等,同時進一步發展兩地銀行界的業務關係,有步驟地擴大香港銀行界在內地的業務範圍和合作領域,以推動兩地的經濟貿易關係發展。

第四,加強雙方利益矛盾的協調。近年來,隨着兩地經濟合作的發展,兩地間有關利益矛盾和業務糾紛的事件,諸如勞資糾紛、股權爭端甚至走私、詐騙等商業罪案,不斷發生。由於兩地有關法律都未能及時適應這種新形勢,存在不少漏洞,雙方又缺乏溝通、調解、仲裁的有效途徑,往往造成不良影響,不利於兩地經濟關係的健康發展。這個問題亟需內地與香港尋求適當途徑或建立有關的專門協調機構解決。

2. 保持香港經濟的國際性及其自由經濟體制的正常運轉

近年來，隨着香港與內地經濟關係的發展，雙方互相依賴程度加深，當然這對雙方經濟發展都有重要意義。但是也應看到，香港是出口導向型經濟，其經濟發展動力主要來自於它與國際市場的緊密聯繫。香港在中國經濟現代化進程中擔任積極角色，重要條件之一也在於其經濟的國際性。國際性是香港經濟發展的重大優勢之一，這是需要特別注意的。香港中文大學教授閔建蜀指出：香港廠商注意力過分集中內地，會導致香港從"國際大都市"變成"內地大都市"，從而失去其在國際市場上的競爭力。這種見解很值得重視。特別是近年來，香港面臨國際貿易保護主義威脅及亞洲新興工業國家和地區的競爭壓力，自身工業轉型又姗姗來遲，這種傾向更值得警惕。香港在發展內地市場的同時，應特別注意加強對國際市場，特別是亞洲市場、西歐市場的開拓，保持國際性優勢。從某種意義看，內地與香港經濟關係的發展取決於香港經濟的國際性及其在國際市場的發展。沒有龐大的海外訂單需求，兩地經濟合作規模將大受制約。過分依賴內地，不利於香港經濟的發展，也不利於兩地經濟關係的發展。

與此相聯繫的是內地在港投資規模及發展戰略。近十年來，內地在港投資迅速發展，投資領域從金融、貿易擴展到地產、工業、運輸、旅遊等各個方面，估計投資總額在 60 億到 100 億美元之間，超過香港在內地的投資總額。應該充分肯定，內地在港的投資，對於保持香港經濟的繁榮穩定，對於充分發揮香港的優勢和橋樑作用，對於推動沿海開放地區外向型經濟的發展，對於內地熟悉、借鑒現代商品經濟的運作機制，都作出了重大貢獻。但是，近年來內地各省、市甚至有的縣政府都紛紛到港投資設公司，存在着一種盲目發展的傾向，特別是有些新建企業在人員素質、資金等方面都還未具備基本經營條件的情況下就貿然進入香港，有的缺乏內部協調自相競爭，有的甚至販運水貨，造成經濟損失和不良政治影響。

值得指出的是，這部分從內地伸延到香港的企業，或多或少把內地那套管理體制和不講效益的經營方式帶到香港，這種盲目的發展若超過一定限度，就會影響香港經濟的國際性及其自由經濟體制的正常運作，影響港人的信心。"一國兩制"的基本構想，就是要使香港在 1997 年主權回歸中國後，繼續保持現行的資本主義制度和自由經濟體制 50 年不變，以便繼續發揮香港的優勢，保持香港的繁榮穩定。因此，中資企業在香港的發展，無論在發展規模上還是在投入的行業結構上，都應以此為前提，不能形成壟斷。特別重要的是，要加快中資企業管理體制的改革，充分利用香港有利的經濟環境，借鑒國外及香港企業管理的先進經驗，包括企業上市的經驗，使駐港中資大企業逐步成為具有國際規範標準的先進企業。這樣做既有利於促進香港經濟的繁榮穩定，又能為內地企業管理體制的改革提供經驗。從長遠看，這是在港中資企業發展戰略的一個關鍵。

3. 加強對香港經濟發展規律和運作機制的研究，推動沿海開放地區經濟體制的率先改革。

近年來，內地對香港的研究已逐步展開和深入，但總體來說，仍覺空泛議論多，深入、具體、系統的研究少。這就使得內地對香港經濟發展經驗的借鑒往往停留在表層。因此，當前應進一步加強對香港模式及其運作機制的研究，特別是從政治、經濟、法律、文化等多個層面及其相互聯繫中，去認真研究和總結香港經濟發展的成功經驗，從中尋找出規律性的東西，這將有利於推動內地對香港的借鑒在更深的層面上展開。

內地對香港的借鑒，亦可先從兩個層面上展開，一是海南、深圳兩個經濟特區可着重對香港經濟發展的整體模式進行借鑒、移植，逐步向自由經濟區模式發展；二是內地與香港經濟聯繫比較緊密的省市，特別是廣東、福建兩省，作為全國綜合改革的試驗區，借鑒香港發展現代商品經濟的成功經驗，在當前的經濟整頓中加快經濟改革步伐，真正成為全國改革的試驗區。這個工作做好了，將大大改善上述地區的投資環境。這樣，在戰略上就可以把上述地區作為內地加強與香港經濟合作的主要結合部，擴大兩地經濟合作的基礎。這對於中國的開放、改革和經濟現代化，將有深遠影響。

（原文載北京《經濟研究》雜誌，1989 年第 4 期）

80年代港英政府經濟政策演變趨向分析

【摘要】本文首先研究了回歸前港英政府的"積極不干預"政策的基本內涵,進而深入分析了80年代以後隨着香港外部環境和內部條件的變化,港英政府的經濟政策,特別是在財政、金融貨幣及工業等方面的政策,所出現的變化趨勢。在財政方面,逐步轉向溫和的反經濟週期的財政政策;推行"私營化"計劃,以控制公營部門的過分膨脹。在金融貨幣方面,直接介入金融市場;加快金融貨幣制度改革,加強對金融業的監管;進行貨幣制度改革,建立港元與美元掛鈎的聯繫匯率制度等。在工業方面,逐步加強對工業的支持,包括加強對基礎設施的支持,加強對工業發展的支援性服務,加強對海外投資的引進等。本文進一步深入分析了港英政府實施"積極不干預政策"的原因以及80年代以後政策轉變的政治、經濟背景,最後指出港英政府的"積極不干預"的政策已陷入進退維谷的困境。

一、"積極不干預"政策的基本內容

70年代中後期,港府的經濟政策經當時在任財政司夏鼎基的重新厘定,逐步趨向系統化,並從"自由放任"(Laisses-faire)修訂為"積極的不干預"(Positive Non-inter-vention)。"積極不干預"的內涵是,除非有明顯證據證明市場失效(Market Failure,即市場機制發生故障而不能正常運行),否則政府對私營企業不作任何干預。據夏鼎基的解釋,"積極不干預"政策包括兩方面的內容:

第一,政策實施的主導思想是不干預主義,強調維護市場機制自由運作的重要性。夏鼎基指出:"積極不干預主義是指一種看法,認為政府如果試圖計劃分配私營部門可用的資源和強行打擊市場力量的運作,對一個經濟體系的增長率,特別是一個以對外貿易為主的經濟體系,通常都是徒勞無功和有害的。"他強調:在面對一項干預建議時,經權衡利害,我們達到的結論大多是以不干預為佳,因為待以時日,市場力量必然會為短期的困難提供最佳的解決辦法。[01] 在這種經濟思想的指導下,港

01′

夏鼎基:《政府政策與經濟的成功》,《信報財經月刊》,總60期。

府實施一系列以市場機制為導向的經濟政策，包括審慎的財政政策、自由化的金融政策、自由貿易及自由企業制度，使香港成為國際上少見的開放型的自由經濟體系。

第二，在市場失效的情況下，不排除必要的合理的干預。"積極不干預"並不完全等同於自由放任。夏鼎基指出："積極這個形容詞的含義至為重要。在面對一項干預主義的建議時，港府不會立即認為這項建議根據定義，必然是不正確的。""不是說，要使市場力量有效及公平地發揮作用的限制因素及基本規律就沒有必要，恰恰相反，例如說，由於市場不完善而引致壟斷的情況出現時，干預主義就成為必要了。再者，如果市場增長過速，以致常規無法加以抑制，或者為了公共利益着想而須加以監管時（典型的例子是金融市場），就可能通過法律形式設立限制和基本規律的架構。又或者，如果毫無限制地追求個人利益的行動，在總體經濟或總體金融方面已產生不良的影響，在這種情況下就可能干預。"不過他又強調："這種在個別情況下合理的干預，須小心確保不會產生不良的累計後果。"**01**

70 年代中後期港府對經濟的干預，主要集中在市場失效的幾種情況：

（1）"公共財"（Public Goods），如各項基本建設等。這類服務的消費是非競爭性的，一個人的使用並不妨礙其他人使用的數量，結果有人便趁機享受他人提供的服務而不付費，是為市場失效，需由政府透過稅收來提供這類服務。

（2）"界外效益"（Externality），如勞工訓練、推行工業村計劃等。勞工訓練除對進行訓練的個別廠商和行業有利益外，因為工人可以轉工，對其他廠商和行業亦有利。工業村計劃以廉價土地吸引能帶來先進技術的廠商，因為新技術會流傳出去，對其他廠商有利，亦構成界外利益。

01′

夏鼎基：《政府政策與經濟的成功》，《信報財經月刊》，總 60 期。

（3）"市場不完善"（Market Imperfections），如港府對公用事業的管制。公用事業多屬壟斷性行業，市場價格往往背離社會成本和利益，需要政府干預以使資源配置接近社會最優點。不過，港府對公用事業的管制，形式多樣，除食水、郵政直接經營外，多為法定公司（地鐵及九廣鐵路公司）、專利權及管制計劃（如中華電力、中華巴士、香港電燈等有限公司）或法例約束等形式管制，儘量避免直接的行政干預。

港府對經濟的直接干預表現在房地產業。在土地市場，港府以土地所有者身份直接介入經營和管理，控制各類用地的供源及賣地方式，對地產價格保持相當大的控制，就土地成本而言，港府對香港生產要素費用具很大影響力。在住宅市場，港府正推行一項龐大的公屋計劃，目前各類公屋佔全港永久房屋的比重已達 50% 左右，港府還對私人樓宇的租金增幅不時加以控制。深入分析，這種干預實際上已突破所謂"積極不干預"的基本框架。這種例外，相信與港府的殖民地管治有莫大的關係。

二、香港政府經濟政策的新變化

進入 80 年代，特別是香港進入過渡時期以後，隨着香港外部環境和內部條件的變化，港府的經濟政策，特別是在財政、金融貨幣及工業等方面的政策，出現了一些明顯變化趨勢：

1. 財政

總體而言，仍維持審慎的理財哲學。港府在編制預算案時大都留有餘地、儘量爭取盈餘。收入實行簡單及低稅率的稅制，支出主要用於社會服務（教育、醫療衛生、房屋、社會福利和勞工），公共服務（運輸、土地及土木工程），一般及保安服務（行政、防衛、入境事務、法律及治安）等，經濟服務支出甚少，同時強調公營部門開支增長率不能高於總產值增長率的原則。不過，也出現一些新的變化趨勢，主要是：

（1）逐步轉向溫和的反經濟週期的財政政策。歷來，港府的理財哲學偏向於依經濟循環週期而變動，在經濟繁榮時期不控制開支，亦不加稅，而在經濟不景時期控制開支及加稅加費，重視財政穩定遠勝於經濟穩定。不過，從近幾年的實踐看，港府往往在經濟不景時期低估財政赤字的嚴重性，如 1982/83 年度的財政預算案估計

表 1-1 ｜ 80 年代港府財政收支平衡情況（單位：億港元）

財政年度	預算盈餘／赤字	實際盈餘／赤字
1982/83	27.8	−35.0
1983/84	−32.16	−29.93
1984/85	−11.39	−15.63
1985/86	−9.6	14.43
1986/87	3.95	39.42
1987/88	24.0	116.2
1988/89	55.74	157.0

資料來源：香港經濟導報社編：《香港經濟年鑒》，1983—1989 年。

有 27.8 億港元盈餘，實際出現 35 億赤字，1984/85 年度預算有 11.39 億赤字，實際出現 15.63 億赤字，高於 37.23%；而在經濟繁榮時期卻嚴重低估財政盈餘，如 1986/87 年度、1987/88 年度及 1988/89 年度的預算案分別估計盈餘為 3.95 億、24 億及 55.74 億，實際為 39.42 億港元、116.2 億港元及 157 億港元，分別超出預算約 8.98 倍、3.84 倍及 1.82 倍（表 1−1）。[01] 這種情況使港府的財政政策出現 "反經濟週期" 的客觀效果，即經濟繁榮期減少總體需求，有利於避免經濟進一步過熱，而經濟不景期則增加總體需求，刺激經濟增長。此外，港府在經濟不景的 1983/84 年度、1984/85 年度及 1985/86 年度連續三年實行赤字預算，而在通脹加劇、經濟過熱的 1989/90 財政年度避免大幅減稅及大幅增加開支，並把 70 億港元的財政盈餘撥作未來發展之用。[02] 最近（1989 年 —— 編者註），港督在其施政報告中提出一項涉及 1,270 億港元興建新機場港口的公共工程計劃。[03] 這些龐大的公共開支對於增長率逐步放緩的香港經濟，無疑是一支強心針，不過，會否動搖港府穩健的財政，則值得關注。

（2）推行 "私營化" 計劃，以控制公營部門的過分膨脹。70 年代中後期，港府大規模推行公屋計劃及公共工程計劃，使得公營部門的相對體積（即以當時價格計算的政府財政綜合賬目總開支與以當時價格計算的本地生產總值之比）過分膨脹，1982/83 年度已高達 19.1%（表 1−2），接近財政司夏鼎基所設 20% 的上限，結果導致經濟不景的 1982/83 年度、1983/84 年度及 1984/85 年度連續三年出現龐大財

01
香港經濟導報社編：《香港經濟年鑒》，1983—1989 年。

02
香港政府 1989/90 年度財政預算報告。

03
港督衛奕信 1989/90 年度施政報告。

表 1-2 ｜ 香港公營部門相對體積變化情況（以當時價格計算）

財政年度	香港本地生產總值（億港元）	財政綜合賬目總開支（億港元）	公營部門相對體積（%）
1976/77	593.4	73.6	12.4
1977/78	689.1	91.7	13.3
1978/79	811.6	121.2	14.9
1979/80	1,070.5	156.2	14.6
1980/81	1,372.1	220.6	16.1
1981/82	1,653.5	293.8	17.8
1982/83	1,868.7	356.8	19.1
1983/84	2,079.5	386.0	18.6
1984/85	2,487.3	398.8	16.0
1985/86	2,612.0	434.4	16.6
1986/87	3,008.2	479.3	15.9
1987/88	3,682.5	536.4	14.6
1988/89	4,256.3	625.9	14.7

資料來源：港府歷年財政年度預算報告

政赤字（港府一般收入賬目在過去 20 年有四個財政年度出現赤字，其中三個在 80 年代）。再加上港府為拯救危機銀行及恒指期貨市場，先後動用 60 億港元外匯基金，使外匯基金儲備更形緊張。為增加財政儲備以應不時之需及未來龐大的建設，港府致力於推行公營部門的私營化計劃，以控制財政開支的增幅。為此，港府銓敍科設立專責私營化計劃的小組，逐步制訂一套私營化政策，以便儘量將具有商業性質的政府部門以公司形式經營或以合約形式批出。目前，港府已改組了房屋委員會，使其實際上成為財政上自負盈虧的公營企業。港府還成立了廣播事務管理局，籌組香港電台董事局及醫院管理局，並考慮將化學廢料處理及垃圾轉運工作以合約形式批給私營公司。港府積極考慮私營化的還有政府屠房、水務局、渠務及港口管理。財政司翟克城多次表示，一旦電氣化鐵路及地下鐵路有盈利，會考慮將其賣給私營公司。近年來，港府控制財政支出及推行私營化計劃，已使公營部門相對體積降至 1988/89 年度的 14.7%，並積累了近 700 億的財政盈餘。

2. 金融貨幣

香港沒有中央銀行，港幣由兩間商業銀行滙豐及渣打向外匯基金繳交 100% 的外匯儲備自主發行。70 年代以來，港府為鞏固香港國際金融中心的地位，推行了一系列金融自由化政策，包括取消外匯管制（1973）、撤銷對黃金進出口限制（1974）、對銀行牌照解凍（1978）及取消外幣和港幣存款利息預扣稅（1982 和 1983）。80 年代，金融業經過十多年的急劇膨脹進入調整期，並爆發金融風波，港府的政策也發生明顯變化：

（1）直接介入金融市場。過去發生金融風波，港府通常是通過兩間發鈔銀行出面拯救面臨危機的金融體系，而對於個別銀行的倒閉、改組或收購，並不干預，由市場自行解決。但進入 80 年代，港府態度轉趨積極，先是 1983 年接管無法償還債務的恒隆銀行，繼而在 1985 年接管倒閉的海外信託銀行及其附屬的香港工商銀行，接着又以擔保壞賬方式促使中信、恒生銀行分別收購嘉華、永安銀行，並以暫時行政管理方式接管友聯、康華銀行，前後動用外匯基金約 40 億港元。1987 年 10 月股災，港府又動用 20 億港元的外匯基金注資恒指期貨結算公司，拯救恒指期貨市場。港府以外匯基金代替發鈔銀行作為最後貸款者，並直接干預金融市場，表明其政策取向已發生重要變化。前銀監處顧問范倫曾指出：銀行業之所以不能再完全依賴市場力量執行紀律而非靠政府積極監管不可的原因有兩個：一是銀行間的連鎖關係越來越密切，因而銀行倒閉的連鎖反應亦越來越強烈；二是消費者勢力日益膨脹，政府受強大壓力採取了保護存款者措施。**01**

01'

參閱饒餘慶編：《香港銀行制度之現況與前瞻》。

（2）加快金融貨幣制度改革，加強對金融業的監管。鑒於不干預政策，港府 80 年代以前對金融業的監管可謂極不完善，所頒佈的銀行條例漏洞頗多，亦未能切實執行。1984 年前銀行監管處只是例行公事地檢查金融機構所呈表冊，極少真正審核其管理質素，到發現問題時，發生問題的銀行往往已惡化到非接管或收購不可的地步。接踵而來的銀行風潮迫使港府對原有的銀行監管制度作根本檢討，結果於 1986 年頒佈新銀行條例，新條例除了把 1982 年實行的金融三級制以法律形式確定下來以外，更加強銀監專員的權力，並將監管從主要依靠查賬轉為結合對銀行管理質素的監管。1989 年港府又提出修訂金融三級制建議，並準備追隨巴塞爾實施資本與風險資產比率，以反映國際金融業發展趨勢。種種改革反映港府維護香港國際金融中心的決心和努力。

與此相配合，港府進行了貨幣制度的改革。首先是建立港元與美元掛鉤的聯繫匯率制度。1974—1983 年浮動匯率期間，香港未能有效控制貨幣與信貸的過度膨脹，結果導致經濟波幅增大及 80 年代初的銀行危機。1982 年 7 月至 1983 年 10 月，正當中英進行關於香港前途談判期間，港幣對美元貶值 28%，跌至 1：9.6 的低水平，整個金融體系岌岌可危。10 月 17 日，港府實施 1：7.8 的聯繫匯率制度，終於穩定了金融體系。聯匯制實際上是將美國的貨幣政策作為香港的貨幣政策。由於小型開放經濟無法實行獨立的貨幣政策，聯匯制不失為過渡時期抗震盪能力較強的可行辦法。實行聯匯制，使利率作為對付投機者的武器，威力大增，1988 年初，為打擊投機者及維護聯匯制，港府曾揚言準備實施負利率制度。香港有的學者認為：實施聯匯制是港府直接介入干預活動最明顯的分水嶺。[01]

01

譚樹榮：《從積極不干預到積極干預？》，《信報財經月刊》，總 131 期。

其次是港府與滙豐達成的新結算制度。新結算制度有兩個直接效果：一是外匯基金的中央銀行功能增強，外匯基金取代滙豐掌握了銀行體系結算餘額，能更有效地干預銀行同業拆息市場的資金及息率，從而能有效地維持聯繫匯率架構內港元匯率的穩定性；二是削弱滙豐作為准中央銀行的角色，實際上是配合了滙豐近年來商業化國際化的部署。

此外，港府還加快了證券業的改革。1986 年，港府迫使四家證券交易所合併。1987 年 10 月的股災令港府對金融部門的監管漏洞進一步暴露，港府被迫直接介入證券業，重組聯合交易所和期貨交易所，重整期交所結算及保證制度，並設立一個政府架構之外的新證券事務監察委員會，以加強對證券市場的監管。

3. 工業

70 年代中後期之前，港府對工業發展基本是實施不干預政策，任何企業或行業的發展均取決於市場支配力量，港府不作任何直接的資助，僅在架構上作有限的支持。如 60 年代成立香港工業總會、香港貿易發展局及香港生產力促進局等機構，70 年代成立工業村公司，為資本大而能替香港引進先進技術的工業提供廉價土地。1979 年香港經濟多元化諮詢委員會提交了一份"工業多元化報告書"，建議港府全面資助工業技術訓練，促使工業升級轉型。其後港府因致力於推動香港成為國際金融中心，並未積極執行報告有關建議。

不過，自 1980 年成立工業發展委員會及 1982 年成立工業署以來，港府對工業的支持已轉趨積極，主要集中在三方面工作：一是加強對基礎設施的支持，包括工業用地供應、勞工訓練、通訊、運輸、水、電力、金融及其他商業服務的保證，為工業發展提供良好的投資環境；二是加強對工業發展的支持性服務，以促使生產率提高、改進品質及產品更新，為此相繼成立並籌辦了香港設計革新有限公司、香港塑膠技術中心、香港品質保證局等一系列支持機構；三是加強對海外投資的引進，為此在工業署特設投資引進部並相繼在三藩市、紐約、布魯塞爾、倫敦及東京設立辦事處。

港府的上述措施，雖然已把向廠商提供良好的投資環境的概念加以擴充，對工業發展起了促進作用，但實際上基本仍停留在間接性支持的範圍內，且多屬救補性、滯後性的措施，缺乏統一的部署，遠不能適應工業發展的需要，因而受到社會各界尤其是工業界的強烈批評。

目前，香港工業因勞工短缺及成本上漲，原有的比較優勢正逐步喪失，而企業規模細小、投資行為趨向短期化又令工業向高科技的轉型步履蹣跚，新的比較優勢尚未建立，在國際市場更面臨貿易保護主義及鄰近地區和國家競爭的雙重威脅。在這種情況下，港府被迫在 1987 年加強其工業政策，包括推行"工業推廣服務試驗計劃"（即派人上門向本港中小型廠介紹港府提供的工業服務）、撥款 7,000 萬元予生產力促進局發展新科技、成立科學與技術委員會籌辦科技大學、考慮建立科技中心、加強人才培訓及成立創業基金委員會等。港府以往一直反對給予個別工業特殊待遇，但在 1987 年 8 月卻開始修改這個方針，政府以後可配合個別行業的需要而作支持，如資助生產力促進中心成立無線電高頻率及數碼通訊實驗室，支持手提電話及其他通訊儀器的發展等。港府並於 1989 年 4 月起全面檢討現行的工業政策，以釐定香港工業日後的發展方向及港府在促進工業發展方向所應扮演的角色。署理工業署長梁建邦表示：這次檢討的重點是探討如何鼓勵私營公司進行更多的產品研究與發展工作，及港府如何介入，負起責任發揮促進作用。[01] 看來，港府的工業政策有從"不干預"轉向積極扶助的趨勢。

01

參閱《港府全面檢討現行工業政策》，《信報》，1989 年 10 月 11 日。

三、幾點分析

第一，80 年代港府的經濟政策，總體而言基本上仍是過往執行的"積極不干預"政策的延續。其好處在於恰好發揮了香港在彈性、靈活性和適應能力方面的優勢,從實踐看,它是戰後香港經濟成長的重要因素之一。香港"積極不干預"政策的產生,有其特殊的政治、經濟及社會歷史背景:

(1)政治上,香港是英國殖民地,殖民地章則嚴格控制殖民地政府的財政收支,目的是要其自給自足,不動用英國國庫補貼。1958年之前,港府每年的財政預算案須先呈英殖民地部核准。1958年以後,港府雖獲財政獨立,仍依照殖民地章則精神,奉行審慎的財政政策。這種殖民地管治方式使港府不願亦不能承擔社會經濟發展的積極角色,缺乏長期性規劃,甚至連經濟分析最重要的統計資料,也是在1971年才開始制訂,1974年才陸續發表。

(2)經濟上,香港屬小型開放經濟,市場狹小,幾乎沒有天然資源,經濟以對外貿易為主,極易受國際經濟因素變動的影響,港府實施干預性經濟政策難以收到預期效果;而實施不干預或少干預的經濟政策,如自由港及簡單的低稅率政策等,卻有利於營造良好的投資環境吸引外資,適應外向經濟發展的要求。

(3)理論上,受英國古典經濟派亞當·斯密的自由經濟理論的影響。香港大學前經濟系主任楊森就曾指出:積極不干預主義可追溯到英國古典經濟學派的自由經濟理論,特別是亞當·斯密18世紀提出的自由資本主義,反對經濟干預的理論,即"受無形之手指引",通過市場機制的自發調節,可使經濟保持一種相對均衡的自然趨勢,並使社會資源得到有效分配的觀念。[01]

01
參閱楊森:《香港經濟成長與政策》。

第二,80年代港府經濟政策變化趨勢之一,是全面加強了對經濟的干預和介入程度。這種干預包括兩個層面的含義,一是"積極不干預"政策中"積極"的成分增強,如金融方面致力於建立及逐步完善金融三級制體系,改革貨幣制度及證券市場。工業方面擴大對工業的間接性支持,轉向積極扶助政策等等;二是突破"積極不干預"政策的框架,加強對經濟的直接干預,如財政方面逐步轉向溫和的反經濟循環政策,直接介入金融環節動用外匯基金拯救危機銀行及恒生期貨市場,實施聯繫匯率制;工業方面直接資助個別行業的技術發展等等。這種干預的加強有利於香港建立更能經受震盪的財政金融系統,維持香港作為國際金融中心的地位及聲譽,推動香港經濟多元化的發展,因此是應該加以首肯的。干預加強的背後,實際上亦有其深刻的原因:

（1）進入 80 年代，連串的金融危機已使港府 "積極不干預" 政策的負面作用及後遺症日益暴露，其所造成的震盪和連鎖反應已影響到香港作為國際金融中心的地位及聲譽。在形勢比人強的自然經濟壓力下，港府被迫從危機管理哲學轉向積極加強監管。

（2）進入 80 年代，香港的外部經濟環境及內部經濟結構都發生了重大變化。從外部經濟環境看，西方經濟正日益面臨衰退的威脅，歐美國家的貿易保護主義逐漸熾烈，反傾銷浪潮日高，而鄰近國家和地區的競爭力又日益加強，對香港的對外貿易和製造業的發展構成了雙重威脅。從內部經濟結構看，香港經濟正向多元化發展，經濟結構日趨複雜，資本壟斷程度大增，以上市公司為例，十二大公司（滙豐、和記黃埔、長江實業、怡和、置地、太古、九龍倉、新鴻基地產、新世界發展、國泰、中電及電訊）就佔了整個股市總值的 48.4%。這與亞當·斯密關於完全競爭的理論假想已相距日遠。客觀經濟條件的變化迫使港府逐步修正原有的經濟政策，加強對經濟的監管及干預。

（3）隨着香港經濟的發展，港府的財政收入和財政盈餘均大幅增加，也為加強監管和干預提供了重要的前提條件。

第三，80 年代港府經濟政策另一個變化趨勢，是配合 "九七" 撤離香港、維持及鞏固英國在港既得利益的戰略部署。這主要表現在：

（1）私營化計劃。私營化計劃除了財政及服務質素的考慮外，實際上是港府 "還政於民" 戰略部署的一個組成部分，目的是從政制架構上對未來特區政府造成一定的制衡，以儘量減少特區政府對經濟的干預，從而維持及鞏固英國在港的既得利益。香港有的學者就指出："1997 年香港主權移交，英國在港的統治權，及其所訂的一套遊戲法則勢將改變。英國人為了保持在港的利益，須儘量維護及鞏固這套法則，其中一種辦法，是利用公營管理局 '還政於民'，並選擇一些合適的港人出任管理局的管理階層，……這樣一來，英國在港訂立的制度就可能保持。"[01]

（2）新結算制度。從表面看，新結算制度削弱了滙豐的特權，但實際上卻是配合滙豐淡出准央行地位、走向商業化國際化的戰略部署。從長遠看正如有的香港學者所指出的，"這次改革必然對滙豐有利，因為根據《中英聯合聲明》和《基本法》，

01
余赴禮：《過渡時期港府推行 "私營化" 政策的經濟分析》，《信報財經月刊》，總 132 期。

01

余赴禮：《過渡時期港
府推行"私營化"政策
的經濟分析》，《信報財
經月刊》，總 132 期。

外匯基金是由香港特區政府管理和支配的，如果滙豐繼續維持目前與港府混淆的角色，可能會導致中國銀行的介入。目前的安排，可以讓滙豐繼續維持其在香港的領導地位"。[01] 港府為配合"九七"撤離香港的戰略部署在經濟政策方面作出的變動，值得我們加以關注及研究對應之策。

第四，港府"積極不干預"的經濟政策已陷入進退維谷的境地。從理論上看，"不干預"和"積極"在概念上存在着矛盾，且如何界定是否逾越"不干預"的框架並無客觀的標準。以"界外效益"為例，一般而言，政府的干預都會產生程度不同的"界外效益"。這一方面固然使得港府的經濟政策具較大的彈性，但同時亦使其缺乏內在的邏輯和一致性。從政治層面看，一方面港府為防止不法之徒和個別利益集團利用敏感的過渡時期鋌而走險，從中謀利，以維持香港的繁榮穩定，實現其所謂"光榮撤退"的部署，需要加強對經濟的干預和監管，收緊法網；但另一方面，為了維持及鞏固英國在港既得利益，港府又需實現其"還政於民"的部署，以便在行政架構上對未來特區政府造成一定制衡，減少特區政府干預經濟的可能性。從經濟層面看，隨着 80 年代以來香港經濟的外部和內部條件的變化，港府已逐步加強了對經濟的監管和干預，但是這種監管和干預是否會損害香港在彈性和靈活性方面的優勢，已成為社會各界，尤其是工商界十分關注的問題。港府這種進退兩難的經濟政策將會對未來香港經濟構成何種影響，對將來的特區政府又有什麼借鑒？亦值得我們加強研究。

（原文載香港東南經濟信息中心：《世界經濟信息》增刊，

第 9 期，1989 年 11 月 25 日）

香港開拓國際市場的經驗與借鑒

【摘要】中國實施沿海地區經濟發展戰略，主張大進大出，關鍵是 "大出"，即成功地開拓國際市場。在這方面，香港積累了豐富的經驗，值得借鑒。本文在對香港進行實地考察的基礎上，分析了香港經驗的三個方面：第一，香港企業家具有的現代商業觀念，包括效益觀念、市場觀念、效率觀念、信譽觀念、人才觀念和法律觀念等。第二，香港形成了官方、半官方、民間工商團體等多層次的對外貿易拓展架構。這個架構的基本特點是貫徹積極不干預原則；分工明確，整體協調；精簡、高效。第三，企業實施以市場需求為導向的現代企業行銷策略，包括產品策略、價格策略、銷售渠道策略和促銷策略等。

一、效益第一的現代商業觀念

香港經濟是一個區域經濟，既缺乏完整的工業體系，又沒有足夠資源，科技水平也不高，但其產品卻成功地打入國際市場，並享有一定的聲譽，期間雖經國際市場多次波動，仍歷久不衰，其中一個根本原因是香港工商界人士具有現代商業觀念，對國際市場的變動能作出極其迅速的反應，具有靈活的適應性。香港企業家的現代商業觀念主要表現如下：

1. 效益觀念

效益觀念的基本內涵就是以最少的投入獲取最大的產出，而利潤是衡量效益的綜合指標。"生產經營就是為了賺錢"，這是香港每個企業家明確的觀念。香港出口商會主席黃家哲指出："香港廠商在接每一張訂單、做每一筆生意時，都要仔細研究計算成本及收益，有極強的效益觀念，而國內的同行往往不是這樣。"一次，他在廣東某絲織廠參觀時，該廠廠長說："我們正準備進口世界第一流的絲織設備，把工廠搞得更好。"黃先生認為，效率極高的一流設備往往價值高昂，一般適用於大批量生產，而絲織品原料短缺，難以大規模生產，一流設備開工不足，不能發揮規模經濟效益，反而會導致高成本；如選用技術熟練的織工，則既可發揮國內勞動成本低廉的優勢，又能保證產品品質。香港億利達工業發展集團有限公司董事長劉永齡也說：“從國內來的同行往往對香港製造業廠房設備簡陋感到意外，在他們看來，香港產品能打入國際市場，廠房設備必定是一流的，至少優於國內，其實這反映了觀念的差距。在香港廠商看來，要打入國際市場並有錢賺，最好用二、三流的廠房設備製造出一流的產品，做到價廉物美。”劉先生在國內某地設立的一家獨資企業，着重抓提高經濟效益的問題，結果其產值與內地同類大致相同，而所需人員只是後者的八分之一。

2. 市場觀念

在現代市場經濟中，市場需求是生產經營者的出發點。產品只有為市場接納，廠商才能獲得效益。因此，香港廠商極為重視市場需求的觀念，注重對市場需求變化的研究。香港貿易發展局拓展部行政助理樊志明表示：“香港經濟興衰取決於海外訂單的多少，而只有充分瞭解海外市場的需求，才能獲得更多有效益的訂單。香港的傳統市場是歐美，近年由於其貿易保護主義嚴重，香港加緊開拓日本市場，但日本市場與歐美市場有較大差別。一般而言，歐美市場訂單批量大、品質單一、價格較低，對品質要求一般；而日本市場訂單往往批量小、品種指標多、品質要求高，其銷售系統也複雜，但價格卻可以高一點。不瞭解這種市場特點，港產品就難以打入日本市場。”香港貿易界為認識日本市場的特點及其需求做了大量的調研工作，如香港貿易發展局在東京、大阪等地就設有辦事處，聘請日本人搞市場調查；舉辦研討會，請日本專家向香港廠商介紹日本的經銷商或請當地的諮詢公司搞專題市場研究報告，港日經濟合作委員會就先後完成了日本玩具、成衣、珠寶、電子及鐘錶市場的研究報告。由於掌握了日本市場的特點，近年來香港產品迅速打入了日本市場。

3. 效率觀念

效率觀念亦是現代商業觀念的重要內容之一。在香港，效率觀念深入人心，無論是大企業家或是小商人，無不視效率如生命。香港康力投資有限公司執行董事總經理薛永壽指出："為了增加經濟效益和加強競爭力，必須講求效率，資訊回饋、設計、生產和運輸都要快，只有這樣才能適應國際市場的新潮流。" 以電子業為例，前幾年國外流行電子遊戲機時，香港電子廠商就應時生產，賺取了優厚利潤。1983 年電子遊戲機走向低潮，這些廠商又立即轉而加工裝配更時髦的個人電腦，承接美國電腦公司的大量訂單。1982 年美國實行新法例，規定家庭電話使用者不必得到電話公司批准就可自行選購電話，香港廠商聞風而動，頓時有 150 多家電子廠爭相生產各種家用電話，大大刺激了電話機生產。又以塑膠行業為例，大多數塑膠製品從最初設計、構思到投產，新加坡需要十個月，美國需要八個月，日本需要五個月，而香港只需要三個月。高效率使香港產品緊緊跟上了國際潮流。

此外，香港的運輸裝卸效率在遠東首屈一指，停泊葵涌碼頭的集裝箱貨船平均只需停留 13 個小時，停泊港口內進行裝卸貨物的船隻平均只需逗留兩天半到三天；香港空運及處理貨物所需的時間，入口貨平均 40 個小時，出口貨平均 17 個小時。由於生產效率高，海外大量訂單尤其是應急訂單源源不斷流入香港。

4. 信譽觀念

香港的廠商都把建立良好的信譽看作是價值極高的 "無形資產"，對其極為珍惜。在香港，具有一定規模的工廠，均設有品質控制部門，很多出口商聘有品質檢察員；香港海關貿易管制部亦設有貿易投訴組接受海外買家對訂單執行情況的投訴。為保持和提高已建立的商譽，大多數港商都是自律的。他們嚴格履行與客戶簽訂的合約，準時交貨，保證品質。香港志順電業有限公司的鄭起北告訴我們，一次為了準時交貨、保持良好商譽，他們甚至耗費 14 萬港元用飛機空運貨品給客戶，虧本也在所不惜。香港依利安達電子有限公司主席兼董事總經理蘇章盛說："海外買家一般選擇信譽高的港商為交易夥伴，他們把準時交貨看作能否做成生意的前提。"

5. 人才觀念

香港的廠商十分重視人才，視之為企業最重要的資本。許多廠商不惜重金聘請海內外專業人才，特別是金融、工商管理等實用性人才。這些人才，大多從國外學成歸來，精通英語，熟悉財經、金融、工商管理等專業知識，瞭解國際行情，與國外聯繫密切，因而對港產品打入國際市場極為有利。香港的大專院校，特別重視培養這類實用性人才。由於社會重視人才及對外經濟發達，整個香港社會的商業素質都較高，連商店的售貨員其至街邊小販都能用簡單外語推銷商品。越秀企業有限公司董事長梁尚立深有感觸地說：“人才缺乏是中國貫徹沿海經濟發展戰略的難點之一。我們曾想在廣州找幾個能用英語進行貿易談判、推銷的人員，結果都不能如願。懂英語的不懂經濟，懂經濟的不能熟練運用英語，而懂經濟的往往又多是搞基礎理論的，像香港這類實用人才實在太少了。”這是長期封閉和不重視知識、人才的結果。

6. 法律觀念

現代商品經濟的正常運轉需有嚴密、詳盡的法律保證。這套法律，用香港人的話來說，就是市場經濟的“遊戲規則”。因此，現代商業觀念還有個重要內容，即法律觀念。它主要有三層含義：第一，要知法守法，必須熟悉法律，在法律允許的範圍內從事經濟活動。香港貿易發展局的鄧錦棠先生說：產品外銷要注意海外市場有關法律規定，如玩具輸入日本要符合“ST”標準，電器產品及食品輸入美國要分別符合“UL”規定和衛生法。國內有些單位往往只按國內標準生產，而非根據海外法律規定的要求生產，結果造成損失。第二，要用法律保障自身利益。當出現貿易糾紛時，香港廠商一般都聘請律師通過商業仲裁途徑解決，保障企業權益。香港政府還通過國際組織或法律來保障香港廠商的利益，如根據國際關稅及貿易總協定和多種纖維協定，維護香港的貿易權利，嚴格遵守雙邊貿易協定，避免給進口國提供實施限制的藉口。第三，鑽法律空子，如香港廠商特別重視聘請海內外律師，研究進口國的稅法及如何避稅的問題。

二、多層次拓展的對外貿易架構

香港是國際著名的自由港，資金、貨物、人員進出境基本自由，香港政府長期奉行積極不干預的經濟政策，其社會經濟具有突出的自由、開放、國際化的特徵。適應這種體制，香港逐步形成了官方、半官方、民間工商團體等多層次的對外貿易拓展架構。

1. 官方機構

香港一向信奉自由貿易，其對外貿易關係的基礎，是關稅及貿易總協定和多種纖維協定。香港政府對外貿易關係政策的宗旨，便是在上述協定的基礎上推進自由貿易，一方面維護本身的權利，另一方面亦履行本身的職責。香港政府管理對外貿易事務的最高決策機構是布政司署工商科，它負責貿易署、工業署和香港海關等三個獨立部門的政策安排和統籌工作。

貿易署是直接負責香港貿易管理的政府部門，其主要職能：（1）處理與外國政府的貿易關係，施行各項貿易政策及協定；（2）執行紡織品出口配額制度；（3）簽發產地來源證、出入口貨品的簽證。貿易署下轄兩組五科，其中多邊貿易及北美貿易組由兩個科組成，一個科負責香港對外的多邊貿易關係，搜集一切影響香港貿易利益事件的資料，並就應付事件的政策提出建議；一個科負責處理香港對北美（美國及加拿大）的貿易關係和輸往該區的紡織品內部配額。另一組即世界其他地區及制度組，設有三個科，第一個科負責處理香港與歐洲共同體（歐盟的前身）及土耳其的貿易關係及有關紡織品內部配額；第二個科負責歐洲共同體、土耳其、北美以外的地區，並負責為該署的工作（其中包括紡織品出口管制制度）籌劃及推行電腦化計劃；第三個科負責香港紡織品出口管制制度的各方面政策、簽發產地來源證及紡織品之外的物品的出入簽證，並執行食米管制計劃。

香港政府還在布魯塞爾、日內瓦、華盛頓、紐約、三藩市和倫敦等地設立海外辦事處，協助貿易署代表政府處理有關香港貿易利益的日常事務，並及時提供對香港經貿發展有重大影響的國際動態資訊。

2. 半官方機構

香港半官方對外貿易機構主要有香港貿易發展局、香港出口信用保險局、香港貿易協進局、香港生產力促進局以及港日經濟合作委員會、港美經濟合作委員會等。這些機構多係法定組織，活動經費主要來自政府撥款津貼、海關稅款或服務收費。其主要職能是為香港廠商的產品出口提供各項服務，以促進香港對外貿易的整體發展。

香港貿易發展局是一個法定組織，於 1966 年根據《香港貿易發展局條例》（香港法例第 1114 章）而創立。其主要職責：（1）促進、協助及拓展香港的對外貿易，特別是出口貿易；（2）向政府推薦本局認為能夠促進香港出口貿易增長的任何措施。香港貿易發展局主席由港督委任，理事會其他 19 名成員由各大商會代表、金融界及工商界領袖以及兩位政府高級人員擔任。首席行政人員為執行總幹事，全面負責該局日常事務。該局下轄六個部：（1）貿易擴展部。負責籌辦及策劃該局直接和間接的貿易拓展活動，包括參加及舉辦各類國際貿易展覽會、組織及接待各種貿易訪問團。（2）貿易諮詢部。負責向香港及海外的廠商免費提供各種貿易諮詢服務。（3）宣傳部。主要負責發佈該局在世界各地的拓展資料，包括向香港及海外傳播媒介提供新聞稿、宣傳影片，出版並發行該局的《香港企業》《香港家庭用品》《香港時裝》《香港玩具》《香港珠寶鐘錶》和《香港電子產品》等刊物。（4）研究部。主要負責為工商界提供與貿易有關的資料，還包括市場及產品分析，協助該局制訂貿易拓展方針，提供貿易發展資料，以及制訂產品拓銷建議和編撰經濟簡報等。（5）設計部。負責創造及保持該局在香港及海外的整體視覺形象，替該局的拓展活動構思及創作達國際水平的設計。（6）行政局。下轄的海外協會組負責管理港美、港日經濟合作委員會事務及監管九個海外協會的活動。香港貿易發展局還在荃灣、觀塘設立辦事處，並在海外設立23個辦事處，負責處理一切商務詢問、提供最新的貿易和經濟資料，並向有意與香港發展貿易的外地商家提供意見。該局全部活動的經費，來自向香港所有進出口貨物（進口糧食除外）徵收的萬分之五的從價稅淨額以及其他雜項收入，如廣告費和銷售刊物所得的款項。

香港出口信用保險局亦係一法定機構，其主要職責是向香港的出口商和製造商提供一般商業保險機構不肯承包的風險保障，包括海外買家的商業風險及進口國家的政治風險，藉以加強香港出口的競爭能力。賠償額最高可達90%。該局還可協助保戶憑保單從銀行獲得貿易信貸及出口單貼現服務。保險局還協助保戶解決收款困難，並提供海外市場的政治和經濟資料，以及海外個別買家商譽信用方面的資料。該局以政府撥給的2,000萬港元為資本，以商營方式進行服務，政府還保證承擔該局不超過42億港元的負債額。

香港貿易協進局負責進行簡化貿易文件和程序的工作。香港生產力促進局則協助廠商改善生產、提高效率、降低成本，以加強港產品出口競爭能力。

3. 民間工商團體

香港的民間工商團體有200多個，大體可分為四類，分別是：（1）綜合性商會，如香港總商會、香港中華廠商聯合會、香港中華總商會、香港工業總會等；（2）行業性商會，如香港製衣業總商會、香港錶廠商會、香港毛皮廠商聯合會、香港出口商會等；（3）區域性商會，如九龍總商會、觀塘工商聯合會等；（4）外國商會，如美國商會、英國商會、印度商會等。

這些民間工商團體的主要功能：聯絡同業，傳遞資訊；組織會員，舉辦各類促進出口的活動；採取應變對策，聯合對抗海外貿易保護主義。此外，香港總商會、印度商會、香港工業總會、中華廠商聯合會及中華總商會還獲政府授權，負責簽發產地來源證工作。香港民間工商團體的活動經費一般來自會員會費及服務收費。

三、香港對外貿易架構的基本特點

1. 貫徹積極不干預原則的服務導向型架構

香港多層次的對外貿易拓展架構，充分體現積極不干預原則。香港政府認為，香港是自由市場經濟，經濟的發展主要取決於市場力量和企業競爭能力，政府的主要職責，不是代替企業直接參與經營活動，而是為企業提供服務諮詢和必要的保障。當然，政府亦不排除必要的管理，如貿易署對香港紡織品出口的配額管理、進出口簽證管理及產地來源證管理。這種管理的目的主要有兩個：（1）履行香港在有關國際貿易協定中所承擔的責任，以利於維護及保障香港對外貿易的合法權益，為香港廠商拓展國際市場創造有利的環境；（2）協調香港廠商間的利益，促進香港對外貿易的整體發展。例如對香港紡織品的出口配額管理，基本上是根據商號上一年使用配額的實績來分配來年的配額，同時設立退回配額方案及配額轉讓制度，以鼓勵配額持有者將未能使用的配額及早交出，使香港總的配額獲得最充分的運用。可見，香港政府對外貿的管理，從某種意義上看，實際上也是對廠商的服務。

香港政府還以各種形式的資助扶植建立不少半官方機構以及協助和推動民間工商團體來為企業提供各種服務。這些服務包括：（1）為香港廠商提供海外貿易資訊及諮詢服務。如香港貿易發展局電腦資料處理組儲存的貿易資料就包括三萬多家香港廠商、出口商及入口商以及十萬多家海外入口商的資料，以供香港廠商及出口商拓展市場之用。貿易諮詢部平均每年提供的貿易諮詢亦達 1.7 萬宗。（2）協助香港廠商拓展國際市場。如香港貿易發展局經常協助香港廠商參加香港及國際的大型展覽會以推銷港貨，並組織貿易團訪問海外各主要城市，僅 1987 年就舉辦了 80 多項大型國際活動，此外每年還接待約 280 個訪港貿易團，擴大香港廠商與海外市場的聯繫。（3）為香港廠商出口提供方便及保障。如香港出口信用保險局及香港貿易協進局的工作。（4）協助香港廠商改進產品、提高品質，樹立港產品優質形象。如香港生產力促進局設立微型電腦處理實驗室、熱處理實驗室等，推動廠商提高產品質素；香港工業總會亦設立"香港優質產品標誌"，協助廠商建立和維持品質管制制度。（5）提供商業仲裁，加速處理貿易糾紛，如香港總商會、香港海事法例及仲裁協會等。

2. 分工明確，整體協調

香港的官方機構、半官方機構和民間工商團體三個層次之間在促進香港對外貿易發展中分工明確，各有專責。根據香港的經驗，以半官方機構形式拓展外貿，往往比官方機構更為有利，易於與當地商人溝通和洽談，而在對抗海外貿易保護主義時，由民間工商團體出面往往能起到官方不能起的作用。如香港錶廠商會在法國實施保護主義，限制港製電子錶入口時，曾發動抵制法國白蘭地酒的運動；亦曾就美國公司實行收電子錶技術專利費一事進行斡旋，使香港錶商少付 8,000 萬港元的專利費。官方、半官方及民間工商團體還密切聯繫，互相配合。各層次之間儘管沒有垂直領導關係，但在拓展出口貿易活動中，香港貿發局實際上起了統籌作用。貿發局每年制定貿易拓展計劃時，都向貿易署和各民間工商團體徵詢有關產品種類及市場方面的意見，計劃制定後又提前列出拓展活動安排，印發給香港廠商及出口商，使之能根據自身需要，選擇參加有關活動。該局還成立電子、皮草、珠寶、成衣、玩具、鐘錶等工業諮詢委員會，該局執行總幹事又是出口信用保險局諮詢委員會的當然委員，參與保險局的決策工作。透過貿發局的聯繫，香港對外貿易各機構之間互相配合，整體協調，有效地推動了香港對外貿易的迅速發展。

3. 精簡、高效

精簡、高效是香港外貿拓展機構的又一重要特點。香港貿易署負責紡織品出口配額管理工作，每年發放的出口許可證 300 萬張、生產來源證 80 萬張，由於全部實行電腦管理，從企業申請交單到核實配額、發證，只需兩個工作日，全署員工僅 700 多名。香港貿易發展局由於是半官方機構，避免了官僚機構那種條條框框的束縛和層層審批的限制，從決策到執行的過程跳過了中間環節，大大縮短時滯，提高了效率。

四、以市場需求為導向的現代企業行銷策略

一項有效的市場行銷策略通常由產品、價格、銷售渠道、促銷等要素組合而成。香港廠商注重根據國際市場需求的變動及企業自身的特點制定各項具體行銷策略，並使之互相配合，從而在國際市場競爭中佔有優勢。

1. 產品策略

香港廠商產品策略的最顯著特點,就是靈活善變、適應性強,能緊跟國際市場潮流。香港缺乏天然資源,其出口貿易能夠不斷地發展,關鍵在於靈活經營及出口產品對國際市場需求具有高度適應性。

其一,他們注重利用國際上的最新技術,仿製新產品,追趕國際潮流。戰後以來,國際市場競爭日趨激烈、產品生命週期越來越短,新技術、新產品層出不窮。香港廠商多為中小企業,缺乏研製新產品的條件,為此他們注意揚長避短,充分利用國際上的最新技術,仿效新花樣,努力改製和仿製新產品。他們針對生產中的關鍵環節,或購進單項先進設備和技術進行仿製改造,或購買新元件加以組裝,或與海外名牌廠商合作生產,想方設法使自己的產品趕上世界潮流。以香港鐘錶業為例,他們為了與瑞士、日本等鐘錶王國競爭,從上述兩國大量進口錶芯,並從日本、德國(當時的西德)進口自動控制銑床等先進設備來加工錶殼花樣,按海外買家及國際市場需求進行生產。70 年代初,香港基本上只生產機械錶,70 年代中期當國際市場開始流行電子錶時,香港廠商立即轉而生產電子錶。近年來,石英行針電子錶由於兼具電子錶和機械錶的優點而備受歡迎,香港廠商又立即從國外引進有關技術和設備,大量生產。"水錶"、岩石鐵殼錶剛在瑞士興起,香港廠商已開始商業性生產。70 年代末期以來,香港鐘錶出口量一直雄踞世界首位,出口值亦在前三名之列。香港工商界很重視掌握國際市場需求動向,一有新產品問世,他們就想方設法把新產品的模型、樣品弄回香港,供企業研究、仿製、改造,使企業能以最快速度推出自己的新產品。

其二,香港廠商重視研究和推出適合各國消費者品味、心理需求的產品。如香港玩具業,瞭解到今年(1988 年 —— 編者註)歐美市場消費者口味已從"尋刺激"的玩具轉向"溫情性"的玩具,"椰菜娃娃"大行其道,香港廠商不僅立即生產這類玩具娃娃,而且還生產玩具娃娃的"專用"傢俱、口紅、香水、假髮、帽子和衣裙等,僅"椰菜娃娃"時裝,香港廠商就設計和生產了 50 多種款式,受到歐美消費者的普遍歡迎。

香港廠商產品策略靈活善變、適應性強的特點還突出表現在其與國際貿易保護主義的鬥爭上。近年來國際貿易保護主義日趨嚴重,對香港成衣紡織品出口的配額限制日益嚴格,針對配額不足問題,香港廠商一方面積極開拓日本等其他海外市場,另一方面不斷調整產品結構。例如，香港紡織品輸往歐美受配額限制以後，就轉而生產人造纖維成衣；70年代初人造纖維成衣亦受限制，便轉向毛質成衣；毛質成衣受限制後又轉而發展皮革和絲質成衣，並逐漸向時裝化和高級化發展，以高增值的高檔貨奪取世界成衣市場。

近年來，隨着產品逐漸朝優質化方向發展，香港廠商對產品質素的要求日益嚴格。為保證港產品符合國際市場所制訂的規格和要求，稍具規模的工廠都設有品質控制部門，很多出口商亦聘有品質檢查員，經常前往有關工廠檢查產品是否符合買家的要求。香港的品質檢定服務業發展很快，工業署所提供的資料顯示，目前香港提供試驗及檢定服務的商業機構超過30家，其服務範圍主要有：（1）付貨前檢查服務；（2）全面性品質保證服務；（3）根據海外檢定機構所制訂的標準測試產品；（4）提供海外最新的標準檢定的有關規則資料，供廠商參考。此外，香港海關貿易管制部貿易投訴組還負責接收海外買家對訂單執行情況的投訴、品質檢查，有效地提高了港產品在國際市場中的信譽和競爭能力。

2. 價格策略

香港產品的價格策略總體而言是走低價路線。其具體做法是，以微利甚至無利的低價全力推出新產品，爭取以最快的速度滲透市場，進而佔領市場。因而香港產品總是以價廉物美的形象出現在國際市場上。再以鐘錶業為例，瑞士是傳統的手錶王國，其手錶業已有300多年的歷史，向以精良和名貴聞名於世；日本鐘錶走的則是"中檔路線"，追求品質和實用效果，70年代初已與瑞士並駕齊驅；香港鐘錶業起步較遲，但它走的是低價路線，採取薄利多銷策略，因而很快佔領了世界低檔鐘錶市場。1977年及1978年港製手錶出口量先後超過瑞士、日本而躍居世界第一位，1985年香港手錶出口量已分別是日本、瑞士手錶出口量的5倍和13倍。這樣，香港就與瑞士、日本三足鼎立，瓜分了世界手錶市場。近年來，隨着香港產品市場的多元化及高質化，部分產品的價格亦開始轉向"高中檔路線"，特別是打入日本市場的皮革、珠寶和時裝等。

香港產品的價格多數是根據國際市場的需求和競爭程度來制定的，一般採用反向定價法及競爭定價法。前者是根據海外訂單上所確定的價格，即海外買家及消費者所願意接受的價格，來設計產品，確定產品的目標成本和費用，然後才組織生產和銷售；後者則根據國際市場上同類產品的價格水平，以確定自己產品的價格，使之具有較強的競爭性。這些定價方法不僅有利於港產品打入國際市場，而且迫使廠商努力改善經營管理，節省費用，降低成本，提高效率。

3. 銷售渠道策略

香港產品的銷售渠道策略的主要特點是藉助和利用國外已有的銷售網絡，採取出口代理制度或經銷制，通過協議，指定有出口經銷能力的商行代理或經銷。代理制度或經銷制的好處是：（1）因瞭解當地消費者的需求，所以代理或經銷商訂的貨都有銷路；（2）熟諳消費者的心理和習慣，能贏得消費者的信賴；（3）生產企業可節省人力物力和時間。一般說來，香港廠商對同一商品在同一市場上只委託一家代理或經銷，以避免惡性競爭。在選擇代理或經銷商時，相當慎重。選擇對象主要是當地一些有信譽、有實力的商行，並使之有利可圖，以便長期合作。以日本市場為例，日本的分銷網絡異常複雜，港產品很難直接打入日本市場。香港廠商經過調查，發現日本百貨連鎖店的經營特色是從海外或本地製造商那裡直接進貨，能避開進口商、經銷商、批發商等層層環節，因而是港產品打入日本市場的最佳途徑。於是香港廠商直接與日本連鎖店掛鉤，利用其龐大的分銷網絡推廣港產品。如 1984 年，香港貿發局與日本數一數二的愛克集團進行合作，繪製各款時裝設計圖樣，交給有意打進日本市場的香港成衣製造商製成樣品，送給日本愛克集團屬下各連鎖店挑選，然後由愛克集團直接跟香港廠商接洽，簽訂訂貨合同。這樣使港產品進入愛克集團設於日本主要城市黃金地帶的 600 多家連鎖商店，直接與消費者見面。

此外，也有部分香港大公司到海外直接設立分公司或與當地人合資設立分公司，直接建立企業產品銷售網。但這一般只限於經濟實力雄厚的大公司，以及市場容量很大的產品，否則便不划算。

4. 促銷策略

香港廠商多為中小企業，由於缺乏雄厚資金和人力，因而主要是依靠貿發局和工商團體在海外市場進行整體性或行業性的促銷活動。他們的主要做法是：（1）利用在海外的半官方貿易機構展開促銷活動。香港貿發局在海外設有 23 個辦事處，還成立了港日、港美的經濟合作委員會，以及在主要出口市場所在地設立貿易協會。這些機構經常與當地具有影響力的工商團體和官員聯絡，宣傳推銷香港產品，並向香港廠商提供市場訊息，構成香港廠家在海外的促銷網絡。（2）通過貿發局組織貿易代表團到主要海外市場推銷港產品。僅去年（1987 年 —— 編者註）就曾組織多個貿易團到美國、歐洲、中國內地、中東和日本訪問，隨團出訪的香港廠商攜帶樣品、貨單以及各種宣傳品，到海外進行業務性的宣傳，洽談生意，拓展貿易。（3）參加國際性展覽會以及在香港及海外市場舉辦貿易展覽會。在各類促銷活動中，功效最大的應數舉辦或參加展覽會，這可達到把香港廠商及其產品直接介紹給海外買家的目的。（4）利用貿發局及各工商團體出版發行的各種刊物，為港產品做廣告。

（原文載香港東南經濟信息中心：《世界市場信息》第 8—10 期，
1988 年 8 月 12 日—9 月 10 日，作者為梁秩森、馮邦彥）

香港製造業發展路向與策略

【摘要】80 年代以來，面對香港經濟結構轉型及內憂外困等種種難題，香港製造業何去何從，其在未來香港經濟中的地位及作用如何，這些問題已在香港社會引起廣泛討論，其中最具代表性的兩種觀點是"空殼論"和"平衡論"。本文對這兩種觀點進行了深入分析，並指出製造業對香港經濟的重要性，同時提出，為加速香港製造業從勞動密集型轉向資本技術密集型，使其在國際市場新一輪競爭中建立新的比較優勢，並使香港經濟的多元化發展有一個平衡的架構，當前亟需解決幾個問題，包括港府重新檢討現行工業政策，加強對工業升級轉型的扶持；改善投資環境，積極爭取海外公司來港投資製造業；加強香港與內地之間的科技合作。

一、對"空殼論"與"平衡論"的分析

面對香港經濟結構轉型及內憂外困等種種難題，香港製造業何去何從，其在未來香港經濟中的地位及作用如何，這些問題已在香港社會中引起廣泛討論，當前有兩種具代表性的觀點。

其一是所謂"空殼論"。這種觀點認為，隨着香港製造業的大規模北遷（或南移，"六四"事件後有加強的趨勢），企業留港部分只剩下營業部、財會部，具規模者尚有產品設計部及品質檢驗部，製造業將出現"空殼"趨勢。香港將全面發展第三產業，進一步演變為南中國亞太區的金融貿易服務中心，並步倫敦、紐約的後塵，成為商業大都會。香港大學張五常教授認為，在未來五至十年內，香港將有大部分工業轉移到內地，屆時香港不必被迫應用高科技，但應發展產品設計、財經管理等服務行業，香港將從"工廠"變成"半辦公室"的形式。香港經濟研究協會會長李剛表達得更明確，他認為，隨着轉口貿易的復興及工廠北遷，香港再度回復到"商埠"角色，而工業中心則似乎已完成了它在香港經濟發展史上擔任的過渡角色任務，功成身退。**01**

01

參閱《華僑日報》，
1988 年 12 月 12 日。

其二可稱為"平衡論"。這種觀點擔心香港過分依重服務業而忽視製造業的傾向，認為香港經濟應保留具高科技的、有競爭力的製造業，以維持一個平衡的經濟架構。香港生產力促進局執行總幹事陳少感認為，香港不宜依賴不平衡服務導向發展經濟，香港在 90 年代應繼續發展製造業，以使經濟能經受任何衝擊而屹立不倒。[01]香港總商會主席李鵬飛亦指出：香港經濟在穩定地轉向第三級環節發展，具有領導南中國國際發展的希望之際，應維持一個可行的、以本地為基礎的製造業環節，這個環節必須能夠與亞洲新興工業國家發展一日千里的高科技工業競爭，以使香港維持一個平衡的經濟架構。[02]

上述兩種觀點中，似乎後一種觀點更值得引起人們的重視。理由是，從歷史看，戰後以來，製造業一直是香港經濟的重要支柱，至今仍然是香港經濟中一個非常重要的組成部分，它每年的生產總值超過 2,000 億港元，佔本地生產總值的五分之一以上；它 90% 以上的產品銷往海外市場，是香港外匯收入的主要來源；它提供的就業職位，仍超過本地勞動力總數的三分之一。製造業一旦式微，將造成嚴重的結構性失業，這是金融、貿易等服務行業所不能解決的。一般而言，金融、貿易等服務行業的資本集約程度高於製造業，同等數量的資本投於金融業，所能僱傭的人員遠少於製造業。且雙方所需人員的文化素質、技術水平差異很大，大規模轉向服務業，勢必引發嚴重的就業問題。

從現實看，製造業仍然是香港經濟的基礎。據香港工業總會計算，1983 年製造業對香港經濟的直接貢獻，即其佔本地生產總值的比重為 22.7%，而製造業對香港的間接貢獻，即由其引發的其他行業的活動，如電力、煤氣、水、建築、進出口、飲食、運輸、財務、保險等行業，約佔本地生產總值的 18.5%，因而製造業對香港經濟的總貢獻佔本地生產總值的 41.2%，製造業的發展為香港服務業帶來可觀的營業額，製造業的式微勢將打擊服務業。

01

參閱《文匯報》，1989年7月18日。

02

參閱《商報》，1989年4月25日。

香港《信報》專欄評論家麥嘉華指出："當生產一旦移往中國（內地）進行後，香港的服務部門遲早會步其後塵。工廠勞工將需求銀行和商店，而製成品需要有效率地包裝、承保和運輸，代表着深圳的機場和海港將增加其重要性，深圳的出口貨物將直接從其飛機場和港口輸往外地，從而奪走葵涌貨櫃碼頭和香港機場的運輸生意。當香港一旦喪失其工業生產、運輸和轉口功能後，她的經濟將開始遭受嚴重打擊。" **01** 這番話雖似有誇大之嫌，但亦道出了製造業與服務業的關係。可見，製造業的發展，有利於香港保持及發揮其作為南部中國服務中心的功能和優勢，而若以服務業為基礎，勢必使香港經濟更加依賴外部經濟，增加了經濟的無根性及投機性，波動必然更大。

01

參閱《信報》，1989 年
3 月 13 日。

同時，一個高科技的、具競爭力的製造業的發展，有利於擴大內地同香港經濟合作的基礎，增強互補性、減少惡性競爭。目前，兩地的出口產品結構大體相近。隨着先進技術設備引進、香港工業北遷及沿海開放地區經濟水平的提高和產品升級換代，內地將成為香港強大的競爭對手，這將削弱兩地合作的基礎。而香港製造業逐步向高品質、高附加值及高科技方向發展，則有利於保持香港的領先地位，吸收國際先進技術及追趕國際消費潮流，繼續利用內地廉價勞力及土地作低成本生產，保持其在國際市場的競爭力，同時亦能帶動內地工業升級轉型。由此可見，製造業的發展及轉型，對於維持香港平衡的經濟架構及繁榮穩定、對於兩地經濟關係的發展，均具有現實意義和長遠意義。

二、值得重視的幾個問題

為加速香港製造業從勞動密集型轉向資本技術密集型，使其在 90 年代國際市場新一輪競爭中建立新的比較優勢，並使香港經濟的多元化發展有一個平衡的架構，當前亟需解決以下幾個問題：

第一，港府重新檢討現行工業政策，加強對工業升級轉型的扶持。70 年代中後期之前，港府對製造業的發展基本是實施不干預政策，僅在架構上作有限支持，如培訓人才、售賣工業用地等。進入 80 年代，特別是 1982 年工業署成立以來，港府對製造業的支持轉趨積極，主要是：（1）在基礎設施方面的支持，包括工業用地供應、勞工訓練、通訊、運輸、水、電力、燃料、原材料、金融及其他商業服務的保證等，使製造業所需的生產要素得到滿足；（2）提供支持性服務，以提高生產率、改進品質及促進產品更新。為此港府成立了一系列機構，包括早期成立的生產力促進局（1967年）、香港設計革新有限公司（1986年）、香港塑膠技術中心（1988年）等。港府還成立科學與技術委員會及科技大學，籌建香港品質保證局、科技中心及將軍澳工業村等，這些措施有助於促進製造業發展。不過，基於港府"積極不干預"政策的局限，上述措施基本仍停留在間接性支持而非實質性支持的層面，且多屬補救性、滯後性的，遠水難救近渴。香港電子協會主席李樹強認為，港府每年給電子業的科研資助僅1,000萬港元，可謂杯水車薪，相比之下，台灣每年撥給電子業及資訊業的科研費用高達5億美元，情況持續下去，香港電子業將受嚴重威脅；而港府興建科技中心，費時數年，不過是門面裝飾及推延戰術，不能合乎電子業迅速發展的要求。香港工業總會主席張鑒泉亦批評港府在這方面的"遲知遲覺"。

面對製造業結構性調整及日益嚴峻的經濟環境，港府似乎有必要重新檢討現行工業政策，從香港製造業的優缺點出發，研究亞洲新興工業國家（地區）的產業政策及歐、美、日等工業國家的市場動向，制訂出一套長短期結合的、完整可行的工業發展政策。從短期看，港府應加強對製造業特別是高品質、高附加值、高科技發展潛力較大的行業或產品的直接資助和扶持；從長遠看，應加快科技大學、科技中心、工業村以及一系列相關組織的籌建，並使之配套成龍，形成一套吸納及推廣應用型較強的國際先進科技的機構系統和機制，適應香港製造業以中小型企業為主的特點；此外，在基礎設施及提供支持性服務兩個方面亦作相應的改革和配合，以便有效地推動製造業從勞動密集型轉向資本技術密集。明確地說，港府應加快進行政策的轉換，從積極不干預轉向積極扶助政策。

第二，改善投資環境，積極爭取海外公司來港投資製造業。近年來，儘管面對亞洲國家的激烈競爭，香港憑藉其優良的投資環境及港府的努力，在吸引外資方面仍取得了很大進展。據統計，截至1987年底，外商投資港製造業總值以原值計算約達211億港元，比1986年底增長7.5%，差不多等於1984年投資額的兩倍。全港外商企業達593家，僱傭勞工10.3萬人，佔全港製造業勞工總數的11.8%。其中佔最大比例的是美國（36.4%），其次是日本（26.6%）、中國內地（8.2%）及英國（7.1%）。外商投資的主要行業是電子（40.3%）、製衣及紡織（9.6%）、電器（8.6%），從實踐看，外資在香港製造業升級轉型中正扮演日益重要的角色，這是因為：

（1）外資企業增加有利於改變香港製造業以中小型企業為主的結構。目前，外資企業平均僱傭人數為 174 人，是全港製造業企業平均僱傭人數的十倍。

（2）引進外資為香港製造業帶來新的技術、產品及有關專業知識，如美國萬力半導體集團在大埔工業村發展的"矽港"計劃，落成後將成為萬力集團的亞太區總部、地區電腦中心、半導體設計和生產中心。[01]

01

邢慕寰、金耀基合編：
《香港之發展經驗》，
中文大學出版社，1985
年。

（3）外資企業對推動中小企業的技術進步起了"催化"作用。在香港這種小型經濟中，勞工的流動性極大，訊息傳播亦極快，而外資企業中，44.2% 是與本地企業合資經營，因而本地企業能很快藉由向外資企業學習、模仿取得經驗，並建立本地的工業與後者競爭，電子業便是典型的證明。最初，海外投資者壟斷了這個行業，但局面僅維持很短時間，本地企業便打破壟斷並奪取了大部分市場。這種技術擴散是外資企業對香港製造業轉型的最重要貢獻。

目前，外商在港投資所遇到的困難，主要是勞工短缺、工資偏高、工業用地不足且昂貴等。港府應把吸引外資作為推動製造業轉型政策的一個重要組成部分，並切實改善投資環境，如加緊將軍澳以及屯門三十八段、天水圍等工業村的計劃工程，以期在 90 年代取得更大進展。

第三，加強香港與內地之間的科技合作。中國內地的科研力量及科研成果，是香港製造業升級轉型的另一個有利的外部條件。內地有相當雄厚的工業基礎，在不少領域擁有先進技術及大批科技人才。加強兩地科技合作，把內地的科技力量與香港的資訊、市場結合起來，既可促進香港工業的轉型，又有利於加快中國內地科技成果的商品化過程，並將進一步擴大經濟合作的基礎。這個問題雖提出多年，但成效不大。關鍵是雙方經濟體制有差異，未能尋找出合作的有效方式及途徑。在這個問題上，香港因瞭解海外市場需求及商品走勢，政府及企業應主動與內地有關科研機構聯繫，尋找合作機會。內地沿海開放地區的政府及有關部門應積極配合，制訂明確的政策，以使雙方能在實踐中摸索出科技合作的有效形式，建立起相應的運作機制。

（原文載香港東南經濟信息中心：《世界經濟信息》，

第 13 期，1989 年 10 月 5 日）

香港經濟的奇跡

【摘要】 二戰後的短短數十年間，香港從遠東的轉口商埠迅速崛起，成為亞太區國際性服務中心、著名的商業大都會，所取得的成就令全球矚目，可以説是戰後繼日本、德國（當時的西德）之後的另一個經濟奇跡。香港學者甚至認為，"香港奇跡式的經濟成就幾乎是一個不可思議的謎"。本文首先分析了二戰以來香港經濟發展在貿易、金融、航運航空、資訊、旅遊、資本進入等各個方面所取得的成績，進而分析了戰後香港經濟的發展歷程和發展階段，在此基礎上深入分析了香港經濟奇跡的背後原因。從外部看，主要是戰後至 70 年代初期有利的國際經濟環境，以及"中國因素"所發揮的巨大積極作用；從內部看，主要是優越的地理環境和區位、獨特的歷史條件和經濟發展基礎、香港長期實行的自由開放的經濟政策及法治制度，以及香港企業家的堅韌應變能力和香港人的勤勞、智慧等。最後，本文簡要展望了香港回歸之後的發展前景。

一、戰後以來香港經濟取得的成就

二戰之後，香港經濟所取得的成就，具體表現在：

1.戰後，香港經濟高速增長，在人口急劇膨脹的情況下，人均本地生產總值仍大幅提高，1995 年已逾 20,000 美元，超過英國、意大利等西方發達國家，在亞洲僅次於日本，居"四小龍"之首，被世界銀行列為高收入地區。

2.1995 年，香港的進出口貿易值分別為 14,952 億港元和 13,253 億港元，在當年世界貿易中分別排名第七位、第八位。香港的貿易地位，已從 1979 年全球的第二十三位躍居第八位，僅次於美、德、日、法、英、意及加拿大，成績之佳令全球商界矚目。目前，香港共擁有逾十萬家貿易公司，匯集了各類採購公司、貨運代理商和貿易融資專才，組成了全球最龐大、技術最先進的專業隊伍，其市場網絡已伸延全球近 150 個國家和地區。香港已成為亞洲地區貿易展覽之都、舉世聞名的國際貿易中心。值得指出的是，根據世界貿易組織公佈的資料，1994年香港成為全球第十大商業服務出口地區，出口總值高達316億美元。

3. 香港已成為亞太區主要的國際金融中心之一，是國際性大銀行集中地，現時香港的接受存款機構已超過380家，而來自40多個國家的海外銀行在香港設立了超過150間辦事處，世界排名前百名的國際性大銀行已有85家在香港經營業務。香港的銀團貸款金額居亞洲首位，是全球五大繁忙的證券市場之一、亞洲第二大資本市場。1995年，香港躍居全球第五大外匯市場，日平均外匯交易量達910億美元，香港還與倫敦、紐約、蘇黎世並稱世界四大黃金市場，目前，香港已建立一個符合最高國際標準的監管架構，銀行業穩健活躍，業內資本充足比率平均達到17%，大部分銀行維持的流動資金比率已遠高於25%這個法定最低比率，盈利增長持續保持在20%左右。1995年底，香港金融管理局（簡稱"金管局"）管理的外匯基金，資產總額高達460億港元，折合590億美元，居世界第七位，而人均外匯儲備高居世界第二位。

4. 香港又是亞太區重要的航運、航空中心，與全球各地形成海陸空立體交通運輸網絡。香港作為世界三大天然良港，與世界逾150個國家和地區的460多個港口有航運關係，每年約有16.5萬艘遠洋貨輪和內河船隻到港，處理貨物超過1億噸。香港的葵涌貨櫃碼頭在1987年開始躋身全球第一大貨櫃港，1995年處理的標準貨櫃單位超過1,200萬個，已連續三年保持世界首位。1995年，由香港擁有、控制及管理的船隻數目已達1,161艘及5,600萬載重噸位，香港的船東已躋身世界最大船東和船隻管理者之列，與挪威、英國、希臘、日本等地同業分庭抗禮。香港的啟德機場已成為當今世界第四個最繁忙國際客運機場及第二個最繁忙的國際空運貨物基地。1995年啟德機場處理超過2,599萬名乘客及逾120萬噸貨物，而經營來往香港航班的國際航運公司超過60家。隨着赤鱲角新機場的落成，香港將繼續保持作為國際航運樞紐的地位。

5. 香港還是著名的國際資訊中心，擁有最先進的電訊科技，與全球各地建立了發達的資訊交流網絡。香港在世界各大城市中首先擁有全數碼系統的電訊設備，1995 年香港擁有 409 萬台電話機，普及率達每百人 66.6 台，在亞洲僅次於日本而居第二位，香港擁有的國際電話線路達 214 萬條，國際電訊使用率按人口平均計算屬全球最高。此外，香港在傳呼機、流動電話、圖文傳真機使用率方面均走在世界前列，到 90 年代初，傳呼機數量已有 30 多萬，每 20 個人當中就有一位擁有傳呼機，流動電話的普及性更排在世界第一位，圖文傳真線度為每 100 條商用電話線中佔 10 條，世界排名僅次於日本。在傳播業方面，香港出版逾 70 份報紙、定期出版逾 600 份期刊，共設有 15 個廣播電台、4 個無線電視台，1991 年及 1993 年香港先後開設衛星電視和有線電視。香港已成為全球資訊回饋最及時、最充裕的地區之一。

6. 香港是國際性旅遊中心，享有 "購物天堂" "美食天堂" 的盛譽，擁有世界一流的商店設施和服務，旅客來港目的以購物、渡假及商業為主，1995 年來港旅客人數高達 1,000 多萬人次，旅遊業已成為香港第二大收入來源。

7. 香港是國際資本的匯聚地，擁有來自多國多方的資本，包括華資、英資、中資、美資、東南亞資本以及其他各國資本，香港成為國際資本在亞太區的地區總部所在地，1995 年跨國公司在香港設立的地區總部和地區辦事處已分別達 782 家和 1,286 家，分別來自美國、日本、英國、德國、法國、荷蘭、澳洲、瑞典、韓國等地。隨着經濟的高速增長，香港的資本、財富的積累和集中達到相當可觀的規模，已湧現一批國際性大財團和世界性超級富豪。

有鑒於香港經濟所取得的非凡成就，1994 年美國《財富》雜誌將香港評為 "世界最佳商業城市" 的榜首；1995 年瑞士兩家權威的研究機構 "世界經濟論壇" 和國際管理研究所在其一年一度的世界競爭力報告中，將香港列為全球競爭力最強的第三個地區，僅次於美國和新加坡；1996 年，美國傳統基金會發表的經濟自由指標報告，將香港列為全球經濟最自由地區。

二、戰後香港經濟的發展歷程

戰後的香港經濟，概括而言可稱為出口導向型經濟，經濟增長的動力主要來自出口（包括轉口）的擴張，不過各個時期的側重點又有所不同。根據史丹福公司的劃分，戰後香港經濟的發展大致經歷了四個階段：（1）戰後經濟復原及轉口貿易復蘇時期（1947—1952 年）；（2）工業化時期（1952—1970 年）；（3）工業多元化及工業服務增長時期（1970—1982 年）；（4）經濟結構轉型時期（1982—90 年代）。

與絕大多數新興工業國家及地區包括亞洲其他三小龍相比，戰後香港經濟在進入"出口導向"階段之前，並未經過一個"進口替代"階段。戰後，發展中國家基於西方工業國家的掠奪、剝削的經歷以及長期存在的貿易逆差、國際收支不平衡等問題，在制定經濟發展戰略時，一般多從"進口替代"戰略開始，各國各地區經歷這一階段時間長短不一，長的如巴西、墨西哥等，經歷了數十年，短的如新加坡、韓國、台灣地區等，60 年代中已先後轉向出口導向戰略，香港可說是唯一的例外。

戰後一段時期內，香港經濟迅速復原，轉口貿易蓬勃發展，再度成為中國內地對外貿易的轉口港。不過，1952 年前後，兩個基本因素推動香港經濟走上工業化道路，進入出口主導階段：（1）朝鮮戰爭爆發後，以美國為首的聯合國對中國實施貿易禁運，香港地區的轉口貿易一落千丈，長期以來賴以生存的臍帶被卡斷，經濟增長的動力聚然喪失；（2）40 年代末，一批上海以及內地其他大城市的實業家南下移居香港，他們帶來了香港工業發展所需要的資金、設備、技術、企業人才以及與國際市場的貿易聯繫，為香港最早的工業 —— 最初是紡織業其後發展到製衣業 —— 奠定了基礎。就這樣，香港經濟躍上工業化的軌道，進入出口主導階段。

香港之所以沒經進口替代階段就邁上出口導向的道路，主要基於當時內外環境中的一些特定條件：首先，50 年代初香港人口僅 200 萬人，經濟及消費水平低、本銷市場極其狹小，製造業賴以發展的自然資源缺乏，加上香港長期擔任轉口港角色，大部分消費品依賴進口，市民對進口商品形成偏好，因此，實施進口替代策略缺乏市場及資源基礎。其次，香港自開埠以來一直實行"自由放任"的經濟政策，香港政府對經濟發展強調不干預主義，亦不會制定完整的經濟發展戰略，而"自由放任"政策，包括自由港政策和低稅制，對出口導向經濟則有天然推動作用。再次，從市場方面看，香港作為遠東的貿易轉口港，長期以來與國際市場形成密切聯繫，加上戰後世界各地日用消費品匱乏，香港又享有英聯邦特惠制，其產品輸往英聯邦國家和地區，享有進口稅低的優惠。種種原因促使香港越過進口替代階段而直接進入出口導向的工業化道路。1959 年，香港本地產品出口值在總出口值中首次超過轉口值，標誌着香港已從轉口商埠向遠東的出口加工工業中心和工商並重的城市轉變。

60 年代，香港的工業已奠定穩固的基礎，除紡織、製衣業外，一些新興的工業如電子、玩具、塑膠等也相繼興起。據統計，1960 年到 1970 年，香港的工廠已從 4,784 家增至 16,507 家，僱傭工人從 21.6 萬增加到 54.9 萬，分別增長 2.45 倍和 1.54 倍，1969 年，香港本地產品出口首次突破 100 億港元，1970 年達 123.5 億港元，比 1960 年大幅增長 3.3 倍，平均年增長 15.7%。其時，港產品出口佔香港總出口值的比重已高達 81%，香港已成為遠東地區出口加工中心，尤其是紡織製衣中心。1970 年，製造業在香港本地生產總值所佔比重高達 30.9%。這一時期，出口加工工業的急速發展推動了香港經濟的起飛，金融、保險、運輸、地產及建築業也得到相應的發展。

進入 70 年代，香港經濟開始向多元化及現代化發展，首先是製造業生產漸趨多元化，電子、玩具、塑膠及鐘錶業均迅速發展，但製衣及紡織業卻呈衰退跡象，其產品出口逐漸回落至總出口的 50% 以下。這主要源於世界貿易保護主義的抬頭和亞洲鄰近地區如韓國、台灣和新加坡等競爭對手的激烈競爭，其時亞洲其他三小龍已進入出口導向階段。1976 年以後，西方發達國家開始實施嚴厲的貿易保護措施，對香港的紡織成衣產品實施嚴厲的進口配額制度，香港的廠商唯有轉向生產高檔及優質產品的道路，同時發展多元化產品，這一時期，香港製造業的增長步伐有所放緩，但其產品出口仍有 9% 的實質增長。

隨着製造業和對外貿易的蓬勃發展，香港的金融、保險、商業服務、旅遊以及地產、建築業等迅速崛起，成為經濟發展中的重要環節。直至 1970 年，香港的金融業差不多全是由經營銀行業的商業銀行所構成。1970 年後，不同類型的金融機構，包括商人銀行、國際投資銀行以及本地小型財務公司紛紛成立，使香港的金融業轉向多元化發展。70 年代末，中國內地實行改革開放，香港的戰略地位迅速提高，國際性大銀行紛紛進入香港，香港迅速崛起為世界第三大金融中心（以外資銀行數量計算），僅次於紐約和倫敦。期間，旅遊業及商務旅行也快速發展，成為香港最重要的行業之一，高踞 80 年代初期出口盈利的第三位，1980 年香港旅客數量便超過

230 萬人次。此外，地產和建築業得益於香港經濟的持續繁榮，逐漸成為整體經濟中最重要的環節之一。

80 年代初，香港前途問題被提上議事日程，香港經濟一度因前景不明朗而陷入低谷，地產、股市崩潰，一度爆發銀行及貨幣危機。1984 年中英雙方簽訂關於香港問題的聯合聲明，中國政府宣佈在香港 "九七" 回歸後對香港實行 "一國兩制" 方針，維持香港現行的資本主義制度和生活方式 50 年不變，實行 "港人治港"，高度自治。這一系列方針政策迅速恢復了港人和投資者的信心，從 1985 年起香港經濟進入新一輪繁榮時期。

這一時期，香港經濟的基礎和主要支柱 —— 出口加工工業，由於受到內外兩方面的壓力，正陷於困難境地：在國際市場，隨着西方經濟的不景，國際貿易保護主義正愈演愈烈，加上新加坡、韓國、台灣以及東南亞各國的強有力的競爭，國際環境對香港越來越不利；在內部，香港又面臨勞工短缺及工資、土地價格等經營成本大幅上漲的困擾，原有的勞動密集優勢正逐漸喪失，而新的比較優勢又因企業規模細小、科技基礎薄弱以及香港政府對工業的不干預政策而遲遲未能建立，整個產業的升級轉型困難重重。幸而，中國內地的改革開放日趨擴大、深化，推動了香港製造業大規模內遷，兩地逐漸形成 "前店後廠" 的分工格局，以珠江三角洲為核心的華南地區成為香港工業的大規模生產基地，香港則演變成地區性的工業支持中心。香港製造業的內遷刺激了轉口貿易的蓬勃發展，香港再度確立為中國內地對外貿易的轉口港，從而帶動了香港的金融、保險、航運、倉儲、地產、建築以及旅遊、資訊等服務行業的發展。這一時期，香港的經濟結構從出口導向的加工工業和工商並重城市，轉變為港口帶動的服務經濟體系，並逐漸演變為亞太區最重要的國際性商業中心，包括國際性的貿易中心、金融中心、航運及航空中心、資訊中心及旅遊中心，並成為國際資本的匯聚地、國際市場與中國內地連接的橋樑和樞紐。

三、香港經濟奇跡的背後原因分析

戰後，香港創造了舉世矚目的經濟奇跡，躋身經濟發達國家及地區行列，原因是多方面的，既有外部的有利條件，亦有內部的特定因素。從外部條件來看，主要是戰後至 70 年代初期有利的國際經濟環境，以及 "中國因素" 所發揮的巨大積極作用。二戰後，西方先進工業國家在新一輪科技革命的推動下，其經濟進入了一個持續增長、相對繁榮的"黃金時代"，世界市場容量迅速擴大，減少關稅和國際貿易壁壘的自由貿易主義成為這一時期的主流。加上西方工業國家正進行產業結構調整，將勞動密集型產業轉移到發展中國家和地區，在國際市場上留下了勞動密集型產品的空檔，這為發展中國家和地區的經濟發展提供了良好的外部環境。這一時期，大部分發展中國家和地區或先後進入進口替代階段，或剛開始轉入出口導向階段，香港面臨的強有力競爭對手不多，遂得以把握時機迅速實現其工業化，及至 70 年代中期以後，西方經濟受"石油危機"影響逐漸放緩發展步伐，國際貿易保護主義抬頭，香港產品尤其是紡織、製衣產品受到進口配額的限制，但從另一角度看，這些配額又成為港產品在與鄰近地區競爭中保持市場份額的有效保證。

"中國因素"對香港經濟的發展更是至關重要。1949 年共和國成立後，中國政府對香港採取了"長期打算、充分利用"的方針，80 年代更提出以"一國兩制"方針解決香港前途問題，這些方針政策對香港的政治穩定和經濟繁榮發揮了重要的積極作用。香港成為亞太地區陷於戰亂或政局動盪的各國的資金避難所，大批資金的持續流入刺激了經濟的繁榮發展。早在 70 年代以前，中國政府本着對香港的支持，長期向香港提供其所急需的淡水，以及廉價的食用消費品、原材料等，成為香港經濟發展不可或缺的重要因素。踏入 80 年代，香港的國際環境日趨惡化，國際貿易保護主義和鄰近亞洲地區的激烈競爭，加上內部經營成本的大幅上升，使香港的製造業面臨困境，進退維谷。幸而，由於中國內地的改革開放，香港的製造業得以大規模內遷並利用內地廉價的勞力和土地資源，繼續保持其在國際市場的競爭力。這一時期，兩地貿易尤其是轉口貿易的蓬勃發展更帶動了香港的金融、保險、航運、倉儲及各類服務業，成為香港經濟增長的重要動力。毋庸置疑，"中國因素"對香港經濟的持續穩定繁榮已具有舉足輕重的影響。

誠然，香港之所以能取得非凡的經濟成就，還有其特定的內部因素，主要表現在：

第一，優越的地理環境。香港地處珠江口東側，瀕臨南中國海和太平洋，是中國南方的重要門戶，水路直通廣州，通過廣州同中國腹地構成極為方便的聯繫。從國際地理位置看，香港居亞太區的要衝，處於日本與東南亞諸國以及澳洲的航運要道上。香港的維多利亞海港，是世界三大天然良港之一，與美國的三藩市、巴西的里約熱內盧齊名，香港歷來被視為國際主要的商港之一。香港還處於世界的時區中心，與紐約、倫敦構成全球二十四小時全天候運作的金融市場。這種優越的地理位置，使香港具備了成為一個國際貿易、金融、航運中心的有利條件，吸引各國資本前來發展。

第二，獨特的歷史條件，1842 年香港被英國侵佔以後，逐漸發展成為遠東地區對中國內地進行轉口貿易的商港，經過逾百年的積累，不但建立了經濟發展所必需的各種基本設施，而且與國際市場形成悠久、密切的聯繫，為戰後香港經濟的起飛準備了不少的基本條件。這期間，香港雖然脫離了祖國母體，但仍然與母體維持着天然的聯繫，進行了大量的人力、物力與財力的交流，從各方面得到母體的巨大支持。戰後，東南亞及印度支那半島各國不斷發生動亂和排華事件，香港因政局穩定並且是華人社會，成為了這些地區的資金和人員的避難所。種種特殊的歷史因素，亦成為推動香港經濟發展的有利條件。

第三，香港長期實行的自由開放的經濟政策及法治制度。香港開埠初期，港府即宣佈將香港闢為自由港，對經濟發展實行"自由放任"政策，及至 20 世紀 70 年代，這些政策經當時財政司夏鼎基的重新厘定，加以系統化，明確為"積極不干預"政策，強調市場機制對資源配置和經濟增長的重要性，同時對市場失效的環節加以適當干預。在這種政策指導下，港府注重維持"小政府"角色，財政支出除保證政府有效運作外，重點在社會公告服務方面，加上穩健的財政政策所積累的龐大財政盈餘，使政府能順利推行有利經濟發展的基礎設施建設。同時，政府的各種自由開放政策，包括自由港政策、簡單及低稅率的稅制、沒有外匯、資金管制等，降低了投資經營成本，有利於形成良好的投資環境，刺激外來資本的湧入。70 年代中後期，港府還實施一系列金融自由化政策，有利於促進香港國際金融中心的形成。無疑，港府的經濟政策亦為香港經濟帶來了負面影響，由於強調不干預，金融危機屢屢爆發，香港製造業的升級轉型步履維艱。踏入 90 年代，其後遺症已日漸明顯。此外，香港經逾百年的發展，已形成健全的法律制度和法治環境，這也構成了香港經濟繁榮和社會發展的重要基礎。

第四，香港企業家的堅韌應變能力和香港人民的勤勞和智慧。香港數百萬人民的勤勞及高度適應能力，是推動香港經濟發展的主要動力。關於這一點，早在 19 世紀末英國統治者已有所認識。1894 年，英國殖民地大臣里本對當時的香港總督就說過："香港已變成一個華人社會，而不是英人社會，……而華人居留者從來就是香港繁

榮的一個主要力量。"戰後的情形更是如此,正是由於一大批華人企業家的推動,
香港經濟才建立起最初的工業基礎並走上工業化的道路,保證了戰後香港經濟的持
續繁榮,而香港市民,尤其是大批南移香港的內地青壯年,為香港工業在國際市場
上建立起比較優勢提供了充裕的廉價勞動力。香港的數百萬人民,包括香港的企業
家,既繼承了中華民族的優良傳統 —— 刻苦耐勞、艱苦奮鬥的精神,又接受了西方
文明所帶來的先進科技和人文知識,形成了獨特的價值觀念,表現為整個社會既有
和諧,又強調競爭;既重視家族觀念,又強調個人拼搏精神;既重視倫理道德,又
強調物質價值。這些觀念對香港經濟的成長發揮了特殊的作用,而香港企業家的堅
韌應變能力,包括靈活應變能力和頑強拼搏精神,更被不少探索香港經濟成功奧秘
的學者,視為香港經濟騰飛的重要原因之一。

四、香港經濟的發展前景

目前(本文寫於香港回歸前 —— 編者註),香港離"九七"回歸祖國已為期不遠,
隨着香港重返祖國懷抱,香港經濟將進入一個嶄新的歷史時期,香港經濟能否在
"九七"後再創輝煌,這無疑是全球炎黃子孫和國際社會密切關注的一個焦點。

根據中英簽訂的《聯合聲明》和已頒佈的《基本法》,"九七"後香港將成為中國境
內一個高度自治的特別行政區,實行"一國兩制"方針,維持原有的資本主義制度
和生活方式 50 年不變。值得指出的是,《基本法》已將長期以來在香港行之有效,
並被實踐證明是成功的經濟政策加以總結,寫成法律條文。因此,"九七"後所有促
成香港經濟成功的基本因素並沒有發生改變。不僅如此,作為對香港經濟有舉足輕
重影響力的"中國因素",將發揮更加積極的作用。"九七"後,香港與中國內地的
關係,無疑將發生質的變化,從中英兩國之間的外部關係轉為一個國際內部兩種不
同經濟制度之間的特殊關係,橫亙在兩地間的主要政治障礙將隨之消除。這種歷史
性的轉變,將大大促進香港與內地多層次、多領域的經濟貿易關係,香港將從中獲
益匪淺。

1993 年,香港工商專業聯合會就曾在反映香港工商界主流意見的大型研究報告《香
港廿一:展望香港經濟十年路向》中認為:"我們深信香港主權回歸中國,⋯⋯ 將
會加強香港的競爭力,推動香港的經濟繁榮","香港一旦打開內地龐大消費者市場
及投資於內地製造業的途徑,香港的經濟便會更加蓬勃,華南地區將會發展成亞洲

的「第五條小龍」，這地區的財富急增，將會促進整個中國的經濟發展，而香港與華南地區的資源結合，相互補足，兩地之間的商業活動，仿佛沒有邊境的阻隔，定必形成實力強大的經濟體系。」該報告預言：「香港將會是中國的首要商業城市及亞洲服務之都。」

（原文載北京《炎黃世界》雜誌，1997年第2期）

香港土地管理制度的基本特點及其利弊

【摘要】香港的土地管理制度是其戰後經濟成功發展的重要因素之一。本文首先研究了香港土地管理制度的基本特點，包括兩權分離——土地所有權屬港英政府，土地使用權允許有償轉讓；對土地發展建立強有力的宏觀管制體系；修訂一整套完善的地權法，以保障土地交易各方的合理權益和市場的正常運作等。在此基礎上，本文深入分析了香港現行土地管理制度的利弊得失。香港土地管理制度的最大優點是在充分發揮市場調節作用、搞活經濟的同時，又保持了有效的宏觀管理，包括為港府財政收入提供了一個經常性的重要來源，成為香港低稅政策的基礎；使香港稀缺的土地資源得以最大限度地發揮其潛力和效益；配合並推動了香港城市建設和基礎設施的整體發展；使房地產業成為香港經濟的重要支柱，推動了香港經濟的整體發展。不過，香港土地管理制度也有相當大的負面作用，主要表現在：高地價、高樓價、高租金嚴重削弱了港產品的競爭能力和香港經濟的基礎，成為香港投資環境中不利的因素；房地產市場具有很大的投機性，成為香港社會經濟發展中一個不穩定的因素。本文最後並提出對中國內地土地管理體制改革的借鑒意義。

一、香港土地管理制度的基本特點

1. 兩權分離：土地所有權屬港英政府，土地使用權允許有償轉讓。

與美國、日本等國的土地私有制度不同，香港推行土地所有權與使用權分離的管理體制。根據法制，土地所有權屬英皇，由香港政府全權代理，故稱為"官地"（Crown Land）。港英政府對全港土地（港島中區聖約翰大教堂土地例外；新界和新九龍屬港英政府向中國政府強制租借土地，為期99年）擁有所有權和最終業權。這是香港整個土地管理制度的基礎。與此同時，港英政府把土地使用權以一定期限和條件批租給地產發展商或承租者，並允許該土地使用權在期限內自由轉讓、抵押、繼承或贈送。批租的方式主要是公開拍賣，價高者得。此外，對涉及社會公益、公共事業、教育、宗教及其他特殊用途的土地，則採取公開投標或私人協定的方式。批租的期限一般有 75 年、99 年兩種。新界及新九龍土地的批租期,通常從 1897 年 7 月 1 日起計,為期 99 年,但減去最後三天。土地使用期滿後,承租者須將土地連同上蓋建築物一併交還港府,並無賠償。承租者若要續期,需徵得港府同意並補交地價。土地使用權有償自由轉讓,是香港土地管理制度的核心。透過它,土地管理制度引入市場機制,"官地" 轉化為可自由買賣的商品,形成開放、活躍的房地產一、二級市場;"價高者得" 的批租方式,使得土地價格水平由市場供求關係決定。這就充分發揮了市場機制對土地資源的調節作用,使香港土地管理制度在土地所有權屬港英政府的基礎上,有機地融入香港的自由市場經濟之中。

2. 為土地發展建立強有力的宏觀管制體系

港府對經濟管理的哲學,素以 "積極不干預主義" 著稱,但在房地產市場上,由於以土地所有者的身份直接參與壟斷性經營和管理,干預色彩較為濃厚。它以行政當局和土地所有者的雙重身份,為土地發展建立了一套強有力的宏觀管制體系:

(1)建立一元化的土地管理架構。香港土地發展政策的制定統一由土地發展政策委員會負責,該委員會由布政司任主席,人員均為官方成員。政策的諮詢由土地及建設諮詢委員會負責,此外,城市設計委員會對土地政策的制訂也有重大影響。政策的內容包括:香港土地的長遠發展策略、對土地供應的調節、對公共與私營房屋的調節、市區重建政策、土地發展的財政政策以及有關專業人員訓練政策等等。由土地政策發展委員會制定的政策,一經港督及行政局同意並在立法局會議通過,便成為法律。政策的實施由地政工務科屬下的屋宇及地政署、建築署、拓展署、路政署、水務署、機電署及土木工程署等七個部門分工負責。這種一元領導、各司職守的行政架構,保證了土地發展政策的連貫性、統一性和合理性,可防止政出多門的弊端。

（2）通過《城市設計條例》《建築物條例》等法例管制土地發展。《城市設計條例》授權城市設計委員會制訂全港"分區發展大綱草圖"，除為各區制訂基本建設條例如道路、學校、醫院等計劃外，還為大面積土地編配用途、樓宇高度和發展密度等；《建築物條例》對土地用途的限制更為細緻，包括樓宇的覆蓋率、地積比率及建築物投影等，此外還規定所有樓宇建築在動工前，須將圖紙送交"建築條例執行處"審閱批准，看其是否符合分區發展大綱草圖及《建築物條例》等有關法規。

（3）通過地契條款管制土地發展。港府批地時，須與承批者簽訂契約，列明各項條款及限制條件，包括批租年期、土地用途等。早年批出的土地，地契條款通常比較簡單，業主在重新發展時機動性很大，政府控制能力也有限。但近年來港府批出地契都載有很詳盡的條款，限制樓宇總面積、車位數量、每層樓的用途及高度等，還規定保留徵地權力、一定期限內須興建一定價值建築物等。地契與上述法例的配合，充分地控制了土地發展的整體模式。

不過，港府對土地發展的管制，仍有相當大的彈性，注重發揮市場的調節作用。如地契規定土地用途是"非工業用途"，發展商可依據市場需求，在商業或住宅兩個方面選擇。港府亦注意根據市場需求的變動，修改土地的用途。

3. 修訂一整套完善的地權法，保障土地交易各方的合理權益和市場的正常運作。

百多年來，香港逐步形成一套完善的地權法，主要包括：《拍賣地產條例》《地產轉讓及物業條例》《新界條例》《收回官地條例》《土地註冊條例》《官地租契條例》《多層大廈條例》《業主與租客綜合條例》等等，這些條例都有極為詳盡的細則，清楚界定土地交易中各方的權益和義務。此外還規定地產交易須經由律師辦理。這就有效地保證了地產市場的公平競爭和正常運作。

二、香港土地管理制度的利弊分析

從總體看，香港土地管理制度的最大優點是在充分發揮市場調節作用、搞活經濟的同時，又保持了有效的宏觀管理。具體而言：

1. 為港府財政收入提供了一個經常性的重要來源，成為香港低稅政策的基礎。在地產市道高漲時期，如 1980/81 年度，賣地收入佔港府財政收入的比重高達 35.6%；

平均而言，從 1972/73 年度到 1987/88 年度的 16 年間，港府賣地收入佔同期財政收入的比重是 12.6%。[01] 若再加上地稅、差餉、物業稅、土地交易印花稅等，估計超過 15%。土地收入有利於港府保持平穩的財政收支，避免加稅，這對工商業的發展，是個利好因素。

01'

根據《香港經濟年鑒》歷年統計資料整理。

2. 使香港稀缺的土地資源得以最大限度地發揮其潛力和效益。這主要表現在：（1）在法律上，港府擁有全港土地的所有權和最終業權，得以制訂土地發展長遠計劃；在經濟上，賣地收入所得充裕資金使其有條件實施計劃，推行大規模的填海工程，開發土地。據統計，香港開埠百多年來填海增闢土地達 33.6 平方公里，觀塘工業區、葵涌貨櫃碼頭、啟德機場、紅磡火車站、屯門新市鎮以及港島的大會堂、渡海碼頭、巴士總站和港澳碼頭等等，均是填海工程的產物。目前全港 500 多萬人口中，有四分之一住在填海開發的土地上。（2）價高者得的批租制度，使香港稀缺的土地資源落在最有效率的經營者手中，杜絕了土地浪費的現象。香港土地資源稀缺，全港土地面積僅 1,068 平方公里，且多為山地。戰後以來，香港人口急劇膨脹，經濟蓬勃發展，成為亞太區重要的貿易、金融及旅遊中心和國際大都會，形成對房地產的龐大需求。以極其有限的土地資源去滿足急劇增長的龐大需求，是房地產業所面臨的困難。香港現行的土地管理制度卻成功地解決了這個困難，為全港居民提供了各類住宅，為各行業提供了所需要的樓宇，推動了經濟的發展。

3. 配合和推動了香港城市建設和基礎設施的整體發展。在現行土地管理制度中，港府通過"分區發展大綱草圖"和《建築物條例》《地契條款》，在宏觀和微觀兩個方面充分控制城市整體發展模式，使新建樓宇符合社會發展要求，以避免交通擁擠、公共設施負荷過大、環境質素下降及地價上漲等問題。近年香港一些新發展地區，如尖沙咀東部和沙田新市鎮等，建築物建設得井井有條，整體發展非常和諧，在很大程度上應歸功於這種有效的管理制度。同時，港府還靈活運用各種批租方式，對涉及基礎設施、社會公益、公共事業的用地，多以投標或協定的方式批出，如對香港工業村用地，只收土地開闢成本價而不收市價，對公共房屋用地甚至免收地價，使參與基礎設施建設的地產商既有利可圖，又有計劃有步驟地推動了城市建設和基礎設施的協調發展，適應了社會經濟發展的需要。

4. 使房地產業成為香港經濟的重要支柱，推動了香港經濟的整體發展。現行的土地管理制度使房地產業成為高度商品化的行業，市場繁榮、交投活躍、經營者利潤豐厚，土地交易各方的權益得到法律的嚴格保障，種種因素推動了房地產業的迅速發展，成為香港經濟的重要支柱之一，並進而帶動整體經濟的發展。這表現在：

（1）隨着房地產業的發展，社會對金融機構的貸款需求急劇增長，帶動了金融業發展。據統計，從 1982 年到 1986 年，金融機構對屋宇營造及建築物貸款、對購買居屋貸款及購置其他物業貸款共計 3,794.1 億港元，佔同期金融業本地使用貸款的 33.79%，高於任何其他行業。[01]

01
根據《香港經濟年鑒》歷年統計資料整理。

（2）帶動股票市場發展。據 1989 年 2 月 24 日收市價，香港地產建築股市值佔總市值的比重達 33.54%，在各類股票中比重最高。據仲量行估計，香港股市總值中，房地產價值約佔八成。房地產業的發展成為股市上升的動力，形成香港 "股地拉扯" 的特殊現象。

（3）帶動建築業及工商業的發展。可以說，房地產業的發展對香港經濟的繁榮起到了重要支持作用。

不過，也應該看到，香港土地管理制度也有相當大的負面作用，主要表現在：

1. 高地價、高樓價、高租金嚴重削弱港產品的競爭能力和香港經濟的基礎，成為香港投資環境中不利的因素。在土地資源稀缺、需求龐大、供應不平衡的背景下，價高者得的批租制度不可避免地形成香港高地價、高樓價、高租金的所謂 "三高" 現象。據統計，從 1959 年到 1980 年，港府拍賣市區土地的平均價，工業用地增長 280.8 倍，非工業用地增長 73.5 倍，住宅用地增長 82.2 倍。[02] 從 1968 年到 1987 年，香港中區寫字樓平均租金增長 10 倍。[03] 急劇上漲的地價、樓價和租金，迅速推高各行業經營成本。在地產市道高漲時，許多行業的利潤被急升的地價吞沒，市民負擔加重。高地價帶來的高利潤，使房地產業畸形發展，大量進口資源過分集中在以發展消費品為重心的部門，引起貿赤和通脹，使香港金融中心的基礎變得狹窄、脆弱。一旦地產市道滑落，就會給金融、股市以至整體經濟造成重大衝擊。

02
陳可焜：《香港經濟概論》。

03
資料來源：香港差餉物業估價處。

2. 房地產市場具有很大的投機性，成為香港社會經濟發展中一個不穩定的因素。投機是市場經濟的必然現象，但香港的 "樓花"（未建成的樓宇）售賣制度則大大加劇了這種投機性。賣 "樓花" 的原意是為了減少風險、加快資金回收，但由於買 "樓花"者購買時只需付樓價的極少部分,當樓價上升時再賣出就可獲極大比例的利潤,"樓花"實際成為一種期貨,既然炒"樓花"在於看好未來價格走勢,投機就不可避免。炒"樓花"成為香港房地產市場的特有現象,炒風熾烈時,曾出現輪候排隊四日三夜搶購"樓花"的紀錄,出現職業炒家及集團式炒樓。炒"樓花"的進一步發展便是炒樓宇,1980—1982年地產市道高潮時,炒賣整幢商業樓宇的紀錄高達20多幢,最著名的是金門大廈,自1979到1980年底,該樓四度易手,售價從7.15億升至17億港元。大量的投機活動造成了市場的虛假繁榮,扭曲了市場真實的供求關係。1980—1981年樓價已升至市民無法負擔的地步,但由於銀行按揭貸款比率高達90%,炒家動用1億港元,便在市場形成10億港元購買力,市場逐漸出現"麵粉貴過麵包"的情形,地產市道的崩潰就在這種虛假繁榮中形成,並進而波及到金融、股市以至香港總體經濟。

三、對內地土地管理體制改革的啟示

土地管理體制改革,是中國經濟體制改革的重要組成部分。改革的基本路向是從原有的行政撥劃、無償無期使用轉變為土地所有權屬於國家、土地使用權有償有期轉讓,實際上是借鑒、移植香港模式。不過,從香港經驗看,內地正起步的土地管理體制改革存在不少問題,亟需及時解決。主要有:

1. 發展房地產市場的同時必須加強宏觀管理。從香港經驗看,引入市場機制,發展房地產市場的一個極重要的前提條件是建立強有力的宏觀管理體制。但目前內地的情形是,有的地區土地開發相當混亂,缺乏土地開發利用的總體規劃。沿海開放地區如珠江三角洲地區等,土地盲目開發的情況也頗為嚴重,不少農田未經批准人們便自行建造廠房,有些用地甚至未經平整和鋪設排水設施。這不僅佔用和浪費了寶貴的耕地,造成環境污染,而且破壞了正當規劃區域裡土地市場的運作,若不及時糾正,將給該區土地開發利用造成嚴重後遺症。因此,從管理機構和發展規劃上加強對土地開發的宏觀管理,已成當務之急。

2. 儘快制訂一套完備的房地產法律,發展相關輔助行業,以保障房地產市場的公平競爭和正常秩序,抑制非法投機活動。目前內地有關土地法例,可以說是相當混亂和缺乏。儘管深圳、上海、海南等地都相繼制訂土地管理條例,但實際上只是一些原則和大綱,缺乏詳盡明確的實施細則。有的地區發出的土地使用權證十分簡單,買賣雙方的權利義務，均未能清楚界定，勢必給將來留下不少隱患。法律漏洞大，使得"倒爺"從中大肆投機，炒高地價；部分人利用權力舞弊受賄；徵地亦日益困難，若不及時解決，極易葬送改革成果。同時目前各地頒佈的條例在法人地位、使用權出讓金、使用期限、利潤、稅務等各方面都差異很大，缺乏一套土地開發的基本大綱，極易引致各地的惡性競爭，影響土地市場的合理發展。因此，中央政府應儘早制訂全國性的土地法律，各試點地區據此大綱加緊制訂詳盡細則和配套法規，以抑制非法投機。此外，應借鑒香港經驗，建立專業制度，大力發展律師、測量師、建築師及會計師等輔助行業，以發揮專業人士在經濟發展中的制衡作用，保證法律的實施及土地交易各方的合法權益。

3. 正確處理發揮市場機制調節作用與防止高地價之間的矛盾。近年，隨着土地管理體制的改革、市場機制的引入，內地部分地區地價房價急升，有的甚至已遠遠高於民眾的購買力和經濟發展水平，引致經濟過熱和通脹。在經濟特區，過高的地價已嚴重削弱了投資環境的吸引力。目前有的地區如海南省，正考慮以限價或限利潤的辦法抑制高地價。但是，限價勢必抑制市場機制對土地資源的調節作用，令市場供求更加不平衡，並可能進一步加劇非法投機活動。在這方面，香港還沒有現成的經驗可提供。因此，在土地管理體制改革中，如何充分利用市場機制而又避免重蹈香港高地價的覆轍，是當前亟需解決的一個重要研究課題。

（原文載香港《房地產導報》雜誌，1989 年 7 月號）

地產 "泡沫" 對香港經濟造成嚴重隱患

【摘要】 本文分析了 90 年代香港地產 "泡沫" 產生的原因,包括港府行政失當造成香港的房地產市場供求嚴重失衡;香港地產市道形成寡頭壟斷的局面;因美國減息,大量資金湧向房地產市場而形成的 "資產通脹";港府土地、公屋供應嚴重不足;樓宇已從居住用途成為投資工具,加劇了供求失衡等。文章進而分析地產 "泡沫" 對香港經濟的影響,包括社會投機風氣猖獗,形成全民參與投機、不務正業的社會思潮;推高經營成本,嚴重弱化香港經濟競爭力;"泡沫經濟" 日漸形成,地產 "泡沫" 成為香港經濟中隱藏的 "定時炸彈";社會的貧富懸殊加劇,形成 "九七" 後香港社會不穩定的重大因素等。文章最後對香港特區政府在制定新地產政策時提出幾點政策建議。

一、90 年代中期香港地產 "泡沫" 產生的原因

自 1985 年進入過渡時期以來,香港的地產市道便進入一個長週期的上升階段。特別是 1991 年 3 月以後,香港樓市在中東海灣戰爭結束、中英雙方就新機場問題達成諒解以及通脹高企等多種因素推動下儲勢而發,升勢凌厲。這一輪的地產升勢,以私人住宅樓宇為主力,帶動寫字樓和商場店鋪價格的上升,香港輿論形容為 "像裝上一級方程式引擎馬達般一發不可收拾"。這次地產 "泡沫" 的產生,主要有以下幾方面的原因:

第一,港府行政失當造成香港的房地產市場供求嚴重失衡。香港房地產市場的供求嚴重失衡表現在:從供應看,受中英土地協議所限,香港的土地供應,尤其是住宅土地的供應嚴重不足,而港英政府的公屋建設又長期滯後,趕不上需求。從需求看,近年香港人數增加速度遠遠超過港府原來的估計,截至 1996 年中,全港人口總數已達 631 萬,如按港府 1992 年時的估計,這將是 2006 年以後才達到的數字。可見政府嚴重低估了本港人口增長速度。本港淨人口流入數量比政府所預期的數字超出 37%,離婚率亦較估計高出一成,而港府在發現樓宇供應不足後未能即時採取

有效措施。港府的反應遲緩和對人口增長的明顯低估，是造成近期香港樓宇強勁反彈、樓宇供應出現歷來最嚴重失衡狀況的主因。

第二，香港的地產市道已形成寡頭壟斷的局面，大地產商囤積土地，加劇了樓價的上升。以新鴻基地產、長江實業、恒基地產為首的七八家大型地產商控制了香港整體樓宇供應的七至八成。據香港消費者委員會 1996 年完成的調查報告，從 1991 年到 1994 年期間，香港前三名地產發展商供應的樓宇，佔全港樓宇供應總量的 43.2%，而前五名所佔比重則達 60.3%，財雄勢大的大地產商通過囤積土地、控制樓宇推出的時間和數量等手法，進一步推高了樓宇價格。據地產署透露，1996 年該署共批出 36 份預售樓花同意書，涉及 18,333 個單位，但目前大部分單位仍在地產商手中，地產商囤積樓宇牟利，更加劇了樓宇供應的不平衡。

第三，因美國減息，大量資金湧向房地產市場，形成"資產通脹"。從 1989 年 6 月到 1994 年 3 月期間，美國因經濟衰退宣佈減息，最優惠利息從 11 厘減至 6 厘，香港因受制於港元聯繫匯率制被迫跟隨減息。期間通脹高企，形成銀行負利率時期。在負利率環境下，大量資金從銀行體系流入地產、股票市場，大幅推高地產、股票價格，形成"資產通貨膨脹"。

第四，港府土地、公屋供應嚴重不足。1994 年 4 月以來，負利率開始消失，港府採取措施壓抑樓價，樓價一度進入調整期，但港府未能及時增加土地供應量和公屋數量，造成這一時期樓宇供應量減少，加劇了樓市的失衡。

第五，樓宇用途已從居住變為投資工具，加劇了供求失衡。香港投資者已將"九七"回歸從負面因素轉而視為正面因素，預期"九七"後香港經濟將進入一個新的發展時期，因而紛紛入市投資。此外，大量的內地資金亦從不同渠道流入香港，進入地產市場。樓宇已不單單被用於居住，而是被視為一種看漲的投資工具。

二、地產"泡沫"對香港經濟的影響

目前（本文寫於 1997 年 —— 編者註），這場地產狂潮已對"九七"後香港的整體經濟發展造成嚴重隱患，主要表現在：

第一，社會投機風氣猖獗，形成全民參與投機、不務正業的社會思潮。在地產炒風的帶動下，香港相繼掀起炒樓、炒的士牌、炒郵票、炒磁卡狂潮。在香港這個瀰漫炒風的社會裡，市民普遍存在三種心態：一是不務正業，認為炒樓比打工好，炒樓一轉手便可賺二三十萬港元，甚至炒一個籌可賺逾 200 萬港元。二是賭徒心態，形成講膽識、不重毅力，一鋪定輸贏，贏了便發達的賭徒心態。三是不少人有挫敗及失落感，認為"辛苦工作賺錢，還不及投機者賺得多"。工商界流傳"High Tech 就揩嘢（發展高科技就蝕錢），Low Tech 就撈嘢（炒樓就賺錢）"，這反映連商人也有着經商獲利不及炒賣炒買的想法。可以預見，炒風不止，香港經濟勢將倒退。

第二，推高經營成本，嚴重削弱香港經濟競爭力。隨着地價、樓價的急升，香港的寫字樓租金大幅飆升，到 1996 年底，香港的甲級寫字樓租金平均已達每年每平方呎 105.56 美元，在全球主要商業城市中已高居榜首，遠高於排二、三位的莫斯科（78.79 美元）和東京（74.32 美元）。而且，香港地產業一枝獨秀、百業蕭條的局面已十分嚴重。香港 294 家上市的製造業公司的一年的利潤之和，還不及香港任何一家大地產公司的一年利潤。王氏建港是香港一家較有規模的跨國企業集團，在東南亞很多國家有分公司，它一年的利潤是 3,000 萬港元，而非經常性利潤（主要是地產）就佔了三分之一。就連香港行政局議員陳坤耀亦表示，他發現一家國際成衣公司在香港的總部只有一個人，秘書也是聘兼職的，若租金再繼續上升，那些跨國公司便支撐不下去了。他認為，一旦昂貴的租金驅走外國公司，租金將回落，但那些跑掉的公司並不會馬上回來，香港將因此付出沉重的代價。香港中華總商會名譽會長霍英東更嚴厲抨擊港府的高地價政策，認為樓價已"高的離譜"，高到脫離實際，高到一般市民無力承擔的地步，而租金高昂已經影響到正常的工商經營。他指出，1996 年香港已有 1,000 多間店鋪清盤破產，若這種情況繼續下去，肯定會影響社會的穩定。目前香港經濟增長的火車頭和動力，已不再是傳統的出口業，轉口貿易亦已放緩，內部消費仍然疲弱，而公共投資因機場核心工程的高峰期已過而回落。

因此，房地產業已成為經濟增長的主要動力，這種一枝獨秀、百業蕭條的局面若發展下去，勢將嚴重影響香港的經濟增長和整體競爭力。

第三，香港經濟正形成"泡沫經濟"，地產"泡沫"成為經濟中隱藏的"定時炸彈"。由於香港的地產和股市密切相聯，有所謂"股地拉扯"之說。近十年隨着地產上升，股市亦大幅飆升，據統計，從 1978 年到 1994 年 1 月，香港的樓價從每平方呎 200 港元上升到目前超過 6,000 港元，升幅達 29 倍，期間，恒生指數從 400 點升到 14,000 點，升幅達 34 倍。這種情形固然與期間香港經濟在"中國因素"的帶動下蓬勃發展有密切關係，但是不能不看到存在着嚴重的"資產通脹"，是"泡沫經濟"的表現。最令人擔心的是，目前地產的表面繁榮是十分虛假的，一遇風吹草動，樓價上升的泡沫因無法維持下去而突然"爆破"，將令香港經濟全盤崩潰。這種情況在國際上已有先例，日本在 90 年代初就因泡沫經濟爆破而至今一直未能復原。香港這一泡沫經濟若不及時加以制止，對"九七"後的香港經濟將造成重大隱患。

第四，加劇社會的貧富懸殊，形成"九七"後香港社會不穩定的重大因素。就香港目前的情況，可以毫不誇張地說，大地產商已成為香港的"吸血鬼"，將市民的收入和工商各業的利潤大幅吸去，這種情況加劇了香港社會貧富懸殊的局面。據統計，1996 年，香港社會達四成二的收入落了頭 10% 的人口的口袋裡，而墊底的 10% 人口，只拿到總收入的 1.1%。月收入 10 萬港元的家庭有 18 萬戶，月收入僅 5,500 港元的家庭則已達 60 萬戶，41 萬人口處於赤貧狀態，比四年前上升了四成。目前，香港的貧富差距已達到近 20 年來的最高水平，這種貧富懸殊的現象，過去只出現在拉丁美洲，而不應出現在東亞地區。由於香港缺乏有效的社會保障制度，那些沒有退休保障、自行為老來積穀防飢的人，發現他們的積蓄在逐步被高租金、高通脹吃掉。這場房屋危機若不能及時解決，香港業主和非業主階級的貧富不均情況將持續惡化，可能造成一場社會危機。這將是"九七"後特區社會的一個重大不穩定因素。

近期，香港已發生多宗與房屋問題有關的恐嚇事件。2 月 12 日，立法局外發現寫着"打倒房屋司"的可疑物品，要動用拆彈專家到場"引爆"；3 月，幾間傳媒機構收到匿名信，聲稱要落毒對付房屋司黃星華及其他享有房屋津貼特權的人士；4 月，尖沙咀巴士總站一輛巴士內發現內藏有寫上"沙林毒氣"及"抗議港府高地價政策"字條的玻璃樽。凡此種種，已是社會醞釀動盪不安的先兆。

很明顯，目前的這場地產狂潮已對"九七"後香港的社會經濟發展造成嚴重隱患，"九七"後香港經濟不出問題則可，若出問題一定首先出在地產上，並將引起股市、金融等的連鎖反應，亟需高度重視，採取有效措施加以防範。

三、對特區政府制定新地產政策的建議

不過，解決這場地產危機在政策上難度極大，須小心處理。如何制訂合理、平衡的地產政策，是以董建華為首的特區政府面臨的一個極其重大的問題，亦是一個相當棘手的問題。因為一方面，高樓價已對香港經濟的競爭力、產業結構以及社會發展構成相當大的隱患和危機，不能等閑視之；但另一方面，房地產市場牽動着整個香港經濟的各行各業，關係着一批香港地產財團，尤其是華資地產財團的根本利益。香港的地產商、銀行、法律及公用事業公司等目前已形成正式或非正式的卡特爾聯盟，在這場地產升浪中一直享受着滾滾財源，這群商家正視北京為耕耘對象，而視董建華為"自己人"。地產商李嘉誠就曾公開警告，政府推出的壓抑樓價措施不能妨礙自由經濟原則。目前香港已有數十萬名小業主，他們的身家全集中在所供的樓宇上，而且地產樓市與香港經濟有千絲萬縷的聯繫，一旦採取的措施或政策過於激烈，勢將沉重打擊香港經濟，並可能引發不小的反對聲音，造成社會的不穩定。這種複雜性決定了特區政府在重新制定地產政策時必須相當審慎，要以溫和方式處理。當前的主要對策是：

第一，從短期來看，應以適當的行政干預制止樓市升勢，使之穩定下來，並有適當幅度的下調，爭取在三數年間維持此一局面，讓通脹的上升逐漸令樓價獲得實際的下調。在此過程中，重點是打擊或壓抑炒風，使房地產市場從投機市場重新成為使用市場，以減緩供求嚴重失衡的局面。不過，行政干預應相當審慎，穩步進行，適可而止，嚴防樓市大幅下跌，以免打擊香港經濟。

第二，政府應採取有效措施，打破目前由三數家以至七八家大地產商壟斷香港房地產市場（控制樓市供應的七八成）的局面，尤其是防止地產商囤積土地和樓宇。香港一位地產業測量顧問就指出，地政署批准多少預售樓花不是增加住宅單位供應的關鍵，關鍵在於發展商的銷售手段。現在大發展商都有足夠財力不急於售樓，甚至奇貨可居，但沒有人敢動發展商。因此，政府在批准預售樓花或現樓的同意書時，應加入新規定，要求發展商列明售樓時間表，嚴防囤積。

第三，長遠而言，政府應立即着手加快土地供應的程序，增加土地供應，尤其是住宅土地的供應，以儘快解決香港房地產供求關係的嚴重失衡。應利用土地基金中的部分資源建立香港政府的土地房屋發展基金，用來加快土地的開發。房地產供求嚴重失衡的關鍵，是政府沒有設立"熟地包"，目前香港一億呎土地儲蓄（約相當於16萬個住宅單位，內有"生地"也有"熟地"），全數掌握在八大地產商手中，政府的土地庫空空如也，因此無法增加土地供應。設立土地房屋發展基金，建立政府的土地儲備，加快生地成為熟地的過程。增加土地供應，才是解決房屋問題的治本措施。

第四，重新檢討公屋政策，加快公屋建設，以紓緩私人地產市場供求失衡的壓力。1992年，港府因錯誤估計香港人口的增長速度，加上缺乏土地庫，沒有亦不可能給房屋委員會和房屋協會大量增加土地以加速建房，甚至近年供應量還有減少的趨勢。港府的公屋政策亦從早期的公屋（租屋）主導逐漸向居屋甚至"私人自置居所"主導轉變，實際是擴大私人房屋市場的需求量。目前，長期輪候公屋的人數約為150萬人。因此，當務之急是重新檢討公屋政策，大量增加公屋供應，解決房屋供求嚴重失衡問題，並藉此制約處於壟斷地位的大地產商的壟斷。

（未公開發表文稿，完成於 1997 年 6 月）

回歸以來香港地產業的發展演變與基本特點

【摘要】地產業是香港經濟中一個極為重要的產業，被稱為香港經濟的"寒暑錶"。"九七"回歸以後，無論是香港政府的地產政策還是香港的地產業本身，都經歷了重要而深刻的變化。本文首先分析了回歸以來地產業的發展演變，進而研究了其基本特點，包括地產業及其相關行業對香港本地生產總值的貢獻趨於下降，但仍然是香港經濟的支柱產業；從內部結構看，地產發展／投資仍是地產業的主體，但其所佔比重有所下降，地產管理及地產經紀服務的重要性有所提高；市場上各類樓宇的供應量大幅減少，而需求量則因內地買家的湧入而增加，市場供求不平衡加劇，導致樓價和租金指數大幅攀升，"地產泡沫"再度醞釀。另外，香港大地產商積極向中國內地市場拓展，成功突破香港一城的局限，發展為全國範圍的地產集團。本文分析並指出：回歸後香港的房地產市場正進一步形成寡頭壟斷的態勢。

一、回歸以來地產業的發展演變

"九七" 回歸以後，無論是香港政府的地產政策還是香港的地產業本身，都經歷了重要而深刻的變化。

回歸後，新成立的香港特區政府即時廢除了《中英聯合聲明》附件三所規定的有關每年新批土地不得超過 50 公頃的限制。1997 年 7 月中旬，特區政府規劃環境地政局宣佈了新的土地政策，具體包括：新批土地一般年期為 50 年，從批出日期起計算；除特別土地類別（如批予新界原居民）外，每年的土地租金為當時差餉估值的 3%；每年政府出售的土地，均依照所頒佈的計劃、未來兩年預算出售土地詳情（如地段號碼、地點、用途、覆蓋率、拍賣或招標日期等），在每年的財政年度公佈。批地計劃包括隨後的三年（即共五年）的土地供應。在新的土地政策下，新批土地一般年期為 50 年，從批出日期起計算。從此，困擾香港地產界多年的政策方面的不確定性終於消除。

1997 年 10 月 7 日，時任行政長官董建華在他的首份題為《共創香港新紀元》的施政報告中，公佈了"建屋安民"的三大目標，即從 1999 年起，每年興建的公營和私營房屋單位不少於 85,000 個；在十年內使香港七成的家庭可以擁有自置居所；於 2005 年將輪候租住公屋時間從當時的六年縮短至三年。這就是著名的"八萬五"房屋政策，即透過每年供應 85,000 個住宅單位，去扭轉房地產市場供不應求的局面，其中，35,000 個為私營房屋單位，50,000 個為公營房屋單位。為實現這一目標，董建華強調採取兩項措施：一是擴大建屋用地供應，二是加快和精簡土地供應及樓宇建造的審批手續。

"八萬五"房屋政策推出不久，香港即遭遇了 1997 年亞洲金融危機的嚴重衝擊，銀行同業隔夜拆息利率一度上升至 280 厘的歷史高位，其後更在較長時間內處於高位，導致股市、樓市連番暴跌。為了挽救樓市，特區政府從 1998 年起推出多項措施，包括將中環區添馬艦商業用地改為用作興建政府總部，取消限制炒樓花措施，減免差餉及按揭物業稅，增加"首次置業貸款"的金額、名額，以及暫時停止賣地九個月、停建 38,000 個"夾屋"單位，將興建中的居屋轉為出售公屋，削減 11,000 個居屋單位等等。這些措施雖然對樓價的下跌發揮了抑制作用，但並未扭轉樓市下跌趨勢。市場尚未穩定，美國網絡股熱潮的泡沫又在 2000 年爆破。據統計，從 1997 年 10 月前最高峰時期到 2003 年中，香港樓價平均下跌了 65% 至 70%，並由此產生了為數近 20 萬名房產市值不抵原按揭貸款額的"負資產"人士。

1998 年以前，香港長期實行的是定期賣地制度。但亞洲金融危機後，香港樓市大跌，房地產公司停止購入土地，地價大幅度下跌，嚴重衝擊了港府推行多年的土地拍賣政策。1999 年，特區政府為保證土地不被賤賣，暫停了土地拍賣，轉而實施"勾地表"制度，其內容是：每年由地政署公佈當年的土地儲備表（勾地表），由發展商提出申請，若發展商對政府公佈的勾地表內土地感興趣，可主動提出申請，若申請者的出價達到由地政署所評估的公開市場價格的底價，該幅土地才會推出拍賣。該制度實施後，由於政府不公開勾地表內各幅土地的底價，人為製造市場訊息不對稱等問題，增加了土地被勾出的難度，導致拍賣稀少，變相進一步收緊土地供應。"勾地表"制度強化了地產商在賣地程序方面的主導性，從政府的角度看，是要避免市場低迷時期土地被賤賣或流拍；但是從市場的角度看，正如有評論指出，用勾地表制度取消定期的公開土地拍賣，等於變相把土地控制權拱手讓給大地產發展商，進而令後者擁有了控制樓宇供應的時機、地皮的選擇和最低的價格，進一步加強了壟斷財團的實力。

2002 年 11 月，香港政府宣佈推行一攬子房地產業振興計劃，即通常所稱的"救市九招"，主要內容有：由 2003 年起無限期停建和停售居屋，至於已落成和興建中的居屋單位則會在不與私人市場直接競爭的原則下處理；全面停止推行混合發展計劃，房屋協會的住宅發售計劃及房屋委員會的私人參建計劃亦會終止；終止在租置計劃下出售公屋單位；放寬業主收樓權，取消對內部認購等發展商慣用的促銷策略的限制等。至此，"八萬五"房屋政策被正式宣佈放棄，並且政府退出其在公屋市場的發展商角色，實際上放棄了多年以來行之有效的公共房屋政策，讓地產市場回歸市場主導。

由於有關政策實際上暫停了房屋委員會的居屋計劃和私人參建計劃，未來幾年房屋委員會的收入將減少。為解決這一問題，房屋委員會將轄下原公營房屋住宅區 151 個商業中心、7.9 萬個停車位售予香港歷史上第一隻房地產信託基金 —— 領匯基金，其後幾經醞釀，於 2005 年 11 月在香港證券市場上市。領匯基金以每股 9.78 港元公開發售，總資產為 338 億港元，結果獲 18 倍超額認購，凍結資金 1,100 億港元。隨後，長江實業的泓富基金、越秀房地產投資信託基金等先後上市，房地產信託基金成為香港新的投資工具。

在政府的種種救市措施之下，再加上 2003 年中央政府實施內地居民赴港澳"自由行"政策，以及內地與香港簽署 CEPA 協議，香港經濟開始復元，房地產市場迅速反彈。需要強調的是，"自由行"政策在香港經濟處於低谷時給香港地產市場帶來了新的發展動力，其後內地資金大舉買進香港房產，為這個城市的地產市場帶來了結構性的改變，這一變化所造成的深遠影響，至今仍有待觀察。從 2003 年 4 月底開始，香港的房價開始了連續五年的持續反彈，到了 2008 年 3 月，部分高端豪宅價格已恢復到 1997 年的水平。2008 年美國次按危機引發全球金融海嘯,香港金融業體系面對前所未有的衝擊,香港樓價一度下跌了約 20%,但隨後迅速反彈。至 2012 年,香港樓價較 2009 年初上漲了 50%,按購買力平價計算,首次回升並超過了 1997 年一度攀及的歷史最高水平。如果從絕對值看(未根據通貨膨脹調整),香港樓價比 1997 年的最高水平上升了 60% 左右。

二、回歸以來地產業發展的基本特點

總體而言,隨着內外環境的轉變,特別是土地制度和政策的轉變,回歸以來香港地產業進入了一個新的歷史發展階段。其基本特點是:

第一,地產業及其相關行業對香港本地生產總值的貢獻趨於下降,但仍然是香港經濟的支柱產業。

由於受到亞洲金融危機的嚴重衝擊,回歸以後香港 "地產泡沫" 破滅,地產業增加值從 1997 年的 1,465.56 億港元下降至 2003 年的 489.26 億港元,六年間降幅高達 66.62%;其在香港本地生產總值中所佔比重也從 10.9% 下降到最低谷的 4.0%。同期,與地產業密切相關的建造業的增加值則從 1997 年的 779.84 億港元下降至 2005 年的 390.10 億港元,八年間下降了 49.98%;其所佔香港本地生產總值的比重亦從 5.8% 下降至 2.8%,最低甚至降至 2007 年的 2.5%。直至 2011 年,地產業及建造業無論是增加值還是 GDP 所佔比重,都無法恢復到 1997 年的水平。包括地產業、建造業和樓宇業權在內的廣義地產建築業,其增加值從 1997 年的 4,114.32 億港元下降至 2011 年的 3,665.03 億港元,後者僅及前者的 89.08%;其所佔本地生產總值的比重從 30.6% 下降至 19.2%,下跌了 11.4 個百分點(表 1-3)。

當然,應該強調的是,儘管如此,地產業仍然是僅次於進出口貿易業(21.1%)、銀行業(9.5%)的第三大重要產業,地產業及其相關產業仍然是僅次於貿易及物流業(25.5%)的第二大重要產業。

第二,從內部結構看,地產發展 / 投資仍是地產業的主體,但其所佔比重有所下降,地產管理及地產經紀服務的重要性有所提高。

表 1-3 | 回歸以來香港地產、建造業增加值（單位：億港元）及佔 GDP 比重（%）

年份	地產業		建造業		樓宇業權		合計	
	增加值	佔 GDP 比重	增加值	佔 GDP 比重	增加值	佔 GDP 比重	增加值	佔 GDP 比重
1997	1,465.56	10.9	779.84	5.8	1,868.92	13.9	4,114.32	30.6
1998	1,139.07	8.9	703.92	5.5	1,702.20	13.3	3,545.19	27.7
1999	872.29	7.0	722.76	5.4	1,619.97	13.0	3,215.02	25.4
2000	644.38	5.0	625.32	4.9	1,391.11	10.8	2,660.81	20.7
2001	579.39	4.6	575.90	4.5	1,433.34	11.3	2,588.63	20.4
2002	533.94	4.3	518.50	4.1	1,394.16	11.2	2,446.60	19.6
2003	489.26	4.0	452.33	3.7	1,314.50	10.7	2,256.09	18.4
2004	529.56	4.1	407.97	3.2	1,262.12	9.8	2,199.65	17.1
2005	612.20	4.4	390.10	2.8	1,391.18	10.1	2,393.48	17.3
2006	634.64	4.3	392.27	2.7	1,520.19	10.3	2,547.10	17.3
2007	719.99	4.5	406.43	2.5	1,583.88	9.9	2,710.30	16.9
2008	849.03	5.2	484.03	3.0	1,779.15	11.0	3,112.21	19.2
2009	868.62	5.5	502.64	3.2	1,826.96	11.5	3,198.22	20.3
2010	889.19	5.1	565.31	3.3	1,847.45	10.6	3,301.95	19.0
2011	1,060.14	5.6	654.84	3.4	1,950.05	10.2	3,665.03	19.2

資料來源：香港特區政府統計處：《本地生產總值》

據統計，1996 年至 2011 年間，香港地產業的機構數目，從 8,293 家減少至 6,543 家，15 年間減幅為 21.09%；其中，地產發展 / 投資行業的機構數目從 5,463 家減少至 3,587 家，減幅達 34.34%，反映出這一時期中小地產商經營的困難。從地產業內部結構看，2011 年，地產發展 / 投資行業的增加值為 973.56 億港元，比 1996 年的 872.08 億港元增長了 11.64%，佔地產業增加值的比重為 82.26%，比 1996 年的 88.60% 下降了 6.34 個百分點；地產發展的毛利為 550.31 億港元，比 1996 年的 595.71 億港元下降了 7.62%；地產發展 / 投資行業的服務及租賃收入為 560.84 億港元，比 1996 年的 345.15 億港元增長了 62.49%，所佔比重為 56.34%，比 1996 年的 62.9% 下降了 6.56 個百分點。

這一時期，地產保養管理服務、地產經紀及代理及其他地產服務所佔比重則有所上升。地產保養管理服務增加值所佔比重從 4.9% 上升到 9.54%，僱傭員工從 3.53 萬人增加到 7.09 萬人，增加了一倍；地產經紀及代理及其他地產服務所佔比重從 6.5% 上升到 8.23%，僱傭員工從 1.78 萬人增加到 2.82 萬人，增加了 58.43%（表 1-4）。

第三，市場上各類樓宇的供應量大幅減少，而需求量則因內地買家的湧入而增加，市場供求不平衡加劇，導致樓價和租金指數大幅攀升，"地產泡沫" 再度醞釀。

回歸以後，由於受到亞洲金融危機、SARS 等一系列因素的影響，地產商放緩了樓宇發展的速度。據統計，2000─2009 年間，香港的私人住宅單位的供應量為 190,939 個單位，比 1980─1989 年的 276,253 個單位大幅減少了 30.88%，比 1990─1999 年的 241,696 個單位減少了 21%。同期，私人寫字樓供應量為 1,805 萬平方米，比 1990─1999 年的 4,219 萬平方米大幅減少 57.22%；其中，甲級寫字樓的供應量從 2,919 萬平方米減少到 1,595 萬平方米，減幅為 45.36%。

表 1-4　｜　2011 年香港地產業發展概況

行業組別	機構數目（家）	就業人數（人）	服務及租賃收入（億港元）	地產發展毛利（億港元）	增加值（億港元）
地產發展 /投資	3,587（54.81）	13,965（12.34）	560.84（56.34）	550.31（100.00）	973.56（82.26）
地產保養管理服務	561（8.57）	70,937（62.70）	282.35（28.49）	—	112.57（9.54）
地產經紀及代理及其他地產服務	2,395（36.60）	28,240（24.96）	147.84（19.92）	—	97.39（8.23）
合計	6,543（100.00）	113,142（100.00）	991.03（100.00）	550.31（100.00）	1,183.52（100.00）

註：括號內的數字表示所佔總數的百分比。

資料來源：香港特區政府統計處：《香港統計年刊》，2013 年。

從市場需求來看，2003 年 6 月香港與內地簽署《內地與香港關於建立更緊密經貿關係的安排》（CEPA）及內地居民赴港"自由行"以來，內地遊客赴港旅遊購物成為一股勢不可擋的潮流，內地居民直接購買香港房屋的規模也在迅速擴大。香港曾經允許在房地產或其他資產上投資 650 萬港元的人士，可通過投資移民通道獲得香港公民權。[01] 這一政策刺激了香港樓市的人民幣需求。據中原地產估計，從 2008 年以來，香港賣價逾 1,200 萬港元（合 154 萬美元）的一手公寓由內地買家購得的比例逐年上升，從 10% 升至了 2012 年的接近四成。據瞭解，內地居民到香港置業投資以豪宅為主，比例約佔總量的 35% 到 40%，巨人網絡董事長史玉柱、騰訊董事會主席馬化騰、阿里巴巴創辦人馬雲、恒大地產董事長許家印、李寧品牌創始人李寧等內地富豪均在香港購置了超億元豪宅。

一方面是供應量的減少，另一方面是需求量的增加，再加上這一時期特區政府停建公屋和居屋，香港住宅樓宇供求失衡的情況日趨嚴重，導致各類樓價、租金大幅攀升。據香港資深地產界人士潘慧嫻在《地產霸權》（英文原版為 *Land and the Ruling Class in Hong Kong*）一書中的統計，2003 年至 2009 年，香港"平均每年的樓宇單位吸納量，一直超過每年新單位的淨增長，空置率由 2003 年的 6.8% 下跌至 2009 年的 4.3%"。[02] "從 2003 年 7 月至 2005 年 5 月，住宅物業價格上漲 63%，2006 年中至 2008 年中，再度攀升 32.4%。在全球金融海嘯衝擊的 2008 年 6 月至 12 月期間，樓價下跌 17%，隨後反彈，2008 年年底至 2009 年 8 月期間上漲了 20%。自此之後，樓價有增無減，2010 年上半年，價格又已上漲了三分之一。" [03]

而香港特區政府差餉物業估價署的統計數字顯示，2003 年 7 月至 2013 年 10 月，香港私人住宅售價指數（1999 年為 100）從 58.4 大幅上升至 245.1，十年間升幅達 3.2 倍；同期，中小型住宅租金指數從 72.2 上升至 156.9，十年間升幅達 1.17 倍。這一時期，核心地區甲級寫字樓的售價指數（1999 年為 100）則從 61.8 上升至 349.4；上環 / 中區甲級寫字樓的租金指數亦從 61.5 回升至 263.9。2010 年 11 月 18 日，國際貨幣基金組織 IMF 指出，香港房地產泡沫風險在加劇，如果香港房價保持過去兩年的漲速，經濟放緩時將遭遇巨大衝擊。此外，高樓價、高租金令社會中低下階層的怨氣進一步積累，社會矛盾進一步激化。

為了抑制日益攀升的樓價，2011 年 6 月，香港特區政府向銀行發出收緊樓宇按揭

01

2010 年 10 月 13 日，香港政府暫時將房地產從投資移民計劃的投資資產類別中剔除，作為政府抑制房價飆升的舉措之一，此項政策意味着內地投資者在香港購買房產已不能獲得香港公民權。

02

潘慧嫻：《地產霸權》，中國人民出版社，2011 年，第 20—21 頁。

03

潘慧嫻：《地產霸權》，中國人民出版社，2011 年，第 19 頁。

的指令。香港金管局亦首次針對"收入來源非香港"的借貸人作出限制。2012年9月，新任行政長官梁振英推出"港人港地"政策，進一步限制非香港居民的購樓需求。同年11月，特區政府推出"買家印花稅"（Buyer Stamp Duty，簡稱"BSD"）政策。財政司司長曾俊華宣佈，所有外地人士、所有本地和外地註冊的公司購買香港住宅，除了繳付一般印花稅外，還需繳付15%的買家印花稅，即非香港居民買房子的最高稅率可能高達35%。BSD政策宣佈次日，包括長江實業在內的一批香港本地地產公司的股價均出現暴跌，香港恒生地產指數更是重挫超過1,000點，跌幅近4%。2013年4月，特區政府宣佈取消實行了14年的勾地制度，政府重新掌握出售政府土地的主動權。

第四，香港大地產商積極向中國內地市場拓展，成功突破香港一城的局限，發展為全國範圍的地產集團。

其實，早在20世紀90年代，香港大型地產商便已開始參與內地房產、基礎設施與公建的投資，通過各種"招商引資"的活動進入內地沿海一線城市。1992年，李嘉誠投資20億美元，將東長安街和王府井的改造計劃發展為規模龐大的新東方廣場。1993年，新世界地產介入北京市崇文區舊城改造，1998年新世界商場開業。其在北京先後開發了北京新世界中心、太華公寓、新世界家園、新怡家園、新裕家園等一系列項目。1999年，瑞安集團參與上海舊城區改造，全資發展上海"新天地"，使新天地成為與外灘、徐家匯齊名的上海地標，瑞安集團主席羅康瑞也因此一戰成名。

從2000年起，內地房地產市場進入上升通道。2005年，內地地產市場大幅上揚，中央政府出台"新國八條"掀起內地房地產調控的第一波。這一年，香港地產商在內地大手吸納土地約30幅，面積超過880萬平方米。到2005年，香港長江實業、新鴻基地產、恒基地產、新世界發展、信和地產、恒隆、嘉里等地產商在內地經過幾年的發展，其在內地的土地儲備量已超過4,100萬平方米，是其在香港土地儲備量的十倍以上。2006年，香港地產商將購地的範圍從一線城市擴展到二三線城市，包括武漢、青島、長沙、無錫、長春、瀋陽等。據統計，到2006年，李嘉誠旗下的長和系所持有的土地可發展樓面面積為2,550萬平方米，其中94%在中國內地，5%在英國和海外，在香港只有1%。2006年度，和記黃埔的內地房地產業務盈利56.67億港元，同比增長44%。

2008 年全球金融危機爆發，香港地產公司一度放緩在內地房地產市場的發展步伐，但 2010 年以後又加快了投入。如 2011 年，香港地產公司在內地市場的投入超過 200 億元人民幣，其中，在內地購地最活躍的包括和記黃埔、九龍倉集團、恒隆地產、嘉里建設等。經過十多年的發展，香港地產商已突破香港一城的局限，發展為全國範圍的地產集團。

三、地產業的市場結構：寡頭壟斷形成

在亞洲金融危機的衝擊下，1997—1998 年，香港地價、樓價大幅下跌，對擁有大量樓宇現貨、期貨以及地皮的地產發展商形成了沉重的財政壓力，各大地產商唯有以減價及各種形式促銷新樓盤，以減低持有量套現。結果，新樓盤的減價戰成為這次地產危機中的一大特色。當時，業內人士表示，其慘烈程度為過渡時期以來所罕見。[01] 危機中，大批中小地產商處於破產或瀕臨破產的境地，而大地產商則因其財力雄厚及土地儲備充足而得以安渡難關。危機過後，隨着地產市場的復蘇和反彈，大地產商的實力更形雄厚，地產業經營的集中度進一步提高，寡頭壟斷的市場結構形成。

潘慧嫻在《地產霸權》中概述：中小地產商"因在土地拍賣會上購入昂貴地皮而債台高築，被迫在跌市時蝕賣。兩家中型地產商 —— 百利保和麗新 —— 在 1998 年樓市暴跌時無力短期內恢復元氣，幾乎變得一無所有。在那次樓市暴跌之後，多家中小型地產商慘敗，主要原因是他們沒有足夠的土地儲備。相比擁有大量廉價土地儲備的大地產商，中小型地產商要承擔的風險高得多。當市場急轉直下時，他們的處境便岌岌可危"。[02] 在危機中，連百利保和麗新發展的情況都如此糟糕，其他中小地產商更不用說。相反，大地產發展商因擁有雄厚財力及擁有龐大土地儲備，在危機中能以減價促銷加快資金周轉，從而安渡難關。

以新鴻基地產為例，整個亞洲金融危機期間，儘管樓價持續大幅下跌，但新鴻基地產仍保持每年 400 萬平方呎以上的新盤推出，在最低迷的 2003 年也推出了 620 萬平方呎的新盤，比 2005 年以後的高峰年份還多。通過不斷消化開發物業的土地存量，新鴻基減少了開發物業的資產比重，並儘可能將存貨周轉天數控制在 300 天左右，將總資產周轉率維持在 0.15 倍水平，並保證了公司的利潤。據統計。樓市低迷的 2002 年，香港最大的五家地產發展商仍然實現了可觀的利潤，其中，長江實業

01

馮邦彥：《香港地產業百年》，三聯書店（香港）有限公司，2001年，第 293 頁。

02

潘慧嫻：《地產霸權》，中國人民出版社，2011年，第 142—143 頁。

錄得盈利 88.2 億港元，新鴻基地產 85.2 億港元，恒基兆業地產 21.5 億港元，九龍倉及會德豐 30.5 億港元，新世界發展則為 13 億港元。

2003 年以後，香港地產市場復蘇，土地價格更加昂貴，大地產商的經營集中度進一步提高。正如潘慧嫻在《地產霸權》中所指出："隨着中小型地產商幾乎全部退出市場，可以肯定的是，市場力量將更加集中。擁有市場主導力量的企業，會濫用其影響力。如此，由寡頭企業緊緊操縱市場結構，競爭將變得更弱。" **01** 我們可以從以下數據看出這種趨勢：2008 年至 2012 年，香港上市公司中，由 213 家地產建築公司組成的 "地產建築" 組別，其市值總額從 2008 年年底的 12,751.43 億港元，上升到 2012 年底 33,200.90 億港元，四年間升幅高達 1.6 倍，佔香港股市總值的比重則從 12.44% 上升到 15.18%。2012 年年底，香港六大地產公司，包括新鴻基地產、長江實業、九龍倉、太古地產、恒隆地產和恒基地產，其市值合共達 11,890.58 億港元，佔香港股市總值的 5.43%，佔在香港 213 家上市地產建築股總市值的 35.81%（表 1-5）。

01´
潘慧嫻：《地產霸權》，中國人民出版社，2011 年，第 143 頁。

從 20 世紀 80 年代以來，這些大地產公司通過業務的多元化，把經營的業務範圍從

表 1-5 ｜ 2012 年前五十大市值股中地產股概況

排序	地產公司	發行股本（億股數）	收市價（港元）	公司市值（億港元）	佔股市總值（%）
10	新鴻基地產	26.57	116.20	3,087.17	1.41
15	長江實業	23.16	119.00	2,756.24	1.26
27	九龍倉	30.29	60.60	1,835.72	0.84
31	太古地產	58.50	25.85	1,512.23	0.69
37	恒隆地產	44.75	30.8	1,378.30	0.63
38	恒基地產	24.15	54.70	1,320.92	0.60
合計	—	—	—	11,890.58	5.43
213 隻地產建築股市值（億港元）	—	—	33,200.90	15.18

資料來源：香港交易所：《香港交易所市場資料》

地產發展和地產投資擴展到包括基礎設施建設、物流倉儲、電力水利、電信服務、交通運輸，甚至大型超市或小型便利店等各個領域，從而成為香港經濟的重要支配力量。潘慧嫻在《地產霸權》一書中認為，香港"六大家族"——李嘉誠家族、郭氏家族、李兆基家族、鄭裕彤家族、包玉剛家族、吳光正家族以及嘉道理家族代表的地產財團"透過把持沒有競爭的各種經濟命脈，有效操控全港市民需要的商品及服務的供應及價格"。[01] 以李嘉誠的家族旗艦長江實業為例，該集團旗下核心業務包括房地產投資開發與管理、電信、酒店、零售及製造、港口及相關服務、能源及基礎設施等。

根據《福布斯》雜誌的計算，長江實業主席李嘉誠在 1998 年時個人財富為 106 億美元，1999 年危機中不降反升至 127 億美元，在 2008 年達到破紀錄的 265 億美元，進入全球富豪前十位。2012 年，根據《福布斯》的香港富豪排行榜，李嘉誠擁有淨資產 300 億美元（今約合 2,332 億港元），連續六年蟬聯香港首富；第二位是恒基地產主席李兆基，淨資產約 200 億美元；第三位是新鴻基地產的郭炳江、郭炳聯兄弟及其家族，淨資產 192 億美元；第四位是新世界發展創辦人鄭裕彤，淨資產 160 億美元。四大地產商位居富豪榜前列，《福布斯》將此稱為"房地產的勝利"。

（原文載《香港產業結構轉型》，第 8 章第 3 節，2014 年 7 月）

01

潘慧嫻：《地產霸權》，中國人民出版社，2011 年，第 47—57 頁。

香港經濟結構的第二次轉型及其影響

【摘要】香港經濟結構的第二次轉型,發軔於 70 年代後期並在 80 年代中期取得明顯進展,到 90 年代中期趨於完成,轉型的基本趨勢則是"經濟服務化",即從以出口帶動並以製造業為主導的體系,向以港口帶動並以服務業為主的體系轉型。這一時期,香港迅速崛起為亞太區國際金融中心,並發展成為中國內地特別是華南地區的貿易轉口港和服務中心。本文首先分析了這次經濟轉型的主要表現,進而分析了導致經濟轉型的原因。從內部因素看,主要是香港製造業原有的比較優勢逐步喪失,而新的比較優勢尚未建立;服務業的生產力和邊際利潤遠高於製造業,使資金和勞動力大量從製造業流向服務業,推動了服務業的高速發展。從外部因素看,主要是西方工業國家貿易保護主義抬頭以及亞洲四小龍在國際市場上的競爭加劇,以及中國內地改革開放的推動。本文亦分析了轉型對香港經濟的影響,從積極的方面看主要是推動了 80 年代以來香港經濟的持續增長,增強了香港作為亞太區金融貿易服務中心的地位。不過,從消極方面看,由於香港製造業大規模內遷的同時,並未相應地發展起資本技術密集型產業,製造業在自身的升級轉型中困難重重,步履蹣跚,使其在香港經濟中的地位急劇下降,出現了所謂"產業空洞化"的趨勢;同時引發通貨膨脹高企、經營成本上升、國際競爭力下降,對香港經濟的長遠發展產生了深遠影響。

一、從製造業向服務業轉型

香港社會各界對是次產業結構轉型的表述可以說大同小異。1989 年底,香港政府規劃環境地政司官員班禮士在《蛻變中的時代》一文中表示:"到 90 年代末期,香港將會由原來的出口和製造業為主的經濟模式,差不多徹底轉變為亞洲區一個與中國貿易和對外關係有着密切關係,由港口帶動並以提供服務為主的經濟體系。"90 年代中,嶺南大學校長陳坤耀教授表示:"80 年代中期,香港開始走向全面的服務性行業,包括金融、電訊、展覽中心、廣播、航運……"他認為,這一時期香港經濟不斷轉型,逐漸成為一個營運中心,而其中最重要的轉變,就是香港第二次成為貿易轉口港，轉口港全面復蘇。[01] 1996 年《恒生經濟月報》發表的《日益重要的香港服務業》一文亦指出："過去 20 年，香港已成功建立為一個服務中心，並在金融、黃金及外匯買賣方面與佔領導地位的倫敦、紐約及東京並駕齊驅。香港也是全球最繁忙的港口之一，擁有全球最高之貨櫃輸送量，多年來服務業的急速增長，已令香港在服務業出口方面位列全球第十大。"

香港產業結構，從以出口帶動並以製造業為主導的體系，向以港口帶動並以服務業為主的體系轉型，主要反映在以下兩個方面：

首先，從產業結構看，製造業對香港本地生產總值（GDP）的貢獻急速下降。統計資料顯示，1970 年製造業在 GDP 中所佔比重曾達到 30.9% 的歷史性高峰，它曾在相當一段時期内成為香港經濟中最重要的部門及推動香港經濟發展的主要動力。不過，70 年代中後期以來，製造業的地位已逐步下降，其在 GDP 中所佔比重到 1980 年已降至 23.8%，1987 年及 1989 年更先後被"廣義的貿易業"和"廣義的金融業"超越，1997 年僅達 6.5%，在香港經濟主要行業中從首位降至末位，香港經濟呈現"產業空洞化"的態勢。

同期，服務業在香港經濟中的地位迅速上升。據統計，從 1980 年到 1997 年，服務業在 GDP 中所佔比重從 67.5% 上升至 85.2%，香港成為世界上最依賴服務業的經濟體系之一。其中，"廣義貿易業"及"廣義金融業"這兩大行業的表現尤為突出。被稱為"廣義貿易業"的批發、零售、進出口、酒樓及酒店業在 GDP 所佔比重從 1980 年的 21.4% 上升到 1996 年的 26.7% 的歷史高峰，反映了這一時期香港經濟由港口帶動的特點。同期，配合對外貿易尤其是轉口貿易的發展，運輸、倉庫及通訊所佔比重也從 8.2% 上升到 9.8%。被稱為"廣義金融業"的金融、保險、地產及商業服務業，其所佔比重雖然在 80 年代前期因地產、金融危機而有所下降，但從

01

盧永忠：《陳坤耀論香港經濟轉型》，香港《資本》雜誌，1995 年 11 期，第 18 頁。

表 1-6 | 80 年代以來各主要行業在香港本地生產總值中的比重（％）

年份	製造業	服務業合計	批發零售、進出口貿易及酒店業	運輸、倉庫及通信業	金融、保險地產及商業服務	社區、社會及個人服務	樓宇業權
1980	23.8	67.5	21.4	8.2	23.0	12.1	8.9
1981	22.8	67.5	20.3	7.4	23.0	12.9	9.2
1982	20.8	69.3	20.0	7.7	22.5	15.2	10.2
1983	22.9	67.5	20.4	8.2	17.6	16.0	11.2
1984	24.3	67.3	23.1	7.8	15.6	15.4	10.2
1985	22.1	69.6	22.8	8.1	16.0	16.7	10.5
1986	22.6	69.2	22.3	8.2	17.0	16.0	10.1
1987	22.0	70.3	24.3	8.6	17.9	14.5	9.8
1988	20.5	72.0	25.1	9.1	18.9	13.9	9.9
1989	19.3	73.1	25.0	8.9	19.5	14.1	10.3
1990	17.6	74.5	25.2	9.5	20.2	14.5	10.6
1991	15.4	76.4	25.9	9.6	22.7	14.9	10.9
1992	13.5	78.9	26.1	9.7	24.4	15.1	11.1
1993	11.2	81.3	27.0	9.5	25.8	15.7	10.8
1994	9.2	83.4	26.2	9.7	26.8	15.9	12.2
1995	8.8	83.8	26.6	9.8	24.4	17.3	13.3
1996	7.3	84.4	26.7	9.8	25.1	17.6	13.1
1997	6.5	85.2	25.4	9.1	26.2	17.9	13.9
1998	6.2	84.7	24.0	9.3	25.6	17.9	14.5

資料來源：香港政府統計處

1987 年起再度回升，到 1997 年已增加到 26.2%，成為服務業中與 "廣義貿易業" 並駕齊驅的另一重要經濟行業（表 1-6）。

其次，從勞動力的就業結構看，大量勞動力從製造業轉向服務業。根據香港政府工業署的調查，1980 年製造業僱傭的勞動力達到 89.2 萬人，從絕對值看這是歷史的最高峰。80 年代以後，製造業僱傭勞工人數開始下降，1990 年降至 73 萬人。踏入 90 年代，製造業僱傭勞工人數銳減，到 1995 年減至 38.6 萬人，不及高峰時期的一半。製造業在勞動就業人口中所佔比重也從 1980 年的 46.0% 急跌至 1995 年的 15.3%。期間，大量勞動人口從製造業轉移到服務業。1980 年服務業僱傭工人人數是 81.6 萬人，到 1995 年已增加到 187.4 萬人，增幅達 130%。其中，廣義貿易業已取代製造業而成為僱傭工人人數最多的經濟行業。1980 年，廣義貿易業僱傭工人

表 1-7 ｜ 1961—1995 年各主要經濟行業僱員人數（僱員人數以千人計）

	1961 年	1971 年	1980 年	1985 年	1990 年	1995 年
批發、零售、進出口貿易、飲食及酒店業	131（11.0）	182（11.5）	447（23.1）	590（27.2）	815（33.0）	1,031（40.9）
製造業	476（40.0）	677（42.8）	892（46.0）	849（39.2）	730（29.5）	386（15.3）
金融、保險、地產及商用服務業	#	26（1.6）	127（6.6）	179（8.3）	273（11.0）	375（14.9）
社區、社會及個人服務業	265（22.3）	312（19.7）	167（8.6）	203（9.4）	250（10.1）	298（11.8）
運輸、倉庫及通訊業	87（7.3）	115（7.3）	75（3.9）	95（4.4）	130（5.3）	170（6.7）
其他	232（19.5）	270（17.1）	230（11.9）	251（11.6）	273（11.0）	259（10.3）
總數	1,191（100.0）	1,582（100.0）	1,938（100.0）	2,167（100.0）	2,471（100.0）	2,519（100.0）

註：（1）括號內數據表示有關行業佔直欄總數的百分比；（2）1961 至 1971 年數據指各年人口普查所收集的工作人口數字，這些數字包括外發工人、自僱和失業人士數目，因此不能直接與 1980 年以後只包括受僱於各機構人士的數據比較；（3）# 字已包括在 "批發、零售、進出口貿易、飲食及酒店業" 項下。
資料來源：香港政府工業署：《1996 年香港製造業》。

人數是 44.7 萬人，到 1995 年已增至 103.1 萬人，其所佔總勞動人口比重從 23.1%
上升到 40.9%。同期，廣義金融業僱傭工人人數從 12.7 萬人增加到 37.5 萬人，所
佔比重從 6.6% 上升到 14.9%（表 1-7）。

二、導致經濟轉型的原因

根據羅斯托的經濟成長階段論，當一個社會的經濟進入成熟階段以後，其經濟結構
必然相應地發生變化，經濟主導部門將轉移到耐用消費品或服務業方面。80 年代以
後，香港產業結構的急速轉型，可以說有其深刻的內部或外部的社會背景。從內部
因素看，主要是：

第一，香港製造業原有的比較優勢逐步喪失，而新的比較優勢尚未建立。

由於缺乏自然資源及土地，香港的製造業長期以來偏重輕紡工業，且屬加工裝配性
質的勞動密集型產業，而土地及資本密集型重工業及其他初級工業的發展則受到極
大的限制，工業多元化無法展開。即使是輕紡工業，也門類較集中，產品類別較狹
窄，在 80 年代中期佔最大比例的依次是製衣、電子、塑膠、鐘錶、玩具、電子，
1985 年這幾類產品出口值就佔香港本地總值的 84.2%，而受僱於這幾個行業的勞工
也佔製造業勞工總數的七成以上。

進入 80 年代以後，這種勞動密集型產業一直受到勞工短缺、工資和土地成本不斷
上漲的困擾。80 年代後期經濟高速增長，香港的失業率一度低至 1.1% 的歷史低水
平，就業不足率僅 0.8%，實際上已形成全民充分就業，勞工短缺嚴重影響着各經
濟行業的發展。當時，製造業工人的平均工資不及服務業工人平均收入的六成，在
吸收勞動力方面處於競爭劣勢，社會青年和畢業學生均不願到工廠就業。70 年代以
後，香港的土地、勞工成本持續大幅上升。據測算，70 年代以來，港產品出口每擴
大一倍，工業用地價格就上漲三倍。80 年代初期，香港就業勞動人口的平均工資約
為 1,500 港元，但到 90 年代中期已超過 10,000 港元。大幅上升的工資及工業用
地價格進一步推高生產成本。80 年代中期以後，香港製造業原有的比較優勢已逐步
喪失，其在國際市場的競爭力也日漸削弱。

與此同時，香港製造業的新比較優勢卻因企業規模細小、投資行為短期化以及政府的

不干預政策而遲遲未能建立。香港的製造業主要由中小企業構成，這些中小企業大都缺乏資金，再投資能力不足，真正具備現代科技知識和管理知識的現代企業家不多，企業內科技人才缺乏，尤其是專業技術人才如工程師、資料控制專家、技師、運作經理及電腦專家等數量明顯不足，因而缺乏開發的能力，產品缺乏創意，偏重於生產低檔及低科技產品。80 年代期間，由於存在所謂香港前途信心問題，製造業投資偏向短期化行為，長期投資不足。上述種種因素，再加上香港政府的不干預政策，對製造業發展支持不足，導致香港製造業在大規模將勞動密集型產業內遷廣東珠江三角洲的同時，並未能迅速向資本技術型轉移，新的比較優勢遲遲未能建立。

根據 1985 年亞洲四小龍高科技產品在經濟合作與發展組織國家的市場佔有率及排列次序資料，在 27 種高科技產品中，台灣佔 14 項，韓國佔 5 項，而香港僅佔 4 項。據統計，80 年代後期香港製造業的升級轉型至少要比台灣、韓國、新加坡等其他亞洲三小龍落後五年以上。這種態勢，嚴重影響了製造業的發展及其在國際市場的競爭力。

第二，服務業的生產力和邊際利潤遠高於製造業，使資金和勞動力大量從製造業流向服務業，推動了服務業的高速增長。

近二三十年來東亞經濟的崛起，加上香港製造業的大規模內遷廣東珠江三角洲，使周邊地區對香港的服務業提出了更加殷切的龐大需求。根據香港政府工業署的統計，1984 年，製造業的增值額在其生產總值中的比重僅 27.9%，而僱員薪酬開支（勞工成本）佔增值額的比重則高達 62.7%，可見製造業的邊際利潤已非常微薄。相比之下，廣義貿易業和廣義金融業的增值額在其生產總值中的比重卻分別達 57.9% 和 71.9%，而僱員薪酬開支則只佔其增值額的 45.1% 和 36.0%。製造業與服務業在生產力和邊際利潤的這種巨大差別在 1994 年並沒有明顯改善（見表 1–8）。這種差別的長期存在，導致資金和勞動力大量從製造業流向服務業，成為這一時期服務業迅速增長的主要因素。

這一時期，製造業和服務業每名僱員的生產力差距更大。根據 1994 年的數字，製造業每名僱員的平均增值額是 19.95 萬元，廣義貿易業和廣義金融業分別是 24.70 萬元和 63.08 萬元，分別是製造業的 124% 和 316%。很明顯，製造業與服務業在生產力與邊際利潤方面的差距，是香港產業結構轉型的重要因素之一。

表 1-8 | 製造業與服務業的生產力和邊際利潤比較

	增值額佔生產總額比率（%）		勞工成本佔增值額比率（%）	
	1984 年	1994 年	1984 年	1994 年
製造業	27.9	29.3	62.7	57.4
批發、零售、進出口、酒店及酒樓	57.9	53.4	45.1	52.0
金融、保險、地產及商業服務	71.9	74.1	36.0	30.7
社區、社會及個人服務	60.1	59.3	75.9	81.9
運輸、倉庫及通訊業	43.3	52.7	48.6	44.9

資料來源：香港政府工業署：《1996 年香港製造業》

從外部因素看，主要有兩方面：首先，是西方工業國家貿易保護主義抬頭以及亞洲四小龍在國際市場上的競爭加劇。1973 年中東石油危機後，西方工業國家因經濟增長放緩而紛紛採取貿易保護措施。踏入 80 年代以後，貿易保護主義氣氛日益高漲，歐洲共市及美國已先後對香港輸入的錄像帶、彩電、相簿、錄音帶及牛仔布等多種產品提出傾銷指控，不僅對香港廠商造成沉重心理打擊，而且在相當程度上影響了香港產品的訂單和銷售。這一時期，發展中國家和地區已紛紛加入國際市場的競爭，香港正面對台灣、韓國、新加坡等其他亞洲三小龍在高科技產品方面以及東盟國家在勞動密集型產品方面的激烈競爭，有利的國際環境已逐漸喪失。

其次，是中國的改革開放。70 年代末 80 年代初，中國實施改革開放政策，先是在比鄰港澳的廣東深圳、珠海、汕頭以及福建廈門開設經濟特區，80 年代中更開放廣東珠江三角洲地區，這直接促成了香港製造業大規模北移的趨勢，使其勞動密集型產業得以利用內地廉價的土地和勞動力資源，以繼續保持香港產品在國際市場的競爭優勢。據香港工商專業聯合會發表的研究報告《香港廿一：展望香港經濟十年路向》的估計，到 90 年代初，"在華南地區，有 300 萬以上工人直接受僱於港資公司，以全國計算，受僱者更多達 500 萬人。香港的廠家，約七成半在中國設廠，單以廣東省一地計算，所得的合資經營企業和加工工廠，便分別為 32,000 家和 80,000 家。香港出口的機械設備，估計六成銷往中國。至於香港的國際電訊接收，也有三分之一以上是往返中國的"。[01] 當時，香港出口商品中，在中國內地製造的

01 ′

香港工商專業聯合會：《香港廿一：展望香港經濟十年路向》，1993 年，第 16 頁。

部分佔60%以上的,有成衣、紡織品、電器用品、皮革、玩具、鞋履、旅遊用品及旅行袋等,電子產品接近六成,而不足四成的僅珠寶、鐘錶兩項。

根據香港貿易發展局1991年對2,895間香港公司調查後發表的一份研究報告,製造業大規模北移後,留在香港的公司主要從事貿易融資檔案處理、業務洽談、運輸、產品設計、商品買賣、研究與發展、市場推廣、市場研究、售後服務等,並作為集團的總部,而包裝、製造、裝嵌及加工等工序大部分已內移到廣東珠江三角洲地區。香港與內地之間已形成了所謂"前店後廠"的合作模式,香港成為中國內地,主要是以廣東珠江三角洲為核心的華南地區的工業支持中心,而廣東珠江三角洲則成為香港龐大的生產基地。此外,中國內地對外開放,推動了內地和香港經貿關係的全面發展,香港成為內地與國際經濟聯繫的樞紐,一方面香港成為內地企業拓展世界經濟貿易及投資的第一站,另一方面香港又成為國際跨國公司進軍中國內地的橋頭堡。上述種種因素,再加上香港經濟步入成熟階段所提升的市民的消費能力,大大增加了對香港服務業的需求,進而促進了香港經濟從製造業向服務業的轉型。

三、經濟轉型的積極影響

結構轉型對香港經濟的影響,從積極的方面看主要有:

第一,推動了80年代以來香港經濟的持續增長。80年代以來,曾經作為香港經濟發展主要動力的出口導向型製造業,因內受勞工短缺、成本上漲的困擾,外受貿易保護主義及鄰近地區競爭的威脅,其生產力正迅速下降。產業結構轉型的結果,是製造業內移廣東珠江三角洲,其生產基地擴展到整個華南地區,並利用內地廉價的土地及勞動力資源繼續在國際市場上保持強大的競爭力,而服務業則迅速崛起。香港經濟內部,大量的資金和勞動力轉移到增值額高和邊際利潤高的行業,這種轉移給香港經濟注入新的增長動力。80年代中期以後,服務業已取代製造業成為香港經濟持續增長的動力。80年代後期,香港經濟持續數年高速增長,年平均增長率達到雙位數字。80年代末90年代初,由於受到中國內地整頓經濟的影響,香港經濟一度放緩,但其後在90年代前期持續維持約5%的增幅。

第二,增強了香港作為亞太區金融貿易服務中心的地位。隨着製造業的大規模內遷,香港不僅從昔日遠東的加工裝配中心蛻變成亞洲區內,尤其是華南地區的工業支持中心，而且重新確立其作為區內最重要自由港和貿易轉口港地位。據統計，從1980 年到 1997 年，香港的貿易轉口額從 300.7 億港元增加到 12,445.4 億港元，17 年間增加逾 40 倍，年均增長率接近 25％；同期，香港本地出口值僅從 681.7 億港元增加到 2,114.1 億港元，增幅是 2.1 倍，平均年增長率僅約 7％。這使轉口貿易在香港總出口值中所佔比重從 30.6％ 上升到 85.5％，成為香港總出口的主體（表1-9）。轉口貿易的大幅增長，主要由 "中國因素" 所帶動：一方面是中國內地對外貿易加快發展，經香港轉口的貨品大幅增加，另一方面隨着香港製造業的大規模內遷，從港或經港輸入中國內地的設備、半產品、原材料以及內地加工裝配的產品經港轉銷海外均大幅增長。1980 年，中國內地供應及吸納的轉口貨值在香港貿易轉口值中所佔比重是 43.4％，到 1997 年已增加到 93.8％。這一時期，香港的貿易地位從全球第二十三位躍居第八位，僅次於美、德、日、法、英、意及加拿大，成績之佳令全球商界矚目。到 90 年代中後期，香港已擁有約 10 萬家貿易公司，匯集了各類採購公司、貨運代理商和貿易融資專才，組成了全球最龐大、技術最先進的專業隊伍，其市場網絡已伸延至全球近 150 個國家和地區。香港成為亞洲地區貿易展覽之都、舉世聞名的國際貿易中心。

轉口貿易的蓬勃發展還帶動了航運、航空、倉儲、碼頭、通訊、保險、金融以及旅遊業的發展。這一時期，香港也成為亞太區重要的航運、航空中心，與全球各地形成海陸空立體交通運輸網絡。1987 年，香港的葵涌貨櫃碼頭已超過荷蘭鹿特丹，成為全球第一大貨櫃港，1995 年處理的標準貨櫃單位超過 1,200 萬個，已連續三年

表 1-9　| 20 世紀 80 年代以來香港貿易結構的變化（單位：億港元）

	1980 年	1985 年	1990 年	1992 年	1997 年
港產品出口	681.7	1,298.8	2,258.9	2,341.2	2,114.1
轉口	300.7	1,052.7	4,140.0	6,908.3	12,445.4
總出口	982.4	2,351.5	6,398.9	9,249.5	14,559.5
轉口在總出口中的比重（％）	30.6	44.8	64.7	74.7	85.5
中國內地供應及吸納轉口在轉口總值中的比重（％）	43.4	77.1	84.2	89.2	93.8

資料來源：香港政府統計處

居於世界首位。當年，由香港擁有、控制及管理的船隻達 1,161 艘及 5,600 萬載重噸位，香港船東已躋身世界最大船東和船隻管理者之列，與挪威、英國、希臘、日本等國同業分庭抗禮。而香港啟德機場也成為全球第二個最繁忙的國際空運貨物基地和世界第四個最繁忙的國際客運機場，經營來往香港航班的國際航空公司超過 60 家。同時，到 90 年代中期，香港成為國際性大銀行集中地，世界排名前一百的國際性大銀行有 85 家在香港經營業務，香港還一度成為全球五大繁忙證券市場之一，為亞洲第二大資本市場，銀團貸款金額在亞洲居首位。1995 年，香港躍居全球第五大外匯市場，日平均外匯交易量達 910 億美元。

踏入 90 年代，尤其是 1992 年春鄧小平南巡廣東之後，中國內地的改革開放進入新階段，香港的上市公司及大財團相繼掀起投資中國內地商業零售、房地產、服務業以及大型基礎設施的熱潮。據統計，截至 1996 年，中國內地實際吸收的外資中，約有 56.8% 來源於香港，其中相當部分是香港銀行體系籌措或利用香港股市集資的，這無疑強化了香港融資中心的地位。同時，90 年代以來，大批中資企業的 "紅籌股" **01** 和內地國企的 "H 股" **02** 來港上市，香港正發展成為 "中國的紐約"。從上述發展態勢看，香港作為亞太區國際性金融中心的地位得到了進一步的鞏固，香港正逐步向亞太區商業大都會的角色演變。

四、值得關注的幾個問題

不過，目前香港經濟轉型也隱含着不少消極因素。由於香港製造業大規模內遷的同時，並未相應地發展起資本技術密集型產業，製造業在自身的升級轉型中困難重重，步履蹣跚，使其在香港經濟中的地位急劇下降，出現了所謂 "產業空洞化" 的趨勢。部分工商界人士擔心，香港經濟若過分依賴服務業而忽略製造業，會進一步加深其經濟的無根性和投機性，導致經濟波動加劇。他們呼籲推動製造業向資本技術密集型升級，以保留具有高科技的、有競爭力的製造業環節，維持一個平衡的經濟架構。可惜，知易行難，90 年代中期以後製造業的地位甚至不如運輸、倉儲及通訊業。有人擔心，倘若製造業進一步式微，不但會影響到香港經濟的整體發展，還可能造成一系列棘手的社會問題，諸如結構性失業等等，實在有必要引起有關各方面的重視。

另外，經濟轉型引發的另一個後遺症是通貨膨脹的惡化。80 年代後期，香港通貨膨

01

紅籌股（Red Chip），根據業內人士所下的定義，是指在香港或海外註冊、由中國資本擁有上市公司已發行股本 30% 以上的股份，即中資企業擁有的香港上市公司的股份，其主要特點是公司的控制權掌握在中資手中，業務則集中在香港或內地，或兩者兼而有之。

02

H 股，因香港英文 Hong Kong 首字母而得名，指註冊地在內地、上市地在香港的中國企業股票。

脹高企在雙位數水平，後來雖然有所回落，但直到 90 年代中期仍維持在 8% 到 9%
的高水平。持續的高通脹已嚴重侵蝕香港經濟的競爭力，令香港的生產經營成本大
幅上升，不但勞動密集型的製造業難以承受，就是部分服務業也漸漸吃不消，出現
了所謂的 "第二次轉型"（即服務業中勞動密集型行業也步製造業的後塵外移）。近
期，部分服務業如船隻修理、飛機維修業等，就因成本過高而遷移到新加坡、台灣
或內地城市。難怪有人擔心香港服務業會否步製造業後塵，形成北移趨勢。看來，
香港經濟結構的轉型在未來相當一段時期內將持續發展，不僅從製造業向服務業轉
型，服務業的結構亦將發生變化，轉型的結果有可能進一步向高增值的服務業方面
演化，而將部分低增值行業外移，此一發展趨勢的走向及可能對香港經濟產生的深
刻影響，值得深入研究。

（原文載廣州《港澳經濟》雜誌，1993 年 9 月號）

香港與新加坡產業結構及經濟政策的比較研究

【摘要】 香港和新加坡是兩個較為相似的海島型城市（國家／地區）。本文對兩個城市的產業結構演變進行了對比分析，分析了它們的相同之處和差異。相似之處主要是它們都經歷了以傳統的轉口貿易為主體的產業結構時期；都經歷了高速發展的"工業化"時期；80 年代中期以後又都進入了後工業化或服務經濟時代。差異之處主要表現在：實行"工業化"的最初推動力和發展戰略不同；在產業結構演變過程中，香港的製造業本身並未經歷明顯的升級轉型，而新加坡則經歷了這種轉型；香港產業結構的調整相對被動，主要受市場機制的誘導，而新加坡產業結構的調整則主要是新加坡政府主動調整經濟發展戰略和政策的結果。本文進而研究其背後的政策性原因，認為儘管兩地政府的政策存在較大的差別，但它們都極重視建立良好的投資環境以吸引外資，推動經濟發展。香港的"積極不干預"政策，是特定歷史條件下的產物，並且是在特定的經濟環境中發揮作用的；而新加坡實施"積極、直接干預"政策，是從一個主權獨立的國家立場出發，更強調經濟的發展和民族的振興，因而更重視產業機構的合理性和不斷的升級轉型，以便緊跟世界經濟發展的潮流。

一、香港和新加坡產業結構演變的相同點

香港和新加坡有許多驚人的相似之處，如它們都是海島型城市國家／地區，地理位置優越，處於國際航道的要衝，是世界著名的自由港。它們都曾長期經歷英國的殖民統治，繼承了有效率的行政、法律體系，其經濟都在 20 世紀 60 年代至 80 年代間獲得了高速增長，與韓國、台灣一同被列為"亞洲四小龍"，取得了世界矚目的成就。因此，香港與新加坡在產業結構演變過程中有許多相似之處。主要表現在：

首先，它們都經歷了以傳統的轉口貿易為主體的產業結構時期。根據庫茲涅茨的研究，世界各國產業結構演變的一般規律，是隨着經濟的發展，從農業社會轉向工業社會，再從工業社會轉向後工業社會或服務經濟社會。[01] 然而，香港和新加坡近

01
莫凱：《香港經濟的發展和結構變化》，三聯書店（香港）有限公司，1997 年，第 37—38 頁。

現代經濟的發展，則是從貿易轉口港起步的。誠然，香港和新加坡開埠前，都曾是不顯眼的小漁村，基本上屬海島型的漁農社會。但它們在開埠後，都憑着優越的地理位置，成為亞太區著名的貿易轉口港。轉口貿易業成為其經濟結構中最重要的產業。因此，香港和新加坡走上工業化道路時，不是從漁農社會而是從貿易轉口港起步的。正因如此，轉口港時代所建立的基礎設施和發展的與海外市場的聯繫，有利於它們日後發展"出口導向"型的工業。

其次，它們都經歷了高速發展的"工業化"時期。20世紀50—60年代，隨着科學技術的進步和先進工業國勞動成本的不斷提高，在世界範圍內出現了一次大規模的產業結構調整。在這次產業結構調整中，發達國家在實現產業結構升級的同時，將一些勞動密集型產業向發展中國家或地區轉移，自己則致力於發展資本、技術密集型產業。以香港、新加坡為首的一些發展中國家或地區，及時把握這一良機，它們利用自身的有利條件，適時採取"出口導向"發展戰略，實現了工業化，推動了經濟起飛。這一時期，香港和新加坡都成為亞太區重要的製造中心。

再次，80年代中期以後，它們都進入了後工業化或服務經濟時代。作為城市經濟型經濟體，香港和新加坡第三產業在整體經濟中一直佔有重要地位。即使在高速增長的"工業化"時期，出口導向型製造業成為經濟發展的主導產業，第三產業在國民經濟中仍佔絕大比重。實現工業化後，它們的產業結構都轉向第三產業，其中，進出口貿易、金融等行業都成為服務經濟的重要行業。1997年，香港本地生產總值中，服務業佔了85.2%，其中，批發、零售、進出口貿易、飲食及酒店業佔25.4%，金融、保險、地產及商用服務業佔26.2%；同年，新加坡國內生產總值中，服務業佔71.5%，其中，金融和商業服務佔30.9%，貿易佔18.8%。這一時期，香港和新加坡同為亞太區主要的貿易中心、航運中心、航空中心、金融中心以及旅遊中心。

二、香港和新加坡產業結構演變的差異

誠然，香港和新加坡的發展道路在某些方面又截然不同，在產業結構演變方面因兩地的具體條件不同，尤其是所採取的經濟政策不同，更存在着不少差異。主要表現在：

第一，實行"工業化"的最初推動力和發展戰略不同。

50年代初，作為香港經濟生命線的轉口貿易遭受以美國為首的聯合國對華禁運政策的嚴重打擊，經濟陷入全面衰退。這時，從內地移居香港的一批實業家，主要是紡織業企業家，利用當時香港勞動力價格低廉、產品成本較低又享有英聯邦特惠稅待遇的優勢，開始創建現代紡織工業，推動了最初的工業化進程。如果說香港的工業化首先由民間企業家推動，那麼，新加坡的工業化進程則主要由政府推動。正是新加坡政府實施的以發展工業為中心的經濟多元化政策，啟動了最初的工業化進程。

香港從邁向工業化之初，就直接進入"出口導向"階段，而新加坡則是先進入"進口替代"階段，才轉入"出口導向"階段。50年代初，香港人口僅200萬人，本銷市場狹小，製造業賴以發展的自然資源缺乏，加上香港長期擔任轉口港角色，大部分消費品依賴進口，市民對進口商品形成偏好，實施"進口替代"戰略缺乏資源及市場基礎，因而香港並未經歷"進口替代"階段就直接進入了"出口導向"階段。相反，新加坡獨立初期，一度與馬來西亞合併，政府希望新加坡的工業能佔領馬來西亞的龐大市場，因而首先實行"進口替代"戰略。其後，新加坡從馬來西亞分離出來，有關構想落空，才轉向"出口導向"。這種差別，使香港的出口工業佔了先機，特別是使它的紡織、製衣業獲得了更多的配額，這也是它的紡織、製衣業能長期夠保持競爭優勢的重要原因之一。

第二，在產業結構演變過程中，香港的製造業本身並未經歷明顯的升級轉型，而新加坡則經歷了這種轉型。這是香港與新加坡在產業結構轉型中最重要的差別。

現代產業結構理論表明，產業結構變動引起的轉型有兩個特徵：首先是新科技革命引起的工業或製造業的升級轉型，使之從勞動密集型產業轉向資本、技術密集型產業；其次是工業或製造業的升級轉型引起勞動生產力的提高，從而刺激服務業的需求和供應，推動服務業的發展和升級。因此，產業升級的前提條件是製造

業本身的升級。

70 年代末 80 年代初以來，隨着世界產業結構的調整，加上西方發達國家製造業從重化工業逐漸轉向高加工化工業以及以資訊產業為核心的新興工業，新興工業化國家／地區即緊跟西方發達國家的調整，加快向工業化過渡。"亞洲四小龍"中，韓國、台灣、新加坡均能跟上這一調整，推動自身產業尤其是製造業從勞動密集型轉向資本、技術密集型。以新加坡為例，80 年代期間，新加坡通過引進外資，從而引進外國的先進技術，成功地建立起以電子電器、石油提煉、機械製造（主要是造船）為主體的製造業，實現了產業結構的升級和優化，建立起門類相對齊全、結構相對合理的、以資本和技術密集型的重化工業為中心的產業結構。70–80 年代，香港也力圖跟上這一調整，電子業的崛起就是一個證明。然而，香港最終因種種主客觀條件的制約，始終未能完成製造業本身的升級轉型。80 年代中期以後，香港的製造業尚未完成升級轉型，基礎性工業和資本、技術密集型工業還未確立優勢，這些行業已大規模北移廣東珠三角地區。進入 90 年代，香港本土的製造業仍未能顯著改變內部的結構。因此，香港產業結構的演變有明顯的先天不足，其中一個重要的表現，是它與技術進步的脫節（表 1–10）。

由於這種差別，新加坡的產業結構明顯要優於香港。新加坡在產業結構調整的過程中，製造業一直佔有重要地位，是經濟增長的雙引擎之一。1997 年，製造業在新加坡國內生產總值中仍佔 24.3%，政府的目標是要確保中長期內製造業至少佔國內生產總值的 25%，並保持每年至少增長 7% 的發展勢頭。相比之下，香港製造業卻在 90 年代呈萎縮之勢，1997 年，香港製造業在本地生產總值中所佔的比重僅達6.5%，令整體經濟結構失調，出現了"空心化"的危機。

表 1-10 ｜ 香港製造業的技術結構（％）

	1970 年	1980 年	1985 年	1988 年	1990 年	1993 年
技術密集型產業	13	25.6	24.2	25.8	26.8	28.3
勞動密集型產業	87	74.4	75.8	74.2	73.2	71.7

註：根據《香港經濟年鑑》的統計資料整理，技術密集型產業包括電子、機械、交通工具、精密儀器、家電、金屬製造等，其餘均列入勞動密集型產業。

資料來源：國世平：《香港經濟的平穩過渡及未來繁榮》。

第三，香港產業結構的調整相對被動，主要受市場機制的誘導；而新加坡產業結構的調整則主要是政府主動調整經濟發展戰略和政策的結果。

縱觀戰後數十年來兩地產業結構的演變，新加坡政府在產業結構的轉型中充分發揮了主導作用，政府通過制定一系列經濟發展戰略和產業政策，指導並直接參與了產業結構的轉型；香港則主要依靠國際宏觀經濟環境的轉變和市場機制的作用，政府在其中只起輔助作用。香港兩次產業結構的轉型都說明了這一點。以香港第二次產業轉型為例，70 年代後期，由於內受土地、勞工成本不斷上升的壓力，外受國際市場貿易保護主義日益抬頭、競爭日趨激烈的挑戰，香港工業界感到過分依賴某些傳統產品和市場的危險，提出“多元化”的口號。1979 年，經濟多元化委員會向政府提交報告書，就是希望政府出面推動產業調整。然而，受到政府“積極不干預”政策的制約，成效並不顯著。70 年代末 80 年代初，中國內地推行改革開放政策，使香港廠家得以利用內地充裕而廉價的土地和勞動力資源，繼續維持其在國際市場的競爭力。在巨額利潤的吸引下，香港製造業完成了大規模的北移，從而推動了是次產業結構的轉型。可以說，中國內地的改革開放這一外部因素，是推動香港是次產業轉型的直接動因。中國內地的改革開放，為香港大批製造業企業北移提供了前提條件，這在客觀上減弱了香港製造業升級轉型的要求，與亞洲其他三小龍相比，香港對產業、產品升級換代的壓力要小一些。

二戰以來，香港產業結構的調整，可以說深受其經濟腹地中國內地尤其是以廣東珠江三角洲為核心的華南地區經濟發展的影響。新加坡在這方面則相對獨立。正如美國學者恩萊特（Michael J. Enright）等人所說：“中國對香港經濟所起的影響，儘管並非決定性，但也往往非常重要。香港從一個轉口港變成一個製造業中心，再變成一個服務和製造業活動精練的後援部隊，就是中國經濟的對外封閉和對外開放所促成的。” [01] 因此，從實質上說，香港產業結構的第二次轉型，不僅是從製造業經濟轉向服務經濟，更是從封閉式的海島經濟轉向以華南地區為腹地的大都會經濟。這一轉型改變了香港，也促進了香港的繁榮。

01'

恩萊特（Michael J. Enright）等著、曾惠冠譯：《香港優勢》，牛津大學出版社，1997年，第 68 頁.

三、香港與新加坡兩地經濟政策的比較

戰後以來，香港與新加坡都經歷了差不多相同的經濟發展歷程，都取得了舉世矚目的成就，都躋身於“亞洲四小龍”之列，成為“新興工業化國家 / 地區”。然而，兩

地政府所實施的經濟政策有很大的差異，這對它們的經濟發展和產業結構的演變產生了什麼影響呢？

第一，兩地政府的政策儘管存在較大的差別，但都極重視建立良好的投資環境以吸引外資，推動經濟發展。無論是香港政府還是新加坡政府，都極重視通過直接投資或推動企業投資，進行大規模的基礎設施建設。在軟環境方面，新加坡政府側重通過一系列的優惠政策去吸引外資；而香港政府則更着重於致力建立一個高度開放的經濟體系、公平競爭的市場環境。

第二，香港的"積極不干預"政策，是特定歷史條件下的產物，並且是在特定的經濟環境中發揮作用的。70 年代以前，香港政府基本採取"自由放任"（Laissez-Fair）的經濟政策。70 年代以後，香港政府當時的財政司夏鼎基將其修訂為"積極的不干預"（Positive Non-intervention）。所謂"積極的不干預"政策，即指除非有明顯證據證明市場失效（Market Failure，即市場機制發生故障而不能正常運行），否則，政府對私營企業不作任何干預。

香港的"積極不干預"政策，由於深受英國古典經濟學派的自由經濟學說的影響，因而更強調維護市場價格機制的正常運作，防止市場失效，要求儘量避免用不恰當的行政干預使市場受到抑制或扭曲，以便讓市場這隻"看不見的手"去發揮調節作用，使社會資源得到最優配置。相比之下，香港經濟體系更具有靈活性和彈性，它能因應國際市場需求的變動和外部環境的變化迅速調整，從而獲得最大的經濟利益。因此，一般而言，香港勞動生產率的提高，要遠優於新加坡。根據美國麻省理工學院教授楊格（Alwyn Young）的一項研究，以產值增長來源區分，1977 年至1990 年間，香港的產值增長中，約有 23% 來自勞動力投入，42% 來自資本積累，其餘 35% 來自勞動生產率的提高；而同期新加坡的產值增長中，約有 26% 來自勞動力投入，74% 來自資本積累，勞動生產率則幾乎完全沒有提高。這就是說，在70—80 年代的整整 20 年間，香港經歷了勞動生產率的迅速增長，而新加坡的勞動生產率則沒有顯著改善，其經濟增長主要依靠資本積累，特別是海外資本和國民儲蓄。這種情況的產生，究其原因，主要是新加坡政府的全面干預經濟的政策，導致該國的生產成本不必要的偏高，原因是舊技術尚未在整體經濟中取得全部效益，就過早地引進新技術，而又未能迅速掌握新技術。**01**

01

林江：《香港產業結構論》，四川人民出版社，1994 年，第111—112 頁。

第三，新加坡實施"積極、直接干預"政策，是從一個主權獨立的國家立場出發，它更強調經濟的發展和民族的振興，因而更重視產業結構的合理性和不斷的升級轉型，以便緊跟世界經濟發展的潮流。新加坡政府的"積極、直接干預"政策的重點，是制定經濟發展計劃，並通過政府領導的機構直接參與經濟活動；政府直接投資基礎設施，完善投資環境，並採取各種優惠政策吸引外資；重視發展科技和教育，大力開發人力資源。新加坡政府強調通過經濟發展計劃、直接及間接的投資、實行優惠政策吸引外資等種種措施，推動經濟發展及產業的轉型，從而建立起相對合理的產業結構。它的產業升級是在技術進步的基礎上進行的。相比之下，香港產業結構的調整，因缺乏政府政策的有力配合，與技術進步是脫節的，如製造業尚未完成升級轉型，便大規模地轉移到內地，導致 90 年代中後期香港經濟出現"產業空洞化"的危機。

（原文載廣州《學術研究》雜誌，2001 年第 7 期）

香港產業結構第三次轉型：構建 "1+3" 產業體系

【摘要】本文首先回顧了回歸以來香港特區政府，包括董建華時期、曾蔭權時期和梁振英時期關於香港經濟發展定位和產業政策的演變和發展，進一步分析了回歸以來香港產業結構的演變和發展，其主要特點是：製造業進一步式微，香港經濟演變成全球服務業比重最高的經濟體之一：金融、貿易及物流、專業服務及其他工商業支援服務、旅遊等四大產業在本地生產總值所佔比重總體呈上升趨勢，成為香港服務業的主體；特區政府宣導的 "六項優勢產業" 有所發展，具有潛力，但仍然未能成為香港服務業增長的引擎。在此基礎上，本文分析了香港經濟結構第三次轉型的方向。根據香港的比較優勢、資源稟賦和現有產業基礎，現階段香港產業結構轉型的基本趨勢，是邁向全球性國際金融中心，同時鞏固和提升其作為國際貿易及物流中心、國際旅遊中心和國際創新中心的戰略地位，構建 "1+3" 的產業體系，從而繼續保持和提高其在國際經濟中的競爭力。不過，鑒於香港存在不少令人憂慮的深層次問題，香港要成功實現第三次產業結構轉型，必須具備三個政策前提：第一，維持香港政治、經濟、社會的繁榮穩定，進一步改善投資營商環境；第二，特區政府和香港社會轉變 "積極不干預" 的思維方式，制定和實施 "適度有為" 的產業政策，積極推動經濟轉型；第三，深化與中國內地特別是廣東珠三角地區的經濟融合，重建香港在國際經濟中的戰略優勢。

一、回歸以來香港經濟的發展定位與產業政策

二戰後，香港經濟經歷了兩次產業結構轉型。第一次是在 20 世紀 50 年代初至 70 年代，轉型的基本方向是 "工業化"。第二次是在 70 年代後期至 90 年代中期，轉型的基本趨勢是 "經濟服務化"。不過，到 20 世紀 90 年代，香港產業結構轉型中存在的問題逐漸暴露，包括香港經濟的 "空心化"，製造業轉型升級困難、步伐緩慢；轉口貿易開始轉向離岸貿易，經濟增長動力進一步受到削弱。隨着經濟轉型，

在多種複雜因素的刺激下，香港地產、樓市、租金大幅飆升，扯動香港股市的大幅上漲，並帶動通貨膨脹攀升，造成港元資產的急劇膨脹，進而令整個經濟中的"泡沫"成分產生，進一步推高香港整體的經營成本，嚴重削弱香港經濟的競爭力。與此同時，還衍生了一系列的社會問題，包括結構性失業以及貧富差距擴大等，不單直接影響整體經濟的持續發展，而且成為香港社會不穩定的重大因素。

1997 年香港回歸後不久，即受到亞洲金融危機的衝擊，香港雖然成功捍衛了聯繫匯率制度，但面對亞洲周邊國家和地區貨幣的大幅貶值，整體經濟陷入戰後以來最嚴重的衰退，產業結構升級轉型的壓力和迫切性大大增加。1997 年 10 月，首任行政長官董建華在他的首份施政報告中表示："我們認識到包括工業和服務業在內的低收入生產模式，已經不再適應香港的長遠發展。一方面，香港由於生活水平高企，和鄰近地區相比，早已失去了依靠低工資的競爭條件；另一方面，若試圖通過拉低居民收入去維持香港競爭力，這個想法既不實際，也不能保障市民的整體利益。香港工業北移，反映出市場競爭的無形之手，已經向我們指出必須行走的路線。無論是工業，還是服務業，只能向高增值發展。"[01] 董建華明確提出了香港產業結構轉型的必要性，實際上揭開了香港產業結構第三次轉型的序幕。

1999 年 10 月，董建華在他的第三份施政報告中，進一步明確提出香港未來發展的定位。他指出："我兩年來多次講到政府的長遠目標，就是要為香港明確定位。去年，我聽取了策略發展委員會的意見後，在施政報告裡認定香港將來不但是中國主要的城市，更可成為亞洲首要國際都會，享有類似美洲的紐約和歐洲的倫敦那樣的重要地位。"[02] 為實現香港作為"世界級大都會"的地位，董建華強調香港與中國內地尤其是以廣東珠江三角洲為核心的華南地區的經濟合作。他在施政報告中指

01′

香港特區行政長官董建華施政報告：《共創香港新紀元》，1997 年 10 月。

02′

香港特區行政長官董建華施政報告：《培育優秀人才，建設美好家園》，1999 年 10 月。

出：穗港澳深珠之間的五萬平方公里，必將形成更緊密的區域經濟。整個區域的經濟實力大大提升，將成為香港進一步富裕繁榮的動力。

2003 年 1 月，董建華發表他連任特首後的第一份施政報告。在這份題為《善用香港優勢，共同振興經濟》的報告中，董建華在詳細分析了香港的優勢和不足後，明確提出"一個方向"和"四大支柱"的發展思路，即加快香港與廣東珠江三角洲地區的經濟整合，促進香港經濟轉型，同時強化金融、物流、旅遊和工商業等四大支柱產業的發展。董建華指出："我們的方向和定位十分明確，就是要背靠內地，面向世界，建立香港為亞洲的國際都會，鞏固和發展香港的國際金融中心、工商業支援服務、資訊、物流和旅遊中心的地位，運用新知識、新技術，提供高增值服務，推動新的增長。" [01]

2008 年，由美國次貸危機引發的金融海嘯席捲全球，受此衝擊，香港經濟從 2008 年第二季度起經歷了連續四個季度的衰退。面對全球經濟危機的衝擊，特區政府接納了 2008 年 10 月成立的香港經濟機遇委員會提出的關於發展六項優勢產業的建議，這些產業包括文化及創意產業、檢測和認證、環保、創新科技以及教育、醫療。[02] 第二任行政長官曾蔭權在 2009 年 10 月的政府施政報告中指出："除四大支柱產業外，六項優勢產業對經濟發展起着關鍵作用。現時六項優勢產業中，私營企業整體上對本地生產總值的直接貢獻為 7% 至 8%，僱傭約 35 萬人，約佔總就業人口的 10%。只要政府在政策上適當扶持，解決業界面臨的發展障礙，這六項優勢產業會踏上新台階，推動香港走向知識型經濟。" [03]

2013 年 1 月，第四任行政長官梁振英表示，香港要將產業"做多做闊"："做多"，即發揮優勢，增加現有產業的業務量；"做闊"，就要在現有產業內增加門類，並且開拓新的產業。他並宣佈將成立高層次、跨部門、跨界別的"經濟發展委員會"，以制定全面的產業政策。該委員會將下設"航運業""會展及旅遊業""製造、高新科技及文化創意產業"及"專業服務業"等小組，負責向政府提出具體建議。

二、回歸以來香港產業結構的演變和發展

香港作為一個細小的開放型經濟，自 1997 年回歸以來，由於受到 1997 年亞洲金融危機、2001 年美國"9·11"事件、2003 年 SARS 事件、2008 年由美國次貸危

01
香港特區行政長官董建華施政報告：《善用香港優勢，共同振興經濟》，2003 年 1 月。

02
經濟機遇委員會：《有關六項優勢產業的小組研討會討論摘要》，文件編號：TFEC-INFO-12，2009 年 6 月 20 日。

03
香港特區行政長官曾蔭權施政報告：《群策創新天》，2009 年 10 月。

機引發的全球金融海嘯等一連串的外部衝擊，以及內部結構性因素的影響，先後於1998 年和 2009 年陷入經濟衰退。總體而言，回歸以來香港經濟增長基本上是走過了一個 "W" 型的發展軌跡。在經濟低增長的背景下，香港產業結構的轉型調整顯得更加迫切。在香港既有資源稟賦的推動和特區政府的政策宣導下，回歸以來香港產業結構展開了第三次轉型升級，其基本趨勢是服務業進一步轉向高增值方向，並形成了以下幾個方面的基本特點：

第一，製造業進一步式微，香港經濟演變成全球服務業比重最高的經濟體之一。

20 世紀 80 年代中期以後，在高經營成本的壓力下，香港製造業大規模向廣東珠三角地區轉移。進入 21 世紀，製造業承續這種趨勢繼續萎縮。據統計，製造業增加值從 2000 年的 613.99 億港元逐漸下跌至 2013 年的 301.56 億港元，13 年間跌幅超過50%。同期，製造業在香港本地生產總值中所佔比重亦從 4.8% 下降至 1.4%。從就業人數方面看，根據新的統計標準，製造業的就業人數從 2000 年的 20.78 萬人下降至 2013 年的 10.37 萬人，13 年間跌幅亦超過 50%（表 1-11）。這一時期，香港進

表 1-11 ｜ 回歸以來香港製造業發展概況

	增加值 （億港元）	佔 GDP 比重（％）	就業人數 （萬人）	佔總就業人數（公務 員除外）比重（％）
2000 年	613.99	4.8	20.78	9.1
2002 年	457.73	3.7	16.56	7.3
2004 年	394.68	3.1	14.73	6.4
2006 年	396.85	2.7	13.95	5.8
2008 年	315.05	1.9	13.06	5.3
2009 年	287.14	1.8	12.49	5.0
2010 年	304.10	1.7	11.76	4.6
2011 年	305.78	1.6	11.04	4.2
2012 年	306.00	1.5	10.53	4.0
2013 年	301.56	1.4	10.37	3.8

資料來源：香港特別行政區政府統計處：《2014 年本地生產總值》，2014 年 2 月；《香港統計年鑒》，2001—2014 年。

一步演變成全球服務業比重最高的經濟體之一。1997 年至 2013 年，服務業佔香港本地生產總值比重從 85.2% 進一步上升至 92.9%。

第二，金融、貿易及物流、專業服務及其他工商業支援服務、旅遊等四大產業在本地生產總值所佔比重總體呈上升趨勢，成為香港服務業的主體。

回歸以來，金融、貿易及物流、專業服務及其他工商業支援服務、旅遊等四大產業發展加快，對經濟增長和就業的貢獻日益加大。從 1998 年至 2013 年，四大產業的增加值從 5,984 億港元增加到 12,125 億港元，15 年間增加了 102.62%；佔香港本地生產總值的比重從 49.6% 上升至 57.6%，增加了 8 個百分點。其中，金融服務業的增加值從 1,263 億港元增加到 3,460 億港元，增加了 1.74 倍，金融業佔 GDP 的比重從 10.5% 上升到 16.5%，增加了 6 個百分點；旅遊業的增加值從 267 億港元增加到 1,059 億港元，增加了 2.97 倍，旅遊業佔 GDP 的比重從 2.2% 增加到 5.0%，上升了 2.8 個百分點（表 1-12）。

就業情況亦反映了同樣的趨勢。1998 年至 2013 年，四大產業僱傭的就業人數從 135.42 萬人增加到 176.42 萬人，15 年間增長了 41 萬人，增幅達 30.3%；四大產業就業人數佔總就業人數的比重從 43.3% 增加到 47.3%，增加了 4 個百分點，約佔香港就業總人數的半壁江山。其中，旅遊業從 9.58 萬人增加到 26.97 萬人，增加了 1.82 倍，所佔比重從 3.1% 增加到 7.2%，增加了 4.1 個百分點；專業服務及其他工商業支援服務業從 30.14 萬人增加到 49.56 萬人，增加了 64.4%，所佔比重從 9.6% 上升到 13.3%，增加了 3.7 個百分點；金融服務業從 17.52 萬人增加到 23.17 萬人，增加了 32.2%，所佔比重從 5.6% 上升到 6.2%，增加了 0.6 個百分點。值得注意的是，同期貿易及物流業的就業人數卻從 78.18 萬人輕微減少到 76.72 萬人，減少了 1.9%，所佔比重從 25.0% 下降到 20.6%，下降了 4.4 個百分點，這在一定程度上反映了服務業內部有進一步向高增值領域發展的趨勢。

第三，特區政府宣導的"六項優勢產業"有所發展，具有潛力，但仍然未能成為香港服務業增長的引擎。

2009/10 年度，特區政府在施政報告中宣導發展六項優勢產業，其後政府統計處於 2011 年起編製六項優勢產業統計數據。根據相關的統計，包括文化及創意產業、醫

表 1-12 | 四大主要行業以當時價格計算增加值及在香港本地生產總值的比重

	1998 年	2003 年	2005 年	2007 年	2009 年	2011 年	2012 年	2013 年
金融業增加值（億港元）	1,263.0	1,540.0	1,707.0	3,226.0	2,599.0	3,068.0	3,193.0	3,460.0
金融業佔比重	10.5	13.1	12.7	20.1	16.2	16.1	15.9	16.5
銀行	7.6	8.6	8.0	10.8	9.3	9.4	9.7	10.4
保險及其他金融服務	2.9	4.5	4.7	9.3	6.9	6.7	6.2	6.1
貿易及物流增加值（億港元）	2,854.0	3,280.0	3,849.0	4,089.0	3,778.0	4,854.0	4,954.0	5,005.0
貿易及物流佔比重	23.7	27.9	28.6	25.5	23.9	25.5	24.6	23.9
貿易	19.5	22.6	23.4	21.0	20.4	22.0	21.3	20.6
物流	4.2	5.2	5.2	4.5	3.5	3.6	3.3	3.3
專業服務及其他工商業支援服務增加值（億港元）	1,600.0	1,350.0	1,422.0	1,818.0	2015.0	2,359.0	2,576.0	2,602.0
專業服務及其他工商業支援服務佔比重	13.3	11.5	10.6	11.4	12.7	12.4	12.8	12.4
專業服務	3.6	3.7	3.7	3.7	4.2	4.6	4.7	4.8
其他工商業支援服務	9.7	7.8	6.8	7.7	8.5	7.8	8.1	7.6
旅遊增加值（億港元）	267.0	293.0	319.0	540.0	510.0	862.0	946.00	1,059.0
旅遊佔比重	2.2	2.5	3.2	3.4	3.2	4.5	4.7	5.0
入境旅遊	1.6	1.8	2.4	2.6	2.5	3.8	3.9	4.2
外訪旅遊	0.6	0.7	0.8	0.8	0.7	0.7	0.8	0.8
四個主要行業增加值（億港元）	5,984.0	6,463.0	7,297.0	9,674.0	8,862.0	11,143.0	11,668.0	12,125.0
四行業佔 GDP 比重	49.6	54.9	55.1	60.3	56.0	58.6	58.0	57.6

註：四個主要行業佔本地生產總值的百分比是用以基本價格計算的名義本地生產總值來編制的。這與我們常用的以當時市價計算的本地生產總值有少許不同，後者包括產品稅。

資料來源：香港特別行政區政府統計處：《香港經濟的四個主要行業及其他選定行業》,《香港統計月刊》, 2015 年 4 月。

表 1-13 │ 六項優勢產業增加值及在本地生產總值所佔比重（單位：億港元）

	2008 年		2010 年		2011 年		2012 年		2013 年	
	增加值	比重 （%）	增加值	比重 （%）	增加值	比重 （%）	增加值	比重 （%）	增加值	比重 （%）
文化及創 意產業	632.75	4.0	778.63	4.6	895.51	4.7	978.29	4.9	1,060.50	5.1
醫療產業	221.85	1.4	260.40	1.5	274.01	1.4	294.64	1.5	324.46	1.5
教育產業	158.09	1.0	175.42	1.0	199.75	1.1	226.03	1.1	242.15	1.2
創新科技 產業	102.83	0.6	117.83	0.7	123.71	0.7	134.22	0.7	147.38	0.7
檢測及認 證產業	44.99	0.3	51.57	0.3	53.68	0.3	58.27	0.3	60.11	0.3
環保產業	41.78	0.3	56.03	0.3	65.15	0.3	67.50	0.3	71.03	0.3
六項優勢 產業合計	1,202.29	7.5	1,438.08	8.4	1,611.81	8.5	1,758.95	8.7	1,905.63	9.1

資料來源：香港特別行政區政府統計處：《香港六項優勢產業在 2010 年的情況》，《香港統計月刊》，2012 年 3 月；香港特別行政區政府統計處：《香港經濟的四個主要行業及其他選定行業》，《香港統計月刊》，2015 年 4 月。

療產業、教育產業、創新科技產業、檢測及認證產業、環保產業在內的六項優勢產業，其增加值從 2008 年的 1,202.29 億港元增加到 2013 年的 1,905.63 億港元，五年間增長了 58.5%；在香港 GDP 所佔比重從 7.5% 上升到 9.1%，上升了 1.6 個百分點（表 1-13）。從就業人數看，六項優勢產業的就業人數從 2008 年的 38.89 萬人增加到 2013 年的 45.03 萬人，增加了 15.79%；所佔比重從 11.0% 輕微增加到 12.1%。總體而言，六項優勢產業具有一定的發展潛力，但由於受到土地、人力資源、政策等方面的限制，仍然未能成為香港服務業增長的引擎。

三、第三次轉型：邁向全球性國際金融中心

2008 年 1 月，美國《時代》週刊（亞洲版）發表一篇由該雜誌副主編邁克爾・艾略特（Michael Elliott）所寫的題為《三城記》（*A Tale of Three Cities*）的署名文章。該文章創造了一個新概念 ——"紐倫港"（Nylonkong），即世界上三個最重要城市紐約、倫敦及香港的合稱。文章強調：在金融全球化時代，香港金融業的重要

性正迅速提升，香港有可能成為金融全球化總體格局中的重要一極。

目前，能夠真正稱之為全球性金融中心的實際上只有紐約和倫敦。一個全球性金融中心必然會以一個巨大的經濟體作為後盾，紐約依託的是北美經濟體，倫敦依託的是歐盟經濟體。在全球二十四小時前全天候運作的金融體系中，紐約和倫敦分別各佔了一個八小時時區，換言之，剩餘的八小時時區即亞洲區需要第三個全球性金融中心。而在亞洲特別是東亞的經濟體當中，剛剛超越日本的中國內地經濟、日本經濟和東盟十國經濟，分別位居前三位，依託這些經濟體的香港、上海、東京、新加坡等城市正在激烈角逐亞太時區的全球性金融中心的戰略地位。其中，香港作為亞太地區國際性金融中心，具有資金流通自由、金融市場發達、金融服務業高度密集、法制健全和司法獨立、商業文明成熟等種種優勢，最有條件發展成為全球性金融中心。香港最明顯的弱勢是經濟體積小。

香港要揚長避短，突圍而出，最重要的策略，就是深化與中國內地的合作，特別是與深圳、廣州聯手，共同構建以香港為龍頭的大珠三角金融中心圈。2009 年初國務院頒佈的《珠江三角洲地區改革發展規劃綱要（2008—2020）》就明確提出：要"發展與香港國際金融中心相配套的現代服務業體系"，並且授予廣東"在金融改革與創新方面先行先試，建立金融改革創新綜合試驗區"的許可權。[01] 2010 年 4 月粵港兩地政府共同簽署的《粵港合作框架協議》更首次提出，要"建設以香港金融體系為龍頭，廣州、深圳等珠江三角洲城市金融資源和服務為支撐的具有更大空間和更強競爭力的金融合作區域"。[02]《CEPA 補充協議六》規定，允許香港銀行在廣東開設的分行，可在廣東省內設立"異地支行"。目前已有多家香港銀行，包括滙豐、恒生、東亞、永亨等在珠三角地區開設支行。這項規定被認為是 CEPA 先行先試的重大突破。

在金融改革創新綜合試驗區、CEPA 先行先試，以及廣東自貿區等制度框架下，香港應深化與廣東珠三角特別是深圳、廣州的金融合作，形成以香港國際金融中心為龍頭、深圳和廣州為兩翼、珠三角地區其他城市為主要支點的大珠三角金融中心圈。在大珠三角金融中心圈中，香港與深圳、廣州之間應實現錯位發展。根據各自的比較優勢，香港重點發展成為中國企業最重要的境外上市和投融資中心，亞太區特別是大中華地區主要的資產與財富管理中心，全球首要的人民幣離岸業務中心、亞洲人民幣債券市場；深圳發展成為香港國際金融中心功能延伸和重要補充，中國

01

中國國務院：《珠江三角洲地區改革發展規劃綱要（2008—2020）》，2009 年 1 月。

02

《粵港合作框架協議》，2010 年 4 月。

首要的創業投資中心和中國的"納斯達克市場";而廣州則發展成為南方金融總部中心和區域性資金結算中心,華南地區銀行業務中心、銀團貸款中心和金融創新基地,區域性商品期貨交易中心和產權交易中心。[01] 可以說,合作共建大珠三角金融中心圈,將是香港與廣東金融業合作發展最重要的策略。

香港金融發展的要點之一,是要成為中國企業首要的境外上市和投融資中心。香港作為亞太區國際金融中心,擁有除日本之外亞洲最大的證券交易所,資本市場規模龐大,市場成熟及規範,有着眾多包括國際基金、信託基金、財務機構、專業投資者、投資大眾等多元化投資者,參與性極高;特別是由於香港的眾多股票分析員對中國內地瞭解較深,研究報告在品質和數量上遠勝其他市場,大部分在香港上市的公司,上市後都能夠再進行股本集資。從法律的角度看,香港更是擁有強大的優勢,香港擁有廉潔的政府、健全的法制、簡單的稅制,還有自由的流動市場制度,對海外與中國的投資者均一視同仁;包括證券及期貨條例、上市規則、收購合併守則等資本市場法規漸趨完善。當然,從長期的眼光看,香港要真正成為中國企業首要的境外上市和投融資中心,在發展策略方面還需要加強以下幾方面:第一,香港證券監管當局須進一步完善對中國企業的上市監管制度;第二,積極推動更多經營規範的大中型民營企業和科技型民營企業到香港上市;第三,積極推進香港與深圳證券交易所(簡稱"深交所")的合作、乃至合併;第四,進一步完善香港與中國內地金融監管,特別是證券監管的合作。

香港金融發展的要點之二,是要成為亞太地區首要的國際資產管理中心。從中長期看,東亞特別是中國內地,作為全球經濟增長最快的地區,將吸引大量區外資金到區內投資,資產與財富管理業務的增長潛力巨大。而香港金融市場高度成熟,擁有良好的發展基礎,具備成為世界一流資產管理中心的潛質。國家"十二五"規劃綱要指出:"支持香港發展成為離岸人民幣業務中心和資產管理中心。"資產管理業作為香港金融業未來重點發展的範疇之一,將佔有愈來愈大的比重,並且成為鞏固香港金融中心地位、增強全球影響力的一個重要支撐環節。因此,香港作為全球性國際金融中心,應該進一步鞏固和發展基金管理、私人銀行、財富管理以及企業資本性融資、金融衍生產品等方面的高附加值和資本市場業務,發展成為亞太地區(包括香港、台灣、澳門及中國內地等大中華地區)首要的資產管理中心。目前,在亞太地區,作為國際資產管理中心,香港與新加坡可以說是旗鼓相當。香港要超越新加坡而成為亞太地區首要的資產管理中心,當前需要注意以下發展策略:第一,加

01

馮邦彥:《香港:打造全球性金融中心 —— 兼論構建大珠三角金融中心圈》,三聯書店(香港)有限公司,2012 年5 月,第 234—265 頁。

強在資產管理方面的軟硬件、監管及人才等方面的建設，使香港金融業發展更趨完備；第二，充分發揮"中國因素"的重要作用，將香港發展成為大中華地區主要的資產管理中心；第三，積極把握伊斯蘭金融帶來發展機遇。

香港金融發展的要點之三，是要成為全球主要的人民幣離岸業務中心、亞洲人民幣債券市場。2004 年以來，隨着人民幣國際化進程的展開，香港作為人民幣離岸業務中心的地位逐步凸顯。香港背靠中國內地、地處東北亞和東南亞的中心位置，傳統上與東北亞和東南亞各國有着廣泛的經濟往來。香港巨大的貿易和投資往來，為發展人民幣業務提供了巨大市場，香港境內的人民幣規模迅速擴大。不過，香港要真正發展成為全球最重要的人民幣離岸業務中心、亞洲人民幣債券市場，目前還存在不少問題和困難，突出表現在：人民幣資金池的規模仍然總體偏小；人民幣資產創造的進程仍然較緩慢；人民幣回流機制的建設仍剛起步發展。針對上述問題，當前香港推動人民幣離岸業務中心的發展，還需加強以下幾方面的工作：第一，鞏固和擴大香港與廣東兩地跨境貿易人民幣結算規模，拓展與貿易結算相關的人民幣跨境業務；第二，進一步擴大人民幣資金池規模，建立多元化的人民幣交易市場，推出多元化的人民幣投資產品，拓寬人民幣投資渠道；第三，進一步拓寬人民幣投資渠道，完善和優化人民幣回流機制；第四，積極推動深圳前海發展成為人民幣國際化的境內橋頭堡以及香港的後援基地，支持香港人民幣離岸業務中心的發展；第五，處理好香港人民幣離岸業務與上海人民幣在岸業務之間的協調發展和錯位發展。

四、第三次轉型：鞏固提升三大中心戰略地位
1. 鞏固、提升香港作為國際貿易中心及物流樞紐地位

長期以來，香港一直是亞太地區最著名的自由港和貿易轉口港。香港的區位條件極佳，背靠經濟快速增長的中國內地，位居亞洲太平洋的要衝，是日本東北亞和東南亞諸國的航運要道的樞紐，擁有全球三大天然良港之一 —— 維多利亞海港和良好的基礎設施。香港是一個資訊高度發達的國際大都會，擁有自由開放的市場經濟，加上長期實行的簡單而低稅率的稅制和健全的法律制度，這些都為企業家和商人提供了得天獨厚的營商環境。香港的貿易地位長期位居全球前列，目前是全球第九大貿易經濟體。香港共擁有逾十萬家貿易公司，匯集了各類採購公司、貨運代理商和貿易融資專才，組成了全球最龐大、技術最先進的專業隊伍，其市場網絡已伸延全球逾 150 個國家和地區。

正是基於這些地理的、歷史的、經濟的、制度的比較優勢，香港在可預見的將來以及未來相當長的時期內，將會繼續是亞太區著名的國際貿易中心、航運中心、航空中心和物流樞紐，貿易及物流產業將是香港最主要的支柱產業之一。然而，也應該看到，一些不利的因素正在影響香港國際貿易中心的地位，這些因素包括：香港產業的"空心化"；港資企業在廣東珠三角地區的製造業正在向外遷移或向越南等東南亞地區轉移；香港的轉口貿易正向離岸貿易轉變；香港本土的貿易、物流成本持續上升等。最明顯的例子是，自 2005 年起，香港失去了保持多年的世界輸送量最大集裝箱港的地位，取而代之的是新加坡；2007 年香港進一步被上海超越。目前，香港集裝箱港的地位已跌至第三位，居於上海、新加坡之後，而深圳則緊隨其後排第四位。隨着生產基地的再轉移和內地港口的興起，香港轉口港地位的重要性已相對下降。

因此，有必要進一步鞏固、提升貿易及物流產業的國際競爭力，進而鞏固、提升香港作為國際貿易中心及物流樞紐的戰略地位。當前需重視的主要有以下幾方面：第一，鞏固美歐等傳統市場，積極拓展亞洲市場特別是中國內地市場，發展離岸貿易；第二，鞏固和提升香港作為亞太區航運中心和航空貨運中心的戰略地位；第三，進一步提升香港作為全球供應鏈管理中心和亞洲區域配送中心的戰略地位。根據香港貿易發展局的研究，目前香港的貨運及倉庫服務行業正受到全球多個發展趨勢的影響，包括供應鏈全球化、度身訂造服務普及化、產品週期縮短、降低存貨和快速回應要求等。面對這些趨勢，越來越多的企業認為有需要尋求外界說明，以優化其供應鏈管理，協力廠商及第四方物流服務供應商遂應運而生。[01] 這種發展趨勢正推動着香港貿易商的轉型。近年來，隨着貿易形勢發展的需要，越來越多的貿易公司開始提供若干增值服務，如為供應商採購原材料，並提供融資，有的則與多家工廠建立外判關係，並對這些工廠的生產管理，特別是品質控制進行監管。其中，更有一部分貿易商提供全球供應鏈管理服務，包括選擇生產商和供應商、融資、產品設計、生產管理，直至出口、銷售。其中的典型就是香港的利豐集團。[02] 特區政府和香港業界應積極推動這一轉變，致力於將香港發展成為全球供應鏈管理中心。

2. 鞏固、提升世界旅遊中心的戰略地位

香港旅遊業，是從 20 世紀六七十年代起步發展的。憑藉着"自由港"及低稅制的優勢，憑藉着迷人的維多利亞海港景色、風貌多樣的名勝景點、郊野景致、購物及美食，居亞太地區中心及國際交通樞紐地位，完美的酒店設施和優質的服務，高效便

01
袁淑妍：《香港貨運代理業概況》，香港貿易發展局，2012 年 8 月 12 日。

02
馮邦彥：《百年利豐：跨國集團亞洲再出發》，三聯書店（香港）有限公司，2012 年，第 216—242 頁。

捷的航運交通，旅遊業的綜合意識和教育成就，以及殖民地色彩和中西文化交匯的獨特都會文化，香港發展成為亞太區著名的旅遊中心，享有"東方之珠"和"購物天堂"的盛譽。

回歸以後，由於先後受到 1997 年亞洲金融危機、2001 年美國"9·11"事件以及2003 年 SARS 疫情的影響，香港旅遊業一度受到嚴重衝擊。2003 年 7 月 28 日，為了使香港能夠早日從 SARS 的陰影中走出來，中央政府宣佈實施內地居民赴港澳"自由行"政策。在內地居民赴港"自由行"的帶動下，旅遊業及其相關行業成為香港四大支柱產業之一。旅遊業的蓬勃發展，不僅促進了餐飲、酒店、交通、零售業的發展，而且還帶動了房地產、股市、銀行、公用事業等相關行業的發展。據世界旅行及旅遊理事會的估計，2011 年，旅遊業對香港經濟的直接及間接貢獻，約佔本地生產總值約 15.2%；香港從事旅遊業及相關行業的就業人口逾 4.63 萬人，佔了香港總就業人口的 12.8%。根據香港旅遊發展局的預測，未來十年，訪港旅客人數可能達到 8,000 萬至 1 億人次。因此，在香港第三次產業轉型中，旅遊業將是香港經濟中越來越重要的支柱產業之一。不過，當前香港旅遊業的發展，仍然存在不少障礙和問題，特別是近年來香港經營成本大幅上漲，租金、地價高企，增加了各行業的經營成本，直接造成了物價的高漲，直接或間接地影響了香港作為"購物天堂"的地位。

根據上述分析，香港旅遊業的發展戰略和定位，是要致力發展成為全球首屈一指的旅遊勝地，鞏固和提升香港作為世界旅遊中心和購物天堂的地位。為實現這一戰略目標，香港旅遊業的發展必須重視以下幾個方面的問題：第一，根據世界旅遊中心的戰略定位，從長遠規劃着眼，發展和加強旅遊業的基礎設施建設，切實改善香港旅遊業的基礎設施和基本條件。要以政府為主導，有序推動促進香港旅遊業長遠發展的交通基礎設施、旅遊設施、大型新興景點和酒店等硬件建設，打造一批能引領時尚和滿足高端消費需求的旅遊項目和活動；切實改善購物環境狹窄、交通擁堵、中低端酒店不足、營商成本高企等根本問題，維護香港"購物天堂"的美譽，從而不斷增強香港作為世界級旅遊目的地的多元化特色和吸引力。第二，大力發展商務旅遊、會展旅遊等高端旅遊，積極拓展海外市場尤其是長途市場客源，致力於發展為世界級的商務和度假旅遊目的地；第三，大力整頓旅遊市場秩序，規範旅遊業的發展，加強對旅遊業發展的監管和對外形象宣傳；第四，加強粵港澳旅遊業的合作與錯位發展，共同建設"世界級旅遊休閑中心"。

3. 鞏固、提升國際創意產業及科技創新的戰略地位

其實，早在 20 世紀 90 年代，香港社會就有不少有識之士提出香港要發展科技創新產業，以改變香港經濟結構過分依賴地產、金融業的狀況。回歸後，尤其是亞洲金融風暴後，香港經濟所受到的重創在在凸顯了產業轉型的重要性，加上當時美國以資訊科技革命為特徵的"新經濟"浪潮迅速席捲全球，以知識為本的理念漸成潮流，以董建華為首的特區政府於是改變政策重點，積極推動香港高科技產業的發展，主要措施包括：斥資 33 億港元在大埔白石角興建科學園第一期；向應用基金注資 7.5 億港元並設立應用科技研究院；撥款 50 億港元設立創新及技術基金等。為推動科技產業發展，香港特區政府於 2000 年成立創新科技署，專責推動科技創新工作。2002 年，香港科學園一期正式開幕。

2008 年，面對全球金融及經濟危機的衝擊，以曾蔭權為特首的特區政府接納了香港經濟機遇委員會提出的關於發展包括教育、醫療、檢測和認證、環保、創新科技和文化及創意產業等六項優勢產業的建議。實際上是回到了董建華時期特區政府關於發展科技創新產業的基本思路上，只不過這次的產業涵蓋面更廣，包含了科技創新與創意產業。及至 2013 年梁振英出任特首後，更明確表示特區政府決定再次啟動成立創新及科技局的工作，並與各界共同制訂香港創新及科技發展的目標和政策。總體而言，經過 20 世紀 90 年代以來的發展，香港的創意及科技創新產業的發展已具備了初步的基礎。

因此，在香港第三次產業轉型中，創意產業及科技創新無疑將是香港經濟中不可或缺的重要一環。香港要成功發展成為國際性的創意產業及科技創新中心，其基本策略有以下幾個方面：第一，以"六項優勢產業"為基礎，制定明確的、傾斜性的產業政策，重點發展文化及創意、創新科技、檢測及認證、環保等具發展潛力的新興產業，積極推動這些產業在 CEPA "先行先試"的框架下加強與廣東珠三角地區的合作發展。第二，提升香港科技創新產業政策制定的級別和權威，加強統籌規劃，以香港科技園公司為核心，重整香港創意及科技創新的發展平台和基礎設施。第三，加強粵港科技合作，建立粵港兩地科技創新合作的統籌協調機制和平台，制定長遠的區域性發展計劃，構建"香港—珠三角科技創新灣區"。

五、構建"1+3"產業體系的政策前提

1997 年回歸以來，特別是經歷了 1997 年亞洲金融危機及 2008 年全球金融海嘯兩次衝擊，香港原有經濟發展模式和產業結構的缺陷及問題已充分暴露，第三次產業結構轉型已不可避免，實際上亦已啟動。根據香港的資源稟賦和比較優勢，香港第三次產業結構轉型的趨勢，是邁向全球性國際金融中心，同時鞏固和提升其作為國際貿易及物流中心、國際旅遊中心和國際創新中心的戰略地位，構建"1+3"的產業體系，從而繼續保持和提高其在國際經濟中的競爭力。

回顧過去的半個世紀，面對風雲變幻的世界經濟形勢，香港憑藉着自己特有的優勢，成功地進行了兩次產業結構的轉型，推動了經濟的持續發展，躋身世界先進經濟體系之列，並從中演變出一套極富彈性和靈活性的經濟制度和經濟發展模式，積累了豐富的國際經驗，在國際經濟中確立了其獨特的角色和地位。應該說，香港有條件也有優勢成功實現產業結構的第三次轉型，從而建立起其作為"亞洲的紐約"或"亞洲的倫敦"的世界大都會地位。

然而，值得指出的是，香港在未來的發展道路上存在不少令人憂慮的深層次問題，香港在過去數十年間的一些促成成功的因素似乎正在消失。根據我們的研究，香港要成功實現第三次產業結構轉型，其政策前提是：

第一，維持香港政治、經濟、社會的繁榮穩定，進一步改善投資營商環境。

回歸之前，特別是進入過渡時期之前，香港是一個高度經濟化的城市。這是它經濟成功發展的奧秘之一。然而，回歸以後，在中美兩大國全球角力的大背景以及在本土政黨政治迅速崛起的影響下，香港正快速發展成為一個高度政治化的地區。2003 年 7 月 1 日由亞洲金融危機、通縮、SARS 及《基本法》23 條立法等一系列事件觸發的 50 萬人上街遊行就是這一轉變的標誌。2013 年，香港特區政府宣佈啟動為期 5 個月的 2017 年普選行政長官的政改諮詢，而這邊廂"佔領中環"的運動正緊鑼密鼓進行。這一年，香港還爆發了二戰之後歷時最久的工人運動。種種跡象顯示，香港正成為各種矛盾交織的焦點。政治、經濟、社會的種種不穩定、不確定性，直接影響了香港特區政府的施政及其效率，影響了香港的投資營商環境，影響了投資者的投資意欲。在這種背景下，特區政府連制訂照顧弱勢群體的施政都受到立法會"拉布"的阻礙，更遑論制定有遠見的、強力推動經濟轉型的長遠戰略、政策。因

此，在"一國兩制"的框架下如何有效維持香港政治、經濟、社會的繁榮穩定，進一步改善香港的投資營商環境，是第三次產業成功轉型的重要政策前提。

第二，特區政府和香港社會轉變"積極不干預"的思維方式，制定和實施"適度有為"的產業政策，積極推動經濟轉型。

長期以來，香港政府實行的是"積極不干預"政策。20 世紀 70 年代，港英政府時期的財政司司長夏鼎基最早提出了這一政策。已故諾貝爾經濟學獎得主弗里德曼曾將香港的經驗視為"良好經濟政策的持久樣板"。不過，"積極不干預"的前提是市場結構的高度競爭性，市場價格能夠發揮自動調節社會資源的作用。然而，時移世易，今天"積極不干預"的基礎已發生改變。香港回歸後，特區政府在面對金融風暴的衝擊時，已加強了對經濟的干預，典型例子是大規模入市干預。而在 2008年、2009 年全球的金融風暴中，歐美等號稱自由經濟的實體，他們的政府出手力度比香港更強。目前，全球的經濟大環境正發生極大的變化，新的科技、互聯網、大資料、新材料、3D 列印、生化科技等等都在衝擊着全球經濟，特區政府如果仍然抱着過去那套思維方式，無為而治，必將落伍。以金融業為例，長期以來，香港金融市場實行的是拿來主義，金融變革與創新大體是效仿紐約與倫敦的成功實踐。這種做法在香港只是一個區域性國際金融中心時，風險小，成效大。但是，香港倘若要發展為全球性國際金融中心，必須克服過去這些拿來主義的思維定勢。特區政府和香港社會要真正有所作為，借鑒新加坡的經驗，制定金融發展的長遠戰略規劃，實施"適度有為"的產業發展政策，積極推動經濟轉型。

第三，深化與中國內地特別是廣東珠江三角洲地區的經濟融合，重建香港在國際經濟中的戰略優勢。

在過去相當長時期內，得益於中國內地的封閉，以及香港與內地相聯繫又相區別的特點，香港成功擔當起國際經濟與中國的中介角色。然而，在中國加入 WTO 之後，香港面對的是一個全方位開放的中國內地，傳統的優勢已無可避免消失。值得重視的是，隨着長江三角洲地區的迅速崛起，上海在全國經濟中的中心地位凸顯，對香港的地位構成壓力；而廣東經濟特別是廣州經濟實力上升，亦使香港在華南地區"龍頭"城市的地位受到質疑。

香港回歸中國後，其與中國內地的關係構建在“一國兩制”的框架下，香港與內地是不同的獨立關稅區，兩者之間的經貿交往受到“邊界”的限制。這是全球任何一個商業大都會都沒有的特例。在經濟全球化、區域經濟一體化的時代，這制約了香港的發展。為突破這一限制，2003 年香港與內地簽署 CEPA 協議，其後中央政府又在廣東實行 CEPA 先行先試政策。從香港的角度看，香港要發展成為全球性金融中心，其中的關鍵，是要打通與中國內地特別是廣東珠三角地區之間的經濟脈絡，構建大珠三角金融中心圈。因此，香港特區政府的重要政策之一，就是深化與中國內地特別是廣東珠江三角洲地區的經濟融合、金融聯繫，重建香港對中國內地尤其是廣東珠三角地區的戰略優勢，從而重建其在國際經濟中的戰略優勢。

當然，從當前香港的現實情況來看，香港要成功實施上述政策，還有不少困難和障礙。正因為如此，不少論者認為香港經濟的最高峰已經過去，未來的發展很可能會走下坡路，問題是走得快還是慢。這種觀點並非沒有理由，實在值得警鐘長鳴。在亞太區的競爭格局中，香港將面對新加坡、上海甚至廣州、深圳的挑戰，應對不當，香港從燦爛歸於平淡並非沒有可能。因此，可以這樣判斷：香港產業結構的第三次轉型，前途是樂觀的，但道路卻是曲折的，或者說任重道遠，甚至可以說充滿不確定性。

（原文載北京《港澳研究》雜誌，2015 年第 4 期）

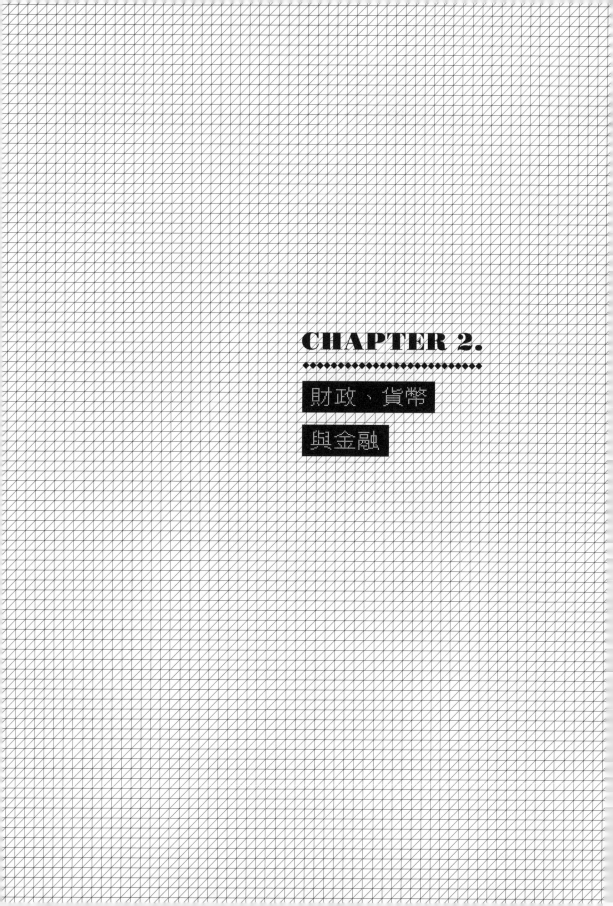

CHAPTER 2.

財政、貨幣與金融

港英政府理財哲學與財政政策的演變與特點

【摘要】本文首先分析了二戰以後至回歸前港英政府理財哲學與財政政策的演變和發展，並分析了其基本特點，即實行簡單而低稅率的稅制，致力營造良好的投資營商環境；在財政開支方面，堅持"量入為出"的基本原則，強調和重視公共開支的增長要與本地生產總值的增長相適應；在財政儲備方面，重視並建立起一套相對完備的財政儲備制度。不過，進入過渡時期，特別是隨着1997年香港回歸中國的臨近，港英政府的理財哲學和財政政策出現了明顯轉變，政府的財政預算案呈現日趨"政治化"的傾向。主要表現在：政府展開多項大型基礎設施建設，包括赤鱲角新機場建設，大幅擴大公共開支規模；為了維持"有效管治"，港英政府一改以往傳統理財方針，大派福利，大幅減免稅收，實施"還富於民"；計劃推行"赤字預算"，開始改變"量入為出"的審慎財政方針。

一、回歸前港英政府的理財哲學與財政政策

二戰之前，香港政府的財政一直由英國殖民地部嚴格監管，香港的財政預算和追加預算都必須經過英國政府批准後，才能送交香港政府立法局正式通過，香港的財政缺乏獨立性。二戰之後，英國為了恢復海外殖民地經濟，逐步改變傳統的殖民統治策略，開始實施諸如殖民地開發和提高福利計劃等一系列財政援助計劃。在此政策背景下，同時從1947/48年度後香港的財政收支出現穩定盈餘的情況，英國政府對香港財政的監管逐漸放鬆。據《香港史》記載："1958年，柏立基爵士接替葛量洪爵士，他的政府平靜地處理各種事務，避免發生衝突，穩定了對華關係。……香港的工業和人口計劃也備受稱讚。費舍爾熱情地稱道香港，'它的經歷是有史以來的成功範例之一'，他接着透露了箇中內情：'我發現我一提到香港，就連財政部官員也面露微笑，它是不要英國納稅人大把掏錢的少數殖民地之一。'" **01**

1958年，英國政府將財政權力下放給港英政府，香港可自行決定財政預算和追加預算，也可自行決定發行公債或者借款，無需事先得到英國政府的同意，香港開始取

01

[英]弗蘭克·韋爾什（Frank Welsh）：《香港史》，中央編譯出版社，2007年，第460頁。

得財政的獨立權。但是，香港政府財政部門仍須向倫敦報告有關香港財政事宜，在制訂財政政策時也需要考慮英國政府的意見，任命財政司、核數署（後改為審計署）署長仍須報經英國政府批准，香港的財政體制仍須遵守英國殖民地章程的精神。1972年，港元與英鎊脫鈎，香港脫離"英鎊區"後，香港政府不必將全部外匯資產結存於英國，逐步獲得自主處理外匯資產、自由選擇儲備方式的權利。財政的相對獨立性，對於香港政府健全財政制度，加強財政管理，促進社會穩定和經濟發展，無疑具有重要的意義。

港英政府的財政思想和財政方針，充分體現了它的經濟哲學和經濟政策。港英政府的經濟思想大體上遵循英國古典經濟學派的理論，重視和強調社會資源的分配由市場這一"無形之手"主導。20世紀60年代以來，香港政府的經濟政策逐漸從"自由放任"（Laissez-Fair）轉為"積極的不干預"（Positive Non-intervention）。這一政策由60年代擔任財政司的郭伯偉制定，並由其接任者夏鼎基最終確定。所謂"積極的不干預"政策，是指除非有明顯證據證明市場失效（Market Failure，即市場機制發生故障而不能正常運行），否則，政府對私營企業不作任何干預。它主要包括兩個方面：一是政策實施的主導方面是不干預主義，強調維護市場機制自由運作的重要性；二是在市場失效的情況下，不排除必要的合理干預。

與上述經濟哲學相配合，香港政府在財政政策上從不贊同凱恩斯主義通過赤字財政來增加社會總需求，以推動經濟發展的做法。從20世紀50年代中期以來，香港歷任財政司克拉克、郭伯偉、夏鼎基、彭勵治、翟克誠等做法一脈相承，都堅持"量入為出、收支平衡、略有盈餘、稅制輕簡"的財政方針。這些自由資本主義時期盛極一時的審慎財政思想，曾被英國財政部奉為理財宗旨，也曾被英國各個殖民地奉為最重要的原則。香港歷任財政司都認為，赤字財政不適用於香港。1963年，郭伯偉明確宣稱："它完全不適合我們的經濟情況。凱恩斯寫書時並沒有考慮到香港的

01

Hong Kong Hansard
1963, P50.

02

夏鼎基：《香港政府對
某些方面的政策的制
定》，載［英］大衛·萊
思布里奇編著、楊力義
等譯：《香港的營業環
境》，上海翻譯出版公
司，1984 年，第 8—9
頁。

03

港英政府：《1985/86
年財政年度收支預算
案》二讀演詞。

04

港英政府：《1987/88
年財政年度收支預算
案》二讀演詞。

05

港英政府：《1987/88
年財政年度收支預算
案》二讀演詞。

情況。" [01] 夏鼎基表示："我們承擔了要避免持續赤字的義務，這是基於下列信念，即只有這樣才能避免……破壞香港經濟維持一個令人滿意的增長率的能力。" [02] 彭勵治認為："社會愈富裕，花費愈要有節制……赤字財政是揮霍無度的人所樂用的權宜之計。" [03] 翟克誠也表示："本港的財政政策，是不允許以赤字預算為永久的財政方針；不過我承認，赤字的出現，有時或許是無可避免的。當赤字出現時，我們也必從速謀求對策，好讓我們儘快恢復收支平衡。……即使我們是處於最佳境況，也須持審慎態度。" [04]

從總體上看，香港的這套財政方針基本適應了戰後香港經濟發展和社會穩定的需要。1958 年以來，隨着香港經濟的持續增長，香港政府的財政狀況穩步趨好。據統計，1958/59 年度港英政府財政收入僅 6.3 億港元，財政支出 5.9 億港元，到 1988/89 年度分別增加到 824 億港元和 731 億港元（以當年價格計算），分別增長 130 倍和 123 倍。即使剔除通脹因素後，實質增長仍非常高：在 1970—1986 年間，政府支出實質增長約 4 倍，年均增長 9.4%；政府收入實質增長約 3 倍，年均增長 7.2%。[05] 戰後香港政府的財政收支絕大多數年份內保持平衡並略有盈餘。從 1946/47 年度至 1995/96 年度的 50 個財政年度中，僅有 1946/47 年度、1959/60 年度、1965/66 年度、1974/75 年度，以及 1982/83 年度、1983/84 年度、1984/85 年度等七個財政年度出現了赤字。

香港的財政由財政司管理，其地位僅次於香港總督和布政司。財政司在布政司署辦公，但不受布政司管轄，而是直接向總督負責，其主要職責是制訂財政經濟政策，全權管理香港外匯基金。他是行政、立法兩局的當然官守議員，是立法局財務委員會的成員，也是外匯基金諮詢委員會主席。他專責管理香港財經及金融政策，因而須負責監察布政司署內的財政科、工商科、經濟科、工務科和金融管理局的工作。財政司每年向立法局提交政府的財政預算案，並發表主要演詞。香港法定的財政年度是每年的 4 月 1 日至次年的 3 月 31 日。每年 2 月底或 3 月初，由香港財政司向香港立法局提出新財政年度的政府收支預算案，包括"政府一般收入賬目"的開支預算案、撥款條例草案，其中載有政府所有部門經常及非經常開支預算的詳情。財政司在立法局會議發表新財政年度財政預算案，通過議員的辯論，完成三讀通過的手續，就成為據以實施的法律。

立法局設有財務委員會，一直由布政司擔任主席，成員包括財政司和所有非官守議員。自 1994 年 10 月 3 日起，改由非官守議員互選主席及副主席各一名，布政司和財政司則以立法局當然成員身份，繼續出任財務委員會成員。財務委員會詳細審查公共開支，於每年 3 月舉行特別會議，審核下一財政年度開支預算草案，並定期舉行會議，考慮要求更改由立法局通過的年度撥款預算的申請。立法局還設有政府賬目委員會，成員包括主席和六名委員，主要職責是通過對政府賬目的審核，"確保一切公共賬項按撥款目的而開銷，所有支出均物有所值，同時確保政府在財務管理方面嚴正不苟"。[01]

港英政府還設有一個"獨立執行任務"的核數署，負責審核全部政府賬目，審核市政局、區域市政局、職業訓練局、房屋委員會、醫院管理局轄下醫院、多個運營基金及 50 多個法定、非法定和其他公共團體的賬目，並負責審核各類政府補助機構在運作方面的財務狀況。核數署長在執行職責及行使權力時，無須聽命於任何人士或機構，享有廣泛權力，直接對港督負責。此外，香港還制訂了《公共財政條例》《核數條例》等有關法規，作為財政管理的法律依據。

二、港英政府理財哲學與財政政策的基本特點

概括而言，港英政府的理財哲學與財政政策有以下一些基本特點：

第一，實行簡單而低稅率的稅制，致力營造良好的投資營商環境。香港是世界上著名的實行低稅制的地區之一，其鮮明的特色是不單徵收的稅種少，而且稅率低、稅基窄，以確保海內外投資者的信心，使他們放心在香港進行長期投資。香港對各行業於香港產生或得自香港的利潤徵收的利得稅，其中法團業務稅率僅為 16.5%，非法團業務的稅率為 15%。香港對薪俸稅的應付稅款按比例由 2% 至 17% 遞增，但每名納稅人需繳納的稅款不會高於其總收入的 15%。根據美國《福布斯》2002 年對世界近 30 個國家稅收比較的一項研究的結論，2002 年，法國稅賦壓力指數[02]為 181.2 點，居世界各國之首；比利時以 164.2 點居第二，以下依次為中國（154.5 點）、瑞典（149.3 點）和意大利（147.5 點）。德國、美國、英國分列第 15 位、16 位和 18 位；而稅賦最輕的則是香港，其指數僅為 41 點。[03]

第二，在財政開支方面，堅持"量入為出"的基本原則，強調和重視公共開支的增長要與本地生產總值的增長相適應。長期以來，香港政府管理公共財政的最重要原

[01] 周維平 等：《跨越"九七"的香港財政》，海天出版社，1997 年，第 75 頁。

[02] 稅賦壓力指數是根據最高個人所得稅、公司稅、財產稅、增值稅和職工、僱主支付的社會保險稅稅率等一系列關鍵指標綜合計算得出的。

[03] 參閱《美〈福布斯〉比較研究結論：全球稅賦法國最重》，新華網，2002 年 5 月 15 日，http://news.xinhuanet.com/fortune/2002-05/15/content_393566.htm。

則就是"量入為出",強調政府開支的增長在一定時期內不得超過整體經濟的增長,力求避免赤字,香港的財政支出主要被限制在公共領域,政府開支必須符合成本效益和物有所值。政府通過五年滾動的中期收支預算管理公共財務,控制政府的綜合財政運行,並發揮對經濟社會發展的調控職能,從而確保公共部門不會多佔社會資源,政府有能力隨着經濟增長的趨勢,不斷投資於基建和改善公共服務,政府資源應用於最能造福社會的事項。

第三,在財政儲備方面,重視並建立起一套相對完備的財政儲備制度。香港政府非常重視財政儲備,早在 1952/53 年度就建立起財政儲備基金,逐年從一般收入賬目的盈餘中撥款歸入基金,不斷累積增加。1995/96 年度以後財政儲備基金還包括一般收入賬目之外的各項基金的儲備。到 1999/2000 財政年度末,特區政府財政儲備達 4,400 億港元,是年度財政支出的 1.5 倍。香港財政儲備的主要用途有三:一是應付預算中出現的財政赤字,支付年中入不敷出月份所需開支;二是對付臨時出現而不可預測的困難,在緊急情況下可用以抵消經濟週期回落所帶來的衝擊,以及應對世界區域內突發事件對財政所構成的壓力;三是為香港政府的或有負債(Contingent Liabilities)提供保證。

20 世紀 70 年代後期,財政司夏鼎基提出,政府應為未來三年內有可能負擔的債務提供保證,可從財政儲備中提出相當於該債務三分之一的數額作為保證金,不得動用。從實踐看,充裕的財政儲備對穩定香港經濟發揮了重要作用,如 1983 年和 1985 年動用儲備基金接管面臨倒閉的銀行,避免金融危機的擴大;1987 年動用儲備基金挽救面臨崩潰的股指期貨市場,應付全球股市危機等。除了日常需要的現金外,香港的財政儲備全部存放在外匯基金中,由金融管理局做適當的投資,並根據儲備基金所佔外匯基金的比例,將投資收益分派給特區政府。同時,金融管理局每年還提供 50 億港元的備用現金,以供庫務署作即時提取現金之用。

三、過渡時期港英政府財政哲學與財政政策的變化

不過,進入過渡時期特別是隨着 1997 年香港回歸中國的臨近,港英政府為了實現"光榮撤退"的戰略,其理財哲學和財政政策出現了明顯轉變,政府的財政預算案呈現日趨"政治化"的傾向。主要表現在以下方面:

第一，政府展開多項大型基礎設施建設，包括赤鱲角新機場建設，大幅擴大公共開支規模。財政司麥高樂在以《共用繁榮建未來》為題的 1993/94 年度財政預算案演詞中，談到為實施總督公佈的"多項雄心萬丈的新政策目標"時，表示要推出大量新開支項目，包括兩個經常開支項目和十大非經常開支項目，他宣稱："我建議增加非經常開支，以處理十個重大社會經濟範圍內的長期問題"，"這套新措施，加上總督去年 10 月宣佈大幅增加社會福利、衛生及教育方面的經常撥款，代表着一項重要的財政承擔"。這一時期，香港政府的公共開支總額從 1990/91 年度的 951.98 億港元增加到 1995/96 年的 1,952.45 億港元，年均增幅高達 15.5%。1995/96 年度，政府公共開支若包括房屋委員會和兩個市政局的公共開支，則首次突破 2,000 億港元，其中，經常性開支年增長 6%，非經常性開支增長 17.8%，均超過預測的 1995 年經濟實質增長 5.5% 的水平。1996/97 年度，港英政府提出的公共開支達到 2,276 億港元，比上年度增加 16.6%，扣除通脹因素，實質增長仍達 7.6%，比預測的 1996 年經濟實質增長 5% 高出 2.6 個百分點。公共開支的連年大幅增加，使公共開支在本地生產總值中所佔比重從 1990/91 年度的 16.3% 上升到接近港英政府設定的 20% 的上限。

第二，為了維持"有效管治"，港英政府一改以往傳統理財方針，大派福利，大幅減免稅收，實施"還富於民"。如繼 1993/94 年度推出八項減免稅收措施之後，1994/95 年度又實行"超過常規"的稅收減免，薪俸稅免稅額再由 5.6 萬港元提高到 7.2 萬港元，到 1995/96 年度、1996/97 年度進一步提高到 7.9 萬港元和 9.0 萬港元，三年間增幅高達 60.7%。1996 年新任財政司曾蔭權在預算案表示，過去三年來財政預算案已令香港的薪俸納稅人受惠：一是基本免稅額及已婚人士免稅額實質增加 34%；二是毋須繳納薪俸稅的工作人口總數從 46% 增加到 60%；三是按標準薪俸稅率繳納薪俸稅的工作人口從 6% 降至 2%；四是薪俸稅納稅人繳納的平均實際稅率從 9% 降至 8%。1996/97 年度，財政司曾蔭權在預算案中再提出一系列減免稅收措施，包括將個人基本免稅額從 7.9 萬港元提高到 9 萬港元，已婚人士免稅額從 15.8 萬港元提高到 18 萬港元，增幅為 14%，高於通脹。此外，又分別將供養父母等免稅額、單親免稅額、傷殘人士免稅額提高 11% 至 36% 不等。這些減免措施使港府在 1996/97 年度減少稅收 19 億港元，至 1999/2000 年度減少稅收 124 億港元。

第三，計劃推行"赤字預算"，開始改變"量入為出"的審慎財政方針。自 80 年代末 90 年代初以來，港英政府為推進大型基礎設施建設和擴大社會福利，開始偏離"公共開支增長不得超過經濟增長"這一原則。港英財政司翟克誠在 1990/91 年度財政預算案二讀演詞中表示："要實現上述目標，開支便要暫時超越預算準則，在某種情況下，有違預算準則可以有理由支援的。" 1993/94 年度，港英政府提出了有 33.60 億港元的赤字財政預算案。自 1993/94 年度起，根據當時的中期預測，是連續四個財政年度實施"赤字預算"，至 1996/97 年度累積赤字將達到 412.1 億港元，從而使政府財政儲備從 1992/93 年度的 1,195.9 億港元下降至 1996/97 年度的 783.8 億港元。按照港英政府原來的打算，是要準備在"九七"回歸之前大規模動用財政儲備，只是後來遭到中方的強烈反對才沒能實施。1993/94 年度的 34 億港元的預算赤字實際成為 151 億港元的盈餘。1995/96 年度的預算赤字亦從計劃的 159 億港元下降為實際的 26 億港元。赤字預算反映了港英政府對傳統理財哲學的一定程度的偏離。

（未公開發表文稿，部分文稿撰寫於 90 年代中期，修訂於 2012 年 10 月）

回歸以來香港特區政府財政政策分析

【摘要】本文從財政收入、財政支出、財政儲備等方面分析了回歸以來香港特區政府的財政政策。在財政收入方面，回歸以來，香港經濟經歷了結構轉型的陣痛和兩次金融危機的衝擊，致使經濟增長放緩，香港特區政府的財政收入出現較大波動，不過政府仍然維持簡單而低稅率的稅制不變。在財政支出方面，特區政府的財政支出呈現不斷上升的趨勢，主要原因是香港遭遇亞洲金融危機的衝擊，經濟陷入衰退，特區政府為了挽救香港經濟、解決民生問題實施了擴張性的財政政策；2008 年全球金融危機爆發後，特區政府採用了"穩金融、撐企業、保就業"的策略。這些都導致了香港在回歸後有多個財政年度年出現赤字，財政支出增長超過經濟增長。在財政儲備方面，由於受到兩次金融危機的衝擊，香港財政儲備在部分財政年度出現下降的情況，但總體而言財政儲備的增長幅度與名義 GDP 的增長幅度基本上是同方向變化的，由此可以看出經濟持續增長對保持巨額財政儲備的重要性。

1997 年 7 月 1 日，香港回歸，成為中華人民共和國轄下的一個特別行政區，實施"一國兩制""港人治港""高度自治"等方針政策。在此制度框架下，香港《基本法》對香港的財政體制作出了一系列的規定，主要包括：第一，"香港特別行政區保持財政獨立。香港特別行政區的財政收入全部用於自身需要，不上繳中央人民政府。中央人民政府不在香港徵稅"（第 106 條）；第二，"香港特別行政區的財政預算以量入為出為原則，力求收支平衡，避免赤字，並與本地生產總值的增長率相適應"（第107 條）；第三，"香港特別行政區實行獨立的稅收制度。香港特別行政區參照原在香港實行的低稅政策，自行立法規定稅種、稅率、稅收寬免和其他稅務事項"（第108 條）；第四，香港特別行政區行政長官"簽署立法會通過的財政預算案，將財政預算、決算報中央人民政府備案"（第 48 條）。從總體上看，回歸以來香港特區政府在財政收入、財政支出、財政儲備及財政管理等方面，都基本遵循香港《基本法》規定的有關財政準則。

一、香港特區政府財政收入政策分析

1. 香港的財稅徵收結構

香港的財政收入劃分為經營收入與非經營收入。其中，經營收入包括直接稅、間接稅和其他收入；非經營收入包括間接稅（遺產稅）、基金及其他收入，其中基金包括基本工程儲備基金（其中包括地價收入）、資本投資基金、賑災基金、貸款基金、公務員退休儲備基金、創新科技基金、獎券基金等各種政府基金。香港財政收入以經營收入為主，回歸以來佔財政收入的比重維持在 80% 左右。就財政收入的來源而言，可分為稅收收入和非稅收收入兩大部分。前者為主要的政府財政收入。回歸以後，稅收收入佔香港特區政府財政收入的比重從 50% 左右逐步上升至 65% 左右；而非稅收收入則從 50% 左右逐步下降至 35% 左右。

2. 香港稅制及其特點

香港的財稅徵收結構以直接稅為主體。直接稅包括所得稅和遺產稅兩大類，前者為經營收入，後者為非經營收入。在所得稅制模式上，香港基本上採用分類綜合的模式，對個人所得的課稅涉及利得稅（公司所得稅）、薪俸稅、物業稅、遺產稅和利息稅五個稅種。由於利息稅和遺產稅已先後取消，直接稅實際上只剩下三種。

其中，利得稅是指根據課稅年度內的應評稅利潤（即一個財政年度的淨利潤）而徵收的，是直接稅中的入息稅。目前，香港特區政府規定有限公司的利得稅率為淨利潤的 16.5%，無限公司的利得稅率為淨利潤的 15%。薪俸稅是納稅人為在香港工作所賺取的入息所繳交的稅款。薪俸稅的稅率採用標準稅率和超額累進稅率，香港的標準稅率經常進行調整，但一直維持在 15% 左右。物業稅是納稅人為在香港持有物業並出租賺取利潤所繳交的稅款，稅額按實際所收租金減去 20% 作為維修及保養費，再以標準稅率 15% 計算。

在個人入息稅方面，香港採用分類綜合的所得稅制模式，對個人所得的課稅涉及薪俸稅、利得稅和物業稅三個稅種，其分類綜合所得稅主要體現在個人入息上述三個稅種，無論應納一種或幾種，納稅人都可以就個人所得入息，也可以分開就其利得稅、薪棒稅以及物業稅三個稅種分開繳納，從而選擇最佳的計稅方式完稅。此外，利息稅已在 80 年代取消，遺產稅在 2006 年取消。

香港的間接稅主要包括博彩及彩票稅、酒店房租稅、印花稅、飛機乘客離境稅、應課稅品稅、一般差餉、汽車首次登記稅、專利及特權稅等。其中，博彩及彩票稅是香港向賽馬投注、合法足球博彩投注及六合彩收益所徵收的稅項。差餉是香港政府為香港境內地產物業徵收的稅項，可由業主和住客協議分擔，徵稅的根據是＂應課差餉租值＂（即預料物業每年可得的合理租值），由差餉物業署編製估價冊，據以徵收。應課差餉租值每三年重估一次。差餉是香港稅制的主要稅種之一，個人和企業均需繳納差餉稅，可以說是對整個社會影響最廣的一種稅項。除差餉外，按土地契約的不同，土地使用者另須繳交地稅或按《中英聯合聲明》的規定向政府繳納地租。

其他收入主要包括土地售賣收入、商業登記費、公司註冊費、銀行等金融機構的牌照費及註冊費，車輛牌照費及駕駛執照費，物業收益及投資收入，罰款、沒收及處罰，公用事業收入，各項補償收入，政府提供的各樣貨品與勞務的收費等。

香港稅制屬於分類稅制，以所得稅為主，輔之徵收行為稅和財產稅等，具有如下特點：

第一，行使來源地稅收管轄權。香港實行單一的地域管轄權，而基本放棄了居民管轄權，即對於香港居民和非居民，只就其來源於香港的所得徵稅。對香港居民來源於香港境外的所得，一般不予徵稅。由於基本不行使居民管轄權，香港經常成為跨國企業在亞太區設立地區總部的首要選擇地。

第二，稅種少，以直接稅為主體，稅負低。香港現行稅種僅 11 種，按徵稅對象可以分為四大類：所得稅類（利得稅、薪俸稅、物業稅），財產稅類（差餉），行為稅類（印花稅、博彩稅、飛機乘客離境稅、酒店房租稅、汽車首次登記稅，專利稅和特權稅等），消費稅類（應課稅品稅）。主體是直接稅（即所得稅），佔稅收總收入的 65％。香港的所得稅實行分類課徵制度，即按照收入的類別（營業利潤、工資薪金、房地產出租收入）分別課徵利得稅、薪俸稅、物業稅。但是納稅人如果是個人，也可以申請選擇綜合課徵，稱為"個人入息課稅"。綜合課徵的稅率與薪俸稅相同。據統計，2009/10 財政年度，香港特區的政府收入總額為 3,184.42 億港元，其中，稅收收入為 2,076.80 億港元，佔 65.22%；其他非稅收入 1,107.62 億港元，佔 34.78%。稅收收入中，直接稅佔 59.31%，間接稅佔 40.69%。香港的宏觀稅負率約 12%，是名副其實的低稅區。

第三，稅制簡便、穩定，稅法寬。香港稅制由《稅務條例》《印花稅條例》《差餉條例》《博彩稅條例》《應課稅品條例》《飛機乘客離境稅條例》《酒店房租稅條例》《遺產稅條例》等八個成文法律文件和若干立法局決議（令）、法院稅務案件判例等構成。自 1915 年開徵的遺產稅於 2006 年 2 月起廢止，其他曾經實施現已廢止有稅種有海底隧道使用稅、娛樂稅。由於不對商品和勞務課徵流轉稅（範圍狹窄的煙酒碳氫油等除外），香港稅制十分簡潔，方便了納稅人。稅法規定也相當穩定，所有的變動均需通過立法機關的審議通過才能生效。香港稅法比較寬鬆，對違法者的懲處一般採取罰款形式，嚴重者如果追究刑事責任，判處監禁最高也在三年以下。香港稅收執法也相對規範，除履行稅務檢查權外，稅務官員與納稅人一般不見面，而通過公文郵件往來；如對應納稅額發生爭議，納稅人除可向指定法律性機構上訴獲得裁決外，亦可與稅務局經協商而達成和解。

3. 回歸以來香港特區政府財政收入政策分析

回歸以來，香港經濟經歷了結構轉型的陣痛和兩次金融危機的衝擊，致使經濟增長放緩，反映在香港特區政府的財政收入方面，政府收入總額從 1998/99 年度的 2,161.15 億港元下降至 2002/03 年度的 1,774.89 億港元，並從 2007/08 年度的 3,584.65 億港元下降至 2009/10 年度的 3,184.42 億港元。從總體看，政府收入總額從 1998/99 年度的 2,161.15 億港元增加到 2009/10 年度的 3,184.42 億港元，11 年間增長 47.35%，年均增長 3.6%（表 2-1）。從稅收收入的增長來看，回歸以來香港稅收的波動幅度大於 GDP 波動的幅度，說明稅收收入更易受經濟形勢影響。儘管如此，特區政府仍然維持簡單而低稅率的稅制不變，以小口徑計算的香港宏觀稅負稅收佔 GDP 的比重一直維持在 10%—12%。

從政府收入的結構來看，回歸以來香港特區政府的財政收入以經營收入為主體，一般佔政府收入的 80%—85%，2007/08 年度經濟繁榮時期，非經營收入大幅增加，

表 2-1 | 回歸以來香港特區政府財政收入概況（單位：億港元）

	1998/99 年度	2002/03 年度	2007/08 年度	2008/09 年度	2009/10 年度
經營收入	1,767.83（81.80%）	1,533.36（86.4%）	2,763.14（77.08%）	2,814.85（88.92%）	2,628.60（82.55%）
直接稅	757.46（35.05%）	726.28（40.92%）	1,337.29（37.31%）	1,461.43（46.17%）	1,231.84（38.68%）
間接稅	382.39（17.69%）	429.64（24.21%）	959.62（26.77%）	720.93（22.77%）	844.96（26.53%）
其他收入	627.98（29.06%）	377.44（21.27%）	466.23（13.00%）	632.49（19.98%）	551.80（17.33%）
非經營收入	393.32（18.20%）	241.53（13.61%）	821.51（22.92%）	350.77（11.08%）	555.82（17.46%）
間接稅	—	14.03（0.79%）	3.54（0.10%）	1.76（0.06%）	1.85（0.06%）
基金	356.42（16.49%）	27.60（1.56%）	729.09（20.34%）	309.42（9.77%）	485.87（15.26%）
其他收入	36.90（1.71%）	199.90（11.26%）	88.88（2.48%）	39.59（1.25%）	68.10（2.14%）
政府收入總額	2,161.15（100.00%）	1,774.89（100.00%）	3,584.65（100.00%）	3,165.62（100.00%）	3,184.42（100.00%）

資料來源：香港特區政府財經事務及庫務局

表 2-2 | 回歸以來香港特區政府收入中經營收入與非經營收入結構（單位：%）

	1998/99 年度	2002/03 年度	2007/08 年度	2008/09 年度	2009/10 年度
經營收入	100.00	100.00	100.00	100.00	100.00
直接稅	42.85	47.37	48.40	51.92	46.86
間接稅	21.63	28.02	34.73	25.61	32.14
稅收收入	64.48	75.39	83.13	77.53	79.00
非經營收入	100.00	100.00	100.00	100.00	100.00
基金	90.62	11.43	88.75	88.21	87.41

資料來源：香港特區政府財經事務及庫務局

表 2-3 | 回歸以來香港特區政府稅收收入概況（單位：億港元）

	2001/02 年度	2002/03 年度	2007/08 年度	2008/09 年度	2009/10 年度
直接稅	777.49 （60.84%）	730.28 （63.18%）	1,337.29 （58.22%）	1,461.43 （66.97%）	1,231.84 （59.31%）
利得稅	443.76 （34.72%）	387.99 （33.57%）	914.23 （39.80%）	1041.51 （47.72%）	766.05 （38.89%）
個人入息課稅	36.03	33.16	35.86	21.51	36.56
物業稅	11.36	11.80	12.41	8.33	16.78
薪俸稅	286.34 （22.41%）	297.33 （25.72%）	374.79 （16.32%）	390.08 （17.87%）	412.45 （19.86%）
間接稅	500.49 （39.16%）	429.64 （37.17%）	959.62 （41.78%）	720.93 （33.03%）	844.96 （40.69%）
博彩及彩票稅	115.71 （9.05%）	109.21 （9.45%）	130.48 （5.68%）	126.20 （5.78%）	127.67 （6.15%）
酒店房租稅	2.03	2.01	4.50	2.23	—
印花稅	86.37 （6.76%）	74.58 （6.45%）	515.49 （22.44%）	321.62 （14.74%）	423.83 （20.41%）
飛機乘客離境稅	6.66	8.84	16.71	16.26	16.17
應課稅品稅	69.81	66.20	70.59	60.47	64.65
一般差餉	127.27 （9.96%）	89.23 （7.72%）	94.95 （4.13%）	71.75 （3.29%）	99.57 （4.79%）
車輛稅	26.76	25.10	55.53	49.81	48.16
專利稅及特權稅	18.81	17.26	8.63	23.89	15.96
各項收費	47.07	37.21	62.74	48.70	48.95
稅收總額	1,277.98 （100.0%）	1,155.92 （100.0%）	2,296.91 （100.0%）	2,182.36 （100.0%）	2,076.80 （100.0%）

資料來源：香港特區政府財經事務及庫務局

經營收入所佔比重降至77.08%，2008/09年度受到全球金融危機衝擊，非經營收入大幅減少，經營收入所佔比重增加至88.92%。經營收入中，又以直接稅為主，以間接稅為輔，直接稅一般佔經常收入的45%—50%，佔政府收入總額的35%—40%；間接稅一般佔經營收入的25%—35%，佔政府收入總額的20%—25%。即包括直接稅和間接稅在內的稅收收入佔經營收入的65%—80%，佔政府收入的三分之二左右。非經營收入中，則以政府的各項基金收入為主，通常約佔非經常收入的87%—90%，佔政府收入的15%左右（表2-2）。

再從香港政府的稅收收入來看，回歸以來，直接稅在稅收總收入中一直佔有重要地位，一般佔稅收收入的58%—66%，成為穩定香港財政收入最重要的來源；而間接稅所佔比重在27%—40%。直接稅中，利得稅和薪俸稅是最重要的稅種，分別佔稅收總收入的34%—48%和16%—26%。間接稅中，博彩及彩票稅、印花稅和一般差餉是最主要的稅種，回歸初期博彩及彩票稅在稅收總收入中所佔比重曾接近10%，但近年已逐漸下降至5%—6%；一般差餉亦從回歸初期的接近10%逐漸下降至近年的4%—5%；而印花稅則相反，從回歸初期的6%—7%上升至近年的15%—22%（表2-3）。

二、香港特區政府財政支出政策分析

1. 香港政府財政開支的分類和結構

在香港的財政體系中，關於財政支出有兩個重要概念：一是政府開支，二是公共開支。政府開支又分為經營開支和非經營開支。經營開支是指所有由政府一般收入賬目支付並計入開支預算內"經常賬"項下的任何一個分目的開支，包括經常開支、資助金及非經常開支等。其中，經常開支包括個人薪酬、與員工有關聯的開支、退休金、部門開支和其他費用；資助金包括教育、衛生、社會福利、大學及理工學院、職業訓練局和雜項開支。非經營開支是指所有貸款基金、賑災基金、基本工程儲備基金、創新、科技基金及獎券基金（該基金由2003年4月1日起納入政府綜合賬目內。這與立法會藉通過決議成立的其他基金的會計方法一致）各賬目的開支，另加從政府一般收入賬目支付的機器、設備及工程建設及非經常資助金，但不包括轉撥給各基金的款項。公共開支包括政府開支[即所有記入政府一般收入賬目的開支及由政府的法定基金（不包括資本投資基金）所支付的開支]、各營運基金的開支、房屋委員會的開支（由2003年開始公共開支不包括由獎券基金支付的款項）。由於營運基金、房屋委員會基金財務獨立且依法自行管理，所以並不列入政府預算中。

20 世紀 80 年代中期以前，官方將公共開支按照用途劃分為五大門類，分別為一般服務、經濟服務、公共服務、社會服務、保安服務等。在五大門類的開支中，以社會服務的比例最大，佔財政總支出的 40%—50%，公共服務次之；用於經濟服務的開支最少。20 世紀 80 年代中後期以後，公共開支又進一步細分為十大門類：公共及對外事務、經濟、教育、環境及食物、衛生、房屋、基礎建設、保安、社會福利和輔助服務。

2. 回歸以來香港特區政府財政支出政策分析

回歸以來，香港特區政府的財政支出呈現不斷上升的趨勢，從 1997/98 年的 2,347.80 億港元增加至 2010/11 年度的 3,205.70 億港，13 年間增長了 36.54%。主要原因是香港回歸不久，即遭遇亞洲金融危機的衝擊，香港經濟從 1998 年一季度起就陷入連續五個季度的衰退，此後 SARS、禽流感的相繼爆發，對香港經濟、民生、社會都造成了很大的負面影響，特區政府為了挽救香港經濟、解決民生問題，實施了擴張性的財政政策，導致香港財政在回歸以後有六個財政年度年出現赤字。在 1998/99 年度，香港特區政府為了應對亞洲金融危機的衝擊，大幅度擴張財政支出，採取了逆經濟週期的財政策，該年度政府的公共支出達 2,664.48 億港元，增長 13.5%，佔 GDP 的比重突破 20%，此後連續五年突破 20%。2008 年全球金融危機爆發後，香港特區政府採用了 "穩金融、撐企業、保就業" 的策略，先後推出了五輪相等於本地生產總值 6.6% 的財政刺激措施，包括為銀行提供流動資金，為存戶安排百分百存款保障，為中小企業設立千億信貸保證計劃，以及為市民推出為數 876 億港元的利民紓困、創造就業及刺激的措施，[01] 到 2011 年總額達到 1,100 億港元。[02] 2008/09 年度，香港特區政府的財政支出突破 3,000 億港元，達到 3,309.68 億港元，比上年度大幅增長 32.6%，創回歸以來財政支出的最高紀錄（表 2-4）。值得注意的是，回歸以來，特區政府為應對金融危機衝擊、解決社會民生問題，導致有多個財政年度，包括 1998/99 年度、2003/04 年度和 2008/09 年度財政支出增長超過經濟增長。

從政府支出的結構來看，回歸以來香港特區政府的財政支出以經營開支為主體，一般佔政府收入的 80% 左右，非經營開支佔 20% 左右。經營開支中，佔主體的是經

01

香港特區政府：《2010/11 財政年度政府財政預算案》，第四點。

02

香港特區政府：《2011/12 財政年度政府財政預算案》，第五點。

表 2-4 ｜ 1997—2010 年香港特區政府公共開支與 GDP 增長率

	公共開支總額（億港元）	公共開支增長率（%）	以當時市價計算 GDP（億港元）	GDP 增長率	公共開支佔 GDP 比重（%）
1997/98 年度	2,347.80	11.1	13,238.62	11.0	17.7
1998/99 年度	2,664.48	13.5	12,593.06	−4.8	21.2
1999/00 年度	2,694.84	1.1	12,461.34	−2.6	22
2000/01 年度	2,675.07	−0.7	13,147.89	3.8	20.3
2001/02 年度	2,693.59	0.7	12,988.13	−1.2	20.7
2002/03 年度	2,635.20	−2.2	12,767.57	−1.7	20.6
2003/04 年度	2,710.98	2.9	12,339.83	−3.4	22
2004/05 年度	2,571.37	−5.1	12,919.23	4.6	19.9
2005/06 年度	2,515.32	−4.7	13,825.90	7	18.2
2006/07 年度	2,448.68	−1.3	14,753.57	6.7	16.6
2007/08 年度	2,524.95	4.4	16,154.55	9.5	15.6
2008/09 年度	3,309.68	32.6	16,753.15	3.7	19.8
2009/10 年度	3,102.80	−6.3	16,322.84	−2.6	19

資料來源：港澳經濟年鑒

常開支，一般佔經營開支的 40%—50%；資助金佔 25%—30%。非經營開支中，則以各類基金為主體，一般佔非經常開支的 90%—95%（表 2-5）。

如果按政策組別劃分的公共開支來看，教育方面的開支在公共開支中所佔比重最高，並且呈現上升趨勢，從 1998/99 年度的 18.2% 上升到 2008/09 年度的 22.66%，相當於有五分之一的財政支出用於教育投資。衛生、環境及食物所佔比重次之，一般在 14%—17%。再次是社會福利，1997/98 年度社會福利在政府公共開支中所佔比重為 9.2%，到 2007/08 年度上升到 13.8%，十年間上升了 4.6 個百分點，雖然這一比重在 2008/09 年度有所下降，但在 2009/10 年度又重新上升到 13.2%。這主要是因為香港特區政府加大了社會福利政策的力度，向社會弱勢群體

表 2-5　｜　回歸以來香港特區政府財政開支概況（單位：億港元）

	2000/01 年度	2003/04 年度	2007/08 年度	2008/09 年度	2009/10 年度
經營開支	1,866.86 （80.16%）	2,032.34 （82.13%）	2,047.34 （87.19%）	2,580.07 （81.88%）	2,343.67 （80.12%）
經常開支	1,082.83 （46.49%）	1,173.27 （47.44%）	1,203.31 （51.25%）	1,297.45 （41.17%）	1,346.69 （46.04%）
資助金	762.39 （32.74%）	799.64 （32.31%）	791.15 （33.69%）	843.74 （26.78%）	865.11 （29.57%）
非經常開支	21.64	59.43	52.88	438.88	131.87
非經營收入	462.07 （19.84%）	442.32 （17.87%）	300.81 （12.81%）	571.05 （18.12%）	581.58 （19.88%）
機器設備及工程	8.53	7.64	10.33	11.34	14.15
資助金	10.12	10.22	12.52	13.03	14.54
基金	443.42 （19.04%）	424.46 （17.15%）	277.96 （11.84%）	546.68 （17.35%）	552.89 （18.90%）
政府開支總額	2,328.93 （100.00%）	2,474.66 （100.00%）	2,348.15 （100.00%）	3,151.12 （100.00%）	2,925.25 （100.00%）

資料來源：香港特區政府財經事務及庫務局

提供基本的安全網，照顧弱勢群體和有困難的人士，加強就業支援服務，提升社會流動。香港特區政府財政司司長曾俊華認為："經濟下行將會無可避免地影響所有階層的市民。我們不會隨經濟下滑而減少政府開支，影響服務市民的質素。相反，政府會繼續投放資源在一些與民生有關的經常開支，我們亦會一如既往，採取措施刺激經濟，幫助有需要的市民，為他們提供適切的服務和設施。" **01** 事實上，近年來香港財政經常開支中接近六成用於教育、醫療衛生和社會福利等與民生息息相關的領域，支出水平十分穩定，並呈現上升趨勢。

在香港政府的公共開支中，經濟開支所佔的比重始終維持在一個較低的水平，在 5% － 8% 之間波動，這是以私營經濟為基礎的經濟結構在財政開支上的體現，反映

01 ′

香港財政司司長曾俊華動議二讀《二〇一二年撥款條例草案》演詞，第 16 頁。

表 2-6 ｜ 香港特區政府按政策組別劃分的公共開支概況（單位：億港元）

	2000/01 年度	2003/04 年度	2007/08 年度	2008/09 年度	2009/10 年度
公共及對外事務	82.62（3.09%）	80.76（2.98%）	82.10（3.25%）	385.81（11.66%）	141.44（4.56%）
經濟	124.86（4.67%）	149.87（5.53%）	135.63（5.37%）	249.75（7.55%）	188.28（6.07%）
教育	514.08（19.22%）	564.96（20.84%）	538.25（21.32%）	749.95（22.66%）	587.66（18.94%）
環境及食物	113.37（4.24%）	108.47（4.00%）	120.51（4.77%）	123.91（3.74%）	136.19（4.39%）
衛生	327.53（12.24%）	342.31（12.63%）	336.23（13.32%）	367.06（11.09%）	386.55（12.46%）
房屋	426.06（15.93%）	252.77（9.32%）	143.36（5.68%）	174.03（5.26%）	173.22（5.58%）
基礎建設	228.20（8.53%）	257.77（9.51%）	263.80（10.45%）	292.38（8.83%）	474.09（15.28%）
保安	267.43（10.00%）	266.16（9.82%）	279.85（11.08%）	279.99（8.46%）	298.12（9.61%）
社會福利	281.65（10.53%）	337.86（12.46%）	348.68（13.81%）	392.48（11.86%）	409.58（13.20%）
輔助服務	309.27（11.56%）	350.05（12.91%）	276.54（10.95%）	294.32（8.89%）	307.67（9.92%）
總計	2,675.07（100.00%）	2,710.98（100.00%）	2,524.95（100.00%）	3,309.68（100.00%）	3,102.80（100.0%）

資料來源：香港特區政府財經事務及庫務局

香港財政政策重點，在於通過投資於基礎設施、開發土地，以及教育、醫療衛生、社會福利等方面，為經濟發展創造一個優良的條件（表 2-6）。正如曾俊華在財政預算案中提到的：我們奉行 "大市場、小政府" 的模式，因為我們相信市場是激發經濟效率的最有效方法，但同時政府必須在市場未盡完美時作出干預，所以我們投資在教育、基建和社會福利上，幫助提升整體競爭力，提升市民的質素，讓他們可以面對社會經濟變化，改善社會流動。

此外，基建投資在公共支出中所佔比重多年低於 10%。2008/09 年度的投資比重才 8.8%。2009/10 年度，基建建設投資為 474.09 億港元，佔財政支出比重為 15.3%，創回歸以後歷史新高。這主要是因為受 2008 年全球金融危機的影響，香港政府為了帶動經濟發展，促進就業和提升香港長遠的競爭力，大力投資基建。其中港珠澳大橋主體建造工程、郵輪碼頭的土地平整工程以及中環灣仔繞道工程，已在 2009 年年底動力，而廣深港高速鐵路香港段的工程亦於 2010 年 1 月份展開。未來幾年會陸續開展大型專案建設，其中預期開展的大型專案包括啟德郵輪碼頭大樓及附屬設施、港珠澳大橋香港口岸、淨化海港計劃第二期甲，以及將軍澳第 45 區市鎮公園、室內單車場暨體育館等項目。隨着多項工程進入建築高峰期，估計未來幾年的基礎建設投資會繼續上升，甚至超過 500 億港元，創歷年新高。[01]

三、香港特區政府財政儲備政策分析

1. 香港財政儲備的發展與管理

歷史上，香港是中國內地市場最重要的轉口港，故香港的經濟表現及公共財政狀況不俗，港英政府於 1855 年已能達到收支平衡，並逐漸累積歷年財政盈餘，當時稱之為 Surplus Balance（盈餘結存）。根據 1936 年的立法局資料，當時的港英政府以持有不少於 1,000 萬港元的盈餘結存為目標，若以當時的政府總開支計算，則盈餘結存應相當於政府總開支的一半（即相等於六個月的政府總開支），可見當時的港英政府已經建立了規範的財政儲備制度（當時還未正式使用財政儲備 Fiscal Reserves 一詞）。[02]

由於長期以來香港政府一直沒有設立中央銀行，也沒有採取積極的公債政策，財政儲備在公共財政政策中的地位極為重要。從 1952/53 年度起，香港就建立起財政儲備基金，逐年由一般收入賬目的盈餘中撥款歸入基金，不斷累積增加。1985/86 年度以後，財政儲備基金還包括一般收入賬目之外的各項基金的儲備。在 1949/50 年度到 1996/97 年度的近 50 年內，香港政府的財政年度中只出現過六次赤字，其餘均為盈餘年度。因此，香港政府積存了大量的財政儲備。1997/98 年度結束時，政府財政儲備達 4,575.43 億元，2009/10 年度結束時，財政儲備增加到 5,202.81 億港元。

香港政府的財政儲備是政府的財政盈餘減去赤字之後的累積結餘。香港財政儲備制

01
香港特區政府：《2010/11 財政年度政府財政預算案》，第 55、56 條。

02
鄧樹雄：《港英政府及香港特區政府的財政儲備制度對澳門特區政府預算管理的啟示》，第 2 頁。

度在其財政管理中發揮着蓄水池作用。這些巨額的財政儲備存入外匯基金，成為外匯基金一個重要組成部分，並由金融管理局管理。由此，財政儲備不僅能夠得到投資回報而成為政府的收入來源，還可用於維持匯率穩定，保證香港經濟發展不會出現太大的波動。在 2010/11 年度，財政儲備的投資收入約為政府收入的十分之一，成為特區政府的一項重要收入來源。香港的財政儲備是由一般收入賬目和八個基金 **01** 的結餘組成，它同時發揮多種功能。由於政府收入波幅大而支出欠彈性，需要有緩衝以減低經濟週期對社會民生的影響，財政儲備是香港的應急錢，除了應付日常運作需要，在經濟週期回落、政府收入受影響時，亦可提供資源讓我們保持開支相對平穩，幫助應付突發事件。

"財政儲備準則" 是香港公共財政的一個重要原則。1947/48 至 1961/62 財政年度，香港的財政儲備準則是財政年度開始時的財政儲備不少於該年度預算稅收。1962/63 至 1976/77 財政年度，有關準則修訂為財政年度開始時的財政儲備不少於該年度預算經常開支的 50%。1977/78 至 1986/87 財政年度，該項準則再修訂為財政年度開始時的財政儲備不少於該年度預算總開支的 15%。自 1987/88 財政年度開始，財政儲備準則是財政年度開始時的財政結餘不少於該年度預算公營部門開支的 50%。**02** 在 1998/99 財政年度中，香港財政司司長曾蔭權指出，財政儲備除了應付政府日常營運及處變應急外，尚需要用來穩定港元聯繫匯率，這是因 1997 年亞洲金融危機港元受衝擊所引發的考慮。曾蔭權在用於處變應急及穩定聯匯所需的財政儲備提出上下限的安排，在這一新準則下，下限的標準要求財政儲備應相等於 16 個月的政府總開支，而上限的標準更要求財政儲備應相等於 26 個月的政府總開支。2002/03 年度，財政司司長梁錦松在其發表的首份預算案中，修訂了曾蔭權的財政儲備新準則。他指出，香港金融管理局已經作出多項改革以加強港元聯繫匯率的穩定性，無須藉助財政儲備作支持。經梁錦松修訂的準則為 "財政儲備應不少於相等於 12 個月的政府總開支"。這一新準則高於 1997 年前平均的 4 至 6 個月政府總開支的要求，迄今香港特區政府仍沿用此一新準則。**03**

香港特區政府在 2007/08 財政年度政府財政預算案中指出：國際貨幣基金組織（IBM）對香港的財政狀況作出分析時表示，雖然香港經濟受惠於優越的宏觀經濟管理、靈活的市場和成熟的金融基建，但應關注到香港稅基狹窄、政府收入不穩定及人口老化會對中期的政府支出帶來壓力。IBM 認為，假如沒有任何政策轉變或改革，香港的理想儲備水平應該維持在相等於本地生產總值的 30%—50%，以應付收

01
這八個基金分別是基本工程儲備基金、資本投資基金、貸款基金、土地基金、公務員退休金儲備基金、賑災基金、創新及科技基金和獎券基金。

02
劉山在：《香港經濟運行和管理體制》，中國財政經濟出版社，2003年，第 15 頁。

03
鄧樹雄：《港英政府及香港特區政府的財政儲備制度對澳門特區政府預算管理的啟示》，第 4-5 頁。

入波動；而在 2030 年則額外需要相等於本地生產總值 30% 的儲備，以應付人口老化所帶來的財政壓力。

2. 回歸以來香港的財政收支和財政儲備政策分析

香港政府財政政策的核心原則是：量入為出，避免赤字，力求政府開支增長與本地生產總值的趨勢增長率相稱。1997/98 年度，香港的財政盈餘達到了 868.66 億港元，佔當年財政支出的 44.69%，主要原因在於本年度的土地和印花稅的收入遠超往年，創下紀錄。[01] 不過，回歸以來，受到 1997 年亞洲金融危機的衝擊，香港特區政府於 1998/99 年度出現財政赤字，達到 232.41 億港元，佔當年支出的 9.71%。其後，從 2000/01 年度起連續四年出現財政赤字，而且財政赤字數額巨大。其

01

參閱香港特區政府：
《1998/99 財政年度政府
財政預算案：利民紓困
自強不息》。

表 2-7　｜　回歸以來香港特區政府財政收支和財政儲備概況（單位：億港元）

	財政收入	財政支出	收支差額	財政儲備	收支差額佔支出比重（%）	財政儲備與支出之比（%）
1997/98 年度	2,812.26	1,943.60	868.66	4,575.43	44.69	235.41
1998/99 年度	2,161.15	2,393.56	−232.41	4,343.02	−9.71	181.45
1999/00 年度	2,329.95	2,230.43	99.52	4,442.54	4.46	199.18
2000/01 年度	2,250.60	2,328.93	−78.33	4,302.78	−3.36	184.75
2001/02 年度	1,755.59	2,388.90	−633.31	3,725.03	−26.51	155.93
2002/03 年度	1,774.89	2,391.77	−616.88	3,114.02	−25.79	130.20
2003/04 年度	2,073.38	2,474.66	−401.28	2,753.43	−16.22	111.26
2004/05 年度	2,635.91	2,422.35	213.56	2,959.81	8.82	122.19
2005/06 年度	2,470.35	2,330.71	139.64	3,106.63	5.99	133.29
2006/07 年度	2,880.14	2,294.13	586.01	3,692.64	25.54	160.96
2007/08 年度	3,584.65	2,348.15	1,236.50	4,929.14	52.66	209.92
2008/09 年度	3,165.62	3,151.12	14.50	4,943.64	0.46	156.89
2009/10 年度	3,184.42	2,925.25	259.17	5,202.81	8.86	177.86

資料來源：《香港統計年刊》，1997—2010 年。

表 2-8 ｜ 回歸以來香港特區政府財政儲備與名義 GDP 的關係（單位：億港元）

	名義 GDP	GDP 增長率（%）	財政儲備	財政儲備增長幅度（%）	財政儲備與 GDP 之比（%）
1997/98 年度	13,650.24	11.0	4,575.43	—	33.52
1998/99 年度	12,927.64	−5.3	4,343.02	−5.08	33.59
1999/00 年度	12,666.68	−2	4,442.54	2.29	35.07
2000/01 年度	13,176.50	4	4,302.78	−3.15	32.65
2001/02 年度	12,992.18	−1.4	3,725.03	−13.43	28.67
2002/03 年度	12,773.14	−1.7	3,114.02	−16.40	24.38
2003/04 年度	12,347.61	−3.3	2,753.43	−11.58	22.30
2004/05 年度	12,919.23	4.6	2,959.81	7.50	22.91
2005/06 年度	13,825.90	7.0	3,106.63	4.96	22.47
2006/07 年度	14,753.57	6.7	3,692.64	18.86	25.03
2007/08 年度	16,155.74	9.5	4,929.14	33.49	30.51
2008/09 年度	16,770.11	3.8	4,943.64	0.29	29.48
2009/10 年度	16,225.16	−3.2	5,202.81	5.24	32.07

資料來源：《香港統計年刊》，1997—2010 年。

中，2001/02 年度和 2002/03 年度，香港連續兩年的財政赤字超過 600 億港元，2001/02 年度的財政赤字高達 633.31 億港元（表 2-7）。這一數字不但創下過去十年的新高，佔當年名義 GDP 的比例達到 4.87%，亦超過了 3% 的國際警戒線。[01]

01

郭國燦：《回歸十年的香港經濟》，四川人民出版社，2007 年，第 106-107 頁。

2004 年，由於對外貿易表現強勁，內地開放港澳 “自由行”，強勁的本地消費需求和蓬勃的訪港旅遊業，帶動了經濟的發展，擺脫金融風暴以來的經濟低迷局面，香港結束持續近六年的通貨緊縮，全年經濟增長達 8.1%，香港才在 2004/05 年度恢復財政收支平衡，並在其後的財政年度中繼續保持財政盈餘。2007/08 年度中，香港的財政盈餘高達 1,236.50 億港元，佔當年支出的 52.66%，超過過去三年的財政盈餘的總和，創下回歸以來的最高紀錄。2008/09 年度，受到全球金融危機及經濟放緩的影響，香港經濟受到嚴重打擊，財政盈餘下降到 14.50 億元。2009/10 年度，在全球低息及多國實施"量化寬鬆"政策下，並受到內地採取 4 萬億元的刺激經濟政策影響，香港經濟回穩，當年財政盈餘回升至 259.17 億港元。

從總體來看，1997/98 年度至 2009/10 年度的 12 年間，香港財政儲備的增長幅度與名義 GDP 的增長幅度基本上是同方向變化的，由此可以看出經濟持續增長對保持巨額財政儲備的重要性。截至 1997/98 年度，香港的財政儲備高達 4,575.43 億港元，[01] 佔 1997 年名義 GDP 的 33.52%。巨額的財政儲備，為政府實行擴張性的財政政策提供了有利條件。不過，由於受到亞洲金融危機的嚴重衝擊，香港特區政府動用巨額財政儲備入市干預，並且採取刺激經濟等一系列政策，導致連續四年出現財政赤字，使得財政儲備下降至 2003/04 年度的 2,753.43 億港元，比 1997/98 年度的財政儲備減少了 1,822 億港元，下降幅度達 39.82%；佔 2003 年名義 GDP 的比重也下降至 22.30%（表 2-8）。

從 2004 年開始，由於歐美等周邊經濟開始轉好，內地經濟的持續強勁增長，帶動亞洲經濟，同時內地居民赴港澳"自由行"政策實施，香港經濟逐步復蘇，2005 年名義本地生產總值已超越 1997 年的高峰，創下 13,825.90 億港元的新高。經濟強勁復蘇令政府的財政狀況大大改善。2007/08 年度，香港的財政儲備首次超過了回歸時的 4,575.43 億港元，達到了 4,929.14 億港元。其後，由於受到 2008 年全球金融危機的影響，香港的財政儲備增長放緩，但到 2009/10 年度，財政儲備仍增加至 5,202.81 億元的歷史新高，佔當年名義 GDP 的比重也回升至 32.07%。據估計，到 2013 年 3 月底，香港的財政儲備將可能達到 6,587 億港元，大約是本地生產總值的 34% 或相當於 24 個月的政府開支。這些財政儲備存放於香港的外匯基金中，不僅可以有不菲的投資收入，而且有助於鞏固公眾對香港貨幣和金融穩定的信心。

（未公開發表文稿，完成於 2012 年 10 月）

01

截至 1998 年 3 月底，香港的土地基金總價值為 1,970.72 億港元，加上歷年累積的財政盈餘，香港的財政儲備高達 4,575.43 億港元。

論港元聯繫匯率制

【摘要】本文對香港金融政策的核心——港元聯繫匯率制度進行全面分析。首先分析了港元聯繫匯率制產生的背景與運作機制，進而分析了 1983 年聯繫匯率制度實施以來的積極作用與負面影響。本文進一步分析了回歸前港元聯繫匯率制面對的主要質疑與改善建議，指出“九七”前後港元聯繫匯率制面對的挑戰與風險，並就維持和鞏固港元聯繫匯率制提出幾點建議。

目前（本文寫於 1995 年——編者註），香港的主權回歸已進入倒計時，香港能否順利過渡，在某種程度上要視香港經濟在這一關鍵時期能否繼續維持繁榮穩定，而這又在很大程度上視香港的港元聯繫匯率制能否繼續維持不變，從而保持香港金融體系和市場的基本穩定。有的香港金融專家將港元聯繫匯率制視為香港“經濟的底線”，因而，港元聯繫匯率制成為後過渡期香港經濟的焦點。

一、港元聯繫匯率制產生的背景與運作機制

港元聯繫匯率制可說是香港 80 年代初特殊政治、經濟態勢下的產物。進入 80 年代，香港前途問題引起人們的關注，使一些人產生信心危機，尤其是 1983 年 9 月，中英兩國關於香港前途問題的談判陷入僵局，社會上各種猜測及傳聞更增加了港人的危機感。人們在金融市場上紛紛將港元資產轉變為美元或其他外市資產，一些大銀行和外國公司也陸續開始將部分資本撤離香港；房地產和製造業等方面的投資大減，種種因素都影響了外匯市場，港元匯率大幅下跌。當時，香港正實行浮動匯率制，這種制度對危機中的金融市場，不僅不能起抑制作用，反而會推波助瀾。一些投機家利用人心浮動的時機，進行港元投機，而港英當局則遲遲未能採取有效措施制止，使港元匯率一度失控，形成了港元危機。1983 年，港元匯率從年初的 1 美元兌 6 港元的比價跌至 1 美元兌 7.9 港元，跌幅高達 32%。至 9 月 24 日，匯價進一步跌至 1 美元兌 9.6 港元的歷史低位，香港整個金融體系已岌岌可危。港元聯繫匯率制正是在這種歷史背景下於 1983 年 10 月 17 日由港英當局推出的。

所謂港元聯繫匯率制，更確切地說是港元發鈔固定匯率制。在這個制度下，香港發鈔銀行（滙豐和渣打）在增加發行港幣時，要按 7．8 港元兌 1 美元的固定匯價向港府外匯基金交付美元，作為發行貨幣的法定準備，而外匯基金則向發鈔銀行發出同意發行港幣的負債證明書。相反，如果部分港元要從流通中撤回，則美元與負債證明書作相反運作。該制度實施時，發鈔銀行在為其他銀行提供或收回港幣時，也按 1 美元兌 7．8 港元的匯率，通過各銀行在滙豐設立的清算賬戶進行港幣與美元的交換運作。不過，自 1994 年港英當局改革發鈔銀行與其他銀行的現鈔交收制度後，固定匯率已改為市場匯率。

根據港元聯繫匯率制，港元對美元的固定匯率（1 美元兌 7．8 港元）只運用於外匯基金和滙豐、渣打等發鈔銀行，並延伸到港元同業現鈔市場。而在公開外匯市場，港元匯率仍是自由浮動的。這種由供求關係決定的市場匯率，適用於銀行同業之間的港元存款市場（批發市場）和銀行與一般公眾之間的港元現鈔或存款交易（零售市場）。因此，在港元聯繫匯率制下，香港存在着同業現鈔市場和公開外匯市場兩個平行市場，也存在着官方的聯繫匯率和市場匯率兩種平行的匯率。

港元聯繫匯率制依靠銀行和其他金融機構之間的套戲和競爭的相互作用，促使市場匯率趨向聯繫匯率，使兩檔匯率合為一檔。例如，當市場匯率高於聯繫匯率時，如 1 美元兌 7.9 港元，銀行和其他金融機構將力圖用回籠現鈔和贖取負債證明書的辦法，間接通過發鈔銀行以較低的官方匯率從外匯基金獲得美元，然後以較高的市場匯價在公開外匯市場拋售，從中賺取差價獲利。這樣，港元現鈔回籠令港元供應減少，港元利率上浮，從而使市場匯率下降到聯繫匯率水平。相反，當市場匯率跌到聯繫匯率以下，銀行和其他金融機構則力圖間接地按聯繫匯率從外匯基金用美元換更多的港元，結果，港元供應增加，港元利率下跌，市場匯率上升至聯繫匯率水平。很明顯，港元聯繫匯率制具有以往固定匯率制所沒有的內在穩定機制，該制度創始人之一的祈連活（John Greenwood）就認為："這個制度的妙處就在於它是

01

祈連活：《如何拯救
港元？三項實用的建
議》，載《亞洲金融監
測》1983 年第 9─10
雙月刊。

自動調節的。" **01**

二、港元聯繫匯率制面對的質疑及改善建議

1992 年 8 月，歐洲貨幣危機爆發，除德國馬克外，幾乎所有歐洲國家貨幣均成為拋售對象，英、意兩國相繼被迫退出歐洲匯率機制。歐洲匯率機制危機的爆發，將香港輿論關於港元聯匯制的爭論，從利弊功過轉移到其穩定性方面。有人認為，固定匯率制無法抵擋拋售浪潮，因此歐洲貨幣動盪亦可能在香港重演。

這種論調實際上是把港元聯匯制與固定匯率制混為一談。其實，兩者之間有着本質的區別：第一，港元聯匯制具有不充分兌換性。1 美元兌 7.8 港元的官方匯率只適用於外匯基金與發鈔銀行之間，至於銀行與客戶之間、銀行同業之間的港元交易，以及所有非現鈔交易均以市場匯率進行。這與典型固定匯率制下，每一本幣持有者都有權按官方匯率向中央銀行兌換外幣或黃金的充分兌換性是有區別的。第二，港元聯匯制有無約束性（即指導性）。在該制度下，港元與美元存在着雙重匯率，即聯繫匯率和市場匯率。港英當局亦不像歐洲那樣，規定市場匯率對聯繫匯率波動的上下限。市場匯率與聯繫匯率趨向一致，主要是依靠銀行和其他金融機構之間的套戥和競爭的相互作用來實現的。這兩個特點決定了港元聯匯制具有自我調節機制，即內在的穩定性，這是固定匯率制無法比擬的優點。此外，港元聯匯制只要求港元釘住美元，所涉及的對象只有兩個，政策協調的困難遠較歐洲匯率機制小，因而它更能承受外來的政治經濟衝擊。

誠然，有人對在聯匯制下，通過銀行的套戥和競爭，市場可以自動調節貨幣供應從而穩定港元匯價這一自動調節機制的功能提出質疑。論者指出：當港元市場價低於聯繫匯價時，銀行無法從市面上搜集大量美元現鈔以官價賣予外匯基金從中獲利；如當港元市場匯價高於聯繫匯率時，銀行因考慮到要維持儲備以應付客戶提取現金時所需，亦未能放心根據官價以港元向外匯基金大量兌換美元。此外，由於套戥只限於以現金進行，銀行不能利用貨幣市場進行套戥，市場不能直接參與套戥圖利。這一切都直接影響了自我調節機制的功能。

為彌補這一缺憾，以令市場匯率向聯繫匯率趨同，自實施聯匯制以來，港英當局通過銀行下令運用利率工具，藉利率套戥功能穩定匯價。調節利率水平，所涉及的面

較大，影響到 M1 到 M3 的整個貨幣供應，因而收效也較大。不過，利率工具的運用，在實際操作中多少打亂或干擾了利率水平的正常運動規律，不利於資金的有效配置和經濟穩定。

港英當局亦明白套戥機制和利率工具的局限性，因此，自 1988 年以來便對原有的金融貨幣管理體制進行了一系列的改革，創造出一套維持和鞏固港元聯繫匯率的有效機制。這些改革包括：（1）1988 年 3 月設立負利率機制，需要時可對銀行大額存款收取費用，以抵禦投機港元升值的衝擊；（2）1988 年 7 月港英當局外匯基金與滙豐銀行達成 "新會計安排"，由外匯基金取代滙豐銀行控制銀行體系的流動性，以加強外匯基金對銀行同業市場流動資金和利率的影響力；（3）1990 年 3 月以來外匯基金先後推出外匯基金票據和政府債券，以便通過買賣質素合格的港元金融資產，去影響銀行同業流動資金水平，並為設立流動資金調節機制鋪路；（4）1992 年6 月設立流動資金調節機制，正式確立外匯基金 "最後貸款者" 的職能；（5）1993年 4 月成立金融管理局。金融管理局的成立，標誌着港英當局多年改革已確立一整套維持和鞏固聯繫匯率的宏觀調控機制，至此，港元聯匯制的基礎及其穩定性已大大增強。

三、港元聯繫匯率制面對的挑戰與風險

然而，港元聯匯制具備內在的自我調節機制和外在的宏觀調節機制，並不表明它本身沒有潛伏危機。應該指出，港元聯匯制的穩定性是有一定限度的，超過這個限度，就有崩潰的危險。由於港元聯匯制的存亡，在很大程度上影響到香港金融體系穩定與否，從而影響到後過渡期香港經濟的穩定繁榮，影響到香港 1997 年主權回歸是否順利，隨着 1997 年的臨近，這個問題日益受到香港社會各界的密切關注。

第一，隨着 1997 年的臨近，各種社會政治矛盾的激化，香港在政治上可能會出現一個短暫的不穩定時期，誘發資金和人才外流潮再度出現，令港元轉弱，而美元則在美國經濟復蘇、利率提高的雙重刺激下，改變多年來對港元的弱勢。這種情況下，港元將要不斷加息，並維持一個比美元更高的實際利率，才能維持 1 美元兌 7. 8 港元的聯繫匯率。面對高利率水平，在 1997 年前處於高水平的香港房地產市場和股票市場將可能面臨崩潰的危險。為防止房地產市場和股票市場的崩潰，港英當局可能被迫取消港元聯匯制，讓港元按市場供求貶值。摩根士丹利的前策略研究員羅奇

（David Roche）就持有這種觀點，據他分析，港元聯匯制很可能在今後（1995年後）兩年內取消。

第二，由於1997年臨近，香港市民和投資者從以最小代價取得最大保險的心態出發，可能會大規模將港元存款轉換成美元存款。目前，香港銀行存款總額約為8,000億港元，港元存款與美元存款的比重約為5：5，估計到1997年銀行存款將達到10,000億港元，如屆時美元存款比重驟然提高，將對正常運作的香港金融體系造成極大壓力，並可能誘發資金大規模調離從而衝擊聯繫匯率。當然，港英當局可通過大幅度提高港元利率的方式加以干預，但若情況進一步惡化，港元聯匯制就面臨被迫取消的危險。

此外，對港元聯匯制的威脅還來自另一種情況，就是港英當局基於政治考慮，主動在1997年前改變港元聯匯水平或廢除聯匯制。雖然，自聯匯制實施十多年來，港英當局已將它從一項權宜之計上升至整個貨幣金融政策的核心，並圍繞它發展起一套完整的貨市金融管理機制。到目前為止，在公開場合下，港英當局官員自港督、財政司至金融管理局行政總裁，都不斷重申維持聯匯制的立場。然而，這並不能排除隨着1997年臨近，中英在香港政經等問題上鬥爭白熱化之際，港英當局以改變聯匯水平或廢除聯匯制作為籌碼的可能性。據說港英當局內部就曾對這種可能性進行過研究。當然，廢除聯匯制是一把雙刃劍，它在對香港經濟造成重大破壞性影響的同時，亦將徹底摧毀港英當局的管理權威，以及影響英國在香港的既得利益和長遠利益。筆者分析，主動廢除聯匯制至少有幾個前提：一是中英兩國在香港問題上的合作全面破裂；二是英國置香港英資財團利益於不顧，並放棄同中國發展經貿關係的長遠利益；三是香港經濟或金融市場出現動盪。

必須指出，筆者分析的上述幾種可能只是極端的情況，以便未雨綢繆，防患於未然。從目前香港的政治和經濟形勢看，港元聯繫匯率制維持到1997年後的可能性還是最大的。

四、維持和鞏固港元聯繫匯率制的幾點建議

根據上述分析，對港元聯匯制構成威脅的因素，總體來說，是政治因素重於經濟因素、外部因素重於內部因素。因此，從維持和鞏固港元聯匯制出發，當前應注意以

下幾個問題：

第一，中國與英國在後過渡期香港的政治、經濟和民生等問題上應維持有限度合作，以免對香港經濟和金融市場造成重大衝擊。

第二，中國應支持香港金管局加強對香港金融市場的宏觀干預能力和功能，督促港英當局採取有效措施，防止香港房地產市場和股票市場的大起大落，尤其是警惕香港經濟形成"經濟泡沫"。

第三，中國應密切監督港元聯繫匯率制的運作情況，包括港英當局主要官員（如港督、財政司、金管局行政總裁等）對維持聯匯制的公開或私下立場的變化、兩家英資發鈔銀行的動向，以及與聯匯制運作有關的一系列經濟資料，如貨幣供應、利率、通貨膨脹率等變化趨勢，可考慮在香港和內地設立一二線監察小組，及時發現問題，提出對策。

第四，嚴防港英當局不恰當地動用外匯基金。港元聯匯制的正常運作，是以外匯基金為後盾的。據港英當局公佈，截至 1993 年底，外匯基金的總數為 3,482.92 億港元，其中轉撥的財政儲備是 1,156.83 億港元，累積盈餘是 1,276.18 億港元，分別佔外匯基金總額的 33.2% 和 36.6%。根據中英兩國達成的新機場諒解備忘錄，港英當局只需留給未來特區政府 250 億港元財政儲備即可。而根據《外匯基金條例》第八條，港英當局財政司在與外匯基金諮詢委員會協商並獲得英國國務大臣批准後，可動用外匯基金累積盈餘的絕大部分。因此，應警惕港英當局不合理地動用這大筆外匯儲備，從而削弱聯匯制的基礎。

第五，在香港形成維持港元聯匯制的強大輿論力量。港元聯匯制實施十多年的實踐已證明聯匯制的功效。目前，香港社會各界亦已形成後過渡期維持聯匯制不變的共識，港英當局官員亦一再重申維持聯匯制不變的立場。

第六，中方應通過中英聯合聯絡小組等外交渠道，向英方正式提出維持聯匯制不變的立場，並堅持後過渡期港英當局推行重大金融變革須事先與中方磋商的原則。

（原文載北京《世界經濟》雜誌，1995 年第 6 期）

亞洲金融風暴衝擊港元聯繫匯率制

【摘要】1997 年 10 月下旬，東南亞金融風暴波及香港，港元聯繫匯率受到空前的衝擊，期間，香港銀行同業拆息一度飆升到 300 厘的歷史高位，股市連番暴跌，在香港引起相當大的震盪。其後，港匯風暴雖已暫告一個段落，但港元聯繫匯率制的利弊存廢，再次成為人們關注的焦點。本文分析了是次港匯風暴產生的背景，以及危機期間香港特區政府採取的挽救措施，進而分析了港元聯繫匯率得以維持的原因，包括港元聯繫匯率制的自我調整機制；多年以來，香港政府圍繞着鞏固和捍衛聯繫匯率制已建立了一套行之有效的運作機制和雄厚的外匯儲備；香港的政局穩定，"九七"回歸實現平穩過渡，經濟穩定繁榮。最後分析了港元聯繫匯率制度的發展前景，認為就目前香港的情勢而言，港元聯繫匯率制度仍然是利大於弊，應該堅持和維持下去。不過，特區政府應就反擊的具體措施展開內部和外部的檢討，以降低對香港經濟造成的衝擊。

一、港匯風暴產生的背景

香港是次港匯風暴的爆發，應該說是有其深刻的政治、經濟背景的：

首先，是近年來國際金融業的發展趨勢，大大增加了金融震盪的可能性和頻率。

80 年代中後期以來，隨着新科技在金融業的廣泛應用，以及世界各國先後採取金融自由化政策，國際金融業的一體化、全球化趨勢明顯加快，競爭更加激烈和複雜。其中，尤其值得注意的是金融衍生工具的大量產生。目前，國際上金融衍生工具的品種已超過 1,200 種，據國際清算銀行的統計，1988 年全球金融衍生商品的交易額僅 4,820 萬美元，到 1994 年已急增到 1.4 萬億美元；而全球金融衍生交易未清償額亦從 1990 年的 22,900 億美元急增到 1994 年的 88,380 億美元。

金融衍生工具的大量產生及運用，一方面固然極大地豐富了金融市場的交易，創造了金融業空前的繁榮；但另一方面，亦大大加強了國際資本的流動性，增加了金融業的不穩定性和風險。據估計，目前全球至少有 1.5 萬億美元的遊資在世界各金融市場利用各類金融衍生工具從事大筆投機交易，衝擊各國的金融市場。可以說，1993 年的歐洲貨幣危機、1994 年的墨西哥金融危機、1995 年英國霸菱銀行的倒閉，以及 1997 年東南亞金融風暴都是在這種背景下爆發的。頻頻爆發的金融危機，反過來加強了國際遊資的實力，其中就產生了像美國索羅斯這樣的國際性大投機家。據說，索羅斯管理的量子基金及其他四個對沖基金，所擁有的資產高達 200 億美元。這批人因而成為國際金融市場呼風喚雨的人物，進一步增加了國際金融業的不穩定性，形成惡性循環。

其次，是 1997 年爆發的東南亞金融風暴，可以說是港匯風暴的導火線。

1997 年初，一向風平浪靜的東南亞市場即開始動盪不已。年初，泰銖已受到拋售壓力，其後泰國多家金融機構被擠提，令泰銖的地位更加虛弱。5 月中旬，以美國大投機家喬治·索羅斯的量子基金為首的國際機構投資者對泰銖發動猛烈衝擊，大量沽空泰銖，泰銖對美元匯率因而大幅下跌，創十年來的新低。泰國中央銀行為捍衛匯價，不惜從新加坡、馬來西亞等國央行大量購進泰銖，並規定不准本地銀行拆借泰銖給投機者，同時把隔夜息率從原來的 10 厘調到 1,000 至 1,500 厘，多管齊下，使泰銖得以暫時穩定。但泰國為此約損失了 40 億美元，泰國股票指數亦從年初的 1,200 餘點急挫至 551 點。然而，泰國央行最終亦未能抵禦國際投機者的衝擊，7 月 2 日，泰國政府被迫宣佈放棄維持了 13 年的主要與美元掛鈎的一籃子貨幣聯繫匯率制度，淪為實行有管理的浮動匯率制，自此，泰銖大幅貶值，到目前已貶值約 65%。

東南亞各國經濟一直有很強的關聯性，泰國金融危機迅速波及菲律賓、馬來西亞、印尼、新加坡，甚至東亞的台灣、韓國。7 月 11 日以後，菲律賓、印尼、馬來西亞等國先後屈服於投機壓力，被迫採取浮動匯率制度。結果，印尼盾大幅貶值約 47%、菲律賓比索及馬來西亞元貶值約 35%，甚至連經濟比較穩健的新加坡、台灣、韓國的貨幣亦相繼貶值 10% 以上。在這場危機中，國際機構投機者在東南亞各國市場耀武揚威，據說僅索羅斯的量子基金就獲利 20 億美元。

導致這場東南亞金融危機的原因，可以說是多方面的，國際投機者的興風作浪固然是重要因素之一，但根本原因卻是東南亞各國經濟出現結構性問題及政策失誤。在過去十幾年間，東南亞諸國依靠大幅增加投入取得了令人矚目的經濟增長，然而，這種投入驅動式的經濟增長卻引發了地產價格的暴漲，形成"泡沫經濟"，早已潛伏危機。這幾年，東南亞各國的出口增長又因國際市場需求的變動而大幅下降，導致經常項目赤字大增，國際收支惡化；再加上匯率政策不當，缺乏穩健的金融調控體系而又過早實行資本賬戶自由化。種種因素，終於引發這場空前的金融危機。

再次，部分國際金融機構對香港"九七"回歸後的經濟前景看淡。

其實，國際機構投資者對香港早已虎視眈眈，1995 年初已趁墨西哥金融危機衝擊港元聯繫匯率制，並在國際上大造輿論，"唱衰"香港。美國《財富》雜誌發表的《香港之死》便是佐證。東南亞金融危機爆發後，國際投機者認為有機可乘，10 月 21 日，美國摩根士丹利全球首席策略員巴頓·碧斯首先發難，表示將減持環球投資組合中已發展亞洲市場所佔比重，從原來的 2% 減至 0。他同時指出：亞洲股市正處於危險的下跌週期，其第二階段的跌勢已經開始，並將由香港股市帶領。10 月 30 日，著名的穆迪投資宣佈降低香港銀行的信貸評級。對此，香港資深銀行家利國偉就認為，這一切來得太巧合，何必要對港股窮追猛打。

最後，近年香港股市、樓市已累積很大的升幅，實際上已存在"泡沫經濟"的成分，這亦是不容忽視的重要原因。

二、危機期間香港特區政府的挽救措施

10 月中旬，國際機構投資者在相繼攻陷東南亞各國金融市場後，轉而集中攻擊外匯儲備雄厚的台灣。10 月 17 日，台灣"中央銀行"棄守 1 美元兌 28.6 新台幣匯價，台幣大幅貶值，10 月 21 日以 1 美元兌 30.6 新台幣收市，創下十年以來的新低，僅短短數日，台幣貶值了 7.3%。至此，東南亞各國中，僅有實施港元聯繫匯率制的香港屹立不倒，成為"眾矢之的"。

踏入 10 月下旬，在東南亞金融風暴中獲取巨利的國際機構投資者，在攻陷台灣這個擁有龐大外匯儲備的金融市場後，第三度將目標轉向香港（七八月間東南嚴金融風暴中已曾兩次衝擊港元匯率）。這次的情況比七八月間更加嚴峻。在短短數月間，國際投機者先後擊倒四小虎、三小龍，不但財勢更形雄厚，而且更因兩度襲港，熟悉香港特區政府的應變對策。

從 10 月 20 日開始，來自部分歐美基金的港元沽盤大量湧入外匯市場，22 日晚，倫敦外匯市場上出現一筆為數高達 30 億美元的港元沽盤，顯示有炒家大量拋售港元，使港元遠期匯價一度跌至 1：8.44 的歷史低位。23 日上午，香港外匯市場上大批港元沽盤湧現，使港元現貨匯價迅速超過 1：7.75 這個預定警界線，一度達到 1：7.8 的水平。

在是次港匯風暴中，國際機構投機者顯然採取了立體式的進攻，情況較以往數次要猛烈得多，亦複雜得多；他們一方面猛烈攻擊港元聯繫匯率，不但攻擊現貨匯價，還大量沽售遠期港元兌美元的合約來套利；另一方面則大量累積期指淡倉，然後狂沽股票，再通過外資基金公開唱淡港股，致令港股在高息及恐慌心理下大幅暴跌，並從沽空期指中獲取巨利。據估計，這些機構投資者在是次港股暴跌中至少獲利逾百億港元以上。

10 月 23 日上午，港元匯價一度達到 1：7.8 水平，由於預計情形將進一步惡化，特區政府遂啟動捍衞行動。具體的措施是：

第一，透過外匯基金在市場上拋售美元，吸納港元，收緊銀根，並警告各銀行不得大力超額貸出港元，否則金融管理局在運用流動資金調節機制為各銀行貼現時，將對違規銀行收取懲罰性息率，據說對某些違規銀行收取的懲罰性息率曾高達 1,000 厘。此舉令那些借港元給炒家沽空港元的銀行，被迫轉向銀行同業拆息市場高價補回港元，結果將隔夜拆息率提高至 300 厘的罕見水平。特區政府的目的，是要在與國際大炒家角力時，大幅增加其炒作成本，虛耗其實力。

第二，透過土地基金在股市低位時大手吸納藍籌股 **01**。10 月 23 日上午 11 時，總值 171 億美元的土地基金開始大手吸納滙豐控股、長江實業等股票。為了確保土地基金入市的資訊能迅速在市場擴散，土地基金選擇透過多家大型證券公司吸納，並要

01
藍籌股（Blue Chips）：
指那些經營業績較好、穩定且收益較高的現金股利支付的公司股票。

求有關公司以大手吸納，結果，當日港股從 11 時半開始止跌回升，跌幅從 1,420 點收窄至 12 時半的 1,088 點。期間，一些藍籌公司，包括新鴻基地產、長江實業、中信泰富等陸續在低位回購公司股份，阻止股市的跌勢。特區政府的目的，亦是要增加炒家的成本，減少其獲利的程度，因為炒家的風險在於累積大量的淡倉，一旦被挾倉將損失慘重。

第三，為配合上述行動，滙豐、渣打及中國銀行宣佈將銀行最優惠利率調高四分之三厘，至九厘半。各大銀行又相繼採取措施，拒絕客戶提取未到期的定期存款，而部分容許期滿前提款的銀行則提高罰息至十厘半。

特區政府的各項措施立即收到顯著效果，港元匯價隨即反彈到 7.5 元兌 1 美元的有史以來最強勢。當日，特區政府分別掌管財政、金融、財經的三位高級官員召開記者招待會，顯示特區政府捍衛港元的決心。財政司司長曾蔭權表示，香港現時首要的任務是要捍衛港元聯繫匯率制，香港經濟健全無須憂慮。

經過一番空前激烈的較量，10 月 28 日，香港特區行政長官董建華公開表示，國際大炒家已經離場撤退。換言之，香港再度成功捍衛了港元聯繫匯率制度。

三、港元聯繫匯率制得以維持的原因分析

在這次全球矚目的金融風暴中，港元聯繫匯率制能夠屹立不倒，究其原因，主要是：

首先，港元聯繫匯率制具有自我調整機制，能承受較強的衝擊。其實，港元聯匯制與固定匯率制有本質的區別：其一，港元聯匯制具有不充分兌換性，1 美元兌 7.8 港元的官方匯率只適用於外匯基金與發鈔銀行之間，至於銀行與客戶、銀行同業之間的港元交易，以及所有非現鈔交易均需以市場匯率進行。其二，港元聯匯制具有無約束性，在該制度下，港元與美元存在着雙重匯率，即聯繫匯率和市場匯率，市場匯率趨向聯繫匯率，主要依靠銀行和其他金融機構之間的套戥和競爭的相互作用來實現。這兩個特點決定了聯匯制具有自我調節機制，這是傳統固定匯率制無法比擬的優點。

其次，多年以來，香港政府圍繞着鞏固和捍衛聯繫匯率制已建立了一套行之有效的

運作機制和雄厚的外匯儲備。這套機制包括 1988 年的"新會計安排"、1990 年以來推出的外匯基金票據和政府債券、1992 年設立的流動資金調節機制等等,使金融管理局能夠透過售出短期借貸票據、抽緊流動資金等措施來調控利率,從而維持聯繫匯率。這次港匯風暴,政府的流動資金調節機制就發揮了重要的作用。值得指出的是,1996 年正式啟動的香港中央即時支付結算體系在這次風暴中也發揮了積極作用,它使金融管理局能即時發現異常的港元拋售,及時查明情況和鎮定拋售港元的機構,及時採取措施還擊。此外,特區政府外匯儲備充裕,外匯基金連同土地基金,總外匯儲備高達 881 億美元,在全球排名第三,再加上中國內地逾 1,200 億美元的外匯儲備作後盾,相信任何國際投機者都會有所顧忌,這也是金融管理局能夠從容操作的重要基礎。

再次,香港的政局穩定,"九七"回歸實現平穩過渡,經濟穩定繁榮,這是港元聯匯制能夠守得住的根本原因。

從政治層面看,由於中國政府貫徹落實"一國兩制"方針以及"港人治港""高度自治"等一系列政策,香港順利實現平穩過渡,政局穩定,投資者信心增強,就連英國駐港總領事鄺富達亦公開表示:"到目前為止一切如常。"這為特區政府擊退國際大炒家營造了有利的政治環境。

從經濟層面看,由於實現平穩過渡,加上"中國因素"的支持,香港經濟持續發展,穩定繁榮。這一點就連美國的大型機構投資者亦不能否認。10 月 24 日,美國摩根士丹利就罕有地發表聲明,強調其策略員巴頓‧碧斯的言論只反映他個人對後市的看法,與該公司對香港及中國前途的信心無關,該公司對兩地長遠經濟持樂觀態度。良好的經濟基調,無疑為港元聯繫匯率提供了堅實的基礎。

特區政府是次捍衛港元聯繫匯率的行動,基本上得到了國際及香港社會的支持。據金融管理局行政總裁任志剛在 1997 年 10 月底透露,捍衛聯繫匯率制所拋售的美元已全部回籠,不但沒有虧損,還賺了不少。11 月 4 日,國際貨幣基金就香港近期港匯風暴發表公開聲明,聲明表示,"(特區)政府在過去兩個星期採取強而有力的行動,緊縮貨幣,實屬適當之舉,表現出當局既有能力,也有決心捍衛聯繫匯率制度",因此"十分贊同政府當局繼續致力維持聯繫匯率制度"。並認為:"展望未來,香港的經濟基礎因素顯示聯匯制度將能繼續成功扮演這個角色(指維持香港經濟穩定的支柱）。香港擁有龐大的外匯儲備，而且財政狀況良好。此外，由於商品及服務環節的貿易赤字大部分已由對外要素收益流入淨額所抵銷，所以經常賬處於平衡狀況，並沒有出現赤字的壓力。聯匯制度對保持香港作為國際金融中心的信心也至為重要，因為在很大程度上，此舉表明'一國兩制'下，香港繼續奉行自由市場政策，並享有金融自主權。"

四、港元聯繫匯率制的前景分析

毋庸否認，是次港匯風暴令聯繫匯率制遭受空前未有的嚴峻挑戰，令聯繫匯率制的利弊存廢再次成為人們關注的焦點：

首先，是投資者對港元聯繫匯率的信心已開始動搖。港匯風暴期間，香港市場曾一度謠傳金融管理局將容許聯繫匯率從 1：7.8 的固定匯率，改為在一個波幅範圍內買賣。當然，有關傳言隨即被金融管理局否認。一名日資基金經理就表示：是次港匯風暴與以往港元受狙擊明顯不同，除了股市資金大量流出香港外，跨國企業亦對港元失去信心，紛紛不惜代價購入遠期美元合約對沖。香港的業內人士亦表示：七八月份港元受狙擊時大部分本地企業均表現 "淡定"，但這次則已有企業對沖。

實際情況亦有這種跡象，根據聯繫匯率運作機制，當港元匯價受到衝擊時，透過調整港美息差，可影響港元、美元間的資金流向，達到穩定港元匯價的目的。然而，這次的實際情況是：儘管港元息率已大幅調高，但並未有明顯的資金回流港元市場的現象，特別是在機構性客戶方面，息口的調整僅能產生阻嚇炒家的作用，未能引發連鎖效應。這顯示部分投資者對聯繫匯率的信心已開始動搖，亦使得捍衛聯繫匯率的機制未能產生事半功倍的效應。

其次，是香港經濟為此付出了沉重的代價。捍衛聯繫匯率制，使銀行同業拆息被大幅扯高，導致股市連番暴跌，從 10 月 20 日至 23 日短短四天中，香港股市暴跌約 3,200 點，股市總值損失 8,000 億港元，其中，僅 10 月 23 日恒生指數就暴跌 1,211 點，以點數計算，創下歷來最大跌幅。10 月 28 日，香港股市引發全球股市下跌，反過來再影響香港股市下跌 1,438 點。據統計，從 8 月 7 日恒生指數創 16,800 多點高位到 10 月 28 日跌至約 9,000 點，香港股市總值損失超過 2 萬億港元，可謂損失慘重。股市的暴跌又帶動樓市下降，據估計，目前香港的房地產價格已普遍下調 10% 至 20%。換言之，港元匯價雖然沒有下跌，但包括股票、地產在內的港元資產，實際上已大幅貶值。

當然，只要不發生互相踐踏、奪路逃生的情況，股市、樓市亦會在一段時期內穩定下來。而且，港元資產貶值無疑有助於消除地產、股市中的"經濟泡沫"，長遠而言有利於加強香港經濟競爭力。不過，就短期來說，香港經濟將忍受短時期的陣痛，並將面對由此而造成的後遺症。

由於港元匯價相對東南亞各國貨幣來說已經偏高，香港的旅遊業、零售業以及港產品出口各個環節必將受到影響。幸而，香港經濟已經轉型，金融、服務業已取代製造業成為經濟支柱，有別於台灣仍然依賴製造業的情況，相對台灣而言，香港整體經濟所受的影響要較小。

另外，為捍衛聯繫匯率制，利率將有一段時間處於高水平，令資金成本上漲，工商投資及私人消費勢將有所萎縮，個別以大規模借貸擴張的公司將有可能因周轉不靈而倒閉，而一些行業如地產代理、金融服務等也將因投資氣氛轉壞而面臨低潮，業務收縮甚至裁員亦不奇怪。未來一段時間香港經濟增長放緩，似無可避免。

正因為如此，香港社會中批評和反對聯繫匯率制的聲音再度高漲。畢竟，聯繫匯率制是特定政治、經濟條件下的產物，不可能永遠堅持下去。然而，在目前的情勢下，能夠選擇的方案頗為有限。一種選擇是有彈性的聯匯制，有人就建議將 1：7.8 的匯價改為 1：10，將港元匯價貶值約 20%。然而，調整了一次，就會有第二次、第三次，投資者的信心就會徹底動搖。另一種選擇就是改為一籃子貨幣掛鉤制度，不過，這種制度在香港已一再被討論，不僅存在着眾多技術性問題，將來的交易成本亦將大大提高。最後一種選擇就是浮動匯率制，當然，現時香港金管局調控匯率的能力已今非昔比，不過，屆時香港金融市場的波動將更加頻繁。

誠然，世界上沒有盡善盡美的匯率制度，每種制度都有其利弊。不過，就目前香港的情勢而言，港元聯繫匯率制度仍然是利大於弊，應該堅持和維持下去，這一點，國際貨幣基金組織亦已予以充分的肯定。當然，危機過去，特區政府應就反擊的具體措施展開內部和外部的檢討，以減低對香港經濟造成的衝擊。

（原文載廣東港澳經濟研究會：《港澳經濟月報》，1997 年 11 月）

香港聯繫匯率制度的運作機制及其利弊分析

【摘要】 本文是對亞洲金融危機後香港聯繫匯率制度的進一步探討。首先分析了聯繫匯率制度產生的歷史背景、運作機制和經濟基礎。其次,分析了聯繫匯率制度的利弊特別是面對的風險,其風險主要表現在:結構性財政赤字持續擴大,可能引發投資者及市民對港元的信心危機;持續並日益加深的通貨緊縮,可能使香港經濟付出難以承受的代價等。最後,根據筆者對香港部分經濟學者及部分跨國金融機構研究員所進行的調查,分析香港聯繫匯率制度兩種可能的發展趨勢:一是在可見的將來,聯繫匯率制度繼續維持不變;二是選擇適當時機改變聯繫匯率制度,以及幾種改變的方案,並分析了這兩種發展趨勢的前提條件及面對的困難。

一、香港聯繫匯率制度的運作機制與經濟基礎

1. 香港聯繫匯率制度產生的歷史背景

香港聯繫匯率制度,最早可追溯到 1935 年建立的 "英鎊匯兌本位制"。60 年代末 70 年代初,英鎊大幅貶值,動搖了英鎊匯兌本位制的基礎。1972 年 6 月,英國宣佈英鎊自由浮動,英鎊匯兌本位制被廢除。港元在經歷了短暫的與美元掛鉤之後,開始實行浮動匯率制度。實行浮動匯率後期,港元受到越來越大的貶值壓力,原因是這一時期香港對外貿易赤字上升,貨幣供應持續維持高增長率,出現雙位數的通貨膨脹。1982 年,香港基本經濟因素惡化,資產價值下跌,銀行對地產業的過度放貸造成了流動資金短缺,金融體系非常脆弱。而在這個艱難時刻,政治衝擊驟然降臨。

1982 年 9 月,中英兩國就香港前途問題展開談判,政治氣氛緊張,社會上各種猜測和傳聞甚囂塵上,觸發港人信心危機,加劇了港元貶值壓力。1983 年 9 月 24 日,港元匯率跌至 1 美元兌 9.60 港元的歷史最低水平,市場上有關銀行和金融機構清償能力的謠言四起,整個金融體系岌岌可危。當時,香港正經歷 1981—1984 年的資

產市場崩潰，以及由此引發的 1983—1986 年的銀行危機，政府罕見地連續兩年出現財政赤字。聯繫匯率制度正是在這種特定的政治、經濟背景下產生的。

2. 香港聯繫匯率制度的運作機制

香港聯繫匯率制度（Linked Exchange Rate）從 1983 年 10 月 17 日起正式實施，它被認為是貨幣局制度（Currency Board System）的重建。歷史上第一個貨幣局制度是 1849 年在非洲毛里求斯建立的。該制度曾在英、法、葡等國殖民地廣泛應用，盛行了一個多世紀。二戰後，隨着殖民地時代結束以及政府干預經濟盛行，貨幣局制度逐漸被中央銀行制度取代。1983 年香港聯繫匯率制度的實施，是貨幣局制度在 20 世紀 80 年代的復興。其基本特徵是：

第一，本國（地區）的法定貨幣不是由中央銀行發行的，而是由一獨立的貨幣發行局發行的（在香港是由三家發鈔銀行發行的），該貨幣局本身不行使中央銀行（除發鈔外）或商業銀行的任何職能。

第二，這種法定貨幣必須有 100% 的外匯儲備作保證，它必須與一個可以作為國際儲備的基準貨幣，按照一個事先約定的固定匯率進行雙向無條件兌換。因此，法定貨幣的供應量基本上是由本地國際收支狀況和內部經濟規模決定的，是一個內生變數。

根據港英政府的安排，在聯繫匯率制度下，發鈔銀行（滙豐銀行、渣打銀行以及後來加入的中國銀行）在發行港鈔時，必須按 1 美元兌 7.8 港元的聯繫匯率向外匯基金繳付美元，作為發鈔準備金，而外匯基金則向發鈔銀行發出同意發行港幣的負債證明書。該制度實施時，發鈔銀行在為其他持牌銀行提供或回收港幣時，也按 1 美元兌 7.8 港元的匯率，通過各銀行在滙豐設立的結算賬戶進行港元與美元的交換運

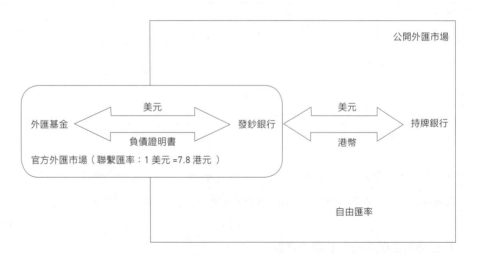

圖 2-1　1994 年後港元聯繫匯率制度的運作

作。不過，自 1994 年港府改革發鈔銀行與其他持牌銀行的現鈔交收制度後，官定匯率已改為市場匯率（圖 2–1）。

根據聯繫匯率制度，港元兌美元的官定匯率只適用於外匯基金與滙豐、渣打等發鈔銀行之間。在公開外匯市場，港元匯率仍然是自由浮動的，並由外匯市場對港元的供求關係決定。因此，在聯繫匯率制度下，存在着兩個平行的外匯市場，即官方外匯市場和公開外匯市場，也存在着兩個平行的匯率，即官方的聯繫匯率和自由浮動的市場匯率。

聯繫匯率制度在維持與穩定港元匯率方面，有兩個內在的調節機制，其運作方式與金本位制類似，只是基準貨幣代替了黃金：

第一，黃金移動機制。黃金移動機制（Specie-flow Mechanism）原指金本位制條件下一國或地區經濟內外部平衡的自動調節機制。在金本位制時代，黃金移動機制發揮作用有幾個前提條件，包括僅限於往來賬戶的分析，假定貨幣供應量等於流通法定貨幣，假定商品價格具有完全彈性。這些條件在現代社會並不存在。對此，香港大學饒餘慶教授運用 "基礎貨幣" 概念對這一機制作了當代解釋。他研究的結果是，由於外匯儲備的變動率與基礎貨幣和貨幣供應量的變動率大致相同，黃金移動機制仍然發生作用：當港元受狙擊或資本流動致使外匯減少時，由於外匯（主要是美元）減少，不僅不能增發港幣，還會被迫向外匯基金交還負債證明書以贖回美元，這就必然導致基礎貨幣減少，從而使貨幣供應量減少，結果使利率上升，物價下降，最終達到穩定匯率的目的。[01]

01´
饒餘慶：《亞洲金融危機與香港》，三聯書店（香港）有限公司，2000年，第2—3、136—139頁。

香港的“基礎貨幣”包括三部分：（1）已發行紙幣和硬幣的餘額（M0）；（2）持牌銀行在外匯基金開設的結算戶口的餘額；（3）未償還的外匯基金票據和債券餘額。1997年亞洲金融風暴爆發前，香港的基礎貨幣中，只有第一部分有100%的外匯準備，因而黃金移動機制的自動調節效應實際上並不充分。

第二，銀行之間的套利和競爭機制。主要是透過銀行及其他金融機構之間的套戥和競爭的相互作用，促使市場匯率趨向聯繫匯率。在發鈔銀行向外匯基金的套匯活動誘因的約束下，港元匯率偏離7.8官方匯率的幅度不會超過交易成本，假設市場匯率上升到7.9，所有發鈔行都會有誘因向外匯基金交付負債證明書而以7.8的匯率贖回美元，再以7.9的市場匯價在市場上拋售，從中賺取差價獲利。這樣，港元現鈔回籠令港元供應減少，利率上升，從而使市場匯率與官方匯率趨同。相反，當市場匯率跌到7.7，發鈔銀行將按聯繫匯率用美元向外匯基金換取港元，結果使港元供應增加，利率下跌，市場匯率上升至聯繫匯率。換言之，在聯繫匯率制度下，銀行間的套利和競爭將會使得市場匯率趨向官定匯率。該制度創始人祁連活（Joho Greenwood）認為：“這個機制的妙處就在於它是自動調節的”。[02]

02´
祁連活：《如何挽救港元？三項實用的建議》，載《亞洲金融監測》，1983年第9—10雙月刊。

不過，有人對聯繫匯率制的套利和競爭機制表示質疑：當港元市場匯價低於聯繫匯價時，發鈔銀行無法從市場上收集大量美元現金以官價賣予外匯基金從中獲利；而當市場匯價高於聯繫匯率時，銀行因考慮要維持儲備以應付客戶提取現金所需，亦未敢放心根據官價以港元向外匯基金大量兌換美元。此外，由於套利只限於以現金進行，銀行不能利用貨幣市場進行套利，市民不能直接參加套利，這都會影響調節機制的功能。饒餘慶教授認為：港元市場的自由匯率長期未能完全趨同聯繫匯率，顯示套利機制存在着一定問題。

由於上述問題的存在，聯繫匯率制度在運作初期，自動調節機制並未能有效運作。在聯繫匯率制度下，過去基於內部經濟或對外收支不平衡所產生的調節壓力，從匯率轉移到貨幣供應及利率水平上來，致使利率水平的變動相當頻繁。香港政府亦瞭解到套戥機制和利率工具的局限性，因此，自1988年以來就以鞏固和改善聯繫匯率制度的名義，對原來的金融架構進行了一系列重大變革，內容包括設立負利率機制、與滙豐銀行達成"新會計制度"協定、發行外匯基金票據和債券、設立流動資金調節機制、建立即時支付結算系統等。香港政府在致力於外匯基金中央銀行化的過程中，於 1993 年 4 月成立香港金管局，以加強政府對貨幣供應和金融市場的調節能力。

亞洲金融風暴期間，聯繫匯率制度遭受多次嚴重衝擊。香港特區政府針對聯繫匯率制度運作存在的問題，連續頒佈 7 項及 30 項措施加以修補，包括建立"貼現窗"制度、使基礎貨幣的其餘兩部分都受到貨幣局制度的約束等，從而鞏固了聯繫匯率制度。

3. 香港聯繫匯率制度的經濟基礎

根據蒙代爾—弗萊明模型，在一個高度開放的小型經濟中，固定匯率制度比浮動匯率制度更加有效，因為貨幣當局難以控制貨幣供應，以利率或貨幣供應作為貨幣政策目標的可操作性不強，貨幣政策經常失效。小國實行固定匯率制度，可以保留有效的財政政策，放棄缺乏效力的貨幣政策。這對由於實行釘住匯率制或聯繫匯率制度而要放棄貨幣政策主動權的小國來說，可以使匯率制度安排的政策損失降到最小。基於香港的特點，從理論上說，實行固定匯率制較佳。港英政府最終選擇了聯繫匯率制，也是理論論證的必然結果。

1993 年，美國著名經濟學家、諾貝爾經濟學獎得主弗里德曼（Milton Friedman）曾在香港表示：一個開放的小規模經濟體系將自己的貨幣與一個主要目標貨幣聯繫會產生較佳的效果，特別是後者如為與其有密切的經濟關係的國家，則更是如此。他指出，"金融制度的關鍵在於它有一個錨（anchor），助其定位"，香港的聯繫匯率明顯與這個模式吻合，聯繫匯率就是香港金融體系的錨。[01]

香港聯繫匯率制度背後的經濟哲學，就是香港自由市場經濟和自由企業制度，即將調節經濟內外不平衡的嘗試，從貨幣匯率政策效果轉移到宏觀經濟政策的經濟體系本身。因此，聯繫匯率制度需要一系列經濟因素的配合，這些因素包括：

第一，香港奉行審慎的公共財政政策。長期以來，香港一直奉行審慎的財政政策，實行簡單及低稅率的稅制，堅持量入為出、收支平衡的原則，政府維持財政盈餘平

01
轉引自沈聯濤：《聯繫匯率對穩定香港金融體系的重要性》，載香港金融管理局：《香港的貨幣與銀行體系：回顧與前瞻》，香港金融管理局，1996 年，第 9 頁。

均超過本地生產總值的 2%，公眾無需擔心政府需要開動印刷機印刷鈔票才有資金運作。據統計，1997 年 6 月底，香港的財政儲備達 1,822 億港元，如果再加上同期高達 1,970 億港元的土地基金，總財政儲備接近 3,800 億港元，約佔本地生產總值的 5%。

第二，香港擁有龐大的外匯儲備。1997 年底，香港外匯儲備達 6,366.73 億港元，折合美元約 821.5 億美元，在全球排第三位，人均外匯排第二位，僅次於新加坡。當時，香港的外匯儲備是流通貨幣量（M0）的七倍多、M2 的 23.2% 及 M3 的 22.5%。國際清算銀行形容香港的聯繫匯率制度是"頗為特別的例子"，並且認為"用作捍衛港元的龐大外匯儲備已賦予對聯繫匯率的承擔幾乎無可比擬的公信力"。[01]

第三，香港擁有強大而審慎的銀行體系，監管達到國際標準。經過 80 年代以來的一系列的改革調整，香港已建立一個符合最高國際標準的監管架構，銀行業穩健活躍，業內資本充足比率平均在 15% 以上，大部分銀行維持的流動資金比率高於 25% 這個法定最低標準，1997 年前盈利增長持續保持在 20% 左右。香港可以說是全亞洲乃至全世界融資效率最高的國際金融中心之一。

第四，香港的經濟體系具有較強的靈活性和彈性，並且維持穩定增長。長期以來，香港自由開放的經濟政策，使市場機制能較充分地發揮調節作用，整體經濟具有較強的靈活性和彈性，具有較高的競爭力。從 1983 年到 1998 年，香港的貿易加權港匯指數從 100 上升到 131.8，但產品出口仍能保持競爭力，經濟增長仍能維持較高速度。90 年代上半期經濟增長維持在 5.5% 左右。

01

轉引自沈聯濤：《聯繫匯率對穩定香港金融體系的重要性》，載香港金融管理局：《香港的貨幣與銀行體系：回顧與前瞻》，香港金融管理局，1996 年，第 9 頁。

二、香港聯繫匯率制度的利弊與風險

1. 香港聯繫匯率制度的積極作用

香港聯繫匯率制度實施 20 年來，尤其是在 90 年代中期以前，其積極作用是明顯的，表現在以下方面：

第一，它在實施初期迅速扭轉了港元大幅貶值的趨勢，解除了香港貨幣制度、金融體系的危機。實施聯繫匯率初期，港元匯率即穩定下來。1983 年 10 月 17 日聯繫匯率實施第一天，港元兌美元匯價為 1 美元兌 8.02 港元，到 10 月底升為 1 美元兌

7.80 港元，已貼近聯繫匯率水平。實施初期，雖然資金外流壓力從匯率轉向利率，銀行同業拆息率一度升至 41 厘，但緊縮效應很快使資金流入，利率逐步恢復正常水平。

第二，有效控制了港元貨幣供應量的增長，保持了港元幣值的基本穩定。聯繫匯率作為一項貨幣發行制度，限制和避免了香港在實行自由浮動匯率制度時期發鈔銀行濫發港元的危險和貨幣供應的大幅波動，從而保證了港元幣值的基本穩定。

第三，提高了香港金融體系承受政治、經濟震盪衝擊的能力。聯繫匯率制度實施以來，香港經受了一系列嚴重的政治、經濟事件衝擊，包括 1984－1987 年間五次港元投機風潮、1987 年全球股災、1989 年政治性銀行擠提、1991 年國際商業銀行倒閉事件、1992 年中英政治爭拗、1994 年墨西哥金融危機、1997 年亞洲金融風暴等。這一期間，港元兌美元最低價為 7.950，最高價為 7.714，波幅未超過 2%，市場匯率平均為 7.7796，較 7.8 的聯繫匯率僅高出千分之二，表現出相當強的穩定性。整個金融體系沒有因為政治、經濟震盪而再度出現 1983 年的情況，顯示了該制度的有效性。

第四，提高了香港作為國際金融中心的地位。相對於浮動匯率來說，聯繫匯率制度有利於港幣的穩定，並成功控制了 80 年代末至 90 年代初的高通脹，實現了金融市場的穩定。在聯繫匯率制度下，港元與美元掛鈎，匯率鎖定，大大減低了外資進入香港的匯率風險。據筆者的調查走訪，不少跨國銀行及國際金融機構的研究員都認為，聯繫匯率制度使香港金融市場具有安全性、可預期性，政府的貨幣政策透明度高，匯率風險相對較低。因此，聯繫匯率制度對香港維持金融體系的穩定，對香港維持和鞏固國際金融中心的地位，具有重要價值。

第五，有利於減低香港貿易、投資等各種經濟活動的風險和交易成本，促進了香港對外貿易和整體經濟的發展。在很長一段時期，美國一直是香港最大出口市場，而中國內地經港轉口貿易亦以美元計價，估計以美元計價部分佔香港對外貿易的七成。因此，港元與美元掛鈎，為香港的對外貿易、投資等活動提供了一個穩定的成本統計、報價結算和盈利評估的計價基礎。據統計，香港在實施聯繫匯率制度的首十年間（1984－1994），實質本地生產總值年均增長率為 6%，人均 GDP 年均增長率為 5%，有形及無形貿易盈餘平均佔本地生產總值的 8%，財政盈餘平均佔本地生產總值的 2%。

2. 香港聯繫匯率制度的負面影響

不過，聯繫匯率制度對香港經濟也造成了深遠的負面影響，尤其是在 1997 年亞洲金融風暴爆發後，這些負面影響日益凸顯：

首先，港元利率失去了自主性，只能被動地跟隨美元利率變動，利率工具的功能受到嚴重限制，導致了"資產通脹"和"泡沫經濟"的形成。1989 年 6 月至 1994 年 3 月間，美國因經濟衰退或不景連續多次宣佈減息，最優惠利率從 11 厘減到 6 厘，香港因受制於聯繫匯率被迫跟隨減息。當時，香港經濟過熱，通貨膨脹高企，90 年代初曾高達 13%，結果形成了銀行體系的實際"負利率"。在負利率環境下，大量資金從銀行體系流入地產、股市，大幅推高地產、股票價格，形成了 90 年代中期的"資產通脹"和"泡沫經濟"，不但嚴重削弱了香港經濟的國際競爭力，而且為 1997 年的金融危機埋下伏筆。

其次，港元與美元掛鈎後，港元匯率被鎖定，匯率工具的功能也受到嚴重限制，成為近年香港持續通縮的重要原因之一。在聯繫匯率制度下，香港經濟的內、外部平衡無法通過匯率調整去實行，被迫持續通過內部價格下調，即通過通貨緊縮完成。過去幾年，美元持續升值，亞洲區內國家或地區的貨幣紛紛大幅貶值。在港元價值相對高估的情況下，香港經濟內部價格體系被迫大幅下調。目前，香港股市、樓市價格與 1997 年高峰期相比已大幅下調 65% 以上，產生大批的"負資產"人士，形成了嚴重的"負財富效應"。此外，工資持續下調使市民收入普遍下降，社會內部消費疲弱，成為持續的通貨緊縮和經濟不景的重要原因。目前，香港經濟的內部調整尚未完成，通縮還將持續一段時期，經濟不景和失業率上升將使社會矛盾激化，使香港社會、經濟付出沉重代價。

3. 香港聯繫匯率制度面臨的風險

一般認為，香港聯繫匯率制度作為一種貨幣局制度，本身具有自動調節機制。不過，2002 年阿根廷貨幣局制度崩潰後，金融市場對香港聯繫匯率制度的可持續性產生了懷疑。貨幣局制度曾奇跡般地治癒了阿根廷長期無法控制的惡性通貨膨脹，不過亦導致了阿根廷比索幣值的高估，嚴重抑制了出口。在經常項目連年逆差情況下，阿根廷被迫提高利率以吸引外資流入。長期的高利率令經濟不堪重負，使外債急增、財赤累積，最終引發金融危機並導致貨幣局制度崩潰。當然，阿根廷的情況與香港不同，阿根廷有龐大外債和財赤，香港則有大筆的外匯儲備和財政盈餘。然而，正如摩根士丹利香港研究部總經理謝國忠先生所指出的，香港與阿根廷問題的實質一樣，都是本幣高估，對經濟增長構成了長期的負面影響。從目前情況看，香港聯繫匯率制度正面臨越來越明顯的風險和壓力，主要表現在：

第一，結構性財政赤字持續龐大，可能引發投資者及市民的港元信心危機。

從理論層面分析，匯率水平與政府的財政預算狀況之間存在着微妙而複雜的互動關係。要維持匯率水平的穩定，政府在公共財政方面需要奉行嚴謹的理財哲學，嚴格控制負債水平，保持相當的財政儲備。持續高企的財政赤字，而且有關赤字超過政府為推行短期的反經濟週期措施所應有的水平，就會令市場懷疑政府的理財哲學是否審慎，會否將財政赤字"貨幣化"。這種看法最終將影響貨幣的匯率，動搖固定匯率制度基礎。阿根廷危機深刻說明了這個道理。

香港的財政政策，從 90 年代中期以來便有偏離傳統的審慎理財哲學的傾向。香港回歸前夕，港英政府為了加強管治，不惜大幅減稅及增加社會福利開支，令政府的稅基收窄、公共開支擴大。亞洲金融風暴後，特區政府為了紓解民困，復蘇經濟，推出有史以來最龐大的減稅方案。在這些因素的影響下，香港出現了嚴重的結構性財

表 2-9 ｜ 香港特區政府財政概況（單位：億港元）

	預算盈餘（赤字）	實際盈餘（赤字）	財政儲備結餘
1997/98 年度	317	770	4,460
1998/99 年度	−170	−245	4,255
1999/00 年度	−365	−16	4,443
2000/01 年度	−62	−114	4,329
2001/02 年度	−30	−656	3,698
2002/03 年度	−452	−700	3,030

資料來源：香港特區政府財政預算案

表 2-10　|　香港特區政府中期財政預測（單位：億港元）

	2003/04年度	2004/05年度	2005/06年度	2006/07年度	2007/08年度
未計及財政儲備投資收益的經營盈餘（赤字）	−644	−462	−215	−89	−85
計及財政儲備投資收益的經營盈餘（赤字）	−534	−374	−131	−5	3
綜合盈餘（赤字）	−679	−382	−158	81	84
綜合盈餘（赤字）佔 GDP 比重（%）	−5.3%	−2.9%	−1.1%	0.6%	0.6%
財政儲備	2,391	2,009	1,851	1,933	2,017
財政儲備相等政府開支月數	11	9	9	10	10

資料來源：香港特區政府財政預算案

政赤字。自 1998/99 年度起，香港連續五年出現財政赤字，2002/03 年度香港的財政赤字高達 700 億港元，相當於本地生產總值的 5.5%。由於財政赤字的大幅增加，公共開支佔 GDP 比重已從 90 年代中期的 17% 上升到 22%，特區政府的財政儲備亦從 1997/98 年度的 4,460 億港元減少至 2002/03 年的 3,030 億港元，減幅達 32%（表 2-9）。

更令人關注的是，根據香港 2003/04 年度財政預算案的中期預測，2003/04 年度香港的財政赤字仍高達 679 億港元，佔本地生產總值的 5.3%。香港特區政府假設，未來五年整體經濟的實質增長能維持在平均 3% 的水平，香港的經營財政赤字有望在 2006/07 年度減少至 5 億港元，而財政儲備則在 2005/06 年度減少至 1,851 億港元，僅相當於政府開支月數的 9 個月（表 2-10）。不過，2003 年香港經濟先後受到 SARS 疫情、七一大遊行等一系列事件衝擊，政府管治出現空前危機，中期經濟增長可能達不到 3% 的水平，倘若 2003/04 年度財政赤字突破 800 億港元，或者在未來幾年不能有效解決結構性龐大財赤，香港將會面對信用評級下降的威脅，聯繫匯率制將無可避免地受到衝擊。

目前，不少經濟學者及國際財經機構對香港的財政赤字問題表示憂慮。國際貨幣基金組織代表 2003 年 2 月訪港時指出："香港財政狀況持續惡化是導致宏觀經濟存在潛在弱點的主因"。事實上，自 2002 年 9 月以後，市場擔心已反映出來，當時一年期港元遠期美電與現貨匯率的差距逐漸拉大，由升水約 40 點（相當於一年期港元遠期美電 7.8040）的水平大幅拉大到幾乎 400 點子，並在整個 11 月、12 月間一直處於高位，其後才逐漸回落到 160 點子左右。2003 年 1 月，董建華在其施政報告中亦指出，香港若不能解決目前的財政赤字，將會給貨幣制度帶來風險，包括令香港面對 "更多的投機衝擊，觸發資金大量外流，利息上升，金融市場動盪不安，最終可能導致港元聯繫匯率受到衝擊"。

第二，持續並日益加深的通貨緊縮，可能使香港經濟付出難以承受的代價。

在聯繫匯率制度下，香港經濟內外部不平衡只能通過內部價格下調解決，而價格調整始終不如匯率調整快。香港經濟體系雖然較有彈性，有些價格易調，如地價、租金等，但有些價格則不易調整，如工資（尤其是公務員的工資）等。價格下調的結果使投資者信心受到嚴重挫傷，社會內部消費疲弱不振，大量投資、消費北移深圳、珠江三角洲地區，這就加深了持續的通貨緊縮和經濟不景。

表 2-11 | 香港消費物價指數（％）（1999.10-2000.9=100）

年份	綜合消費物價指數		甲類消費物價指數		乙類消費物價指數	
	指數	按年變動	指數	按年變動	指數	按年變動
1995	92.9	9.1	92.1	8.7	93.7	9.2
1996	98.8	6.3	97.6	6.0	99.7	6.4
1997	104.5	5.8	103.2	5.7	105.5	5.8
1998	107.5	2.8	105.9	2.6	108.5	2.8
1999	103.2	−4.0	102.5	−3.3	103.4	−4.7
2000	99.4	−3.8	99.5	−3.0	99.4	−3.9
2001	97.8	−1.6	97.8	−1.7	97.7	−1.6
2002	94.8	−3.0	94.7	−3.2	94.7	−3.1

資料來源：香港特區政府統計

目前，香港的通貨緊縮（消費物價指數下跌）已經持續了四年多（表 2-11），但仍未有結束的跡象，核心問題還是樓價問題。與 1997 年最高峰時期相比，香港的樓價普遍下跌 65% 以上，但仍未跌到底，市民置業信心遠未恢復。近年來，香港特區政府採取了一系列措施穩定樓價，包括減少賣地、停建居屋、增加置業貸款名額等，但未能扭轉樓價下跌趨勢。樓價持續下跌引發了一系列嚴重問題，包括政府的財政赤字擴大、銀行體系壞賬上升、貸款進一步萎縮等，香港經濟長期低迷不振。通縮的另一個主要表現是工資下調。目前，香港受薪階層的工資下調已從中小企業擴展到大型上市公司乃至政府公務員。2002 年，香港政府財政司司長梁錦松提出公務員平均減薪 4.75%，遭到公務員隊伍的強烈反對。有跡象顯示，香港的價格調整中，工資的調整將越來越困難、越來越缺乏彈性。這樣，通縮壓力將會持續相當一段時間。

近年來，香港的通縮在表面上沒有那麼嚴重，主要有兩個原因：一是特區政府為刺激經濟復蘇，擴大財政開支，使香港財政收支從過去每年有佔 GDP 的 5%—6% 的盈餘轉變成佔 GDP 的 5%—6% 的赤字；二是特區政府在 1998 年 8 月入市干預時投入了 1,100 億港元，其後雖透過出售盈富基金收回一部分，但大部分仍留在貨幣體系。如果沒有這兩個因素，香港貨幣供應量至少要下跌 25%，經濟衰退程度更大。

目前，香港經濟已經缺乏這種強有力的財政支持：首先是嚴重的財赤已不可能再維持下去，否則將對聯繫匯率構成不良影響；其次，在財政儲備大幅縮減的情況下，政府不會輕易動用龐大的外匯基金投入市場。這樣，香港的通縮還將持續並可能進一步惡化。目前的關鍵是，香港的通縮是週期性的還是結構性的，是持續一到兩年還是持續五到十年？如果通縮長期持續，投資者和市民將可能對港元逐步失去信心，導致利率攀升，進一步加劇通縮。一旦香港進入惡性循環，聯繫匯率制度將面臨崩潰的可能。

三、香港聯繫匯率制度的前景預測

1997 年亞洲金融風暴以後，香港聯繫匯率制度的弊端越來越明顯，所面對的風險越來越大。阿根廷貨幣局制度崩潰後，香港聯繫匯率制度的發展前景，成為了香港乃至國際社會關注的焦點之一。筆者曾就此問題對部分香港經濟學者及部分跨國金融機構研究員進行了調查。根據他們的意見以及筆者的研究，香港聯繫匯率制度的前景主要有兩種發展趨勢：

第一，在可見的將來，聯繫匯率制度繼續維持不變。

目前，香港特區政府、香港本地主流經濟學者以及香港社會輿論主流基本上都持這種觀點。董建華在出任香港特區政府第二屆行政長官時公開表示，在他任期內聯繫匯率將繼續維持不變。香港中文大學副校長廖柏偉教授、香港大學工商管理學院院長王于漸教授、香港中文大學經濟學系主任宋恩榮教授基本上也是持這種觀點。

從理論上分析，作為一個高度開放的小型經濟，香港採取本幣與美元掛鉤的聯繫匯率制度是合理的選擇。香港本地主流經濟學者認為，對於香港這個與中國內地、美國有密切聯繫的小型開放經濟來說，聯繫匯率制度有重要價值。從實踐來看，香港經濟的彈性比西方國家大，通過調整生產力可以達到提高競爭力的目的，不一定要靠貶值；而放棄聯繫匯率、港元匯率貶值只能暫時紓解困難，不能從根本上解決香港經濟問題，反而會減弱香港產業升級轉型、提升競爭力的壓力。

放棄聯繫匯率制度在實際操作中可能會遇到相當大的風險：首先，放棄聯繫匯率的過程是否順利？對社會經濟的震盪有多大？政府處理危機的能力如何？這些都是未知數，難以預測其中潛伏的風險。廖柏偉教授指出，港元與美元即時脫鉤，實行浮動匯率制度，所造成的問題可能相當嚴重，可能會立即引發惡性通脹，甚至不排除觸發社會暴動。其次，放棄聯繫匯率制度後應選擇什麼制度？如果實行浮動匯率制度，誰負責決定基礎貨幣供應？誰負責發行鈔票？新的制度如何設計？更根本的問題是，浮動匯率是否一定比聯繫匯率好？

不少研究者都指出，放棄聯繫匯率制，實行浮動匯率制度，必須徹底改革金融管理局，並使貨幣政策非政治化。目前世界上最好的中央銀行是美國聯邦儲備委員會和德國中央銀行，它們的組織架構都高度非政治化，中央銀行官員基本能獨立制定貨幣政策，不受政治干擾。香港金管局與美國聯邦儲備委員會不同，後者有悠久的歷史、超然的地位和極高的聲譽。香港回歸以來，特區政府的政策出了不少問題，唯一沒出問題的就是貨幣政策，原因是，在聯繫匯率制度下，香港的貨幣政策實際上由美國聯邦儲備委員會主導。如果實行浮動匯率制度，社會各界對貨幣政策將有很多政治訴求，各種政治利益集團要求做這樣、做那樣，要求加息、要求減息，金融管理局很難不作回應，這就免不了出錯。他們認為，目前香港金管局無論是結構還是人才都不具備管好貨幣政策的條件。

也有學者認為，在繼續維持聯繫匯率制度同時，為解決目前聯繫匯率所面對的困難，可逐步推動"美元化"：在金融市場、股票市場和大額交易方面以美元計價，以解除後顧之憂；日常生活所需則繼續使用港元。1995年阿根廷比索受衝擊時，當時比索美元化的建議就嚇退了國際大炒家。瑞士第一信貸波士頓的報告認為，美元化是一扇緊急逃生門，解決聯繫匯率帶來的問題，美元化可使利率急降至較美元略高水平，有助經濟回穩。港元美元化的難題在於政治和主權問題。但中國發展銀行行長陳元在一次研討會上表示，美元化不違背《基本法》，採取什麼解決方法完全由香港特區政府決定。

第二，選擇適當時機改變聯繫匯率制度。

由於聯繫匯率制度對香港經濟所造成的負面影響日益凸顯，聯繫匯率制度面臨的風險也越來越大，香港社會要求取消聯繫匯率制度的呼聲日漸高漲。不少研究者認為，聯繫匯率制度不是一種可持續發展的匯率制度。不過，對於改變聯繫匯率的方式，則有不同的意見，主要有以下幾種：

（1）繼續維持聯繫匯率制度，但調整匯率水平。這種觀點認為，由於聯繫匯率制度適合香港經濟的實際情況，應該繼續維持該制度，但可以修訂聯匯水平，以解決港元高估問題。一般估計，目前港元高估了10％—30％，即需要將聯繫匯率水平調整到1美元兌換8.6—10.1港元水平。不過，絕大多數學者都認為此辦法不可行，因為維持聯繫匯率制度的關鍵是政府的承諾和信用，是投資者和市民的信心。一旦政府改變聯匯水平，即破壞了政府原先的承諾和信用以及投資者和市民對聯繫匯率的信心。投資者和市民擔心政府會再次變動聯繫匯率水平，必然將港元資產轉換為外幣資產（主要是美元資產），從而使港元利率持續升高，最終令該制度崩潰。

（2）實行新加坡式的"一籃子貨幣"制度。改變聯繫匯率制度的另一種方法是採取新加坡式的"一籃子貨幣"制度或有管理的浮動匯率制度。該制度有一定的彈性，匯率波幅也不會太大，這樣對香港經濟衝擊小，有利於香港經濟的調整。不過，批評者認為新加坡式的"一籃子貨幣"制度不適合香港的實際情況。根據克魯格曼的

"三元悖論"，一個國家或地區在選擇匯率制度時，在保持獨立的貨幣政策、維持匯率穩定、實現資本自由流動三個目標中，只能同時實現其中的兩個。新加坡的"一籃子貨幣"制度基本上是一種浮動匯率制度，它在保持獨立貨幣政策、穩定匯率的同時，實際上實行了某種程度的資本管制，因而新加坡貨幣並不國際化，商業銀行借不出大額新加坡幣。香港的情況不同，港元已高度國際化，資本市場全面開放，銀行可以借出大額貸款。因此，香港作為一個高度開放的國際金融中心，實施"一籃子貨幣"制度並不可行。此外，香港實行"一籃子貨幣"制度時，無法處理尚未完全自由兌換的人民幣問題。

（3）實行浮動匯率制度。大多數論者認為，聯繫匯率制度取消後，最佳選擇是實行浮動匯率制度。摩根士丹利的謝國忠就積極贊成實行浮動匯率制度。他認為現在的情況與 80 年代初不同，特區政府對貨幣、金融的控制能力已大大加強。現在恢復浮動匯率制度不會出現很大的問題。瑞銀華寶研究部（中國部）經理陳昌華則認為，實行浮動匯率制度，最聰明的辦法是一開始就讓港元匯率跌到最低（他認為跌到 1：10 不行，跌到 1：15 有機會贏），然後再反彈上去，這樣最容易取得成功。當然，衝擊一定會很大，利率會大幅上升，但最困難的過渡期過後，匯率就會逐步穩定下來。這樣做需要政府有勇氣承擔風險和政治責任。

（未公開發表文稿，完成於 2003 年 8 月）

香港作為國際金融中心的優勢及挑戰：
簡評香港金管局的"策略文件"

【摘要】本文主要針對香港金管局發表的《香港作為國際金融中心的策略文件》展開分析。首先分析了香港國際金融中心的優勢與隱憂，進而對比分析了香港與新加坡作為國際金融中心在政策、產品、人才、審慎監管架構、市場基礎設施五個方面的優劣勢。最後分析了中國因素對香港國際金融中心的影響，並得出結論，認為從發展趨勢看，香港極有可能成為"中國的紐約"，這種態勢將大大加強香港作為亞洲主要國際金融中心的地位。

在邁向"九七"的後過渡時期，如何保持和進一步鞏固香港的國際金融中心的地位，理所當然成為眾所關注的焦點。5 月 18 日，在香港預委會經濟專題小組主辦的"邁向九七加強香港國際金融中心地位"的研討會上，香港金管局發表了題為《香港作為國際金融中心的策略文件》（簡稱《策略文件》）的報告。這份報告對於瞭解當時香港作為國際金融中心所具備的優勢、存在的隱憂以及面對的挑戰，具有重要的參考價值。

一、香港國際金融中心的優勢與隱憂

70 年代末 80 年代初以來，隨着經濟實力的迅速增長和中國實行開放改革政策，香港迅速崛起為亞洲主要的國際金融中心之一。目前，香港已成為全球第三大銀行集中地，1994 年 8 月底，香港銀行體系的對外資產高達 5,700 億美元，對外負債為 5,400 億美元。1993 年香港股票市場躍居全球第六位。此外，香港外匯市場買賣活躍，平均每天成交額超過 610 億美元，在世界排名第六。香港的黃金市場是世界四大金市之一。銀團貸款居亞洲首位。外匯基金儲備總額 1993 年底為 3,482.92 億港元，即 446.53 億美元，在全球排名第六，人均擁有外匯儲備則居第二。

《策略文件》認為，香港崛起和發展成為國際金融中心，優勢主要在於：（1）優越的地理位置；（2）清晰明確並且可以預知的法律制度；（3）完善的會計制度；（4）新聞自由，使資訊透明且流通無阻；（5）健全、先進的基礎設施及辦公室；（6）曾接受教育，並能操流利英語的勞動人口；（7）毋須受不必要的監管束縛；（8）對個人及公司極具吸引力的稅制：（9）公司可自由出入及經營業務；（10）生活質素高、法治受到尊重、治安良好等；（11）與中國內地的聯繫；（12）海、空交通及電訊聯繫極佳；（13）專業海外僱員入境手續簡便；（14）貨幣穩定，且無外匯管制；（15）其他財務機構林立；（16）政治穩定。這些優勢可簡要概括為自由開放的經濟政策、比較健全的法律制度、比較完善的基礎設施和投資環境、高度發達的資訊業、高質素的人力資源及得天獨厚的地理環境。

不過，《策略文件》含蓄地指出，隨着"九七"政治轉變的到來，香港的某些優勢將受到侵蝕，諸如政治將轉趨不明朗、投資者憂慮香港的自由開放政策將會受到侵蝕、香港會否改變其作為自由市場的特點、貨幣穩定會否存在、法律制度會否倒退等等。文件認為，"上述政策的任何重大改變，將被視作極為不利"，"將難以維護香港的主要金融中心地位"。聯繫到前美國著名經濟學家、諾貝爾經濟學獎獲得者佛利民教授"九七"後港幣不復存在的言論，毋庸否認，上述憂慮在香港投資者中不乏市場。

這種憂慮值得重視，它可能對"九七"前的香港金融市場產生一定的負面影響。這種憂慮實際上是對中國實行"一國兩制"方針政策的決心和信心缺乏瞭解或持懷疑態度。在《中英聯合聲明》中，中國政府就明確指出，"九七"後香港現行社會、經濟制度 50 年不變。具有憲法地位的《香港特別行政區基本法》第 109 條亦明確規定："香港特別行政區政府提供適當的經濟和法律環境,以保持香港的國際金融中心地位。" 為此,《基本法》特列明繼續保障金融企業和金融市場的經營自由,港幣繼續流通,自由兌換。事實上,隨着 "九七" 臨近,香港的金融市場運作如常,並未發生某些人預期的那種大波動,證明中國政府的政策已發揮效力,香港的優勢並未受到削弱。

誠然,香港作為國際金融中心的地位,仍存在不少隱患,諸如文件提到的,隨着政府將透過立法監管,干預市場運作;隨着監管條例日趨複雜,市場的效率和靈活性將受到損害;租金及工資的高昂,加上政府可能推出增加商業成本的措施(如老年退休金計劃),令經營成本大幅上升,等等。某些金融機構基於此亦將地區總部從香港遷到新加坡。這些情況都值得關注,需要認真研究並加以慎重對待。

二、香港作為國際金融中心與新加坡的競爭

在亞洲,香港作為國際金融中心所面對的最直接競爭對手,就是新加坡。正如《策略文件》指出:"原因是它擁有與香港相同的優勢:位於倫敦與紐約之間的適當時區、毗鄰高增長地區,以及低稅率。" 實際上,新加坡早已制訂了一項促進其國際金融中心的長期性計劃,欲與香港一決雌雄。近期,新加坡正進行多項重大的政策改革,特別是在稅務及管理方面,以圖取得領先地位。因此,香港金管局認為,"應付來自新加坡或其他地區的競爭及挑戰,是保持香港作為亞洲主要國際金融中心地位的整體策略中,不可分割的重要部分"。

《策略文件》圍繞金融市場的五個重要元素(簡稱五個 "P":即政策 Policy、產品 Products、人才 People、審慎監管架構 Prudential Framework、市場基礎設施 Tech-nological Platform)對香港和新加坡的優劣勢進行分析對比,並提出政策建議。

政策方面,根據美國傳統基金會所制訂的 "經濟自由指數" 評估,香港的經濟體系被公認為全世界最自由的經濟體系,而新加坡則排列第二,緊跟其後。金融管理局認為,"九七" 後維護香港具領導地位及獨一無二的自由市場特色,以維持投資信心至關重要。鑒於新加坡正加緊推行重大的稅務優惠計劃,金融管理局建議,香港應考慮將 "海外金融業務" 的適用稅率調低,以拉近兩地的競爭條件。

在產品方面，香港佔優勢的環節主要包括銀行業、股市、國際債券市場、黃金市場、資產管理及保險等。目前，外國銀行在香港開設的分行和代表辦事處分別為171間和156間，而新加坡則分別為119間和50間。以1994年3月計，香港的外國資產達5,520億美元，新加坡僅為3,490億美元。從股票市值看，1994年10月底香港的股市總值達3,160億美元，新加坡僅為1,450億美元。在國際債券發行方面，於1994年9月尚未償還的債券，香港為120億美元，新加坡僅為10億美元。在資產管理方面，1994年3月香港有903個互惠基金及單位信託基金，管理資產合共455億美元，而新加坡在1993年底的估計數字是384億美元。至於保險業，香港經營的保險公司有228間，1992年的總保險費為36億美元，而新加坡僅142間，總保險費為26億美元。

不過，在公債市場、外匯市場、期貨市場、期權市場以及退休金管理方面，香港則遜於新加坡。香港的公債市場一直發展緩慢，部分原因是香港積存巨額財政盈餘，而新加坡已發展成一活躍的亞洲公債市場。在外匯市場，種種跡象顯示，新加坡外匯市場正迅速超越香港，數間投資銀行基於商業理由，已將其外匯交易中心基地設於新加坡。在期貨市場，1993年香港的期貨買賣合約為200萬份，而新加坡則高達1,400萬份。在期權市場，香港亦遜於新加坡，1993年兩地期權買賣合約分別為30萬份和100萬份。在退休金管理方面，香港沒有公營的退休金計劃，據估計，1994年香港私營退休金總資產約154億美元，而1992年新加坡的中央公積金總資產為320億美元。至於衍生工具市場，香港和新加坡均發展緩慢，表現不相伯仲。

香港金管局認為，為加強對新加坡的競爭優勢，香港在未來發展路向上應加強以下策略性發展：第一，根據市場需求，在適當時機發行更長年期（七至十年）的外匯基金債券；第二，與私營機構緊密合作，發展若干金融產品，尤其是在債券市場的範疇，因為債券市場的發展可帶來外匯、銀行同業交易和衍生產品的關連交易和發展；第三，通過健全和有組織的方式發展第二按揭市場；第四，與其他監管機構合作，研究發展例如風險管理、衍生工具產品、股票、保險和再保險產品等。

在人才方面，1994年香港在教育水平方面被Harrison評為"良好"，而新加坡則被評為"極佳"。《策略文件》對香港教育水平正日漸下降，尤其是1997年後英語地位下降導致英語應用能力下降表示憂慮。文件建議，香港應加強教育培訓，尤其是英語的應用能力。

在審慎監管架構方面，文件認為香港的審慎監管制度符合國際標準，且較其他金融中心靈活。不過，調查顯示，監管制度對金融機構的競爭力所構成的影響，新加坡優於香港。

在市場基礎設施方面，文件認為全球金融市場的發展，極度依賴有效的通訊設備及健全的技術架構，倫敦、香港和新加坡在這方面均具良好基礎。誰能在全球技術架構方面取得突破性進展，將交易成本及風險減低，誰就能穩執牛耳，躋身世界領導地位，而香港正好具備這種潛力。

三、中國因素對香港國際金融中心的影響

需要指出的是，香港作為國際金融中心的眾多優勢中，其中舉足輕重、不可或缺的優勢就是與中國的聯繫，或者說，是"中國因素"的影響。關於這一點，《策略文件》雖然已經指出，但並未加以強調及重點論述。正如新華社香港分社社長周南在"邁向九七加強香港國際金融中心地位"研討會開幕詞中所說：中國實行改革開放16年來經濟快速發展的歷程，同香港作為國際金融中心地位的形成和發展壯大的歷程，基本上是同步進行的。從根本上說，如果沒有中國的政治穩定、改革開放和經濟發展，就不可能有香港的經濟繁榮，也不可能有國際金融中心地位的形成和發展。隨着"九七"後內地與香港金融合作關係的進一步密切，香港的國際金融中心地位不僅不會被取代或削弱，而且只會進一步鞏固和發展。

"中國因素"可以說是香港對新加坡的最大競爭優勢，《策略文件》對此也作出一些基本的分析，主要包括：第一，隨着中國經濟發展及其融資需求的增加，香港銀行業務將會繼續保持強勁發展勢頭。第二，過去數年，中國"國企股"在香港上市，幫助推動香港股市增長，這個趨勢在未來應有增無減。第三，中國政府及中國企業借取港元發展基建項目，在未來十年，這些項目可能需要約5,000億港元，大部分資金將需要在國際市場籌集，這些港元債務工具須在香港發行、安排及買賣。這是香港債務市場最具增長潛質的主要環節。第四，由於人民幣最遲於2000年成為往來賬目完全自由兌換貨幣，並於其後成為資本賬目完全自由兌換貨幣，因此人民幣買賣將增加，香港作為中國新興外匯市場和世界外匯市場橋樑，外匯市場規模將進

一步擴大。第五，人民幣衍生工具市場可能極具潛質（雖然到目前為止，這個市場可說尚未存在）。

從發展趨勢看，香港極有可能成為"中國的紐約"，這種態勢將大大加強香港作為亞洲主要國際金融中心的地位。

（原文載廣州《港澳經濟》雜誌，1995 年第 7 期）

"九七"前後香港經濟、金融面臨的挑戰與風險

【摘要】本文主要分析了"九七"回歸前後香港金融業面臨的風險和挑戰，主要包括港元聯繫匯率的穩定性將受到嚴峻的挑戰；香港金融體系的穩定性和監管制度將受到嚴峻挑戰；香港亞太區國際金融中心地位將受到新加坡等城市的挑戰；"九七"後香港特區政府可能出現某種程度的財政困難；地產、股市的大起大落可能對香港經濟的穩定性構成挑戰；通脹持續高企、失業問題惡化，將對香港經濟、社會的穩定性構成挑戰。本文明確指出，隨着"九七"臨近，各種社會政治矛盾將趨激化，香港在政治上可能出現一個短暫的不穩定時期，誘發資金和人才外流潮的再度出現，又或者香港市民和投資者從以最小代價取得最大保險的心態出發，大規模將銀行的港元存款換成美元存款。這兩種情況都可能令港元轉弱，為國際機構投資者和國際炒家提供狂炒港元貶值的良機。國際炒家利用"九七"問題，早已伺伏在旁，靜候風吹草動，發動攻擊。

從經濟形勢看，香港經濟經歷了 1992 年至 1994 年上半年的蓬勃發展之後，已於 1994 年下半年開始進入調整期。幸而，1995 年香港貨物出口和服務出口都表現出色，內部投資活動亦因新機場工程處於施工高峰期和一些公屋工程的推行而保持強勁勢頭，支撐了香港經濟的增長。踏入 1996 年，隨着美國利率回落、本地購買力積聚、外資流入，以及港府放寬樓宇措施，香港房地產市道見底回穩並趨活躍，股市亦逐步回升，不利於內部消費的負面因素有所減弱。因此，香港經濟將在繼續調整中尋求發展。經濟增長率將可能維持在 4% — 5%。長遠而言，是次香港經濟的調整，將有利於消除前幾年因過熱而出現的"泡沫"成分，提高香港的整體經濟素質和對外競爭力。

目前（本文寫於 1996 年 —— 編者註）情況下，香港經濟保持穩定，有利於"九七"的順利過渡。不過，鑒於目前香港已迫近"九七"，正處於政權交接、經濟調整的敏

感時刻，國際間及香港內部各種政治、經濟力量均試圖利用"九七"因素為爭取最大利益而作積極部署，因此，應重視當前經濟、社會隱伏的各種不穩定因素及可能面臨的風險和挑戰。香港專欄作家艾凡就稱 1996 年為"十分兇險的一年"。根據我們的分析，目前香港經濟、金融面臨的風險和挑戰主要有：

第一，港元聯繫匯率的穩定性將受到嚴峻的挑戰。

香港能否順利過渡"九七"，在某種程度要視香港經濟在後過渡時期乃至"九七"後一段時期內能否繼續維持穩定繁榮，而香港經濟的穩定關鍵在金融體系和市場的穩定，這又在很大程度上取決於香港聯繫匯率制度能否繼續維持不變。可以預見，愈接近"九七"，聯繫匯率所受到的壓力將愈大。這主要是因為：隨着"九七"臨近，各種社會政治矛盾將趨激化，香港在政治上可能出現一個短暫的不穩定時期，誘發資金和人才外流潮的再度出現，又或者香港市民和投資者從以最小代價取得最大保險的心態出發，大規模將銀行的港元存款換成美元存款。這兩種情況都可能令港元轉弱，為國際機構投資者和國際炒家提供狂炒港元貶值的良機。國際炒家利用"九七"問題，早已伺伏在旁，靜候風吹草動，發動攻擊。在他們眼中，"九七"將為香港帶來政治、經濟上的不穩定，只要有突發的危機，他們將乘勢狂沽港元，致使港人人心虛怯，重演 1983 年港元危機。炒家飽食遠颺，遺下香港經濟的爛攤子。這是"九七"前後最須嚴加防範的，它將對"九七"順利過渡造成最嚴重的損害。

國際機構投資者和國際炒家的這種心態，已在外國傳媒及信用評級機構中得到反映。1995 年 7 月，《亞洲華爾街日報》就曾頭版報道，指港元面臨嚴峻考驗。美國主要信用評級機構穆迪投資服務公司於 1995 年 8 月在評估香港銀行前景時，就首先關注到港元聯繫匯率十分脆弱，很容易受到投機者的衝擊，並指出：香港金管局若為挽救港元，扯高利率一段長時間，將對香港經濟、銀行業、地產造成重大打擊。事實上，早在 1995 年初，國際炒家已藉墨西哥金融危機狂沽港元，衝擊聯繫匯率，港元匯率一度飆升至近三年的高水平：1 美元兌 7.7755 港元。其後，由於金融管理局及時干預，一方面取得本地銀行合作，減少借港元予國際炒家，另一方面透過出售美元及從銀行體系抽出港元，扯高銀行同業拆息率，加重炒家借貸港元來沽售的成本，結果成功擊退投機浪潮。毋庸置疑，愈臨近“九七”，港元幣值穩定性將愈受到嚴峻考驗。

第二，香港金融體系的穩定性和監管制度將受到嚴峻挑戰。

80 年代以來，世界各國普遍出現金融自由化、國際化和創新的浪潮。在此背景下，跨國流動資金急劇增加。這些資金投機性強、流動性大，因而成為引起市場波動乃至觸發金融危機的根源。而金融創新的迅速發展，催生了掉期、期貨、期權以及與各類指數相關聯的衍生產品，同時也刺激了衍生產品的交易。金融產品最基本的功能是提供對沖或套期保值的工具，但卻越來越多地被用作純粹投機或賭博的工具。衍生產品的槓桿係數高，具有高風險和高收益的特徵，對基礎產品的影響極大，因此對原有金融體制、金融管理方式和金融貨幣政策造成巨大衝擊。這種情況成為近年英國霸菱銀行（Baring Bank）倒閉和墨西哥金融危機的深層次原因。香港自1987 年股災和期貨市場危機以來，儘管尚未再發生金融衍生產品投資造成嚴重虧損的事件，但是，香港作為亞太區高度開放的國際金融中心，是國際資本和投機熱錢的匯聚中心，與此相應，香港對國際金融市場的各種創新產品的吸收和再創新的速度甚快，國際金融市場的任何金融危機隨時可能波及香港，構成重點衝擊。因此，在“九七”前後的政治不穩定背景下，如何防範威脅整個金融體系安全的系統風險，將對香港金融監管體制構成嚴峻挑戰。

第三，香港亞太區國際金融中心地位將受到新加坡等城市的挑戰。

1995 年 6 月，美國著名的《財富》雜誌在國際版發表一篇題為《香港之死》的封面報道，預言香港將失去它作為國際商業和金融中心的地位，商界會撤離香港，腐敗會滋生並擴散，文章指出：“香港未來的赤裸裸的真相可以用兩個字概括：玩完。”此文一經發表即在國際上特別是香港社會掀起軒然大波。同年 10 月，《財富》雜誌又發表一項研究報告，將香港在全球最佳商業城市的排名，從第一位降至第六位，並預言新加坡將取代香港的地位，理由是香港將受到"九七"不明朗政治因素的困擾。《財富》的評論自然受到了香港輿論界的駁斥，不過，也應該客觀地看到，近年來，香港確實面臨一些不利因素的困擾，如持續的高通脹、商業樓宇租金大幅上漲、經營成本上升、人才外流等等，這些都在一定程度上降低了香港的國際競爭力，尤其是對新加坡的競爭力。

長期以來，新加坡針對香港的弱點發展，搶奪香港的地位。新加坡政府也比港府更有遠見，由政府帶頭推動經濟轉型，鞏固和強化新加坡國際金融中心地位。近年來，部分跨國企業，包括一些跨國銀行和金融機構已將部分業務從香港遷移到新加坡，例如瑞士銀行、加拿大皇家銀行、摩根銀行、美林公司、雷曼兄弟等，甚至包括香港滙豐銀行。部分觀察家認為，香港在與新加坡的競爭中正漸漸落後。這種趨勢若持續下去，將對"九七"後的香港經濟、金融發展構成某種不穩定的因素。

第四，"九七"後香港特區政府可能出現某種程度的財政困難。

1997 年 7 月香港特區政府成立後，將從港英政府手中接收約 1,500 億港元的財政儲備，再加上近千億港元的土地基金，一般而言，財政問題不大。但是，進入後過渡時期以後，香港推行擴張性的財政政策，連續數年公共開支增幅超過經濟增幅，而薪俸稅則寬減較多，稅基有狹窄化趨勢。據瞭解，由於三年來的稅收寬減措施，毋須繳納薪俸稅的工作人口比例已由 49% 增加到 62%，按標準稅率（15%）繳納稅收的人口比例則由 5% 下降至 2%。在經濟增長強勁時期，大幅增加的公共開支和狹窄的稅基尚不構成問題，但一旦香港經濟經歷較長時間的不景或衰退，問題便很嚴重。

第五，地產、股市的大起大落將可能對香港經濟的穩定性構成挑戰。

香港地產、股市向來相互拉扯，並且是香港經濟的"寒暑錶"。面臨"九七"過渡的香港經濟，最理想的發展是地產、股市保持相對穩定，避免出現大起大落。倘若地產、股市大幅下挫，對消費者不利的財富效應將加深香港內部消費的疲弱，甚至將香港拖向衰退，造成經濟震盪；倘若地產、股市大幅飆升，勢將形成"泡沫經濟"，出現資產通脹，令香港通脹進一步惡化，進而嚴重削弱香港經濟的競爭力。同時，可能給投機者提供套現資產的良機，成為日後地產、股市大跌的根源。此外，地產、股市的大起大落，都將對港元聯繫匯率的穩定性構成不同程度的衝擊。

第六，通脹持續高企、失業問題惡化，將對香港經濟、社會的穩定性構成挑戰。

香港的高通脹從 1989 年起至 1996 年，已持續七八年之久，令薪酬加幅追不上通脹率的香港中下層市民及 "無屋階層" 的生活負擔百上加斤。香港經濟結構轉型使得香港出現結構性失業問題，如今這一問題又因香港經濟的調整而迅速表面化、惡化。目前，香港失業率約為 3.6%，即意味着香港有 11 萬人失業，再加上就業不足率的勞動人口，即近 20 萬勞動人口飽受失業困擾。從目前情況看，香港的高通脹和失業，都不是短期能夠解決的問題，這無疑將加劇香港貧富懸殊的狀況。"九七" 回歸後，香港中下層市民對改善生活素質的訴求和期望將相應提高，而政黨政治的興起又為這種訴求提供了政治支持力量。可以預料，"九七" 後香港的社會矛盾將有可能激化。因此，高通脹、高失業率及貧富懸殊等由經濟引發的社會問題若得不到改善，整個社會經濟將隱伏着一股不穩定的因素。

（未公開發表文稿，完成於 1996 年 1 月）

香港保險業的發展軌跡、基本特徵與監管制度

【摘要】本文研究了香港保險業從起步發展、戰後業務轉型、走向國際化和多元化、行業監管逐步規範化和制度化，以及銀行保險業快速發展的整個發展軌跡和發展歷程。進而分析了現階段香港保險業的基本特點，包括保險市場高度開放、國際化趨勢明顯、市場業務日趨集中；長期保險逐漸取代一般保險，成為香港保險市場的主要業務；銀行保險迅速崛起，逐漸發展成香港保險業的另一股主導力量；保障與投資相連的保險增長迅速，引致行業風險上升等。本文還分析了香港保險業的監管制度。經過 30 年的發展，香港逐步形成了政府監管與業界自律並存的雙軌保險業監管制度。其中，政府監管的核心內容是保險公司的償付能力，即通過繳付儲備金的方式防止償付能力不足，區別於世界主要發達國家以風險防範為核心的監管；監管對象包括保險公司和保險中介人。作為政府監管的重要補充，"自律"更多的藉助於行業組織以及行業組織制定的各種守則來實現。

一、香港保險業的發展軌跡：經濟轉型的縮影

保險業是香港經濟中最古老的行業之一，長期以來在香港經濟中佔有重要地位。從某種意義上說，保險業隨整體經濟的演變而演變，實際上就是整體經濟發展的縮影。1935 年在慶祝於仁保險 100 週年誕辰時，威廉·申頓爵士（Sir William Shenton）曾指出："在自由的國際貿易中，沒有其他任何商業活動能夠像保險業那樣如此清楚地反映出貿易狀況；沒有其他任何一種生意能夠像保險業那樣發展得如此興盛。" [01]

香港保險業的歷史，最早可追溯到 19 世紀初諫當保險公司和於仁保險公司的創辦。諫當保險公司當時稱諫當保安行，由參與創辦的兩家洋行 —— 寶順洋行和馬尼亞克洋行（怡和洋行的前身）輪流負責經營。1835 年，寶順洋行從諫當保安行撤出，

01

Alan Chalkley,
Adventure and Perils:
*The First Hundred and
Fifty Years of Union
Insurance Society of
Canton, Ltd.* , Hong
Kong: Ogilvy & Mather
Public Relations (Asia
) Ltd. ,1985, P28.

在廣州成立於仁洋面保安行（Union Insurance Society of Canton），即於仁保險公司。翌年，怡和洋行在諫當保安行的基礎上成立"諫當保險公司"（Canton Insurance Office Ltd.）。1841年英軍佔領香港後，諫當保險公司、於仁保險公司遷往香港，並在香港註冊，成為香港最早的保險公司。從1841年開埠以來，香港保險業的發展大致經歷了五個歷史時期：

第一個時期從1841年香港開埠到1941年日軍佔領香港，為保險業的起步發展時期。19世紀60年代，香港作為新開闢的自由貿易商港，憑藉着得天獨厚的地理位置，獲得了迅速發展。大批洋行聚集香港，對外貿易和航運業蓬勃發展，整體經濟呈現出初步的繁榮。這一時期，"保險業、銀行業如同航運業一樣，已發展成為這家洋行至關重要的職能部門"。在這種背景下，香港各大洋行掀起了第一輪投資、經營保險業的熱潮。到20世紀40年代初，香港的保險公司及其辦事處已發展至約有100家。當時，香港的保險業，基本由英資洋行主導，它們在經營貿易及航運的同時，附帶做保險代理，因此險種較單一，以代理業務為主，主要從事有關航運和貨物保險的業務，服務的對象也主要針對外國商人。

第二個時期從1945年英國恢復對香港的管治到20世紀60年代末，為保險業的轉型發展時期。戰後至西方對中國實行貿易禁運前，香港轉口貿易迅速增長，水險業務遇上了發展的黃金時期。不過1950年朝鮮戰爭爆發後，香港轉口貿易驟然衰退，且業內競爭激烈，水險業務的經營日漸困難。20世紀五六十年代，香港經濟成功從一個傳統的貿易轉口港迅速轉變成為遠東地區的輕紡工業中心。隨着香港經濟的轉型，香港保險業也發生轉變：水險業務雖然有了進一步的發展，但是競爭更趨激烈；與水險業務經營的日見困難相比，火險業務獲得了蓬勃發展。此外，意外保

01

《費率》，英文原名 *Tariff of the Fire Insurance Association of Hong Kong*。

02

馮邦彥、饒美蛟：《厚生利群：香港保險史（一八四一至二零零八年）》，三聯書店（香港）有限公司，2009年，第110頁。

03

Y. C. Jao, "The Financial Structure", in David Lethbridge (ed), *The Business Environment in Hong Kong*, 2nd edition, Oxford University Press, 1984, P125.

險業務，特別是"汽車險"和"勞工保險"也獲得了發展。戰後，香港保險業營運商開始趨向多元化，但是，直至20世紀60年代後期，保險行業仍然由英資保險公司發揮主導作用，並主要被外資洋行等保險業代理機構、少數在本港註冊的保險公司以及外國保險公司的分支機構三大集團所支配。例如，香港從事火險的保險公司都須依照香港火險工會頒佈的《費率》[01]收費，而《費率》的制定及調整實際上是由佔據壟斷地位的英資大保險公司所決定，其他公司只能服從。[02]

第三個時期從60年代末至80年代初期，為保險業國際化、多元化發展時期。70年代以來，隨着經濟的蓬勃發展、股市的崛興，以及大批跨國金融機構的湧入，香港迅速崛起為亞太區的國際金融中心。這種宏觀經濟背景，為香港保險業的發展創造了極為良好的商業環境。當時，各種保險公司如雨後春筍般湧現，外資保險公司紛紛在港成立分公司，一些貿易商行和地產公司也兼營保險業務，許多銀行和財務公司亦附設保險公司。1969年末，香港共有167家一般保險公司，本地華資僅佔到16家，而到1977年這一數字上升到285家和121家。在業務方面，一般險的發展放緩，尤其是水險業務，火險業務成為最主要的一般險業務。此外，由於香港經濟蓬勃發展、人口迅速增加以及保險觀念轉變，人壽險在這一階段也得到快速發展。這一時期，香港的保險市場結構開始呈現多元化的發展態勢：傳統的保險代理機構紛紛與其國外的保險業夥伴合作，組建在香港註冊營運的保險公司；大批國際保險經紀行進入香港；本地中小型保險公司大量湧現，業務競爭日趨激烈。"香港已經在相當大的程度上成為一個保險中心。"[03]

第四個時期從80年代初至1997年香港回歸中國，為保險業規範化、制度化發展時期。70年代中期以後，香港政府為推動香港發展成為一個國際性的保險中心，同時也為了保障投資者的利益，逐步加強了對保險業的立法和管制。1983年6月30日，香港政府正式頒佈實施《保險公司條例》（*Insurance Companies Ordinance*）。為配合形勢的發展，1988年8月8日，香港保險業聯會（The Hong Kong Federation of Insurers，簡稱保聯，HKFI）宣告成立。1990年代，面對社會公眾關注和政府立法監管的壓力，香港保險業聯會積極推動業內自律行動，包括業內中介人的管理。連串的法律措施，使香港保險業逐步走上規範化、制度化的軌道。這一時期，香港製造業大規模湧向中國內地，與廣東珠江三角洲地區形成"前店後廠"的分工格局。隨着香港經濟的轉型，保險業市場也發生重要變化，火險、勞工保險等工業類別的保險市場增長放緩，而長期保險業務的發展則超過了一般保險業務。到 1997 年，壽險收入和一般險收入分別佔保險業總收入的 63% 和 27%。當時，保險業還加強了在市場開發、自律監管制度等方面的創新，包括開發新的壽險品種、擴大壽險服務範圍以及推行保險中介人立法等，以提升整個保險業的質素並滿足消費者日漸提高的整體服務素質要求。

第五個時期從 1997 年香港回歸中國到現在，為銀行保險業務迅速發展時期。1997 年香港回歸時，香港各類保險公司有 215 家，登記的公司代理人和個人代理人有 34,812 名，數量之多，為亞洲之冠。**01** 當時，香港的長期保險業務儘管已取得較快發展，但仍然相對滯後，業內收益和盈利增長潛力巨大，為新舊保險商和覬覦香港保險市場的海外跨國公司提供了潛在的拓展空間。亞洲金融危機後，大部分大中型銀行憑藉其龐大的客戶網絡和專業服務，透過其直屬的保險公司或聯盟的合作形式，大舉進軍香港保險市場，加之 2000 年初，香港政府推出強積金計劃，香港長期險業務獲得了強勁的增長。2001 年中國 "入世" 開放保險市場，刺激了更多的國際性保險公司以香港作為亞太區的總部拓展中國市場。這一時期被認為是香港人壽保險業務發展的黃金時期，其中新造壽險保費十年間上漲了 12.82 倍。當時，保險計劃作為銀行非利息收入業務，發展成為銀行銷售的重要產品之一。銀行保險的發展使保險市場出現一系列重要的變化，包括投資聯結產品的比重大幅上升，保險中介人的角色從單純的核保員轉變為理財顧問，人壽保險業的競爭更趨白熱化，人壽保險市場也發展到 "優勝劣汰" 的階段。

01

馮邦彥、饒美蛟：《厚生利群：香港保險史（一八四一至二零零八年）》，三聯書店（香港）有限公司，2009年，第 271 頁。

二、香港保險業發展的基本特徵

經過 150 多年的發展，香港保險業逐步形成了多元化、國際化、監管規範、制度完善的保險市場體系。保險業已成為香港金融業乃至整體經濟中佔有舉足輕重地位的行業。據統計，截至 2010 年 6 月，香港共有 170 家獲授權的保險公司，其中 105 家經營一般業務，46 家經營長期業務，其餘 19 家經營綜合業務；共有 572 名獲授權保險經紀；而在保險代理登記委員會登記的保險代理商則有 2,365 家，個人代理人 32,381 名。2008 年，香港保險業僱員工人數有 43,500 人，佔整個金融業就業人數的 21%，佔全港總就業人數的 1.24%。

在過去十年，香港保險業維持年均兩位數的強勁增長。2009 年，香港的毛保費總收入達到 1,856.73 億港元，比 1999 年的 575.08 億港元大幅增長了 2.23 倍。以保費

表 2-12 ｜ 1999—2009 年香港保險業發展情況統計資料（單位：百萬港元）

年份	長期險毛保費①	一般險毛保費	總保費	保險滲透率	保險密度（港元）	附加值對GDP貢獻率②
1999	40,976	16,532	57,508	4.54%	8,705	1.0
2000	45,508	17,872	63,380	4.81%	9,509	1.1
2001	55,209	19,436	74,645	5.75%	11,100	1.2
2002	63,547	23,448	86,995	6.81%	12,818	1.3
2003	74,695	24,776	99,471	8.06%	14,621	1.5
2004	96,224	23,487	119,711	9.27%	17,393	1.4
2005	112,451	22,546	134,997	9.76%	19,814	1.3
2006	130,852	22,958	153,810	10.43%	22,431	1.4
2007	170,665	24,271	194,936	11.07%	28,146	1.5
2008	159,548	27,019	186,567	11.14%	26,652	－
2009	157,123	28,550	185,673	11.39%	26,425	－

①長期毛保費含有效個人人壽、團體人壽以及退休計劃保費。
②資料摘自《服務業統計摘要》，2008 年，第 128 頁。
資料來源：香港保險監理處 2002—2008 年年報；2009 年香港保險業市場最新表現；http://www.oci.gov.hk。

01
保險密度 = 保費／總人口，即人均保險費，反映了一個國家保險的普及程度和保險業的發展水平。

02
保險滲透率 = 保費收入／GDP，是反映一個國家的保險業在其國民經濟中的地位的重要指標。

03
朱乾宇、曹鳳岐：《香港保險業的發展現狀及監管經驗借鑒》，《國際金融研究》，2009 年第 5 期，第 46 頁。

收入計算，香港保險市場是全球第二十五大市場。香港保險毛保費總收入佔本地生產總值（GDP）的比重也從 1999 年的 4.54% 大幅上升到 11.39%（表 2–12）。香港的保險密度 **01**（Insurance Density）和保險滲透率 **02**（Insurance Penetration）均高居世界前列。2007 年，香港的保險密度是 28,146 港元，在亞洲排名首位，全球排名第十三位；保險滲透率為 11.34%，在亞洲排名第三位，全球排名第六位。**03**

相對於大中華地區乃至國際保險市場，香港保險業有以下基本特徵：

第一，保險市場高度開放，國際化趨勢明顯，市場業務日趨集中。

長期以來，香港一直是亞洲區內乃至全球保險市場中開放度最高的地區之一。從香港開埠直至 20 世紀 60 年代，香港保險業一直由英資保險公司為主導，並主要被外資保險業代理機構以及外國保險公司分支機構支配。20 世紀七八十年代，大批國際保險經紀及海外保險公司進入香港，香港保險業國際化的特徵更趨突出。截至 2010 年 2 月，香港 170 家保險公司中，有 81 家為海外註冊公司，來自 21 個不同的國家和地區，前三名分別為百慕達（14 家）、美國（13 家）和英國（13 家）。香港保險市場參與者，既有跨國保險集團的分公司和附屬機構、國際保險經紀，也有中資、華資保險機構，當地銀行所屬保險公司，健康險公司，信用險公司以及承保代理公司，可以說是一個高度開放的保險市場。

不過，80 年代以來，隨着政府加強對保險的監管，市場競爭日趨激烈，香港保險公司數目大幅減少。據統計，從 1979 年至 1997 年，香港保險公司數目從 335 家減少至 215 家，18 年間減幅達 35.8%。隨着保險公司的汰弱留強，香港保險市場出

表 2-13　｜　2007 年香港一般保險業毛保費收入前十大公司

排名	保險公司名稱	毛保費（百萬港元）	市場佔有率（%）
1	滙豐保險（亞洲）有限公司	1,602	6.6
2	美安保險公司	1,399	5.8
3	中銀集團保險有限公司	1,175	4.9
4	香港民安保險有限公司	932	3.9
5	蘇黎世保險集團（香港）	920	3.9
小計		6,028	25.1
6	亞洲保險有限公司	802	3.3
7	昆士蘭聯保保險有限公司	743	3.1
8	安盛保險有限公司	703	2.9
9	永隆保險有限公司	667	2.8
10	安達保險有限公司	659	2.7
總計		9,602	39.9

資料來源：香港保險業監理處

表 2-14 ｜ 2007 年香港長期保險業毛保費收入前十大公司

排名	保險公司名稱	毛保費 （百萬港元）	市場佔有率 （%）
1	美國友邦保險（百慕達）有限公司	25,394	14.4
2	宏利人壽保險（國際）有限公司	24,818	14.1
3	滙豐人壽保險（國際）有限公司	24,703	14.0
4	英國保誠保險有限公司	15,661	8.9
5	恒生人壽保險有限公司	9,468	5.4
小計		100,044	56.8
6	中銀集團人壽保險有限公司	8,438	4.8
7	國衛保險（百慕達）有限公司	8,307	4.7
8	香港永明金融有限公司	6,013	3.4
9	蘇黎世國際人壽	4,339	2.5
10	Royal Skandia Life Assurance Ltd.	3,451	2.0
總計		130,592	74.2

資料來源：香港保險業監理處

現集中化趨勢。從表 2-13 看，2007 年，香港一般保險業務前五大公司毛保費收入 60.28 億港元，市場佔有率為 25.1%；前十大公司毛保費收入 96.02 億港元，市場佔有率為 39.9%，即約十分之一的保險公司控制了香港一般保險業務約四成的份額（表 2-13）。從長期保險市場看，2007 年，前五大保險公司毛保費收入達 1,000.44 億港元，市場佔有率高達 56.8%，前十大保險公司毛保費收入達 1,305.92 億港元，市場佔有率達 74.2%（表 2-14）。

第二，長期保險逐漸取代一般保險，成為香港保險市場的主要業務。

20 世紀 70 年代以前，香港保險業的發展主要集中在財產險，壽險業的真正發展則是近三十年的事情。然而，80 年代以來，隨着香港經濟轉型，特別是製造業大規模的北移，香港保險市場發生重要變化，水險、火險、勞工險等一般保險市場增長大幅放緩，而人壽保險等長期保險市場則急速成長。據統計，2000 年至 2009 年，香港一般險業務保費收入從 178 億上漲到 285 億，十年間增長 60%；同期長期保險業務保費收入從 455 億港元增加至 2009 年的 1,571 億，十年間增長 2.45 倍，長期業務保費的增長一直領先於 GDP 和一般保險業務的增長。2009 年，長期保險業務毛保費 1,571 億港元，一般保險業務毛保費 285 億港元。期間，長期保險毛保費佔總保費的比重從 71% 上升至 85%，而一般保險毛保費佔總保費的比重則從 29% 下降至 15%。長期保險業務已經成為香港保險市場的主要收入來源。

第三，銀行保險迅速崛起，逐漸發展成香港保險業的另一股主導力量。

銀行保險在香港的發展，最早可追溯到 20 世紀 60 年代中期由恒生銀行牽頭成立的銀聯保險公司。不過，其真正獲得快速發展，則是在 20 世紀 90 年代後期。1997年亞洲金融危機的爆發，導致香港地產泡沫破滅和銀行低息的市場環境，銀行邊際利潤收窄，亟需尋求新的增收渠道。而這一時期，香港保險業市場競爭日趨激烈，不少公司的經濟佣金已提高到 40%—50%，保險公司的財務狀況和穩健性面臨挑戰。[01] 亞洲金融危機後，大部分大中型銀行憑藉其龐大的客戶網絡和專業服務，透過旗下保險公司或銀保聯盟的方式，大舉進軍保險市場。據統計，從 1993 年至 2008 年，註冊銀行保險代理商和經營銀保業務的保險公司分別從 20 家和 13 家增長到 50 家和 60 家。[02] 銀行保險的市場份額也由 1998 年的 12% 上漲至目前的38%。[03] 目前，香港銀行保險銷售方式，大致可分為保險公司主導、銀行主導，以及雙方協商整合三種運作形式。[04] 通過對銀行和保險公司資源進行整合，結合銀行的客戶資源、多分支機構、現有員工優勢和保險公司專業的險種設計、後台支撐優勢，銀行保險的競爭力大大增強，成為壽險市場最具競爭力的業務形式。

第四，保障與投資相連的保險業務增長迅速，引致行業風險上升。

90 年代後期，在香港保險市場，保障與投資相連的保險險種應運而起。這類保險主要是一些長期性壽險險種，其特點是壽險與投資結合，被保人既可享受壽險保障又可取得投資收益，並可降低通脹的影響。因此，它們一經推出便大受歡迎，業務發展十分迅速。2009 年，與投資相連的有效業務保費 376 億港元，較 2000 年上漲6.44 倍；而同期非投連保費僅上漲了 2.74 倍。

01

馮邦彥、饒美蛟：《厚生利群：香港保險史（一八四一至二零零八年）》，三聯書店（香港）有限公司，2009年，第 239 頁。

02

張春曉：《香港銀行保險業務發展之經驗與思考》，《湖北農場金融研究》，2009 年第 12期，第 44 頁。

03

黃留祥：《香港銀保合作發展模式及對中國內地的借鑒探討》，暨南大學，2008 年，第27 頁。

04

馮邦彥、饒美蛟：《厚生利群：香港保險史（一八四一至二零零八年）》，三聯書店（香港）有限公司，2009年，第 326 頁。

表 2-15 | 投連與非投連有效個人壽險業務年增長率

年份	2000	2001	2002	2003	2004	2005	2006	2007	2008	2009
投連業務增長率（%）	24.0	48.5	18.8	34.1	81.6	24.7	42.7	73.7	−81.8	−58.2
非投連業務增長率（%）	22.1	18.1	11.7	13.1	19.19	27.2	23.3	22.7	−92.3	28.7

資料來源：據香港保險業監理處公開資料整理計算所得

造成與投資相連業務迅速增長的原因主要是：（1）2000 年，強積金的推出，導致大量資金聚集，亟需尋求市場投資渠道，投資相連保險可以同時滿足強積金對安全性和收益性的需求，成為最優選擇之一；（2）隨着香港資本市場的發展與完善，更多投資渠道的選擇也促進了投資相連保險基金的發展；（3）保險公司為了搶佔市場份額，紛紛投入投資相連市場，尤其是通過銀行保險渠道銷售，更促進了投資相連壽險的熱銷。滙豐人壽的崛起就是一個很好的例證，通過銷售投連保單，從 2002 年市場排名第九位上升到 2007 年的第二位。

投連業務由於與資本市場的密切聯繫，其風險也較非投連產品更大。受 2008 年金融危機影響，香港的投連產品連續出現超過 50% 的負增長，充分證明了其更大的市場波動性（表 2–15）。許多專家都表示了對投連產品的擔憂，認為保險產品應當強調保障功能，消費者對投連產品的風險未必有充分認識。

三、雙軌制的保險監管制度

20 世紀 70 年代之前，政府對保險業的監管相當寬鬆。正如香港保險業聯會創會主席 Michael Somerville 所指出的："其時嚴謹的監管及管制法規幾乎闕如，又承保商的最低資金要求更是為人詬病，據筆者記憶所及，只要 1 萬港元的資金就可註冊經營保險公司，因此某些對業界和公眾人士毫無責任感、只求賺快錢的經營者相繼出現。汽車司機在投保人類別中，是最易受傷的一類，亦因而成為最常見的受害者。其時正是消費者權益日漸受到重視的消費主義年代，公眾對保險的觀感極為負面。對於在 1974 年成立的消費者委員會來說，由於接獲涉及保險業失當行為及違反專業守則的投訴個案持續高企，保險業首當其衝是打擊對象之一。" [01]

01′

香港保險業聯會創會主席 Michael Somerville：《香港保險業聯會的誕生》，《十年歲月（10th Anniversary HKFI）（1988—1998）》，香港保險業聯會，第 17 頁。

70 年代中後期，香港政府為了推動香港發展成為一個國際性的保險中心，同時也為了保障投資者的利益，逐步加強了對保險業的立法和監管，包括 1978 年 2 月頒佈《保險公司（規定資本額）條例》，1983 年 6 月實施《保險公司條例》，1990 年成立保險業監理處，2001 年引入香港中介人規管制度，並多次根據保險業發展的實際情況修訂《保險公司條例》。不過，與此同時，政府仍然強調保險業自律的重要性，積極推動保險業界自律制度的建立，包括推動 1988 年 8 月 8 日成立保險業的唯一行業組織 —— 香港保險業聯會（簡稱 "保聯"），1990 年 2 月推動保聯成立保險索償投訴局，1993 年 1 月由保聯推出《保險代理管理守則》及成立保險代理登記委員會等。

經過 30 年的發展，香港形成了政府監管與業界自律並存的雙軌制保險業監管制度。政府監管的核心內容是保險公司的償付能力，即通過繳付儲備金的方式防止償付能力不足，區別於世界主要發達國家以風險防範為核心的監管，監管對象包括保險公司和保險中介人。作為政府監管的重要補充，"自律" 更多的藉助於行業組織以及行業組織制定的各種守則來實現。目前，香港共有保險業聯會、保險索償投訴局、保險中介人商會、精算師協會、保險業訓練中心、專業保險經紀協會、人壽保險從業員協會等 22 家自律組織。此外，監管工作還經常輔之以會計師公會、標準普爾等中介服務機構的專業支持，以提高監管效率，增強監管透明度、降低監管風險，減少監管成本。透過雙軌制的監管制度，香港保險業的發展既逐步納入規範化、制度化的發展軌道，降低了行業風險，保障了消費者的權益，又能在發展中保持較高的彈性和靈活性，有利於提高行業的積極性和創新性。

香港保險監管的另一個特點表現為與其他監管主體日益緊密的合作。香港是目前世界上少數實行混業經營、分業監管的地區，金融財團的增長和保險業務品種的多元化發展，推動了各監管機構的資料互換和相互協助。為了加強跨行業的監管合作，香港保險業監理處從 2003 年開始，分別與香港金管局、證券及基金事務監察委員會、強制公積金計劃管理局以及財務匯報局簽訂諒解備忘錄，旨在加強跨行業監管機構之間的有效合作，包括通報、互諒、諮詢交互以及協助調整等。此外，為順應全球金融一體化的趨勢，尤其是 2008 年金融危機所暴露出的全球金融監管問題，香港還加強了與內地以及其他海外國家在保險監管方面的合作，目前已經與澳門、新加坡、英國、中國內地、美國、德國等九個國家和地區簽訂諒解備忘錄或合作協定。

（未公開發表文稿，完成於 2009 年 9 月）

香港作為國際金融中心的比較優勢、差距與戰略定位

【摘要】現階段，香港經濟最重要的戰略價值是其金融業的發展。本文首先分析了香港作為全球性國際金融中心的比較優勢和存在的差距。其中，比較優勢突出表現在香港區位優勢和制度優勢、香港金融業內部在資本市場、資產管理和銀行業方面的競爭力。香港的差距主要反映在兩個方面，即金融市場、金融機構的發展不平衡，存在眾多的"短板"；金融業發展腹地比較狹小，總體規模仍然偏小。因此，香港若能通過深化粵港金融合作，利用廣東乃至內地經濟社會發展的金融需求推動香港的金融創新，將可大幅提高香港金融資源的集聚程度，拓寬香港金融發展的腹地，提高香港國際金融中心的競爭力。香港若能與珠三角的廣州、深圳，甚至上海聯成一體，錯位發展，將有可能發展為與倫敦、紐約並駕齊驅的全球性國際金融中心。其中的重點，是致力發展成為亞洲企業特別是中國企業首要的境外上市和投融資中心、亞太區首要的國際資產管理中心，以及全球主要的人民幣離岸業務中心和人民幣債券市場。

一、香港作為全球性金融中心的比較優勢

所謂國際金融中心（International Financial Center，IFC），是指一個在國際金融市場的跨境資產交易中扮演重要參與者角色的城市。N. 巴拉克里什南（1989）認為，作為國際金融中心，首先其金融業規模要大、效率要高、穩定性要強；其次金融業的國際化程度要高，這包括業務的國際化、組織機構的國際化、金融資訊的國際化和金融制度與法規的國際化。目前，世界公認的全球性金融中心只有兩個：倫敦和紐約。2008 年 1 月，美國《時代》週刊（亞洲版）刊登的一篇題為《三城記》（*A Tale Of Three Cities*）的署名文章認為，紐約、倫敦和香港這三座城市構建了一個能促進全球經濟發展的金融樞紐。文章首創一個新概念"紐倫港"（Nylonkong），將香港提升到紐約、倫敦的高度。

那麼，從全球性金融中心的角度分析，香港的比較優勢在哪裡呢？香港真的有條件成為全球性金融中心嗎？

1. 區位優勢和制度優勢

從區位優勢看，香港與紐約、倫敦三分全球，在時區上相互銜接，使全球金融業保持二十四小時運作。從東亞區位看，香港位於東亞中心，從香港到東亞大多數城市的飛行時間不超過四小時，而東京則位於東亞北端，新加坡位於東南端。從中國區位看，香港背靠經濟快速發展的中國內地，與新加坡相比經濟腹地遼闊，且與廣東珠三角地區經濟正日趨融合。

制度優勢則包括全球最自由的經濟體、完善有效的司法體制及金融監管制度等。截至 2016 年，香港已連續 22 年被美國傳統基金會評為全球最自由的經濟體。根據該基金會發表的 2016 年《經濟自由度指數》報告，香港的總分為 88.6 分（100 分為滿分），雖然較上個報告低 1 分，但依然遠高於全球平均的 60.7 分。《經濟自由度指數》報告每年由美國傳統基金會和《華爾街日報》聯合發佈，是全球權威的經濟自由度評價指標之一。該指數通過十項指標評定經濟自由度，分別是營商自由、貿易自由、財政自由、政府開支、貨幣自由、投資自由、金融自由、產權保障、廉潔程度和勞工自由。在《經濟自由度指數》報告用以評估的十項因素中，香港在其中七項上取得了 90 分或以上的佳績，並在"營商自由""貿易自由""金融自由"等方面，繼續獲評為全球首位。傳統基金會並讚揚香港執行穩健的經濟政策、市場高度對外開放、恪守財政紀律、擁有穩定和透明的司法制度，以及對產權的充分保障，令香港能夠保持國際商業樞紐和金融中心的領先地位。研究表明，香港作為國際金融中心的優勢包括：金融監管審慎而穩健，資金貨幣自由流通，稅制簡單且稅率低，擁有全球最自由的經濟體及完善有效的司法體制。

2. 資本市場

香港金融業中，資本市場一直是其強項，回歸以來在"中國因素"的支持下更取得
快速的發展。據統計，從 1997 年至 2015 年，香港股票市場（主機板＋創業板）的
上市公司從 658 家增加至 1,866 家，上市證券數目從 1,533 個增加到 9,015 個，
分別增長 1.84 倍和 4.88 倍；股市總市值從 3.20 萬億港元增加至 24.68 萬億港元，
17 年間增長了 6.71 倍；股市交易額（以年度計算）從 37,889.60 億港元增加至
260,906.21 億港元，增長 5.89 倍（表 2-16）。到 2016 年 6 月底，香港在全球十
大證券市場中位列第八位，居於紐約泛歐交易所（美國）、納斯達克 OMX（美國）、
日本證券交易所集團、上海證券交易所、倫敦證券交易所集團、紐約泛歐交易所
（歐洲）、深圳證券交易所之後。不過，若以市值佔 GDP 比重計算，香港股市市值
佔 GDP 的比重，則在全球十大證券市場中高居首位。2014 年，香港市場 IPO 共計
122 宗，集資規模達到 2,278 億港幣，比 2013 年增長 33%，連續兩年居全球第二
位，僅次於紐約交易所。

表 2-16 ｜ 1997—2015 年香港股市（主機板＋創業板）發展概況（單位：億港元）

	1997 年	2003 年	2007 年	2012 年	2014 年	2015 年
上市公司數目	658	1,037	1,241	1,368	1,752	1,866
上市證券數目	1,533	1,785	6,092	6,723	9,060	9,015
總市值	32,026.30	55,478.48	206,975.44	218,717.30	250,718.29	246,837.31
集資總額	2475.77	2,137.60	5,908.46	3,002.31	9,427.17	11,156.42
總成交額	37,889.60	25,838.29	21,665.30	132,675.09	171,557.30	260,906.21
日平均成交額	154.64	104.19	880.71	537.15	694.57	1,056.30
年底恒生指數	10,722.76	12,575.94	27,812.65	22,656.92	23,605.04	21,914.40

資料來源：香港交易所

更重要的是，香港已發展為中國內地企業的境外首要的上市及融資中心，這使它在全球金融體系中佔有戰略性的優勢。20世紀90年代初，隨着中國改革開放的深入、經濟實力的提升，"中國因素"越來越受到香港證券市場的重視。1991年，香港聯交所決定成立中國研究小組，着手研究中國企業在香港上市的可行性。1992年2月，中國研究小組發表中期報告表示："香港聯交所非常希望成為中國的重要集資中心之一。"其長期目標是要使香港成為"中國的紐約"。1993年7月15日，青島啤酒股份有限公司正式在香港聯交所掛牌上市，成為首家在香港發行H股的中國企業，正式打通了中國企業在香港的上市之路。回歸以後，特別是2003年內地與香港簽署CEPA協議後，H股在香港上市的步伐加快。據統計，到2015年底，香港股市中的H股和紅籌股已增加到340隻；總市值為102,948.23港元，佔香港上市公司總市值的42.14%；成交股份金額為92,976.64億港元，佔當年成交股份金額的53.97%。2006年，香港股市（主機板＋創業板）首次公開募股（IPO）集資總額創下3,339億元的歷史紀錄。同年，中國銀行、中國工商銀行先後在香港上市，其中工行股票的發行是首次以"A＋H"的方式發行，僅工行IPO一個項目，就融資220億美元，是2006年全球資本市場上單次融資額最大的新股發行。憑藉工行、中行的發行上市，該年香港新股融資額一舉超過美國，僅次於倫敦，名列全球第二。2011年，香港連續三年成為全球最大的首次公開招股市場，共有89家公司首次公開招股，集資總額達2,597.4億港元（333億美元）。

目前，香港已形成多層次的資本市場體系。除了股票市場外，金融衍生工具市場也獲得迅速發展。金融衍生工具市場主要包括股市指數期貨、股票期貨、黃金期貨、港元利率期貨、三年期外匯基金債務期貨等五類期貨產品和股市指數期權、股票期權等兩類期權產品。2015年，香港期貨及期權的總成交量為18,982.44萬張合約，比1999年的852.9萬張大幅增長21.26倍；其中，期貨合約7,346.22萬張，期權合約11,636.22萬張，分別比1999年大幅增長12.2倍和38.2倍。期貨合約主要是恒生指數期貨合約、H股指數期貨合約，兩項共佔期貨合約的75%以上；期權合約主要是恒生指數期權合約、H股指數期權合約和股票期權合約，三者共佔期權合約的95%以上。此外，在香港交易所（"香港交易及結算所有限公司"的通稱，簡稱"港交所"）上市的交易所買賣基金（簡稱ETF）數量大幅增加，到2015年底，上市的ETF總數達到133隻。2015年，交易所買賣基金成交總額達到21,710億港元，比2014年的11,680億港元大幅增長85.9%。以成交額及市值計算，香港已成為亞洲（日本除外）最大的ETF市場。

3. 資產管理

資產管理業亦即基金管理業，是香港金融業中的一個重要行業。香港的基金主要有兩種，一種是英式的“單位信託基金”（Unit Trust Fund）；另一種是美式的“互惠信託基金”（Mutual Fund）。香港的基金管理業起步較晚，到 20 世紀 80 年代才進入第一個黃金發展時期。到 90 年代中期，香港發展為亞洲地區僅次於日本的第二大投資基金管理中心。

1997 年香港回歸以後，香港基金業面臨來自其他國際金融中心特別是新加坡的激烈競爭。亞洲區這兩個國際金融中心在基金業發展方面幾乎處於同一水平。就所管理的資產來看，2001 年，香港和新加坡分別管理着 1,900 億美元和 1,600 億美元，遠遜於在全球居領導地位的倫敦和紐約，也落後於以本地市場為主的東京。就互惠基金的滲透率而言，香港還不如新加坡，新加坡為 14%，香港僅為 9%，比美國的 52% 更相差甚遠。此外，兩地也只有少量的交易所買賣基金。不過，兩個國際金融中心在基金管理業的發展策略方面存在很大的差異。新加坡的基金業主要由政府控制，其絕大部分受管理的基金直接由中央公積金所管理。香港基金業的發展則主要由市場驅動，大部分的基金管理業由在香港設有辦事處的國際機構處理。香港政府基本採取自由放任的不干預政策，政府的監管主要是通過對行業和產品的規管來維持投資者的信心，並為基金業的發展提供適合的營商環境，包括健全的法律制度、低稅制、良好的硬件和電子通訊基礎設施，以及富有經驗的行政人員等。

回歸後，為了提高對新加坡的競爭力，推動香港成為亞洲區主要的基金管理中心，特區政府加大了對基金業的支持。在香港特區政府和證監會的推動和扶持下，踏入 21 世紀，香港基金業的發展勢頭凌厲，各種基金，包括傳統的單位信託基金及互惠基金，以及新引進的基金，如對沖基金、交易所買賣基金、房地產投資信託基金、UCITS III 基金等，均取得了令人矚目的增長。據統計，2000 年，香港的基金管理業務合併資產為 14,850 億港元，到 2007 年增加到 96,310 億港元，七年間增長了 5.49 倍。2008 年，由於受到全球金融海嘯的衝擊，基金管理業務合併資產跌至 58,500 億港元，跌幅達 39.3%。不過，從 2009 年起，基金業再度取得快速的發展。2015 年，基金管理業務合併資產增加到 173,930 億港元，比 2000 年增長了 10.7 倍。其中，由持牌法團、註冊機構及保險公司提供的財務資產管理達 122,590 億港元，基金／投資組合提供的投資顧問服務達 12,680 億港元，註冊機構向私人銀行客戶提供的財務服務達 36,660 億港元，分別比 2003 年的 22,500 億港元、

表 2-17 | 香港資產管理業發展概況（單位：10 億港元）

年份	資產管理業務	顧問業務	其他私人銀行活動	認可的房地產基金	基金管理業務合計資產	合併資產年增長率（%）
2000	1,485	—	—	—	1,485	—
2001	1,484	141	—	—	1,625	9.2
2002	1,491	144	—	—	1,635	0.6
2003	2,250	209	488	—	2,947	80.2
2004	2,741	241	636	—	3,618	22.8
2005	3,242	330	916	38	4,526	25.1
2006	4,134	552	1,415	53	6,154	36.0
2007	6,511	712	1,934	66	9,631	56.5
2008	3,070	810	1,287	46	5,850	−39.3
2009	5,824	921	1,688	74	8,507	45.4
2010	6,841	917	2,230	103	10,091	18.6
2011	5,762	889	2,263	124	9,038	−10.4
2012	8,246	1,488	2,679	174	12,587	39.3
2013	11,417	1,661	2,752	177	16,007	27.2
2014	12,770	1,611	3,096	206	17,682	10.5
2015	12,259	1,268	3,666	200	17,393	−1.6

資料來源：香港證券監察委員會：《香港基金業活動調查》，2000—2016 年。

2,090 億港元和 4,880 億港元增長了 4.45 倍、5.07 倍和 6.51 倍（表 2-17）。

經過十多年的發展，目前香港已成為亞洲區主要的基金管理中心和資產管理中心。根據香港證監會的調查，2015 年，香港非房地產基金管理業務的資產總值中，來自海外投資者的資金達 11,780 億港元，所佔比重達到 68.5%；同時，非房地產基金所管理的資產總值中，有 55.7%，即 68,230 億港元在香港管理。**01** 這一方面反映了香港基金市場對海外投資資金的極大吸引力，另一方面也表明香港是亞洲區內從

01

香港證券及期貨監察委員會：《2015 年基金活動調查》，2016 年 7 月，第 9—11 頁。

事資產管理業務的有利地點。隨着亞洲區特別是中國內地的經濟增長，區內巨額的儲蓄和財富的積累，香港的基金業在連接投資者與全世界的投資機會方面正扮演越來越重要的角色。

4. 銀行業

銀行業也一直是香港金融業中的強項。經過數十年的快速擴張，到 1997 年，香港銀行業的發展規模達到高峰，持牌、有限制牌照、接受存款公司及辦事處等各類銀行機構達 520 家，分行多達 1,000 多間。然而，其後香港相繼經歷了金融風暴、地產泡沫和網絡股泡沫破減及 SARS 衝擊，經濟衰退導致香港企業投資和消費信貸需求持續疲弱，樓宇按揭、貿易融資、銀團貸款等銀行傳統支柱業務基礎萎縮，再加上息差的持續縮窄，以利息收入為主的傳統銀行盈利模式面臨空前挑戰。受此影響，香港銀行業的資產規模、貸款規模均呈現下降趨勢。此外，受到金融危機、日資金融機構大規模撤出香港、銀行業電子化和自動化水平提高以及本地中小銀行併購種種因素影響，這一時期香港銀行機構的數量大幅減少。到 2015 年底，香港官方認可銀行機構及外資辦事處合共僅 263 家，其中持牌銀行 157 家，有限制牌照銀行 24 家，接受存款公司 18 家，境外銀行辦事處 64 家，比 1997 年高峰時減少五成。

面對種種挑戰，香港銀行界唯有改變策略，放棄過多競爭貸款業務，轉而集中發展資金管理、收費金融產品及財富管理等業務，創造更多非利息（中間業務）的收入。銀行業的業務更從過去簡單的存貸款業務，發展到全方位的資金融通和理財業務，包括零售業務、資產管理、收費服務等中間業務領域。其中，個人理財服務成為了香港銀行業新的競爭焦點。個人理財服務是一套把銀行形象、產品與服務、資訊科技系統、服務環境、人員配置和行銷宣傳等多方面互相結合的綜合化及個人化服務，主要由一般銀行服務、投資服務、財務策劃服務以及專享優惠等組合而成。這一時期，銀行認可機構的存款總額持續增長，增長的幅度遠遠超過了貸款總額的速度。據統計，1997 年底，香港銀行認可機構的存款總額為 26,644.7 億港元，到 2014 年底增加至 100,731.4 億港元，17 年間增長 2.78 倍；其中，外幣存款總額從 11,268.6 億港元增加至 53,556.8 億港元，增長 3.75 倍。同期，銀行貸款總額從 41,216.7 億港元增長至 72,762.7 億港元，17 年間僅增長了 76.5%。值得關注的是，回歸以來香港銀行業的貸款總額逐漸從大於存款總額轉變為小於存款總額。1997 年，銀行業貸款總額為 41,216.7 億港元，比存款總額多出 14,572 億港元；但到了 2015 年，銀行業貸款總額為 75,350 億港元，比存款總額反而少了 32,150

億港元，反映出銀行業資金充裕、缺乏貸款出路，以致"水浸"嚴重（表2-18）。
不過，隨着 2004 年以來人民幣業務包括存款、兌換、匯款、信用卡以及發行債券
等業務在香港相繼開辦，香港正積極發展成為全球最重要的人民幣離岸業務中心，
這為香港銀行業發展注入了新的活力。

表 2-18 ｜ 回歸後香港銀行業認可機構資產、存貸款概況（單位：億港元）

年份	資產總額		貸款總額		存款總額	
	總額	外幣總額	總額	外幣總額	總額	外幣總額
1997	83,971.8	54,628.0	41,216.7	23,791.9	26,644.7	11,268.6
1998	72,544.8	45,025.8	33,044.3	16,094.0	29,541.7	12,690.4
1999	67,843.8	41,023.0	28,129.1	12,057.8	31,779.6	14,173.0
2000	66,610.1	38,472.6	24,614.5	8,092.6	35,278.5	16,766.7
2001	61,539.6	34,356.0	21,849.9	5,373.0	34,065.0	15,518.5
2002	59,990.8	33,121.1	20,763.0	4,606.6	33,175.4	14,926.3
2003	64,907.2	37,075.3	20,350.8	4,620.0	35,670.2	16,362.3
2004	71,378.2	41,951.6	21,557.0	4,889.6	38,660.6	11,848.1
2005	72,469.7	42,001.8	23,119.9	5,146.4	40,679.0	19,363.2
2006	83,058.1	47,992.6	24,678.3	5,503.9	47,572.8	21,890.0
2007	103,500.4	62,752.1	29,616.8	7,769.7	58,689.0	27,938.6
2008	107,540.7	68,210.4	32,856.4	9,308.8	60,579.8	30,240.0
2009	106,353.7	62,362.6	32,884.8	8,871.6	63,810.4	30,074.5
2010	122,907.8	76,261.3	42,277.3	14,032.8	68,622.7	32,450.8
2011	125,728.1	79,539.0	50,806.6	19,206.6	75,912.6	38,510.2
2012	148,587.4	94,058.4	55,668.1	22,337.5	82,964.3	41,202.3
2013	169,414.3	111,405.5	64,568.1	28,508.0	91,800.6	47,891.1
2014	184,360.0	121,500.0	72,762.7	34,038.8	100,731.4	53,556.8
2015	191,800.0	115,000.0	75,350.0	33,820.0	107,500.0	54,370.0

資料來源：香港金融管理局

從總體來看，目前，銀行業依然是香港金融業的主力軍。依據香港金融發展局的數據，截至 2015 年，金融服務業對香港 GDP 直接貢獻約為 16%。此外，金融業間接創造了 10 萬個職位，也間接對本地 GDP 做了 6% 的貢獻。以金融服務業的增加值佔本地生產總值（GDP）的比重計算，銀行業大幅領先，達到 63.1%；保險業居次席，約佔 18.2%；包括證券經紀、資產管理、融資租賃公司和投資及控股公司在內的其他金融服務佔 18.6%。

回歸以來，伴隨中國加入世貿組織及內地銀行業的逐步放開，香港各大銀行紛紛"北上""西擴"，進軍中國內地市場。截至 2010 年 12 月底，共有 13 家香港銀行在內地開展業務，其中 8 家透過在內地註冊的附屬銀行經營。這 13 家銀行在內地的附屬銀行或直接經營的分行及支行數目超過 300 家。香港銀行體系整體資產負債表內對中國內地非銀行類客戶的貸款總額相當於 1.4 萬億港元，佔總資產的 10%。[01] 其中，僅滙豐銀行就在北京、上海、廣州、天津、重慶、杭州等 20 多個城市設立了 29 間分行。2009 年，《CEPA 補充協議九》允許在廣東的香港銀行分行設立異地支行。這項新措施大大降低了香港銀行在廣東開設支行的資本金要求，進一步推動了香港銀行在內地特別是廣東珠三角地區的發展。截至 2013 年末，滙豐、東亞、恒生、永亨、南商和大新等 6 家香港銀行的 13 家分行已在全省 19 個地級市，設立 61 家異地支行。廣東省銀監局的數據顯示，2013 年香港銀行異地支行實現利潤 1.82 億元人民幣，同比增長 1.64 倍；2010 年至 2013 年，累計實現利潤 3.41 億元人民幣，異地支行已成為香港銀行在內地發展新的利潤增長來源。香港銀行業在內地的戰略佈局和發展，進一步拓寬了其經營空間，提升了國際競爭力。

01'

香港貿易發展局：《香港銀行業概況》，2012年 3 月 15 日。

二、香港與倫敦等全球性國際金融中心的主要差距

當然，與倫敦、紐約等全球性國際金融中心相比，香港金融業發展也存在不少問題，主要表現在：

第一，金融市場、金融機構的發展不平衡，存在眾多的"短板"。

誠然，香港作為全球日趨重要的國際金融中心，其市場發展並不平衡，包括債券市場、外匯市場規模與國際金融中心實力不相匹配；一些金融市場中創新型的交易工具，如指數期貨、期權交易等還遠遠沒有得到普及；同時幾乎沒有大宗商品期貨交

易。這些方面甚至落後於亞洲地區其他主要的國際金融中心。

香港債券市場一直是金融業中較為薄弱的環節，過去十年在多方努力下，配合低息等市場環境的轉變，債券市場出現了加速發展的良好勢頭。然而，與新加坡相比，香港的債市規模仍然較小，無論在上市債券的總市值還是成交額上，都遠落後於新加坡。在外匯市場上，香港與新加坡都是亞洲地區繼東京之後主要的外匯交易市場，但香港一直落後於新加坡。不過，國際清算銀行發佈的最新調查報告顯示，2016 年 4 月，香港日平均外匯交易量（連同場外利率衍生工具計）達到 5,463 億美元，比 2013 年同期大幅上升 81%，首次超越新加坡而晉升第四位，僅次於倫敦、紐約和東京。原因之一是期內美元兌人民幣的交易額大幅增長 56.2%。

在全球急速增長的另類投資產品市場、商品期貨市場，香港也沒佔有足夠的份額。近年來，香港在另類投資產品市場雖然有不俗的發展，例如，香港已成為亞洲第二大私募基金中心，但這個行業規模仍然偏小。在商品期貨市場方面，香港儘管早在 1977 年便已開辦商品期貨市場，但發展一直不順利，已大幅落後於上海。不過，由於中國內地對期貨市場存在龐大的潛在需求，香港若能在這些業務中找到合適的定位，其潛力仍不容忽視。

在機構體系中，與高度發達的銀行體系相比，香港的非銀行金融機構發展不平衡。香港非銀行金融機構主要有保險公司、投資基金公司、租賃公司。而新加坡的非銀行金融機構則較為強大，且種類繁多，包括投資銀行，從事抵押貸款、消費貸款、樓宇建築貸款、一般商業貸款、租賃、票據融資、代客收賬等業務的各種金融公司，保險業也相當活躍，還有從事貨幣經紀、證券經紀等業務的各種金融中介公司。

第二，金融業發展腹地比較狹小，總體規模仍然偏小。

與紐約、倫敦、東京相比，香港金融業的發展腹地明顯偏小。紐約、東京金融業的基礎是全球第一、第二大經濟體。紐約金融中心的基礎是佔據全球 GDP 三成左右的美國經濟；倫敦的腹地絕不僅僅是英國本土，歐洲不少大型企業的股票都在倫敦上市。但香港只是一個都會城市，香港與內地的經濟聯繫，在相當程度上還受到彼此之間屬於不同關稅區、不同市場的制約。香港要發揮其金融業的比較優勢，躋身全球金融中心行列，必須突破制度上的制約，有效拓展其龐大的經濟腹地，甚至包括整個大中華經濟圈乃至東南亞諸國。

正因為如此，目前香港與紐約、倫敦兩大全球性金融中心的總體規模和實力仍有相當大的差距。根據 2011 年的資料，香港金融業對本地生產總值的增值貢獻為 390 億美元，僅為紐約（2,010 億美元）的 19.4%，為倫敦（930 億美元）的 41.9%。[01] 2007 年《香港金融管理局季報》的一份報告指出，根據所有金融市場的標準化得分的簡單平均數，香港整體金融活動集中度名列世界第六位。除新股上市集資額在全球市場所佔比重較大外 [02]，相比其他國家或地區，香港國際債券市場已發行總額僅佔全球的 0.3%，香港股市成交額佔全球的 1.2%，外匯及衍生工具活動佔全球的比重與發達的經合組織國家相比，仍有明顯差距（表 2-19）。由此可見，香港作為國際金融中心，其金融市場活動的集中度不夠，在全球金融市場活動中所佔的比重有限。

01

香港金融管理局：《鞏固香港作為全球主要國際金融中心的地位》，2013 年 11 月，第 12 頁。

02

2009 年香港新股集資額超過紐約及倫敦，但上市後再集資額不及紐約和倫敦的四分之一及二分之一，創業板新股集資額佔本港新股總集資額的比重不到 1%，創業板／主機板集資比例遠低於紐約（33%：66%）及倫敦（20%：80%）。綜合起來看，香港的集資功能與紐約及倫敦兩地仍存在一定差距。

表 2-19 ｜ 傳統金融活動的全球集中情況

	金融活動集中程度（平均標準化得分）	在全球個別市場所佔比重（%）							
		股市成交額	新股上市集資額	國際債券市場已發行總額	本土債券市場已發行總額	銀行海外資產	銀行海外負債	外匯成交額	外匯／利率衍生工具市場成交額
美國	100.0	49.0	16.3	23.3	44.6	8.9	11.7	19.2	19.4
英國	90.6	10.9	16.9	12.6	2.4	19.8	22.5	31.3	38.1
日本	32.7	8.3	3.7	0.9	18.1	7.6	3.2	8.3	6.0
德國	23.0	3.9	3.6	10.6	4.4	10.6	7.3	4.9	4.1
法國	22.1	2.8	3.8	6.2	4.4	9.1	9.3	2.6	6.6
香港	**13.2**	**1.2**	**12.9**	**0.3**	**0.1**	**2.3**	**1.4**	**4.2**	**2.7**
荷蘭	10.9	1.3	3.7	7.1	1.5	3.8	3.7	2.0	2.0
瑞士	9.9	2.0	0.8	0.1	0.5	4.6	4.4	3.3	2.4
新加坡	9.9	0.3	1.5	0.3	0.2	2.4	2.6	5.2	3.2

資料來源：《評估香港的國際金融中心地位》，《香港金融管理局季報》，2007 年 12 月。

當然，倘若能夠有效推進其與中國內地的經濟融合，則香港有條件發展成為全球性金融中心。基於這一點，香港金管局提出，香港金融發展要立足五大戰略方向，包括：香港金融機構"走進"內地；香港成為內地資金和內地金融機構"走出去"的大門；香港金融工具"走進"內地；加強香港金融體系處理以人民幣為貨幣單位的交易能力；加強香港與內地金融基礎設施的聯繫。其核心就是要打通香港與內地資金流通的經絡。

三、香港的戰略定位：致力於發展成為全球性國際金融中心

目前，能夠真正稱得上全球性金融中心的，實際上只有紐約和倫敦。一個全球性金融中心必然會以一個巨大的經濟體作為後盾，紐約依託的是北美經濟體，倫敦依託的是歐盟經濟體。在全球二十四小時全天候運作的金融體系中，紐約和倫敦各佔了一個八小時時區，換言之，剩餘的八小時時區即亞洲區需要第三個全球性金融中心，這樣的金融體系才能完整。而在亞洲特別是東亞的經濟體當中，剛剛超越日本的中國內地經濟、日本經濟和東盟十國經濟，分別位居前三位，依託這些經濟體的香港、上海、東京、新加坡等城市正在激烈角逐亞太時區的全球性金融中心的戰略地位。其中，香港作為亞太地區國際性金融中心，具有資金流通自由、金融市場發達、金融服務業高度密集、法制健全和司法獨立、商業文明成熟等優勢，最有條件發展成為全球性國際金融中心。

香港最明顯的弱勢是經濟體積小。最近十年，由於"金磚四國"及其他新興市場的高速發展，國際上的投融資活動，均提高了對新興市場的興趣。中國內地企業在香港上市，更是佔了這類活動中的最大份額。因此，從長期的戰略層面看，香港通過深化粵港金融合作，利用廣東乃至內地經濟社會發展的金融需求，推動香港的金融創新，將可大幅提高香港金融資源的集聚程度，拓寬香港金融發展的腹地，提高香港國際金融中心的競爭力。香港若能與廣州、深圳等廣東珠三角中心城市的金融資源聯成一體、錯位發展，將有望發展為與倫敦、紐約並駕齊驅的全球性國際金融中心。根據香港的比較優勢和金融産業基礎，香港作為全球性國際金融中心的重點發展領域將包含以下三個方面：

第一，進一步發展成為亞洲企業特別是中國企業首要的境外上市和投融資中心。

01

遠東貿易服務中心駐
香港辦事處：《香港
仍是中國企業境外上
市首選》，新華網，
2008 年 2 月 4 日，
http://big5.xinhuanet.
com/gate/big5/news.
xinhuanet.com/
fortune/2008-02/04/
content_7564179.
htm。

從過去十多年的實踐來看，對於中國企業而言，香港、紐約、新加坡是最主要的境外上市市場。其中，香港作為亞太區國際金融中心，擁有除日本之外亞洲最大的證券交易所，資本市場規模龐大，市場成熟及規範，有着眾多包括國際基金、信託基金、財務機構、專業投資者、投資大眾等多元化投資者，參與性極高；特別是由於香港眾多的股票分析員對中國瞭解較深，研究報告在質量和數量上遠勝其他市場，大部分在香港上市的公司，上市後都能夠再進行股本集資，有利於公司長遠的發展。從法律的角度看，香港更是擁有強大的優勢，香港擁有廉潔的政府、健全的法制、簡單的稅制，還有自由的流動市場制度，對海外與中國的投資者均一視同仁；包括證券及期貨條例、上市規則、收購合併守則等資本市場法規日趨完善。與此同時，香港特區政府、香港證監會及香港交易所，多年來均做了大量的工作，訂立確保市場能公平有效運作的法律和法規，為企業和投資者創造合適的法律和監管環境。2004 年，香港聯交所修訂了上市規則，放寬大型企業赴港上市在盈利與業績連續計算方面的限制，为大型國有企業赴港上市創造了更為便利的條件。香港證監會不僅對收購合併守則進行修訂，香港聯交所也修訂創業板的規則，保證監管架構能與時俱進，這其中就包括香港交易所對於主板上市實行預披露計劃的修改。[01]

2003 年以來，隨着中國人壽、交通銀行、中國建設銀行和神華能源等大型國企先後在香港上市，香港作為中國企業境外上市最重要的資本市場和境外融資中心的地位得到了極大的提升。香港已發展成為內地最主要的境外上市集資市場，並有效引導國際資金投資於香港上市的內地企業。在努力鞏固提升這方面功能的同時，香港也有優勢讓內地企業和機構在港發行以外幣計價的債券。此外，香港高度市場化和國際化的金融體系，可為內地進行境外投資的機構和個人提供豐富的投資產品、全面的服務及完善的風險管理，成為它們管理對外投資最有效的平台。因此，發揮香港發達的資本市場、國際資本聚集的優勢，推動廣東和內地企業赴港上市、發行債券，並鼓勵廣東企業以香港金融市場為平台開展境外投資，可將香港發展成為中國企業最重要的境外上市和投融資中心。

當然，從長期的眼光看，香港要真正成為中國企業首要的境外上市和投融資中心，在發展策略上還需要加強幾個方面：香港證券監管當局須進一步完善對中國企業的上市監管制度；積極推動更多經營規範的大中型民營企業和科技型民營企業到香港上市；隨着兩地證券市場的互聯互通等新發展，與時俱進地完善香港與中國內地證券監管合作的制度安排，堵塞監管漏洞，遏制跨境違法犯罪。

第二，致力於發展成為亞太區首要的國際資產管理中心。

香港之所以能夠發展成為亞太區首要的國際資產管理中心，原因是多方面的：首先，回歸以後，香港進一步鞏固了其作為中國內地與國際經濟的橋梁和樞紐的地位，成為全球資金的重要集散地，既是國際資金進入中國內地和亞洲其他國家市場的跳板，又是內地資金進入海外市場的重要平台。這一時期，香港監管當局連同香港特區政府和香港金管局，積極利用內地更加開放的政策取向，先後與中央政府簽署了多種協議，以建立更緊密的經貿關係，包括合格的內地機構投資者（QDII 及 RQFII）在港運作，以及"滬港通"與"深港通"的開通，吸引內地資產管理公司入駐香港、推動人民幣跨境結算業務擴大、人民幣離岸業務拓展等經貿合作。其次，香港證監部門在加強對市場監管的同時，積極採取靈活而有彈性的推進市場發展措施，重視不斷推出新產品以滿足境外投資者的金融需要。香港證監會先後批准了對沖基金、房地產信託單位（REIT）、歐盟可轉讓證券集合投資計劃（Undertakings for Collective Investment in Transferable Securities）等產品進入市場發售，適時批准新的交易所交易基金（ETF）產品，涉及範圍包括內地的 A 股、越南股票、馬來西亞（伊斯蘭基金）、印度股票、商品期貨指數、黃金等產品，大大豐富了香港資產管理的產品。再次，在發展過程中，香港資產管理業的專業能力不斷提高，專業隊伍日漸成熟。香港證監會最早於 2000 年 6 月公佈《基金管理業務調查》，在其管理的資產總量中，21.8% 的資金由香港本地機構管理，78.2% 的基金則由香港境外機構管理。然而，到了 2015 年末，香港本地管理的基金比例為 55.7%，2007 到 2010 年連續四年穩居 60% 以上。目前，香港已形成一支多元化資產管理專業人才。據統計，截至 2015 年底，香港資產管理的持牌及註冊機構達 621 家，包括 555 家持牌法團、45 家註冊機構及 21 家保險公司，從業人員達 3.49 萬人，其中從事資產管理核心業務（包括資產管理、研究及買賣）的專業人才人數持續增長，達到 4,581 人。這標誌着香港資產管理業已日趨成熟。

2015 年 11 月，國際會計諮詢機構畢馬威（KPMG）發表了一份題為《2020 願景：香港基金管理行業的未來》，該報告認為，香港在未來五年有望保持其亞洲主要資產管理中心的地位，主要原因在於中國內地市場的發展機遇、人口老化與強積金改革所帶來的商機。報告指出，隨着滬港通和內地與香港基金互認的推出，大多數受訪的基金管理公司預計，在未來五年內地將佔據它們的顧客和所管理資產的更大份額。但與此同時，受訪的投資專業人士均同意，香港享有進入內地的獨特優勢將來可能會減退，上海和新加坡也在加強發展它們自己的金融中心。報告指出，不論香港與內地的關係如何發展，香港都必須繼續將自己與其他地區及全球基金管理中心進行對比衡量，並加強與其他市場的聯繫，包括雙邊關係和基金跨境互通計劃（Fund Passporting Initiatives）。

因此，從中長期看，東亞特別是中國內地，作為全球經濟增長最快的地區，將吸引大量區外資金到區內投資，資產與財富管理業務的增長潛力巨大。而香港金融市場高度成熟，擁有良好的發展基礎，具備成為世界一流資產管理中心的潛質。國家"十二五"規劃綱要指出："支持香港發展成為離岸人民幣業務中心和資產管理中心。"資產管理業作為香港金融業未來重點發展的範疇之一，將佔有愈來愈大的比重，並且有望成為鞏固香港金融中心地位、增強全球影響力的一個重要支撐環節。因此，香港作為全球性國際金融中心，應該進一步鞏固和發展基金管理、私人銀行、財富管理以及企業資本性融資、金融衍生產品等方面的高附加值和資本市場業務，發展成為亞太地區（包括香港、台灣、澳門及中國內地等大中華地區）首要的資產管理中心。當前需要注意以下發展策略：加強在資產管理方面的軟硬件、監管及人才等方面的建設，優化香港資產管理的基礎設施，優化現行資產管理業的相關法律法規；充分發揮"中國因素"的作用，致力於發展成為大中華地區和亞洲區主要的資產管理中心；積極把握伊斯蘭金融帶來的發展機遇，致力於發展成為伊斯蘭金融資產的管理中心。

第三，致力於發展成為全球主要的人民幣離岸業務中心和人民幣債券市場。

近年來，隨着中國經濟貿易的發展和人民幣國際化進程的推進，人民幣離岸業務市場的規模越來越大，除了香港之外，新加坡、倫敦等金融中心都提出了建立人民幣離岸業務中心的要求。不過，在諸多爭取成為人民幣離岸業務中心的城市中，香港"一國兩制"的屬地特徵、"自由港"的金融運作與風險控制能力，使其當之無愧地成為人民幣離岸業務中心的首選之地。首先，香港背靠中國內地，長期以來一直與中國內地保持着經濟、文化以及社會發展方面的緊密聯繫。特別是在經濟上，香港雖是一個有別於內地的獨立關稅區，但其與內地總體關聯的深度與廣度都是其他任何一個經濟體所無法比擬的。這種聯繫使香港最有資格充當人民幣國際流轉的中轉站，並滿足更廣闊範圍的非居民人民幣的融資與交易需求。其次，香港具有發展人幣離岸市場的制度性先發優勢。人民幣清算制度安排已經運作多年，QFII 等制度安排讓回流機制不斷拓寬。金管局曾多次路演，以推動中國企業走出去。再次，香港作為主要的國際金融中心之一，具備了良好的法律、信息、人才和金融市場交易基礎，它可以設在全球任何國家、地區和城市。憑藉完善的基礎設施、極富吸引力的簡單稅制和高度的貿易便利化等優勢，香港一舉成為全球貿易中間商的集聚之地。在共同推進中國公司海外投融資過程中，香港金融市場在市場監管、風險管理以及信息流通等方面都顯示了較強的實力。

香港交易所行政總裁李小加表示，人民幣國際化會為香港帶來變革性發展，在不遠的將來，香港金融市場將進入收益更高、規模更大、品種更全、二級市場交易更加活躍的發展階段。在此階段，香港的證券、資本市場將得到巨大發展，香港的整體經濟也會隨着金融市場的興旺而獲益。[01] 不過，香港要真正發展成為全球最重要的人民幣離岸業務中心、亞洲人民幣債券市場，目前還存在不少問題和困難，突出表現在：（1）人民幣資金池的規模仍然總體偏小。（2）人民幣資產創造的進程仍然較緩慢。香港金融市場上的人民幣投資產品的相對匱乏，導致香港人民幣持有收益非常低，背後隱藏了嚴重的供需失衡問題。人民幣產品在香港叫好不叫座，重要原因是缺乏對應投資產品及資金用途。（3）人民幣回流機制的建設仍剛起步發展，有待深化、完善。針對上述問題，當前香港推動人民幣離岸業務中心的發展，還需加強以下幾方面的工作，包括鞏固和擴大香港與廣東兩地跨境貿易人民幣結算規模，拓展與貿易結算相關的人民幣跨境業務；進一步擴大人民幣資金池規模，建立多元化的人民幣交易市場，推出多元化的人民幣投資產品，拓寬人民幣投資渠道；進一步拓寬人民幣投資渠道，完善和優化人民幣回流機制；積極推動深圳前海發展成為人民幣國際化的境內橋頭堡以及香港的後援基地，支持香港人民幣離岸業務中心的發展；處理好香港人民幣離岸業務與上海人民幣在岸業務之間的協調發展和錯位發展。

（原文載《當代港澳研究》，第 6 輯 [C]，2012 年，修訂於 2016 年 12 月）

01′

參閱《人民幣離岸業務與香港金融中心的未來》，《第一財經日報》，2011 年 5 月 3 日。

CHAPTER 3.

資本與財團

論香港英資財團的歷史命運

【摘要】本文主要研究了回歸前香港英資及英資財團的總體發展態勢。首先簡要分析了自香港開埠以來至 1997 年回歸前英資財團的發展、走向巔峰乃至滑落的發展歷程，分析了英資財團在過渡時期的兩種發展策略。進而分析了回歸前夕英資的勢力及其在香港經濟中的地位，認為儘管 70 年代以來，英資及英資財團的壟斷地位已被打破，進入過渡時期以來其實力又進一步下降，然而，憑藉着悠久的歷史淵源、根深蒂固的基業、港英政府的支持以及從中所取得的種種政治、經濟權力，英資及英資財團至今仍在很大程度上控制着香港的金融業，壟斷着電訊、航空、電力供應等公用事業，掌握着香港經濟的重要命脈，因而在香港經濟中發揮着主導作用，使香港資本結構亦形成了以英資為主導，以華資為主體，以美日及東南亞等國際資本及中資為重要輔助和補充的格局。本文進一步分析了"九七"回歸對英資財團的挑戰，如喪失政治、經濟特權所帶來的挑戰等，最後分析了英資財團在回歸後的發展機遇。

1997 年 7 月 1 日，香港成為中華人民共和國轄下的特別行政區，按照 "一國兩制" 的方針，實行港人治港，高度自治，維持原有的資本主義制度和生活方式 50 年不變。隨着港英政府的落旗歸國，一個舊時代宣告結束，一個嶄新的時代即將開始。"九七" 後香港英資財團的歷史命運將會如何？這無疑是所有香港問題觀察家關注的焦點之一。

一、香港英資財團的發展歷程

自 1841 年英國侵佔香港，香港開埠成為遠東著名的自由港的 100 年間，港英政府的管治以及由此而取得的種種特權，令英資財團在香港乘勢崛起，發展壯大，並將其勢力迅速膨脹至中國內地以上海為首的各大城市，成為影響中國政治、經濟的一股強大力量。1949 年中華人民共和國宣告成立，中國國勢漸興，英資財團將在內地的業務撤至香港。"文化大革命" 的十年動亂期間，英資財團鑒於當時的政治氣候，對於香港這一"借來的時空"（Borrowed Time）戒心日深，在香港的投資策略轉趨消極，出現嚴重失誤，部分英資財團更將大量資金調往海外發展，錯失香港經濟蓬勃發展的黃金時期，這無疑為華資財團的迅速崛起提供了極其難得的機會。

70 年代末至 80 年代中，隨着中國政局轉趨穩定，推行改革開放政策，中國對香港的影響日益增強，華資財團在政治上漸佔上風，經濟上羽毛漸豐，遂向信心不足的老牌英資財團發起了正面的挑戰。在短短數年間，數家歷史悠久的大型英資上市公司，包括青洲英坭、和記黃埔、九龍倉、香港電燈、會德豐等便先後被華資大亨鯨吞。英資財團在香港經濟中的長期壟斷地位因而動搖，並無可挽回地從權勢巔峰滑落。

1984 年中英簽署關於香港前途的《聯合聲明》，經歷了逾 150 年英國殖民統治的香港，正式步入了"九七"回歸的過渡時期。面對這一歷史性巨變，香港的英資財團紛紛急謀對策，調整戰略部署。其中，以怡和、滙豐為代表的傳統英資財團，加緊部署集團國際化戰略，一方面通過海外遷冊、結構重組，將第一上市地位外移，甚至不惜全面撤離香港證券市場，實現所謂"法定管制和公司監管的重新定位"，[01]以建立牢固掌握控制權、攻守自如的集團內部架構；另一方面通過加快海外投資步伐，達致盈利來源和資產的一半以上分散到海外的目標，從而最大限度地減低集團在香港的投資風險。這一戰略的主軸是要使集團從一家以香港為基礎的公司蛻變成真正的跨國公司。然而，他們並非要撤離香港，其戰略的輔軸是要穩守香港的核心資產及業務，以便在過渡時期以至"九七"以後觀察香港的政治、經濟環境，把握有利時機拓展香港及中國內地市場，爭取最大限度地賺取利潤，並藉此維持集團在香港的利益。

以太古、香港電訊等為代表的英資財團，部分早已實現集團國際化，且看好香港經

01

怡和常務董事文禮信：《港事商事 —— 怡和的觀點》，1995 年 1 月 10 日在香港總商會的演說辭。

濟前景，其戰略的重點是穩守香港的核心業務。與怡和、滙豐從香港植根、崛起的傳統英資財團不同，太古、大東電報局（香港電訊的母公司）早已是國際化大財團，財團的註冊地、控股公司均設在英國，投資業務遍及全球，香港部分僅是其集團全球戰略的重要一環；而且，它們在香港的核心業務，包括航空、電訊、電力供應等，都是香港經濟的重要命脈，是在特殊的歷史背景下透過港英政府的庇護或批出的經營專利權建立起來的，這些業務可以說撤無可撤，無法連根拔起轉移到海外。這部分英資財團的戰略，是透過將旗下公司上市，邀有實力有影響的中資集團加盟、與中國政府建立良好的個人及商業利益關係等措施，力圖淡化英資色彩，重塑香港公司形象，從而達到穩守香港核心業務的戰略目標，以迎擊華資、中資集團的正面挑戰。

然而，無論採取何種戰略部署，其結果均是英資財團在香港經濟中實力的進一步削弱及地位的進一步下降。毋庸置疑，時局的急劇轉變所帶來的挑戰，對英資財團來說是嚴峻的。

二、英資的勢力及其在香港經濟中的地位

不過，踏入 90 年代，英資財團在香港經濟中仍保持着強大的經濟力量。1992 年初，香港總督衛奕信率領香港一個高層代表團赴英國倫敦，參加一個有關香港在亞太區經濟發展中所擔當重要角色的商務會議。期間，他向英國政經界高層人士派發了一份由香港政府出版的小冊子，題為《香港對英國的好處》。根據這份小冊子提供的資料，英資在香港的經濟勢力主要表現在：

第一，英國在香港直接投資淨額的賬面值超過 20 億英鎊（280 億港元）。同時，由於英國公司及個人均加強在香港的投資組合，有關投資額將持續擴大。事實上，80 年代英國在香港的投資平均每年增加 1.8 億英鎊（25.2 億港元）。

第二，英國直接控制、投資或管理的香港公司超過 1,000 間，總市值約 200 億英鎊（2,800 億港元）。

第三，在香港的英國公司淨資產值為 30 億英鎊（420 億港元），而由英國控制的公司總資產值最少為 60 億英鎊（840 億港元），英國資金約佔香港股市總值的 30%。

第四，在香港經營的英國銀行共 19 間，1991 年約佔香港總存款的 7.5％。此外，據估計，1990 年英資公司在香港所賺取的無形收益，包括來自股息、旅遊、銀行業、保險、財務、專業顧問、交通及貨運等的收益，高達 10 億英鎊。

1996 年 3 月 29 日，香港政府首次公佈截至 1994 年底香港的非製造業外來直接投資的資料，為英資在香港經濟中的總體實力提供了一份重要的參考資料。根據該份資料，截至 1994 年底，英國在香港非製造業的直接投資存量為 1,715 億港元，佔總額的 35％，居首位；其他依次是中國內地、日本及美國，分別佔 19％、16％和 11％。英國在香港非製造業的直接投資資產淨值則為 2,031 億港元，佔總額的 30％，亦居首位；其他依次是日本、中國內地及美國，分別佔總額的 20％、19％ 及 11％。可見，90 年代英資仍是香港最大的外來投資者，是香港僅次於華資的第二大資本力量。

目前，香港的英資公司中，實力雄厚、規模宏大的英資財團主要有：滙豐銀行、怡和集團、太古集團、嘉道理集團、香港電訊公司、標準渣打銀行、英之傑太平洋、英美煙草公司等。其中，又以滙豐、怡和、太古、嘉道理及香港電訊五大集團地位最為重要，影響最為深廣。1994 年底，這五大英資集團控制了香港 15 家重要的上市公司，包括滙豐控股、恒生銀行、香港電訊、怡和控股、怡和策略、置地、牛奶國際、文華東方、怡和國際汽車、太古洋行、國泰航空、港機工程、中華電力、香港大酒店、太平地氈，除怡和國際汽車和太平地氈外，其餘 13 家公司均為香港著名的恒生指數 33 隻成分股之一，是各行業實力雄厚的藍籌股。近年，這五大英資集團的地位雖有所下降，但 1994 年底在香港股市總值中所佔的比重，仍高達 38.29％，超過華資七大財團所佔的 31.66％。由此可知，英資財團至今仍是香港經濟中一股舉足輕重的勢力。

英資及英資財團在香港經濟及香港的資本結構中，具有兩個顯著的特點：

首先，英資及英資財團在香港的發展歷史悠久，旗下的企業集團規模宏大，根基深厚。香港的英資大財團，除英之傑太平洋外，幾乎都是在 19 世紀中葉進入香港，並伴隨着香港經濟的成長、起飛而崛起、壯大的。其中，怡和在英國佔領香港後即將公司總部遷入香港，至今已逾 150 年歷史。怡和洋行在香港的業務，直接滲透到香港經濟的各個領域、各個行業，包括進出口貿易及服務、批發零售商業、銀行、金融服務、保險、證券、地產、建築、酒店及航空等等，可謂無遠弗屆。滙豐銀行是首家在香港註冊、總部設在香港的銀行集團。進入過渡時期以後，滙豐銀行雖已逐步淡出"准中央銀行"的角色，但仍擔任着發鈔、中央票據結算管理、政府往來銀行等多種重要職責，對香港的貨幣金融政策仍有重大影響力，其業務滲透到香港經濟的各個重要領域。從某種意義上說，滙豐銀行實際上是香港經濟的中樞神經。太古亦早於 1870 年便進入香港，戰後一直壟斷着香港的航空業，在地產、貿易等行業亦佔有重要地位。經過逾百年的發展，這些英資財團都發展成為業務多元化、規模宏大的跨國企業集團，在國際經濟中佔有重要地位。例如，滙豐銀行已發展成為全球第八大銀行集團，香港電訊亦已躋身全球十大電訊集團之列。怡和集團就自稱是"亞洲中心的跨國集團"，該集團業務遍及全球 30 多個國家，屬下員工人數超過 20 萬。1994 年底，香港股市市值最大的 20 家上市公司中，英資公司就佔了 9 家，其中，滙豐銀行、香港電訊分別高居第一、二位。因此，作為香港經濟及香港資本結構中重要組成部分的英資及英資財團，成為香港與國際經濟保持密切聯繫的重要紐帶之一。

其次，英資及英資財團與港英政府長期保持密切聯繫，實際上直接或間接參與了香港的政治、經濟決策過程，並從中獲得種種特權，成為港英政府管治香港的重要支撐力量。早在 19 世紀 40 年代初，英國對清政府發動鴉片戰爭並佔領香港，其中的重要原因，是英資洋行為龐大的鴉片貿易利益而在背後推波助瀾。因此，英國佔領香港以後，英資洋行對香港政府的施政便一直保持強大的影響力，以維護其經濟利益。1850 年 6 月，香港政府委任怡和大班、怡和創辦人威廉·渣甸的侄兒大衛·渣甸為香港立法局首位非官守議員，開創了英商插手香港政治的先例，並使怡和如虎添翼，更能順利開展其業務。其後，怡和歷任大班，大部分均出任過香港行政、立法兩局議員。怡和曾公開宣稱："在香港的全部歷史中，怡和洋行在整個殖民地事務中起了巨大的作用。" **01** 美國著名的《財富》雜誌曾刊文宣稱，統治香港的，是馬會、怡和、滙豐和香港總督。這一曾在香港民間廣泛流傳的說法無疑蘊含着相當大的真確性，反映出英資財團對港府的影響力以及參與港府施政決策的密切程度。傳統上，怡和、太古、滙豐等主要英資財團的首腦多係香港行政、立法兩局議員。70 年代中後期出任怡和主席的紐璧堅、滙豐銀行前主席沈弼和現任主席蒲偉士（1998 年卸任——編者註）等都長期出任香港行政局議員。香港太古集團董事局成員也曾多次在政府及半官方機構擔任要職。如 70 年代出任香港太古主席的彭勵治，就曾兼任香港行政、立法兩局議員，1982 年至 1986 年更打破常規，出任香港政府財政

01

怡和：《怡和洋行的復興（1945—1946）》，載《香港與怡和洋行》，武漢大學出版社，1986 年，第 149 頁。

司，掌管港府經濟事務大權。太古現任董事局董事鄧蓮如亦長期出任香港行政、立法兩局議員，並出任香港貿易發展局主席。

正因為英資財團與港英政府的這種特殊關係，其在香港的經濟利益自然得到港府的特殊照顧，例如早期能以優惠條件獲批土地以發展倉儲碼頭及船埠，優先獲得經營電訊、電力供應等重要公用事業的專利權，並且在香港的壟斷地位亦獲得港府的特殊政策的保護，例如國泰航空在港府"一條航線、一家航空公司"的政策保護下幾乎壟斷了香港的航空業。英資財團首腦身處香港的權力核心，不僅直接影響港府的決策，獲得種種特權，而且可掌握最新鮮、最機密、最全面的資訊，這無疑對其集團的業務大有裨益。因此，英資財團和港英政府的密切結合，形成了英國對香港實行殖民管治的強大政治、經濟力量。在這種格局中，英資無疑處於極其有利的地位。

綜上所述，儘管 70 年代以來，英資及英資財團的壟斷地位已被打破，進入過渡時期以來其實力又進一步下降，然而，憑藉着悠久的歷史淵源、根深蒂固的基業、港英政府的支持以及從中所取得的種種政治、經濟權力，英資及英資財團至今仍在很大程度上控制着香港的金融業，壟斷着電訊、航空、電力供應等公用事業，掌握着香港經濟的重要命脈，因而在香港經濟中發揮着主導作用，使香港資本結構，亦形成了以英資為主導，以華資為主體，以美日及東南亞等國際資本及中資為重要輔助和補充的格局。

三、"九七"回歸對英資財團的挑戰

然而，毋庸置疑，在經歷 1997 年的歷史性轉變之後，英資財團無可避免地面臨一系列嚴峻的挑戰，其在香港經濟及資本結構中的主導地位，亦將隨之逐步被削弱並被取代。

首先，是喪失政治特權所帶來的挑戰。1997 年 7 月 1 日之後，隨着港英政府的落旗歸國、香港回歸以及香港特區政府的籌組建立等一系列重大歷史性轉變，英資財團與香港特區政府的關係發生質的變化，不但不再是同聲同氣的"自己人"，而且與華資、中資集團相比，如果不是處於劣勢的話，至少已不再具備任何優勢。英資財團在香港的政治架構中，不但將喪失以往的全部特權，其政治影響力亦將大幅削弱。反映這種轉變的事件，是鄧蓮如勳爵的突然辭職、香港特區籌委會的組建、特區行政長官的選舉以及特區行政會議的組建等一系列政治事件。

鄧蓮如是英資財團在香港政治舞台上的華人最高級代表人物，她的半生事業建基於香港太古集團。鄧蓮如 1963 年加入香港太古集團，1978 年晉升香港太古董事，1982 年出任太古洋行執行董事，並作為太古集團的政治代表長期活躍於香港政壇，長期出任立法、行政兩局議員，並出任行政局首席議員及香港貿易發展局主席，是香港的政治紅人。然而，1995 年 6 月，正值香港政治舞台群雄崛起之際，鄧蓮如突然宣佈辭去行政局議員職務，並決定於 1996 年中定居英國倫敦，出任英國太古集團常務董事。這一令全港矚目的舉措明顯是香港英資財團在政治上失勢的徵兆。鄧蓮如表示，她相信在 1997 年之後香港的政治架構中將沒有她的角色。很明顯，隨着英國的撤退以及行政、立法兩局逐漸引進民選議員，英資財團的政治代表在兩局扮演重要角色的時代已逐漸遠去。鄧蓮如的這一舉措意義深遠，反映出英資財團在香港享有政治特權的時代已一去不復返了。

與鄧蓮如辭職成強烈反差的，是 1996 年初香港特別行政區籌備委員會的組建。與預委會不同，籌委會是擁有實權的機構，其職責是籌組特區政府管治班子，包括籌組 400 人的推選委員會，推選首屆行政長官，因而對未來的特區政府具重大影響力。在特區籌委會 150 位成員中，香港委員佔 90 人，全部是來自香港各階層、各行業的代表。其中，來自香港商界的代表約佔三分之一，華資大財團的首腦人物，包括李嘉誠、李兆基、鄭裕彤、郭炳湘、吳光正、霍英東、邵逸夫、林百欣、查濟民、鄭維健、唐翔千、馮國綸、徐展堂、陳有慶、安子介、郭鶴年、謝中民等，幾乎是全數進入籌委會。而英資財團的大班們，除了英之傑太平洋主席鄭明訓（華人）之外，均全數被摒棄局外。這種情況，與殖民地時代香港行政局的組成，實有天淵之別。

這兩個事件傳達的清晰資訊是，隨着 1997 年香港回歸，英資財團在香港長期享有的政治特權將逐步喪失，它們在香港政治舞台上的影響力亦將迅速減弱。這種重大轉變，對於向來孤傲、說一不二的英資大班，滋味確實不大好受。不過，這種轉變早已在英資財團的預料之中，他們對此已開始部署應變策略，即加速集團高層行政管理人員的當地語系化。

其次，是喪失經濟特權所帶來的挑戰。隨着英資財團在香港政壇影響力的逐漸削弱，其在經濟領域中的種種特權亦面臨喪失的危險。有論者認為：“隨着英國對香港長達 150 年的殖民統治劃上句號，憑藉祖家特權在香港商界縱橫逾一個半世紀的英資財團亦將辭別其‘黃金時代’。在最好的情形下，‘九七’後，英資財團在香港仍然可以享受公平競爭的地位；在最壞的情形下，‘九七’後，英資財團可能因中英關係差而在香港的業務遭遇負面影響。” **01** 這種評論不無道理。

換言之，無論在何種情形下，英資財團在“九七”後將逐步喪失其在經濟領域長期享受的特權。明顯反映出這種變化趨勢的，是 1995 年香港在本地電話市場的開放及 1996 年國泰航空、港龍航空的“利益重整”。長期以來，英國大東電報集團控制的香港電話壟斷了香港本地電話及國際電話的經營權，這種情況在 80 年代中後期已遭到挑戰。隨着資訊科技革命及全球電訊業的發展，香港的電訊服務迅速從專利經營的國際電訊、電話等領域向非專利經營的傳呼機、流動電話等領域擴散，華商李嘉誠旗下的和記傳訊首先在此領域迅速崛起並取得領先地位。1992 年，港英政府在全球電訊自由化大趨勢及華商的壓力下，被迫宣佈開放本地電訊市場，採用開放式發牌制度引進超過一個固定電訊網絡，與香港電訊旗下的香港電話公司展開競爭，結果和記黃埔的和記傳訊、九龍倉的香港新電訊及新世界的新世界電話獲得經營牌照，於 1995 年 7 月 1 日起即香港電話公司本地電話專利權屆滿時進入市場，成為英資的強大競爭者。從目前情況看，香港電訊控制的國際電訊專利權，也極可能提前結束，開放市場。因此，英資在電訊業的壟斷正逐漸被打破。

航空業的情況大致相同。長期以來，太古旗下的國泰航空，作為香港主要的航空公司，一直以啟德機場的着陸權交換外國航線，並在港府“一條航線、一家航空公司”的政策保護下迅速坐大。不過，踏入 1995 年，國泰航空多年來獨家的着陸權地位開始動搖，並受到了來自中國航空（香港）公司的挑戰。1995 年 4 月，香港中航正式向香港政府申請航空經營牌照，成為香港航空市場的強有力競爭者。在形勢逼人的情況下，太古選擇了進一步加強留港發展的部署。1996 年 4 月 29 日，太古及國泰宣佈，將與中信泰富攜手以低於市場預期的價格，將 35.8% 的港龍航空股權出售予香港中航，國泰同時發行 5.73 億港元新股予中信泰富，集資 63 億港元。在有關交易完成後，香港中航成為港龍航空的最大股東，太古及國泰降為港龍的第三大股東，太古在國泰航空的持股量亦減至 43.9%，而中信泰富對國泰航空的持股量將增加到 25%，中信泰富將委派四位董事加入國泰董事局、委派兩名代表加入國泰執行委員會。至此，香港航空市場的“利益整合”順利完成。很明顯，太古的策略是“棄

01′

蕭思：《英資“退”而不盡相同，中資“進”而未必稱雄》，香港《鏡報》月刊，1995 年 5 月號，第 14 頁。

車保帥", 在以和為貴的原則下, 國泰航空可順利過渡 "九七", 並與中航在香港的航空市場並存, 獲得生存空間。不過, 長遠而言, 中資控制的港龍航空將成為國泰航空的強勁挑戰者, 國泰在香港航空業的壟斷地位將完全被打破。

四、"九七" 回歸後的發展機遇

"九七" 回歸對香港的英資財團來說, 不僅僅是嚴峻的挑戰, 亦充滿巨大的發展機遇。這就是部署集團國際化戰略的怡和、滙豐絕不輕言撤出香港的原因, 亦是部署留港的太古、香港電訊等不惜付出代價穩守香港核心業務的關鍵所在。踏入過渡時期以來, 香港與中國內地, 尤其是以廣東珠江三角洲為核心的華南地區的經濟合作, 取得了舉世矚目的進展。

這種合作從香港的製造業大規模內遷所引發的兩地生產要素和資源的重新配置開始, 迅速滲透到其他領域, 逐漸形成彼此高度依存、趨向融合的密切經濟關係。在這個過程中, 香港的經濟結構亦發生重大變化, 從原來的海島型經濟以及遠東的加工裝配中心, 迅速蛻變為以華南地區為腹地、輻射亞太區的國際性金融貿易中心, 其經濟容量正前所未有地擴展。為適應這種結構轉變, 香港正掀起空前的基礎建設熱潮, 包括赤鱲角新機場、內河及遠洋貨櫃碼頭、交通運輸系統以及都會計劃等正陸續展開, 整個經濟發展充滿可觀回報的投資機會。這對於在香港早已根深蒂固、枝壯葉茂的英資財團, 無疑是一個發展的黃金機會。

事實上, 怡和集團自 1995 年以後, 因海外發展屢屢受挫, 已開始調整原有的投資策略, 加強在香港的投資。海外發展的屢屢受挫, 令怡和對原有的策略作出調整, 加強了在香港的投資。怡和旗下的置地公司, 自 1982 年投得中環交易廣場地皮後, 多年來一直未有公開投地。1995 年底, 置地罕有地派出代表參與競投港府推出的司徒拔道一幅豪宅用地, 且與淘大置業競逐到最後一口價, 可惜無功而返。期間, 怡和常務董事文禮信亦親臨現場觀戰, 反映出置地對香港的地產投資轉趨活躍。在此之前, 置地又與新鴻基地產達成合作協定, 各佔五成權益合作發展元朗牛潭尾一幅面積約 100 萬平方英尺的地皮作住宅項目。1996 年初, 置地更自組財團積極參與機場鐵路中環站上蓋物業發展項目, 雖然再次敗落於由新鴻基地產、恒基地產、中華煤氣及中國銀行所組成的財團, 但反映出置地除希望力保其中區地王地位之外, 對香港 "九七" 後的前景已顯露信心。稍後, 怡和參與新鴻基地產、和記黃埔及中遠太平洋所組成財團（怡和佔 15% 的股權），成功奪得屯門內河貨櫃碼頭的發展權，而以怡和置地為首的青衣貨櫃碼頭集團在取得九號貨櫃碼頭發展權的問題上亦已展露曙光，中英兩國外長已達成共識，要求貨櫃碼頭經營商透過重組一號至九號碼頭權益，以解決九號貨櫃碼頭的僵局。

與怡和同時部署集團國際化的滙豐，在香港的業務不僅沒有削弱的跡象，而且有進一步加強的趨勢。這可從兩件事反映出來。

其一，滙豐銀行一改以往讓其附屬公司恒生銀行獨立展開業務的做法，插手恒生的業務，並且從恒生銀行最薄弱的環節財資業務入手。目前，進入恒生銀行董事局的滙豐要員已多達四人，包括任副董事長的葛賚，任董事的龐約翰、施偉富及鄭海泉，顯示滙豐無意削弱它對恒生銀行的控制。

其二，在滙豐銀行總部大廈開設一個除日本以外全亞洲最大的交易室，名為 "滙豐資本市場"，將滙豐銀行及其附屬商業銀行的財資及資本市場業務匯聚其間，以加強集團的財資業務，以便在財資與資本市場業務方面與 80 年代以來在香港金融市場崛起的美資投資銀行發起正面挑戰。滙豐的行動表明，它不但要維持其在香港商業銀行方面的優勢，而且要將這種優勢拓展到商人銀行領域。很明顯，滙豐對 "九七" 後香港經濟的前景相當有信心。

"九七" 後，英資財團面臨的一個重大發展機遇是對中國內地市場的拓展。"九七" 回歸令香港與中國內地的關係發生質的變化，從中英兩國之間的外部關係轉變為一個國家內部兩種不同社會制度之間的特殊關係。這種轉變，無疑將極大地加速香港與內地，主要是以廣東珠江三角洲為核心的華南地區經濟融合的進程；香港作為華南地區服務中心以及國際資本進軍中國龐大內地市場的跳板和橋頭堡的戰略地位將進一步提高。對此，香港工商專業聯合會在其一份反映香港工商界主流意見的大型研究報告《香港廿一：展望香港經濟十年路向》中曾明確指出："'九七' 年主權移交是香港經濟歷來最大的挑戰，但也提供了絕佳的機會，讓香港爭取更大的經濟繁榮。""如果香港能抓緊機會，推動中國工業市場化的發展，並將在港的服務經濟模式，與華南的生產基地結合起來，香港將會有一個異常龐大的消費者市場。" [01]

01′

香港工商專業聯合會：《香港廿一：展望香港經濟十年路向》，1993年，第 5—6 頁。

事實上，早在中國改革開放初期，英資財團已開始着手部署重返中國的策略性行動。1980 年，怡和就在北京註冊成立中國第一家中外合資企業 —— 中國迅達電梯公司。1986 年怡和旗下的怡和國際汽車先後與德國平治及中方成立南星汽車公司及三聯汽車技術服務公司，經營平治汽車在中國南方九省的代理銷售及維修業務。目前，怡和在中國內地的投資項目已超過 60 個，投資地域遍佈各大城市；太古在中國內地的投資項目已超過 40 個，投資領域涉及航空、實業、貿易及海洋服務；英之傑太平洋亦銳意進軍中國內地市場，其銷售網絡遍佈全國 20 多個城市。此外，滙豐、渣打及香港電訊都在積極拓展中國內地市場。滙豐及渣打銀行在中國內地的分行及辦事處已分別增加到 13 間及 15 間，在沿海開放城市逐步重建其龐大的金融網絡。

現階段，中國已全方位對外開放，正處於從計劃經濟轉向市場經濟的重要歷史時期，正成為亞太區乃至全球經濟高增長的地區，市場潛力巨大，充滿投資機會。1997 年的歷史性轉變之後，香港與內地的經濟關係無疑將更加密切，而中英之間的緊張關係將轉趨緩和，這極可能為與中國早已有悠久歷史淵源，並且已成功搶佔灘頭陣地的香港英資財團帶來 "絕佳" 的發展機遇。如果把握得好，1997 年之後英資財團極可能重返中國內地，開創其龐大商業勢力的第二個黃金時期。當然，與前一次不同的是，英資財團不會享有任何特權，它所依重的是它長期積累的豐富經驗以及其競爭優勢 —— 在公平競爭環境下的競爭優勢。

1997 年，對香港的英資財團來說，既是嚴峻的挑戰亦是重要的發展機遇。毋庸諱言，隨着香港 "九七" 回歸中國，英資財團長期以來賴以生存和發展的客觀環境將發生重要變化。然而，英資在香港經濟中的重要性並不會因而迅速下降。作為香港經濟的重要組成部分，作為香港經濟與國際市場的重要紐帶，英資和英資財團將成為歷史留給香港的一份珍貴資產。為保持香港經濟的國際性及其國際地位，英資繼續作為香港經濟的一股重要勢力而發揮作用，不僅符合英國的利益，也符合中國的長遠利益。中國政府對香港英資財團的政策將會十分慎重。實際上，中方對此亦已在《聯合聲明》中作出鄭重承諾。香港的英資財團能否順利回應 "九七" 香港經濟環境轉變所帶來的挑戰，並成功把握歷史發展的新機遇，是其能否作為香港經濟中一股舉足輕重的勢力繼續生存、發展的關鍵所在。這一點，對於香港英資財團的歷史命運，乃至香港整體經濟的發展，無疑有着極為深遠的影響。

（原文載劉澤生主編：《邁向新紀元 —— "九七" 香港回歸專家談》，

香江出版社，1997 年 7 月）

過渡時期怡和集團發展動向分析

【摘要】怡和集團是香港英資勢力中最具影響力和經濟實力的財團之一。本文主要分析了香港進入過渡時期以後,怡和集團的架構重組及其雙線發展的投資策略。進入過渡時期以來,怡和財團通過集團內部結構重組,在戰略上部署雙線發展:一方面通過遷冊、強化海外投資、海外上市三部曲,將集團國際化作為發展主線。特別是通過將集團非核心業務套現、不動產抵押及上市集資等形式,將資金外調加強海外投資,以實現將集團盈利來源及資產的一半分散到海外從而減低整個集團未來投資風險之目的。另一方面亦以穩守香港的核心資產及業務為輔線,以便在過渡時期餘下之七年觀察香港的政經環境,把握在有利形勢下拓展香港及中國市場的機會,爭取最大限度地獲取利潤,並藉以維持英國在香港的商業地位及與香港的重要聯繫。本文還探討了怡和進一步的可能發展動向及對香港經濟產生的負面影響。

怡和財團創辦於 1832 年,係凱瑟克家族控制的老牌英資財團。1842 年香港淪為英國殖民地後,怡和即將其總部從廣州遷往香港。怡和最初靠販賣鴉片起家,其後約一個世紀間勢力膨脹至中國各大城市,成為"英國經濟侵略中國之大本營"。[01] 共和國成立後,怡和損失了在華資產約 1,000 萬英鎊,[02] 遂撤退至香港,專注香港業務的發展,成為英資四大洋行之首,號稱"洋行中王侯",怡和主席與香港總督及滙豐主席,曾被港人並稱為香港三大亨,[03] 怡和財團對香港經濟影響之深廣可見一斑。

1984 年 3 月正值中英簽署聯《合聲明前》夕,怡和集團"旗艦"怡和控股搶先宣佈遷冊英屬自治區百慕達,消息傳出全港震驚,翌日股市恒生指數急挫 61 點,形成所謂"怡和震盪"。進入過渡時期,這個被該集團前任主席西門·凱瑟克形容為"一直代表殖民地時代的香港"的老牌英資財團,會否隨殖民地時代的結束而"淡出"?其發展動向如何?這已成為香港社會各界關注的焦點之一。

01
胡光鹿《怡和凱瑟克家族發跡史》,載《信報財經月刊》,第 4 卷第 9 期。

02
姚明嘉《怡和洋行撤港記》,載《轉折中的香港》。

03
胡光鹿《怡和凱瑟克家族發跡史》,載《信報財經月刊》,第 4 卷第 9 期。

一、重組集團內部結構

進入過渡時期，怡和財團最引人矚目的戰略動向，就是部署連串集團內部結構的重組。其內容主要包括：

第一，解除怡（怡和控股）置（置地）互控關係。70年代末華資財團迅速崛起，李嘉誠、包玉剛等先後成功收購英資和記黃埔及九龍倉，進而覬覦怡和旗下被譽為香港"地產王冠之明珠"的香港置地公司。面對日益強大的華資勢力威脅，怡和主席紐璧堅採取果斷措施，通過怡和控股及怡和證券公司控制置地四成股權而置地亦控制怡和四成股權的辦法，捍衛凱瑟克家族對怡置的控制權（圖3-1）。與此同時，港府修訂"控制權"定義，由過去的51%改成35%，此舉無疑有效地配合了怡置互控措施。

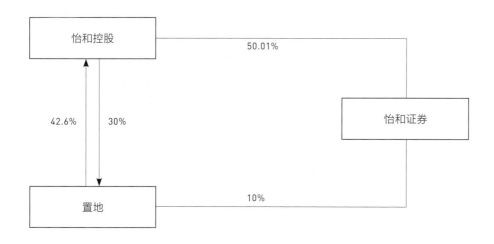

圖 3-1 ｜ 怡置互控概況

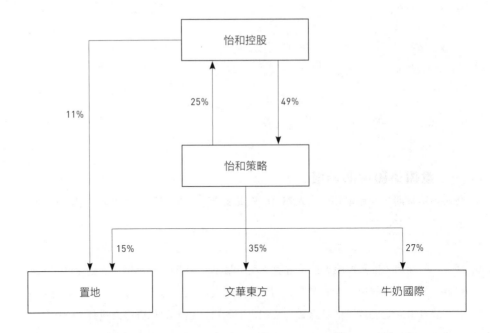

圖 3-2 │ 1986 年 12 月怡和內部結構重組

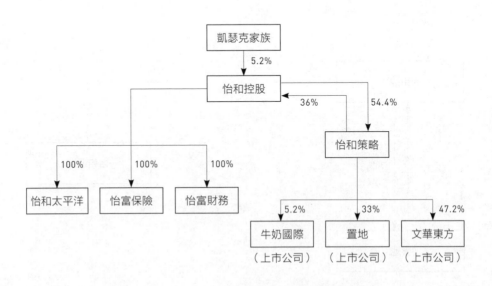

圖 3-3 │ 1990 年 3 月怡和財團內部結構概況

不過，怡和也因此而付出了沉重代價：首先，怡置雙方為維持對方的股權，導致大量資金被凍結，債台高築，削弱了整個集團投資及拓展業務的能力；其次，導致怡置互相拖累，1983 年地產市道崩潰，置地虧損 13 億港元，令當年純利劇減八成。[01] 怡和被迫出售大量海外業務及在港非核心業務，處於危城苦守的困局，主席紐璧堅亦黯然下台。為扭轉困局並重新部署過渡時期發展戰略，新任怡和主席西門・凱瑟克及其繼任人包偉仕採取了連串脫鈎行動：（1）1984 年 1 月置地以配售形式將所持怡和股權從 42.6% 減至 25%；（2）1986 年 3 月置地又將所持怡和股權的 12.5% 轉售怡和證券，使其對怡和股權進一步減至 12.5%；（3）1986 年 12 月怡和宣佈重大改組：由怡和控股、怡和證券及置地（置地將剩餘的 12.5% 的怡和股份注入）共同注資成立 "香港投資者有限公司"，進而與怡和證券合併成立怡和策略控股有限公司（簡稱 "怡和策略"）。至此，置地不再持有任何怡和股份，怡置互控關係解除（圖 3-2）。

第二，1986 年 12 月及 1987 年初，先後將原屬置地的全資附屬公司牛奶國際及文華東方從置地分拆出來獨自上市，改由怡和策略控制股權（圖 3-2）。

第三，1989 年 1 月，怡和成立全資附屬公司怡和太平洋，以統籌及加強怡和在亞太區的綜合貿易業務，包括銷售，連同怡和佔股權 75% 的仁孚在內的汽車銷售及服務、航運及航運業務、保安、物業管理和代理、工程與建築、財務等（圖 3-3）。

上述連串錯綜複雜的內部結構重組，從表面看，似乎是一種純粹以擺脫怡置互控所造成的困局、減輕債務、增強集團盈利能力為目的的商業決定，但從深層分析，這實際上是怡和集團為重新部署香港進入過渡時期後的發展戰略而在內部結構上所作的準備：

首先，在整個集團的架構上增設一間控股公司 —— 怡和策略，以取代置地的作用，將怡置互控轉換為怡和與怡和策略的互控。據怡和高層的意見，怡和策略只有在確保對系內各公司控制權的前提下才考慮發展，並將以海外投資作優先目標。此舉的目的，是在確保僅持怡和約 5% 控股權的凱瑟克家族能繼續牢固控制資產高達 700 餘億港元的怡和財團的同時，將置地解脫出來。

其次，通過機構重組，將怡和財團的六大業務，即地產、酒店、食品製造業及批發零售、綜合貿易、保險、投資銀行按類別分別歸入置地、文華東方、牛奶國際、怡

01'

本文有關怡和系內各公司的資料均來自香港聯合交易所提供的股市資料及怡和系各上市公司的財政年度報告書。

239

和太平洋、怡富保險和怡富財務，令這個集團結構更簡潔清晰，不僅有利於加強各子公司的經營管理，亦提高了其投資海外或穩守香港業務的機動性和彈性，以便最大限度地獲取盈利並減低投資風險。

再次，置地從怡置互控關係中解脫出來，並將牛奶國際及文華東方分拆出去後，再度成為怡和系內一家純粹從事地產投資的子公司（資產高達 430 億港元，佔整個怡和財團資產額的 50% 以上），並且實際上已成為怡和在香港部署進退的重要棋子。當怡和高層判斷香港政經環境惡劣而決定撤退時，怡和可將置地出售而不影響凱瑟克家族對怡和的控制權；若香港經濟快速增長，怡和可藉置地及系內各子公司在香港的業務而分享香港的繁榮。

可見，經上述重組，怡和已處於進可攻（加強海外投資）退可守（穩守香港核心業務）的有利地位。

二、主線：部署集團國際化戰略

早在 70 年代前期，怡和鑒於 50 年代在華巨額資產的損失及對香港這塊"借來的時空"的戒心，已開始部署其國際化發展戰略，包括收購英國的怡仁置業、夏威夷及菲律賓的大衛斯製糖、中東的 TTI 石油及南非的雷尼司綜合企業。不過這些投資並不成功，其後多數被出售。進入過渡時期，怡和高層對香港回歸始終懷有相當大的戒心，因而重新部署並強化其集團國際化的戰略。從到目前的發展看，這一戰略包括遷冊百慕達、加強海外投資及海外上市三部曲：

1. 遷冊百慕達

1984 年西門·凱瑟克宣佈："董事局認為，目前香港局勢不明朗，尤其對本港未來法律制度欠缺信心，所以決定轉移控制權到百慕達。"[01] 自 1984 年到 1990 年 3 月，怡和系內六間上市公司已悉數遷冊英屬自治區百慕達。遷冊後怡和系內各公司均以海外註冊公司的身份取代原上市公司在港掛牌上市，而原公司則成為該海外註冊公司的附屬機構。倘若"九七"後出現資產沒收或國有化等變局，這些海外註冊公司的損失最多只限於香港部分的資產而已。可見遷冊的關鍵是對香港前途缺乏信心，購買政治保險。此外，遷冊亦有利於凱瑟克家族鞏固對怡和的控制權。因為與香港不同，百慕達法律容許公司購回本身股票，怡和倘遇敵意收購，便可通過公司

01
參閱《南北極》雜誌，
1986 年 12 月 16 日。

表 3-1 | 怡和集團上市公司遷冊概況

公司名稱	遷冊日期	遷冊地點
怡和控股	1984.5.14	百慕達
牛奶國際	1986.9.18	百慕達
怡和策略	1986.12.27	百慕達
文華東方	1987.4.29	百慕達
置地	1989.3.17	百慕達
仁孚	1990.3.20	百慕達

自購股票途徑間接提高持股比例,從而鞏固控制權(最近聯交所新上市規制,已規定海外註冊的香港上市公司在購回自身股票前須徵得證監會和聯交所的書面批准)。

2. 加強海外投資

由於遷冊並不能絕對保障公司資產特別是香港部分的資產不受損失,1984 年西門·凱瑟克在宣佈遷冊的同時就指出:怡和須改變大部分盈利來源和資產集中在香港及中國地區(其中尤以香港佔絕大部分)的現狀,怡和將在未來一段時期內將盈利來源及資產分散,達致香港及中國地區佔一半,其他國際地區佔一半的目標,而"不致將所有雞蛋放在一個籃子裡"。[01] 1986 年怡和經內部重組後,財政實力大增,遂再次大規模加強海外業務的擴張,系內各公司中,尤以牛奶國際、文華東方以及怡和控股的幾間附屬公司表現最突出:

(1)牛奶國際:牛奶國際自 1986 年 12 月分拆上市後,即以其核心業務 —— 食品製造、批發及零售為基礎向海外擴張,大型收購包括 1987 年以 21 億港元購入英國第六大超級市場集團 Kwik Save 25% 的股權、1988 年以來在台灣開設 16 間惠康超級市場;1990 年以 9.83 億港元收購西班牙 Simago S.A 零售連鎖集團以及以 12.64 億港元收購新西蘭 Woolworths(New Zealand)Ltd。此外,牛奶國際於 1979 年收購的澳洲超級市場集團 Franklins 亦以原根據地的新南威爾士省擴展到玉昆士蘭省及維多利亞省。目前牛奶國際旗下共擁有 800 餘間零售店,包括香港及台灣的惠康超級市場 171 間,香港、新加坡及馬來西亞的"7.11"便利店 368 間(其中新、

01′

見《香港經濟日報》,1990 年 3 月 22 日。

馬各 62 間），澳洲 Franklins 超級市場 191 間、新西蘭 Woolworths 零售店 62 間、西班牙 Simago 連鎖店 107 間以及英國 Kwik Sare（有誤）連鎖店 670 間（佔 25% 股權）。1989 年牛奶國際 60% 的資產及 50% 的盈利來自香港及中國以外的其他地區，已發展成一家國際性食品製造及銷售集團。

（2）文華東方：文華東方 1987 年 6 月上市，核心業務為酒店業，目前擁有香港及東南亞七間酒店權益，包括香港文華（佔股權 100%）、香港怡東（100%）、澳門文華（佔 50%）、馬尼拉文華（佔 95.6%）、椰加達文華（佔 50%）、曼谷東方（佔 44.9%）以及新加坡東方（佔 15%）。此外還管理美國三藩市文華東方及加拿大溫哥華東方。1989 年文華東方的稅前盈利及資產淨值仍主要來自香港，分別佔 73% 及 77%，而來源於海外的僅佔 27% 及 23%。目前文華東方海外資產及盈利的增長潛力極大（1989 年文華東方來自海外盈利增長達 26%，而香港僅 9.5%），曾有傳聞說怡和策略可能將文華東方私有化，再將資產淨值達 50 億港元的香港文華及香港怡東出售，套現資金向海外發展。姑且勿論上述傳聞是否屬實，但積極尋找海外發展機會可說是文華東方的既定政策。目前文華東方還在馬來西亞、印尼、印度及澳門等地發展酒店，據說計劃在未來數年間在其他城市擁有十間左右豪華酒店的股權及管理合約。

（3）怡和控股：怡和控股係怡和財團 "旗艦"，包括怡和策略、怡和太平洋、怡富保險及怡富財務四大公司。1986 年怡和動用 4.83 億港元收購美國 Emtt & Chandler 及其保險經紀公司；1989 年怡和太平洋成立後更注重在亞太區擴展，包括收購澳洲薄餅外賣連鎖店 Dial Dimo's 的權益，購入專門從事中流貨櫃處理業務的海港貨櫃 41% 的權益及與 MCM 合作發展少數高級消費品的專門店。怡和的海外擴展經數年努力，目前已漸有收成。1989 年東南亞地區經濟快速增長而香港經濟放緩，令怡

表 3-2 ｜ 怡和控股盈利來源及資產淨值在海外（香港及中國內地以外地區）歷年比重

	1984 年	1985 年	1986 年	1987 年	1988 年	1989 年
盈利來源	25%	24%	34%	27%	35%	46%
資產淨值	28%	29%	28%	36%	19%	30%

資料來源：怡和控股歷年年報

和控股來自海外的盈利比率大幅增至 46%，可說初步達到西門・凱瑟克的心願。不過，由於置地雄厚的資產主要集中在香港，而怡和的海外業務又以非資產性為主，包括零售、貿易及金融服務等，因此以資產淨值計，1989 年底怡和在香港及中國地區資產所佔比重仍高達七成（表 3-2）。估計在未來數年中將利益來源及資產的一半分散到海外仍是怡和的既定發展目標。

3. 海外上市

其實怡和控股早已在倫敦以 Over The Counter（場外交易市場）的形式掛牌買賣。1990 年 5 月怡和控股及牛奶國際宣佈申請並獲准在倫敦交易所正式上市，同時改用國際會計準則（IAS）編制公司賬目及以美元為計算單位。其後，怡和旗下的置地及文華東方亦宣佈將隨母公司在倫敦上市。怡和高層甚至表示會考慮在美國上市，不過目前礙於美國證券條例太複雜而遲遲未能實現。是項行動相信是與怡和遷冊、加強海外投資相配合的另一國際化戰略部署。正如華寶證券研究部董事鮑寧所指出的，這"只不過是怡和系撤出香港的另一行動"。[01] 今後怡和會否將第一上市地從香港進一步遷往倫敦，值得關注。海外上市，將令怡和可藉海外市場集資，改用國際會計準則後亦將大幅降低怡和的負債比率，增強其借貸及投資能力。[02] 更重要的是，此舉將改變怡和股東以香港為基礎的現狀，使怡和股東基礎擴大，進而國際化，從而有利於提高公司評級及其在國際上的知名度，令怡和最終成為一間國際性的公司。上述分析顯示，在整個過渡時期，集團國際化已成為怡和發展戰略中的主線。

01′
見《信報》，1990 年 5 月 12 日。

02′
見《信心危機下遷冊花樣多》一文分析，載《當代時事週刊》，1990 年 5 月 26 日。

三、輔線：穩守香港的核心業務

怡和對置地的態度，某種程度上可說是怡和集團淡出或穩守香港基地的晴雨錶。80 年代初怡置互控後，置地一反常態大肆擴張，在 1981 至 1982 年間，推行連串擴展計劃，包括以 9 億港元購入電話公司 35% 股權、以 27.9 億港元購入香港電燈 35% 股權、以 47.55 億港元高價投中現交易廣場地皮、以 13.08 億港元購入白筆山（置地佔 40%）、以 28 億港元購入美麗華酒店舊翼（置地佔 35%）以及以 5 億港元購入廣東銀行大廈，短短兩三年間置地迅速膨脹為一間超級上市公司，而負債亦高達 160 億港元。1983 年地產市道崩潰，置地陷入空前困境。進入過渡時期，西門・凱瑟克在結構重組中對置地施行大手術：（1）怡置互控脫鈎；（2）將置地地產以外業務分拆或出售，包括以 14 億港元出售電話公司股權、以 25 億港元出售香港電燈股權，將牛奶國際及文華東方分拆上市；（3）將置地非核心物業出售，包括以 3.39 億港元將地利根德剩餘 83 個單位出售,以 23.99 億港元將銅鑼灣皇室大廈及灣仔夏愨大廈出售;(4)不再進行地產發展,專注地產投資(收租),目前剩餘的重要發展計劃為中區雪廠街 9 號重建。至此,置地已恢復為一間純粹的地產投資公司,其所擁有的物業除銅鑼灣的世界貿易中心及灣仔的海軍會所外,其餘幾乎全部集中在中區,包括交易廣場一、二、三期及置地廣場、歷山大廈、太子大廈、太古大廈、怡和大廈、廣東銀行大廈等,共約 580 萬平方呎貴重商業樓宇面積,其資產淨值 1988 年高達 430 億港元。上述種種措施,一度使怡和有意放棄置地的傳聞甚囂塵上,置地股價因而屢創新高,1987 年 10 月初據說李嘉誠等華資大戶曾向西門•凱瑟克提出以每股 17 港元價格收購置地,而西門•凱瑟克亦曾說過 "The door is always open"(大門總是敞開的),"Everything has a price"(問題在於價格)等語。**01** 上述跡象顯示,怡和確實曾有意準備出售置地,淡出香港。

01

見《信報財經月刊》,1988 年 6 月號,第 28 頁。

不過,怡和放棄置地的傳聞經 1988 年 5 月怡和與華資財團達成的一項協議而被擊得粉碎。是項協議規定,怡和動用 18.34 億港元巨資,以每股 8.95 港元(比當天收市價高 0.05 港元)的價格,向長江實業、新世界發展、恒基兆業以及中信購回置地 8% 的股權,從而使怡和對置地的控股權從 25% 增至 33%。據說是項協議有附加條件,即今後七年華資不再染指置地。事後西門•凱瑟克表示:"怡和視置地為一項長期投資,希望此舉掃除各種猜測,及展示怡和長期投資的旗幟。"這次事件反映怡和高層對香港前景的看法,與 1984 年遷冊時相比已有一定程度的改變,即決心穩守香港核心業務,保持香港大行地位及集團內最驕人的資產。這種轉變,究其原因主要有兩點:(1)1984 年中英簽署《聯合聲明》後,香港前途明朗化,政局穩定,投資者信心恢復。香港再藉中國的對外開放而獲得經濟的高速增長,1986—1988 年,香港本地生產總值年均增幅高達兩位數,顯示香港仍然是最賺錢的地方,此時撤出香港,將百年基業拱手讓給他人,實在可惜;(2)經 70 年代初的教訓,怡和對香港的重要性似有更多認識,再加上怡和的海外投資並不理想,盈利來源仍主要來自香港,若將置地出售,無疑是切斷集團最主要的收益來源,對集團並無好處。此外,此舉還可消除市場對怡和的疑慮,並有助在中國市場重建友好外資形象,以便怡和藉香港核心業務探索開拓香港及中國內地市場的機會及可行性。

當然,並不能因此項協議而排除怡和最終出售置地的可能性,是項協議實際上幫助怡和爭得七年時間以觀察香港政經環境的變化,並處於進可攻退可守的有利地位。1989 年 3 月,置地宣佈通過向銀行貸款及其他融資方式籌借 51 億港元巨款,以削減股本的形式償還給股東每股現金二元。這種反常的"借債還本"措施，其最大受惠者是怡和策略，由於怡和策略擁有置地 33% 的股權，按比例可得置地 16 億港元的現金派發，從而大大減輕其高達 30 億元的債務。而置地的借貸比率卻從原來的 3% 提高到 20%，不僅加重了公司的財務負擔，而且可能影響到公司的長遠發展。怡和棄車保帥，犧牲置地利益，並將風險轉嫁銀行，可見其對香港的前景始終疑慮重重，對集團在香港的發展存在頗大戒心。

四、今後動向及對香港經濟的影響

綜上所述，進入過渡時期以來，怡和財團通過集團內部結構重組，在戰略上部署雙線發展：一方面通過遷冊、強化海外投資、海外上市三部曲，將集團國際化作為發展主線。特別是通過將集團非核心業務套現、不動產抵押及上市集資等形式，將資金外調加強海外投資，以實現將集團盈利來源及資產的一半分散到海外從而減低整個集團未來投資風險之目的。另一方面亦穩守香港的核心資產及業務，以便在過渡時期餘下之七年觀察香港的政經環境，把握在有利形勢下拓展香港及中國內地市場的機會，爭取最大限度地獲取利潤，並藉以維持英國在香港的商業地位及與香港的重要聯繫。然而，這並不能完全排除怡和進一步大幅撤出香港的可能性，怡和對置地以及對香港文華酒店、香港怡東酒店的態度可說是這一動向的測試標。未來七年間怡和會否進一步大幅撤離香港，取決於以下三個因素：（1）香港的經濟發展形勢及香港在亞太區經濟中的地位；（2）中國的開放形勢及內地與香港經濟關係的狀況；（3）怡和能否進一步在海外尋找到理想的投資機會以及怡和的海外投資是否理想。

怡和的戰略對其在香港經濟中的地位影響頗大。早在 70 年代前期，怡和部署的國際化戰略，導致其錯過了 70 年代中後期香港經濟蓬勃發展的良機，遂使華資財團乘勢而起，與之平分秋色，令其失去對香港經濟的壟斷地位，而海外投資之不成功更使其進退失據。進入過渡時期後，怡和繼續醞釀淡出之勢，又喪失不少在港進一步發展的機會，而香港四大洋行之首的地位亦被迫讓位於和記黃埔。幸而，怡和的戰略部署能作雙線發展，一方面通過穩守香港核心業務得以分享近年香港經濟繁榮的成果；另一方面其海外發展亦與 70 年代大肆擴展石油、製糖等新業務截然不同，而是以系內各公司的核心業務為主線，如牛奶國際的食品製造及少數文華東方的酒店、置地的地產、怡和太平洋的綜合貿易以及怡富保險和怡富財務的金融保險等穩步向外發展，終於扭轉困局，近年來獲得高速增長（表 3-3）。

表 3-3 ｜ 1983—1989 年怡和集團盈利增長情況（單位：億港元）

	1983 年	1984 年	1985 年	1986 年	1987 年	1988 年	1989 年
怡和	1.39	0.8	1.57	4.79	7.84	8.75	12.75
	−80%	−42%	+96%	+205%	+64%	+12%	+45%
怡和策略	—	—	—	—	5.24	11.13	15.77
					—	+112%	41.7%
置地	1.68	3.54	5.51	9.2	11.06	12.17	15.06
	−79%	+110%	+55%	+675	+20%	+10%	23.7%
牛奶國際	1.91	2.41	3.53	2.89	4.56	7.73	9.82
	—	+26%	+46%	−18%	+58%	+69.5%	+27%
文華東方	0.72	1.02	1.40	1.64	2.45	3.49	3.93
	—	+42%	+37%	+17%	+49%	+42%	+13%

資料來源：香港股票研究中心編印《1983—1988 年香港股票資料手冊》、《信報財經月刊》（1990 年 5 月）。

表 3-4 ｜ 怡和財團各上市公司資產淨值及股票市值（單位：億港元）

	1988 年 12 月資產淨值	1990 年 6 月 29 日股市市值
怡和控股	99.19	202.17
怡和策略	101.19	117.75 [1]
置地	430.06	216.31
牛奶國際	52.27	158.40
文華東方	51.51	41.90
仁孚	4.28	15.55
合計	739.50	752.08

①怡和策略市值包括其優先股市值。

資料來源：《信報財經月刊》，1990 年 5 月；《信報》，1990 年 6 月 30 日。

怡和發展動向對香港經濟影響更形重大，百餘年間怡和隨香港經濟發展，久踞英資四大洋行首位。1988 年怡和系資產淨值高達 739.50 億港元；1990 年 6 月底其股市市值 752.08 億港元，佔香港股市總值的 10.24%（表 3-4），僅次於李嘉誠財團。怡和在香港的業務至今仍規模宏大，深深滲透入各行業。據說即使是偶然來港數天之旅客，亦會不期然在各方面與怡和扯上關係。因此，怡和的舉手投足都會對香港經濟造成直接或間接的影響及衝擊。這種衝擊可分為心理上與經濟上兩個層次。從心理層面看，怡和的遷冊以及置地遷冊兼借債還本都導致香港股市的大幅下挫，形成所謂"怡和震盪"及"置地震盪"。置地遷冊更被評為"土地也移民"。作為老牌英資的怡和財團遷冊兼"走資"，進一步加深了港人對香港前途的疑慮及所謂"信心危機"，亦給香港順利回歸增添了壓力；從經濟層面看，自怡和首開遷冊之先河後，遷冊似已蔚然成風。到目前為止，遷冊海外的上市公司已達 70 家。怡和似已成為香港不少傳統英資及華資公司爭相仿效的對象，大財團的大型海外投資及收購行動亦屢有所聞，1989 年長實集團主席李嘉誠亦表示，要將集團的資產比例從過去的香港佔 80%、海外佔 20% 改為香港佔 60%、海外佔 40%。

怡和的國際化戰略在某種程度上加強了香港經濟的國際化，一方面部分英資、華資公司淡出香港，並以外國公司身份在港運作；另一方面其所淡出的空檔給那些對香港前景樂觀的外資，特別是日資以機會，令後者加強了在港的擴展。這種資本結構變化的趨向，相信會在未來數年中持續下去，變化的結果將對香港經濟產生何種影響，應該是進一步研究的課題。不過，因資產的流動性加強可能導致香港經濟的波動加大，則是可以預料的。未來七年間，倘若怡和有大幅撤出香港的舉動，必將對香港經濟造成重大衝擊，對此應有所警惕及準備。

（原文載香港東南經濟信息中心：《研究報告》，第 3 期，1990 年 7 月 24 日）

英資從巔峰滑落的歷史背景與原因

【摘要】本文重點研究了從 20 世紀 70 年代末到 80 年代香港英資及英資財團從權力的巔峰迅速滑落的歷史背景與主要原因。本文認為，英資財團在香港及遠東的崛起、稱雄及至從巔峰滑落，是時代轉變使然，它深受中英兩大國在遠東政治格局中的角力所影響；同時指出，英資財團勢力之從巔峰滑落，除受到時代及政治因素轉變的制約之外，從某種程度上說，還受到香港經濟增長模式轉變的巨大影響，可以說正是這種轉變的歷史產物。另外，英資與華資財團勢力的此消彼長，還與它們對香港經濟及地產循環週期的判斷以及由此而制訂的投資策略亦關係重大。

從 1978 年到 1985 年的短短八年間，英資財團逾百年來在香港至高無上的權勢，遭到戰後急速崛起的新興華資財團的嚴峻挑戰，數家大型的老牌上市公司，包括青州英坭、和記黃埔、九龍倉、香港電燈以及會德豐等，先後被華資財團收購、吞併，歷史悠久、聲名顯赫的英資四大洋行四折其二。號稱 "洋行之王" 的怡和，旗下的兩大股肱九龍倉被褫奪，置地被圍捕，僅餘作風保守、穩健的太古尚能倖免。英資財團不可戰勝的神話隨風而逝，其在香港經濟中長期形成的壟斷地位亦因此動搖。自此，香港經濟進入一個新紀元，華資勢力成為一股舉足輕重的新興力量。

1980 年 11 月 25 日，就在李嘉誠收購和記黃埔、包玉剛收購九龍倉之後不久，美國《洛杉磯時報》就以《華商鉅子雄霸香港》為題發表評論，一針見血地指出香港華資與英資的力量對比已發生重大變化。文章指出："現在，煙幕已被驅散，經濟評論家稱之為 '香港經濟戰' 的真相清晰可見，顯然香港經濟力量的結構已與往昔有所不同。自 19 世紀中葉鴉片戰爭以來，英國 '大班' 一直橫行無忌地以資本主義方式統治着遠離英國的香港，但他們的優越地位已漸漸被一群新崛起而又野心勃勃的華商粉碎了。那些傳統上被稱為 '行' 的英國貿易公司，向來傲慢自大，卻被冠上一個更貼切、更現實的名稱 —— 集團。這些集團仍然屹立在香港商界，一時並沒有退卻的跡象。然而，他們的地位已開始動搖，唯我獨尊的形象已被打破。一些觀察家認為英國人在香港所經營的'行'已是日暮西山,這一前往中國的要道 —— 香港,正有越來越多的華商興起。多年來被譽為商業鉅子的英國'大班'正竭力支撐其所經營的'行',以阻止華商劫掠式的蠶食。當受到那群財雄勢大、野心勃勃、與北京扯上關係的華商的打擊時,英商感到莫大羞辱。"該文預測:"照目前的趨勢來看,華人與英人在香港社會扮演的傳統角色,將會有一個順理成章的轉變。在這瞬息萬變的年代,實在是頗為尖銳的諷刺。以往中國人受英國人支配了整整 140 年,而今可能形勢一轉,英國人受中國人支配。"

所謂"冰凍三尺,非一日之寒"。1979 年 9 月,長江實業集團主席李嘉誠在宣佈收購和記黃埔之後,曾神采飛揚地對記者們說了一句極富哲理的話語:"世界在變化中,很自然'行'也要變。"誠然,這種急劇的歷史轉變,背後顯然蘊藏着極其深刻的政治、經濟等種種客觀及主觀因素,耐人尋味,發人深省!

一、戰後遠東政治格局的變化:中英勢力此消彼長

英資財團在香港及遠東的崛起、稱雄及至從巔峰滑落,是時代轉變使然,它深受中英兩大國在遠東政治格局中的角力影響。

19 世紀上半葉,率先完成工業革命的英國已崛起為世界最強大的工業國家,並在全球範圍建立了大英帝國。英國在遠東的擴張,導致了規模浩大、猖獗的鴉片貿易和鴉片走私活動,以及兩次中英鴉片戰爭。由於中國的積弱,清政府的腐敗、無能,中國被迫割讓香港,開放門戶。在這個過程中,一大批原本規模細小的英資洋行從中牟取了驚人的利潤,完成了資本的原始積累,迅速在香港及遠東崛起、壯大。隨着西方列強在中國攫取種種特權,英資洋行中的佼佼者,諸如怡和、太古,以及滙豐銀行等,迅速發展成為實力雄厚的壟斷集團。

大英帝國的國勢在一戰前後達到頂峰，此後，由於受到戰爭的影響，實力遭到削弱，殖民體系開始動搖。二戰後，隨着美國和蘇聯在全球政治事務中的崛起，英國逐漸淪為二等國家，經濟體系更受到戰爭的沉重打擊，而民族主義的興起又令大英帝國面臨迅速瓦解的局面，英國在遠東的勢力開始衰落。這期間，中國共產黨在內戰中取得決定性勝利，將蔣介石及國民黨政府逼至台灣島，中華人民共和國宣告成立，遠東的政治格局發生了根本性的轉變。這一時期，一度稱雄中國內地的英資財團首次遭到重大挫折，它們損失了在中國內地的全部資產和業務，被迫撤退至香港。對時局的轉變感受最深的莫如最後撤離內地的怡和大班約翰・凱瑟克，他在離開上海前夕，曾召開各地分行高層管理人員聯席會議，宣佈下旗歸國。他說："看來，我們的好日子是過去了。將來從香港和中國內地打交道，怕也不能按我們的老規矩辦事了。"**01**

從 50 年代起，隨着香港工業化的快速發展以及香港整體經濟起飛，以怡和、太古、和記黃埔、會德豐等四大英資洋行以及滙豐銀行為首的英資財團再度獲得迅速的發展，並且壟斷了香港經濟的重要命脈。然而，英資財團對香港這個 "借來的時空" 始終深存戒心，擔心香港遲早會歸還中國，因而在投資上採取 "分散風險" 的策略，如怡和抽調龐大資金收購英國的怡仁置業、美國的戴惠斯、南非的雷里斯、中東的 TTI 等；會德豐則全力發展航運，把 "資產浮在公海上"，以策萬全；太古也積極發展航空，把資金變成 "會飛的資產"，結果錯失在香港的黃金發展機會。而即使在香港的發展，也主要透過上市集資、發行新股進行，如九龍倉及置地等，結果令英資公司的股票大量流失到普羅市民手中，為華資大亨的狙擊埋下伏線。

反觀華資，從戰後到 50 年代初，隨着中國政局的急劇轉變，大批來自上海等內地城市的華人實業家及沿海省份的殷商移居香港，據估計，這些華商以商品、有價證券、黃金及外幣等各種形式帶入香港的資金，高達 5 億多美元。**02** 這批資金的流入，大大加強了香港經濟的實力和活躍程度，推動了香港經濟的復蘇及邁向工業化。1949 年中華人民共和國成立後，中國國勢漸興，對香港政治、經濟的影響力日漸增強。當時，中國政府對香港採取了 "長期打算，充分利用" 的政策，使香港的政局得以迅速穩定，成為當時政局動盪的東南亞地區的資金 "避難所"。期間，大批華僑資金因東南亞的排華浪潮而湧入香港，進一步加強了華資在香港經濟中的勢力。

01

方以端：《怡和洋行在華興衰史（1832—1949）》，香港《信報財經月刊》，第 8 卷第 4 期，第 112 頁。

02

元建邦：《香港史略》，香港中流出版社，1988 年，第 210 頁。

這一時期，中國的政治氣候也直接左右着香港財富的轉移，影響着英資與華資兩大勢力的力量對比。1966 年，中國爆發空前的文化大革命，影響所及擴展到香港。當時，香港政局動盪，大批英資公司及富戶相繼拋售物業、股票，外撤或移民海外，導致地產崩潰；而一批新興的華資地產商，諸如李嘉誠、郭得勝、李兆基、王德輝等，在看好香港經濟長遠前景的情況下，大舉吸納土地儲備，奠定了日後發展的堅實基礎。70 年代以後，華資地產商透過將公司上市、發行新股籌集龐大資金，在地產發展方面更加進取。隨着市道繁榮，華資地產商實力作三級跳。

70 年代中期以後，中國在國際事務上的影響力大大提高，政局亦轉趨穩定：先是 1971 年加入聯合國，繼而與美國改善關係；其後，"四人幫" 被捕，為期十年的文化大革命結束。1977 年 7 月，鄧小平復出，重新活躍在中國的政治舞台上。1978 年底，中國共產黨中央委員會召開了一次歷史性會議 —— 十一屆三中全會，會議以壓倒性的姿態通過了鄧小平的改革開放政策，確定中共的戰略重心轉移到重建國民經濟的軌道上。70 年代末，中國先後在毗鄰香港、澳門的深圳、珠海、汕頭等地設置經濟特區，香港與內地中斷 20 多年的經貿聯繫迅速恢復。這一時期，香港的華商最早感受到中國經濟發展的強勁脈搏，其在香港經濟中的地位亦迅速提高。1980 年 11 月 19 日，英國著名的《金融時報》曾載文分析這種急速的轉變，它說："金錢、信心和民族主義在過去兩年所起的作用，已根本地改變了香港向來的勢力均衡。" 文章並指出："對香港的非華人來說，過去一年並不好過，他們既不能像華人企業家一樣感受到北京政治和經濟動向的改變，也不能像華人一樣對香港的產業具有信心，這種信心需要一種安全感和快速牟取利潤的機會主義同時支持。"[01] 其時，香港 "九七" 問題已漸次浮現，這使得英資財團的安全感及信心變得更加脆弱。[02] 正是在這種特定的歷史背景下，政治上漸取上風、經濟上朝氣蓬勃的新興華資財團向信心不足、經營保守的老牌英資財團發起了挑戰，從而一舉改變了香港經濟兩大資本力量的實力對比。

1981 年 1 月 1 日，李嘉誠正式出任和記黃埔主席，成為 "入主英資洋行第一人"。美國《新聞週刊》曾就此對其時代背景作過淋漓盡致的剖析，它說："上星期，億萬身家的地產發展商李嘉誠成為和記黃埔主席，這是華人出任一間大貿易行的第一次，正如香港的投資者所說，他不會是唯一的一個。香港華人企業家早已在英國人以外建立一個強有力的經濟基礎，但只是隨着中國貿易的自由化，他們才開始威脅到英國人的利益。去年初，船王包玉剛從最大最老資格的貿易行 —— 怡和手中，奪

01

參閱 "Why the barbarians' are losing ground"，*Financial Times*，1980 年 12 月 19 日。

02

當時，英國外交部曾對香港問題在白皮書上作以下記載："在 70 年代末期，……投資者對香港的前途開始表示關注，……認為若不設法採取步驟去減低 1997 年這個期限所帶來的不明朗情況，在 80 年代初期至 80 年代中期，便會出現信心迅速崩潰的現象。"見羅拔・郭瞳著、邱經綸等譯：《香港的終結 —— 英國撤退的秘密談判》，香港明報出版社，1993 年，第 59 頁。

得資產龐大的九龍倉控制權。包氏和李氏乘機利用港督麥理浩所稱的香港‘新的重要角色’，與北京政府成立合營企業。他們日益壯大的貿易王國，正重訂香港做生意的方式。”

這篇文章接着分析：“老牌的大班並沒有忽略李氏的論點（即“世界在變化中，很自然‘行’也要變”），怡和主席紐璧堅承認，在香港整個局面都變化了，在過去幾年，商界迅速地擴張，其中大部分是由華人企業家進行的。在北京開放其一度關閉的邊界後，整個進程在加速進行。船王包玉剛說：‘現時與中國做生意，華商佔優勢。’1980年首8個月，香港與中國的貿易增長超過50%，達到50億美元左右，在中國市場競爭方面，華商經常擊敗英國競爭者。與此同時，一些華人企業家包括李氏和包氏，對在香港商界取得更高的地位愈來愈不甘寂寞。”

文章引用滙豐銀行屬下獲多利財務董事奚戴德的一番話：“隨着北京態度的改變，這裡的華人對改變各‘行’的特性更具信心。四五年前，儘管他們有足夠的能力，可是他們卻不會試圖收購和記黃埔或怡和。”文章表示：“李氏的中國關係明顯地有助於他購得和記黃埔的控制權。早在1975年，當和黃陷入重大困難時，滙豐向其提供財務援助，和黃則以22.4%的股票作回報，這家貿易行自此之後早已回復財政健全。但當李氏向滙豐提出購買其持有的和黃股份時，滙豐所提供的特別優惠條件令英國人士大為吃驚。獲多利的奚戴德說：‘滙豐對本地經濟結構發生的變化十分敏感，並能隨着時間前進。’”這裡似乎提供了一個註腳，部分解釋了在新興華資財閥與老牌英資大行的激烈競爭中，滙豐銀行的微妙立場。

二、香港經濟增長模式的轉變

英資財團勢力之從巔峰滑落，除受到時代及政治因素轉變的制約之外，某種程度上還受到香港經濟增長模式轉變的巨大影響，可以說正是這種轉變的歷史產物。

從1841年香港開埠到20世紀50年代初，在逾百年的漫長經濟發展中，香港一直是作為對中國市場的貿易轉口港而存在和發展的。在這種傳統的經濟模式中，洋行由於其與歐美市場的天然聯繫以及分支機構遍佈內地，並有華人買辦的輔助，在中國的轉口貿易中處於崇高地位，控制了大部分中國對外貿易。50年代以後，由於朝鮮戰爭爆發，以美國為首的聯合國對中國實施貿易禁運，香港的轉口貿易驟然萎縮，洋行的地位因而動搖。這一時期，香港經濟發生第一次結構性轉變，從遠東的貿易轉口商埠迅速蛻變為亞太區的出口加工工業中心及工商並重的城市。伴隨着香港工業化的進程，新興華商在英資最薄弱的環節 —— 製造業集聚。當時，香港的內外部條件也為華商的發展提供了有利的條件。從內部條件看，香港作為遠東著名的貿易轉口港，經過逾百年的積累，不但建立了經濟發展所必需的各種基礎設施，而且與國際市場形成了悠久、密切的聯繫，為香港的工業化及經濟起飛準備了基本條件。而香港長期實行的自由開放的經濟政策（包括自由港政策、簡單及低稅率的稅制、沒有外匯資金管制等等），以及法律制度和法治環境，更為香港營造了良好的投資環境。從外部條件看，戰後西方工業國家在新一輪科技革命的推動下，其經濟進入一個持續增長的"黃金時期"，世界市場容量迅速擴大，減少關稅和國際貿易壁壘的自由貿易主義成為這一時期的主流；加上西方國家正推行產業結構調整，將勞動密集型產業轉移到發展中國家和地區，在國際市場上留下勞動密集型產品的空檔，這為發展中國家和地區的出口導向型經濟提供了良好的外部環境。

上述種種因素推動了香港工業化進程以及華資在香港製造業的迅速發展。不過，這一時期，華資企業家一方面資本有限，另一方面對國際市場的認識和聯繫有限，只得向洋行接入訂單、購入原材料，並將產品委託洋行轉銷海外，故洋行的地位仍得以維持。然而，到了 70 年代以後，香港的華資企業家已壯大實力，自己成立出口部，直接向外國買家報價，以免除中間人抽佣，洋行的地位自此迅速下降，這是洋行式微的開始。

對於英資洋行的衰微，1948 年已前來香港，在 70 年代後期一直身兼英之傑集團主席和滙豐銀行副主席的英商韋彼得就有深刻的感受。1978 年 11 月，韋彼得在接受記者訪問時，當記者問他戰後香港的最大轉變是什麼時，他說了這麼一番話："在本港經濟發展形式不斷轉變的過程中，本港貿易行地位的轉變，令我留下深刻的印象。當我剛剛來香港的時候，本港擁有很多不同形式的貿易行，它們主要是經營轉口業務，主要市場是中國，一方面是將歐美的貨品轉運中國，然後將中國的原料運往歐美。當時貿易行的地位極為崇高，幾乎能夠把持中國大部分的對外貿易。但至1949 年中共取得政權後，美國首先實施禁運，其後韓戰爆發，聯合國緊跟美國採取全面禁運的行動，這使本港的轉口業務一落千丈，很多貿易行在這時候遭到淘汰。幸而本港在這時候開始發展本身的製造業，並能獲得顯著成就，在這時候貿易行開始以出入口為業務的中心，將傳統的轉口貿易放在次要地位。由於競爭激烈，有不少貿易行不能適應情勢的轉變，在弱肉強食的社會中被淘汰，而剩下來的貿易行也不斷進行合併，逐漸成為幾家規模龐大的貿易行，它們為鞏固本身的業務，除了經營貿易之外，也開始發展其他如製造業等的業務，令規模不斷擴大，逐漸成為今天本港的幾家大行。而在蛻變的過程中，雖然有不少貿易行遭受淘汰，但也有不少新的貿易行加入，但能經過這段時間仍然屹立不倒的貿易行，可說少之又少，這使人產生無限的感慨。"[01] 這番感慨深刻反映了隨着香港經濟的轉變，洋行由盛轉衰的過程。

01´

歐陽儀：《英之傑集團如何掌握這個市場》，載香港《信報財經月刊》，第 2 卷第 8 期，第 52—53 頁。

一股勢力的下沉未必是另一股勢力的興起，然而，洋行時代開始式微恰好是香港地產業起步發展時期。60 年代以後，隨着香港經濟起飛、百業繁榮，加上戰後香港人口急劇膨脹，到 60 年代初已增加到逾 300 萬人，70 年代更急增到 400 萬人，為地產業的發展提供了龐大的市場需求。傳統上，地產業一直是華商主要的投資領域，由於"有土斯有財"的觀念根深蒂固，從南北行時代的行商、英資洋行的華人買辦、經營零售百貨的澳洲華僑，以至 20 世紀以後的利希慎、馮平山、許愛周、張祝珊等家族，一直對投資地產有特殊的偏好。不過，傳統的華商富豪投資地產多作收租之用，發展有限。戰後，新興的華資地產商則以地產發展為主，強調"貨如輪轉"，又首創"分期付款、分層出售"的售賣"樓花"制度，70 年代更透過將公司上市，發行新股，又或將股票按給銀行籌集充裕資金發展，財富急速膨脹，令以往的老牌英資公司相形失色。

1980 年，剛辭去和記黃埔主席兼行政總裁職務的韋理就指出："中國人擁有香港大部分資產最少已有 20 年了。以往由於中國人的財富實況未有公開，所以未被發覺，但現今卻是不同的。"1983 年，辭去怡和主席一職的紐璧堅為其任職期間丟失九龍倉一役辯護時說："整個形勢都變了，……華商從 70 年代起就愈來愈強大。這就像當年美國扶植日本，突然一天發現，原來抱在懷裡的嬰兒還是一隻老虎。人們總是揪住九龍倉不放，而不睜眼看看對手是嬰兒還是老虎。如果一個人胳膊被老虎咬住，不管這隻手是在顫抖，還是在掙扎，都會被咬斷或咬傷。聰明的人，是不必再計較已經失掉的手，而是考慮如何保全另一隻手。"英資大班們的這番話，深刻反映了新興華資財團在戰後短短數十年間所積聚的雄厚財力。

正是英資、華資兩大資本勢力力量對比舊有平衡的打破，導致 70 年代末 80 年代初一系列老牌英資公司被收購。香港《南北極》雜誌的專欄作家齊以正對此有這樣的評論："英資在香港的行,最大的共有四間,它們是:怡和、會德豐、和記和太古。四行之中,怡和的歷史最悠久,規模最大。在英國國勢達到巔峰時期,怡和從對中國和其他亞洲國家的貿易中賺取了難以數計的金錢。60 年代,在香港提起怡和大名,商界人士仍會肅然起敬。哪裡曉得,過去十數年,由於城市地價反常暴漲,華資地產商人儼然形成這個社會的新富階級,他們手中擁有的建築地盤,價值動輒逾億,英商大機構往昔令人目炫的財富就此失去了光彩。時至今日,更因掌握不到屬下公司的控制權,淪為被人收購的對象。"[01]

01´

齊以正:《收購·包玉剛·群眾心理》,香港《南北極》雜誌,1980年第7期,第4—6頁。

三、英資財團投資策略的失誤

英資與華資財團勢力的此消彼長,除了受到政治、經濟等種種客觀現實的因素影響之外,它們對香港經濟及地產循環週期的判斷以及由此而制訂的投資策略亦關係重大。

由於對香港這個"借來的時空"深存戒心,英資財團往往不能正確把握香港的經濟週期,它們傾向於看淡香港經濟前景,往往錯失在香港發展的黃金機會。如怡和集團,在 70 年代香港經濟形勢向好時期大舉投資海外,結果泥足深陷,英國的怡仁置業因為英鎊兌港元匯價急跌,影響了利潤,加上稅率高企(當時英國公司的利得稅為 55%,香港僅 17%),負擔十分沉重。夏威夷的戴惠斯,1977 年以後因糖價下跌,盈利大不如以往,若不是得到美國政府補貼,將出現虧損;南非的雷里斯,亦因為政局動盪、貨幣貶值而盈利大減。怡和在海外的投資處處觸礁,實力自然大減。而到了 80 年代初期,香港的經濟、地產均已達到巔峰,正面臨大調整,怡和卻一反常態大肆擴張,旗下的置地公司投資策略作一百八十度的轉變,罔顧當時香港經濟繁榮時期已出現的一系列不利因素,從保守、穩健的地產投資商迅速轉變為活躍、冒進的地產發展商和香港地產界的超級"好友",結果陷入更深的危機之中。

反觀李嘉誠、郭得勝、李兆基等華資地產商,對香港的地產循環盛衰把握極準,往往能在地產低潮時大舉購入土地儲備,在地產繁榮期陸續推出樓花或樓宇,在一買一賣之間賺取巨額利潤。

再看會德豐的約翰‧馬登與環球航運集團的包玉剛，兩人對世界航運及香港地產循環週期的判斷更有天淵之別。會德豐是香港著名的地產商之一，旗下的地產公司置業信託、聯邦地產、夏利文等，擁有港島中區貴重物業和大批土地儲備；然而，由於掌舵人約翰‧馬登看淡香港經濟前景，趁香港地產處於高潮大量拋售物業，套取現金去發展正面臨嚴重衰退的航運業，結果在世界航運低潮的襲擊下無法自拔，被迫出售會德豐的股權。而號稱"世界船王"的包玉剛卻能從當時仍然表面繁榮的航運景象中看出危機，毅然作出"棄舟登陸"的壯舉，結果不但成為少數能避過世界航運大災難的幸運者，而且成功收購九龍倉、會德豐，從而在香港建立起龐大的陸上王國，為其集團日後的新發展奠定了雄厚基礎。

和記洋行在英商祈德尊擔任主席時代，一度成為香港上市公司中發展最迅速的企業集團。可是，祈德尊攻伐過度，他雖然看好香港經濟前景，但卻錯誤判斷當時香港股市的基本走勢，未能在股市高峰時期鞏固已取得的成績並及時脫身，反而在股市已開始滑落階段繼續擴張，結果成為 1973 年香港股市暴跌的犧牲品，令和記國際陷入財務危機，瀕臨清盤邊緣。在沒有選擇的情況下，祈德尊被迫接受滙豐銀行的收購，滙豐成為和記國際的大股東。滙豐注資時曾承諾，待和記國際轉虧為盈，滙豐會在適當時機出售和記。此舉實際上已埋下李嘉誠入主的伏線。

反觀華商，由於沒有政治包袱，總體看好香港經濟及地產的長遠發展前景，能夠正確判斷並緊扣香港經濟、地產市場的週期性循環盛衰，往往能在每次地產危機中果敢地趁低吸納大量土地，發展物業，然後在市道復蘇、走向高潮時高價出售，在一買一賣之間賺取巨額利潤。在此過程中，華商還有一個特點，就是重視透過銀行貸款、上市集資、槓桿式收購等手法，"以少控多"，善於利用"別人的錢"（Other People's Money，簡稱 O.P.M）。華商最常用的辦法就是銀行信貸，取得銀行的有力支持。船王包玉剛就是因為取得了滙豐銀行的支持，其船隊才得以幾何級擴大，收購九龍倉和會德豐也是因為得到滙豐銀行的巨額信貸。李嘉誠也是因為得到滙豐銀行的支持，才得以收購和記黃埔股權。

善用"別人的錢"的另一途徑是將旗下公司上市，透過發行新股集資。70 年代初，大批華資公司上市，實力才得以作三級跳。香港的地產和股市素有密切聯繫，即所謂"股地拉扯"，當地產市道高漲時，股市亦被推高，這時正是地產公司上市或發行新股的良機，時機把握得準，可在股市高潮中籌集大量資金用於發展，並在地產低潮時大量購入地盤，幾個回合，實力和資產即可膨脹數倍。

善用 "別人的錢" 還有一種方式，就是發動槓桿式收購，透過層層控股，實現 "以少控多" 的目的。香港最先採用此法的華商首推李嘉誠，他以 34% 的持股量控制長江實業，再透過長江實業收購和記黃埔，然後透過和記黃埔收購香港電燈，結果控制了數以百億甚至數千億的龐大資產。

誠然，投資策略的失誤往往與當時香港的政治形勢、經濟變化密切相關，種種因素結合在一起，令英資財團無可挽回地從香港權勢的巔峰向下滑落，而華資則趁勢而起，成為主宰香港經濟的重要力量。這時，香港亦已進入一個新的歷史時期。

（原文載《香港英資財團（一八四一年至一九九六年）》
第四章第五節《從巔峰滑落的原因》，
三聯書店（香港）有限公司，1996 年 7 月）

中資在香港經濟中的地位、角色及發展策略

【摘要】進入後過渡時期,香港的政經環境日趨複雜,不穩定因素相對增加。在這種歷史背景下,為保證香港主權的順利過渡和"一國兩制"方針的貫徹落實,深入研究中資在香港經濟中的地位、角色並制定相應的發展策略,已成當務之急。本文分析過渡時期中資在香港經濟中的地位,認為中資儘管已取得快速的發展,但力量仍主要集中在與中國有關的業務領域,尚未真正滲入香港經濟的核心;中資的經濟實力仍較薄弱,但其政治影響力正迅速擴大。這一時期,隨着自身經濟實力的增長和香港政經形勢的轉變,中資在香港經濟中所擔當的角色,呈現出份量逐漸吃重、作用逐步深化的趨勢,成為推動香港與內地經貿關係發展的重要動力,成為促進香港經濟繁榮活躍的重要因素,成為穩定傳統英資、華資大財團留港發展的重要力量,成為穩定香港金融市場的重要力量。中資所擔當的角色,已不僅僅是輔助和補充,它已成為香港經濟以及整個資本結構的重要穩定因素,並對香港政經形勢的發展發揮了重要的制衡作用。本文進一步研究了中資在香港經濟中的發展策略,包括因應時勢轉變,積極穩妥發展;加強對與穩定香港大局有關的重要經濟領域的參與,以及加快改革企業管理體制,提高經濟效益。

一、中資在香港經濟中的地位

中資在香港經濟中的發展,始於 40 年代末、50 年代初。到 1978 年以前,以華潤、中銀、招商、中旅為主體的中資企業,在香港已建立起一個主要服務於中國對外貿易的貿易、金融、航運、旅遊等經營網絡。1979 年中國實行開放政策,推動了中資企業的迅速發展。特別是 1986—1988 年,適逢中國沿海開放格局趨向形成,中港經貿關係進入全面發展階段,加上香港經濟進入另一次循環週期的上升階段,中資企業在香港經濟的各個領域掀起投資高潮,對香港經濟的參與程度大大提高,經營作風亦轉趨進取。

據粗略估計,目前中資在香港的直接投資累計約達 100 億美元,開設的公司約有

2,000 家。中資已超越美、日等國際資本而成為香港最大的海外投資集團，成為香港經濟中一股舉足輕重的資本勢力。中資的力量，主要集中在金融業、進出口貿易及零售商業、運輸倉儲、旅遊及酒店業、地產建築業等。

1. 金融業

經過 80 年代的迅速發展，中資銀行集團已成為香港僅次於滙豐銀行的第二大銀行集團。中資銀行集團擁有持牌銀行 15 家、有限制牌照銀行 1 家、接受存款公司 16 家。其中，由 13 家持牌銀行組成的中銀集團在港開設的分行及辦事處共 336 家，是香港銀行業中僅次於滙豐銀行集團的第二大分銷網絡。中銀集團與其他銀行合作成立的 "銀聯通寶" 自動提款機網，亦穩佔香港第二大地位。到 1990 年底，中資銀行集團的資產總額為 3,970 億港元，佔香港銀行資產總值的 7.59%，僅次於日資銀行集團的 58.27% 和滙豐集團的 15% 而排第三位；存款總額為 2,540 億港元，佔香港銀行存款總額的 20,63 %，僅次於滙豐集團的 40% 而排第二位。

中資銀行集團以零售業務為主，批發業務為輔。80 年代以來除繼續辦好存貸款、進出口押匯等傳統業務外，還開辦工業貸款、物業按揭、外匯、貴金屬及證券買賣等服務，參與發行票據、存款證、信用卡、籌組或參與銀團貸款，包銷或分銷債券和商業票據等等。銀行業務正向多元化、現代化及國際化方向發展。目前，中資銀行已成為香港金融體系的重要組成部分，與滙豐銀行集團、外資銀行集團鼎足而立。

2. 進出口貿易、零售商業

進出口貿易，尤其是涉及香港與內地兩地進出口、轉口貿易是華潤以及絕大部分中資企業的主要經營業務。據華潤提供的資料，1989 年中資企業經營的進出口貿易額已達 1,500 億美元，相當於同年香港對外貿易總額的 13%，其中九成以上與兩地貿易有關。若考慮到該年兩地貿易受到中國緊縮經濟政策的影響，目前中資企業在香港進出口貿易中所佔的份額應更大些，估計在 15%—20% 之間。中資企業已成為發展香港對外貿易，尤其是推動兩地貿易的一支重要力量。華潤、粵海等中資企業代理經營供應香港的鮮活果蔬以及石油產品等重要生產資料，更對支持香港民生、穩定市場等發揮了重要作用。

中資在香港零售商業也佔有一定地位。經多年銳意發展，華潤目前已建立龐大的零售網絡，包括中藝公司、中國國貨公司、大華國貨公司、華潤超級市場以及香港買單、內地提貨等零售點。中藝自 1957 年開業至今，已發展為擁有 8 間分店、29 萬平方呎商場面積的大型連鎖百貨店，主營中國高檔工藝品，兼售國外各類中高檔百貨用品。中國國貨和大華國貨擁有 5 間分店、21 萬平方呎商場面積，是香港五大國貨公司中的兩間。華潤超級市場自 1984 年開業至今，已發展為擁有 31 間分店、繼惠康、百佳之後本港第三大超級市場集團。近期中信收購恒昌企業後（1992 年中信正式收購恒昌——編者註），中資在港批發、零售商業的份額更是大幅提高。

3. 航運、倉儲
中資在香港航運、倉儲業中佔有重要地位。經過 80 年代的發展，以招商、華潤、中旅、珠江船務為主的中資企業已在香港建立起一支龐大的遠洋和內河船隊。據估計，中資所經營的海運量，約佔香港海運量的 20%，其中絕大部分是香港與內地間的航運業務，約佔香港與內地海運的 70%。僅招商局就擁有遠洋船隊 323 萬載重噸，加上託管航隊共有 700 餘萬載重噸，約承擔了香港海運量的 10%，是香港僅次於包玉剛環球航業集團的第二大船東。招商局還擁有香港最大的駁船隊、30 多個碼頭泊位，以及全港最大的船廠與浮塢，形成一個配套完整的航運體系。

為配合航運業的發展，中資企業還擁有約 70 萬平方米的倉庫面積，包括華潤分別位於沙田、觀塘、葵涌、長沙灣的幾座倉庫，面積約達 35 萬平方米；粵海與珠江船務合建的廣東倉庫中心，面積約 11 萬平方米；中旅的四座倉庫，面積約 9 萬平方米；招商局位於堅尼地城的兩座現代化空調貨倉，面積約 5 萬平米。據估計，中資擁有的倉儲面積約佔香港倉儲總面積的 20%。

4. 旅遊、酒店
中資在香港旅遊業亦佔有重要地位。目前，在全港 1,050 家持牌旅行社中，中資企業約佔 100 家，佔 10% 左右。而 20 家實力最雄厚旅行社中，中資佔 9 家，包括中旅、廣旅、國旅、招商旅遊、華閩旅遊、華南、關鍵（2016 年倒閉——編者註）、中航假日、香港青旅等。其中，又以中旅實力最強，擁有有關旅遊業務固定資產 30 億港元、20 間分社，1990 年旅遊營業額達 20 億港元，接持旅客逾 300 萬人次，無論在固定資產、分銷網絡、營業額等方面均高居全港旅行社首位。據估計，以營業額計算，中資在香港旅遊中所佔的市場份額不少，可進入二十強，不過，中資經營的重點是中國市場，約控制該市場 60% 的份額。至於海外旅客到香港旅遊的香港市場和本港市民到外國旅遊的海外市場，中資所佔比重甚少，市場已分別被外資及華資旅行社所壟斷。此外，為配合旅遊業發展，中資還經營酒店業，目前共擁有 15 家酒店，客房約 4,500 間，約佔全港酒店客房數的 15%。

5. 地產、建築

早在 60 年代，中資企業如僑光公司等已開始涉足香港地產。不過，中資大量介入香港地產、建築業，則是 80 年代期間的事。中資對地產的投資，最初以自用為主。1983 年以來，中資企業，包括華潤、招商、中旅、粵海、越秀、中銀、中國海外建築等，相繼興建總部大廈，在自用之餘亦將部分單位出租或出售。1986 年後，中資全面參與香港地產發展和投資，包括興建商廈、酒店、貨倉、碼頭，與其他財團合作興建大型住宅屋村等等，在地產市場開始扮演重要角色。據粗略統計，1986—1989 年的四年間，中資對地產的大額投資（1,000 萬港元以上）總數達 141.7 億港元，佔同期中資在香港大額投資總額的 53.7%，佔香港各類資本在這一時期對地產大額投資的 5.6%。據業內人士估計，中資是繼日資、台資之後第三大海外投資者。1989 年"六四"事件後，中資對地產的投資一度沉寂，但近期已再趨活躍。

中資在建築業的發展亦頗快速。目前，中資建築企業約有百餘家，其中持有 C 牌營業執照的有 8 家，包括中國海外建築工程、振華工程、合建工程、上潤建築、中國土木工程、孖港源水力電力工程等等。中國海外建築工程公司是最早來港開業的中資建築公司，12 年來共承接香港各類工程 150 項，總金額超過 100 億港元，開山填海造地 700 萬平方米，相當於港島面積的十一分之一，承建住宅面積 780 萬平方米，可供 20 萬人居住。該公司目前已發展為擁有五個 C 牌營業執照、資產值達 27 億港元的大建築公司。據估計，目前中資企業每年承建的工程合約，約佔香港建築工程合約總值的 15%，佔港府工程合約的 5%。中資已成為香港建築業的重要承建商之一。

此外，中資在製造業、出版業亦佔有一定市場份額。近年來，部分中資企業如中信等，對香港的投資已擴展到航空、電訊等公用事業和大型基礎建設等領域。

綜上所述，中資在香港經濟中的地位有兩個主要特點：

首先，中資的力量主要集中在與中國有關的業務領域，尚未真正滲入香港經濟的核心。經過 80 年代的迅速發展，以中銀、華潤、招商、中旅四大集團為主幹的中資企業，雖然已在金融、進出口貿易、航運及旅遊等行業取得一定的市場份額，但其所經營的重點，基本上仍集中於這些行業中與中國有關的業務領域。中銀集團雖然已成為香港金融體系的重要組成部分，但它所發揮的功能、聯繫層面及經營結構仍無法與以本港大財團為依託、發揮准中央銀行職能的滙豐銀行相比較。中信的投資雖然已開始涉足香港經濟的命脈部門，但多屬投資控股性質，並未進入有關機構的決策、管理層面，僅起監督作用。因此，整體而言，中資基本上仍處於香港經濟的周邊部分，尚未真正觸及或滲入香港經濟的核心。

其次，中資的經濟實力仍較薄弱，但其政治影響力正迅速擴大。目前，中資在香港累積的直接投資總額雖已達 100 億美元，超過日、美等國際資本而成為香港最大的海外投資主體，但中資有雄厚實力的企業集團不多，總體經濟力量在不少方面仍遠不及以國際財團為後盾的日、美資本。據日本東京銀行估計，中資的總資產僅佔香港資產總值的 5% ─ 6%。有人認為，以總體實力比較，中資的力量僅可與一個李嘉誠財團相比。不過，自從香港進入主權回歸中國的過渡時期以來，以國家資本為背景的中資企業，其政治影響力已超越實際經濟力量而迅速擴大。

本文將在下一部分對此作進一步的闡述。

二、中資企業在香港經濟中的角色與作用

中資所扮演的角色有兩個層次，一是中資在內地四個現代化建設中所承擔的責任，關於這一點已有很多詳盡的論述，本文從略；二是中資在過渡時期香港經濟中所承擔的責任。應該說，中資在香港經濟中所扮演的角色有一個歷史的演變過程。根據我們的觀察，進入過渡時期後，隨着自身經濟實力的增長和香港政經形勢的轉變，中資在香港經濟中所擔當的角色，呈現出份量逐漸吃重、作用逐步深化的趨勢：

第一，中資是推動香港與內地經貿關係發展的重要動力。

這是從中資在內地四個現代化建設中發揮的作用衍生的。早期的中資企業，其任務主要是打破西方國家對中國的經濟封鎖，推動中國對外貿易的發展，為國家多創外匯。80 年代以來，中資配合內地的開放改革，充分利用香港的優勢和橋樑地位，對外開拓國際市場，對內引進資金、技術、設備，不僅推動了內地四個現代化建設，也促進了香港與內地在金融、進出口貿易、運輸、旅遊等領域的全面發展。據粗略統計，僅華潤、招商、粵海三家中資企業，十年來運用香港銀行貸款和企業留存利潤到內地投資，累計投資總額就超過 100 億港元、項目逾 500 宗，主要是興辦出口商品生產基地、原材料工業及改善內地投資環境。這些項目的投產又進一步加強了兩地的經貿聯繫。

此外，華潤、粵海等還代理向香港輸出鮮活商品、糧油食品等，對穩定香港市場和民生都起了積極的作用。

第二，中資是促進香港經濟繁榮、活躍的重要因素。

進入過渡時期，部分傳統英資、華資財團因應所謂 "香港面臨憲法地位上的轉變"，為減低或分散投資風險，均加快推行集團國際化戰略，加強海外投資，不少富豪亦儘量設法將財產轉移到海外，使得香港資本外流的情形日趨嚴重。不過，與此趨勢相反，同期，中資以及日資、美資、台資等國際資本相繼投入香港，不僅填補了本地資本外流的 "真空"，而且活躍了香港的投資氣氛。據粗略統計，1986—1989年，中資對香港的大額直接投資達 264 億港元，約佔同期各類資本對港總投資的 7.4%，居於華資（佔 50.2%）、英資（佔 12.1%）、日資（佔 8.7%）之後而排第四位。中資在金融、交通運輸、製造業、房地產等行業的投資，分別佔該行業總投資的 22%、15.9%、11.7%、5.6%，對香港金融市場、房地產市場的繁榮、活躍以及製造業、交通運輸業的發展均有積極作用。特別重要的是，中資對香港的投資多採取中長線投資策略，與短線投機的國際遊資截然不同，這對過渡時期香港經濟的發展，無疑增加了穩定的因素。

第三，中資是穩定傳統英資、華資大財團留港發展的重要力量。

進入過渡時期，香港大財團在拓展香港業務的過程中，都呈現出一種共同的發展趨勢，即十分重視和強調與中資，特別是與具實力和影響力的中資大企業的合作。這一點傳統英資大財團表現尤為明顯。如太古集團將旗下國泰航空的 12.5% 股權售予中信，並購入以中信為大股東的港龍航空 35% 的股權，將兩家航空公司的競爭關係改變為合作關係，利潤均沾。英國大東電報亦將香港電訊 20% 的股權售予中信。嘉道理集團則與廣東核電投資有限公司合組廣東核電合營公司，興建大亞灣核電廠。

傳統英資財團擔心，殖民地時代行將結束，它們在香港所獲得的特權和利益可能會喪失，加強與具國家資本背景的中資大企業的合作，將兩者利益捆在一起，既可減低投資風險，又有利於維持原有利益，更可奠定將來發展的基礎。

華資大財團亦有此種趨勢。李嘉誠、鄭裕彤、郭鶴年等大財團與中信泰富合組財團收購恒昌企業，就是典型例子。估計後過渡期這種情形將更加普遍。隨着愈來愈多大型投資項目跨越"九七"，中資大企業的參與，已被香港財團和海外貨款視為該投資項目的重要因素。渣打亞洲董事黃桂能就認為："九七"年香港主權回歸中國，新機場和相關連線建設計劃的融資將被視為中國風險；從借貸銀行角度考慮，中資機構若以股本形式參與或提供部分融資，將有助減低這些投資的政治風險，從而降低信貸成本。最近（本文寫於 1991 年 —— 編者註），機場管理局選出六家建築財團角逐造價 90 億港元的赤鱲角機場地盤平整工程合約，六家財團分別來自英、美、日、德、意、法、比、荷和香港，但每家財團都邀請了一家中資機構參與，原因就在這裡。因此，進入後過渡期，中資成為穩定本港大財團留港發展，以及吸引跨國公司來港發展的重要力量。客觀形勢的演變，不僅為中資的發展提供了大量空間和機會，亦對中資企業的實力、質素提出了更高的要求。

第四，中資已成為穩定香港金融市場的重要力量。

長期以來，滙豐銀行在香港金融市場乃至整體經濟中均發揮了主導作用。不過，進入過渡時期，隨着中國在香港事務的影響力日增和中銀集團經濟實力的提高，中銀的地位正迅速上升。中銀首次發揮影響力是在 1983 年促使港府取消港元存款利息，穩定當時江河日下的港元匯價。1985 年和 1986 年，中銀協同中信、招商收購嘉華和友聯兩間發生危機的銀行，協助港府穩定香港銀行體系。1987 年 10 月股災後，中銀與滙豐、渣打兩間發鈔銀行聯手參與港府設立的 20 億港元基金，挽救香港期貨市場。最近（1991 年 —— 編者註），香港 “國商” 事件導致連串銀行受擠提風潮所困，中銀與滙豐首次發表聯合聲明，向存戶保證香港銀行體系穩健，以安定人心。專欄作者秦家聰認為，這項聯合聲明是前所未有的，反映出中國銀行的地位已提升到滙豐銀行水平。中國銀行現在似乎已被視為幕後的統治集團之一，是一股穩定力量。

這種觀點為香港不少評論者所認同。1991 年 1 月，滙豐宣佈結構重組，變相遷冊，其 “淡出” 意向進一步顯露。在形勢比人強的情況下，香港社會輿論對中銀作為滙豐淡出後的替代角色的期望，明顯增強。6 月底，中英草簽新機場問題諒解備忘錄，該份文件兩處提及中銀的作用，包括 “中國政府同意中國銀行將發揮適當作用” 和 “港英政府願意從中國銀行集團中委任一位常駐香港的人士作為機場管理局董事會的正式成員”。其後，中銀準備 “九七” 前發鈔的消息傳出，社會反映良好。這兩件事，反映出中銀集團不僅成為穩定香港金融市揚的重要力量，而且逐步上升到滙豐銀行的地位，成為香港金融市場的主導力量之一，至少在政治影響層面是如此。從長遠角度看，特別是考慮到 “九七” 後滙豐銀行與特區政府的合作已不可能如以往般緊密，它的商業銀行利益可能與特區金融政策發生衝突，因此，中銀成為未來特區政府金融政策的主要顧問，將是預料中事。

我們曾指出，在以傳統英資為主導、以華資為主體的香港資本結構中，中資與日資、美資等國際資本基本上都擔當了輔助和補充的角色。不過，進一步的研究顯示，作為社會主義性質的中國國家資本，中資除了受資本利潤規律的支配之外，還擔負着特殊的歷史使命和政治責任，這就是在香港主權回歸中國的歷史轉變時期，維持香港的繁榮穩定，保證香港主權的順利過渡和 “一國兩制” 方針的貫徹落實。特別是進入後過渡期，面對日趨複雜的政經環境，以及種種可能突如其來的震盪和不穩定因素，中資所擔當的角色，已不僅僅是輔助和補充，而成為香港經濟以及整個資本結構的重要穩定因素，並對香港政經形勢的發展發揮了重要的制衡作用。

三、中資在香港經濟中的發展策略

現在的問題是，中資在香港經濟中的實力、地位與其在後過渡時期所擔當的角色不相稱，而且愈近 “九七”，這個矛盾將愈加顯露。從這個基本判斷出發，我們認為，中資在後過渡期香港經濟中的發展策略，似應包括以下要點：

第一，因應時勢轉變，積極穩妥發展。

中資在制定後過渡期發展策略的指導思想上，應確立"積極穩妥發展"的方針。這主要是因為：從必要性看，中資在後過渡期不穩定因素日益增加的政經環境中，要有效發揮穩定、制約的作用，確保香港經濟的穩定繁榮和香港主權的順利過渡，就必須有一定的經濟實力作後盾，必須在香港經濟的重要領域佔一定的份量。從當前的情況看，中資在香港經濟中的實力仍較薄弱，對一些重要領域的影響力仍有限。因此，確立"積極穩妥發展"方針是貫徹落實"一國兩制"方針的需要，是客觀形勢的要求。從可能性看，隨着海灣戰事結束、西方經濟逐步走出低谷，以及新機場計劃陸續上馬，香港經濟有望進入新一輪循環週期的上升階段，這不僅為中資，亦為各類資本的發展提供了有利條件。隨着"九七"的迫近，一方面存在着部分本地資本外流而騰出的"空間"，另一方面留港發展的本地財團以及海外公司均重視加強與中資的合作，客觀上為中資力量壯大提供了空間和機會。中資若不敢提出積極發展的策略，無疑自束手腳，坐失良機。此外，經過近兩年來的整頓，中資亦具備進一步發展的條件。

當然，積極發展的前提是要穩妥，要有規限條件。這些條件應包括：

（1）要根據香港政經形勢的變化去相應發展，發展的方向是有利於香港的穩定繁榮，有利於團結各類資本留港共同發展，而不是排斥之。

（2）積極發展絕不是指將內地四個現代化建設中已十分短缺的資金大量投入香港，這既不可能亦無必要。中資應根據香港經濟的需要，在經濟可行的條件下利用香港的融資及自有資金，有計劃、有步驟地發展。

（3）積極發展不等同於盲目擴張，它強調的是中資企業實力的增強和素質的提高。它對中銀、華潤、招商、中旅、中信、光大、粵海、華閩、中國海外建築等大型中資企業來說，是要加強企業的集團化建設，推行業務的多元化、現代化和國際化。中資若能多增加有實力的大集團，總體實力應可大增。而對大多數中小企業來說，則強調加強管理、改善經營、站穩腳跟，以能有效發揮"窗口"作用。

有人擔心，"積極發展"可能導致中資過度膨脹從而排擠其他資本及壟斷市場。誠然，作為社會主義性質的國家資本，中資若過度擴張，會破壞香港各類資本之間的結構平衡及公平競爭，影響香港資本主義自由經濟體系的正常運轉，甚至會打擊投資者信心或給部分撤退的資本提供套現機會，"一國兩制"的基本構想，就是使香港在"九七"回歸後，保持現行的資本主義制度50年不變，以便繼續發揮香港的優勢，保持香港的繁榮穩定。因此，中資在港發展，應以此為前提。

但目前的情況是，中資的總體經濟實力不是太強，而是尚弱。中資的發展，不僅有個隨着香港總體經濟體積發展而發展的問題，還有個逐步擴大比重的問題。中資企業素質和效益的提高，亦有個頗長的過程。因此，將後過渡期六年的發展策略定為"積極穩妥發展"，並未違背"中資應適度發展"的原則，但它所傳達的訊息更清晰明確。從長遠看，特別是"九七"後，中資在香港經濟中應發展到多大規模，才符合香港的長遠利益和"一國兩制"的要求，這是個重要的研究課題。以我們的考慮，中資的"適度規模"，應以有利於發揮中資的穩定制衡作用，又不致衝擊香港資本結構的大體平衡和自由經濟體系的正常運轉為原則，並且將隨香港經濟的變化而有所調整。

第二，加強對與穩定香港大局有關的重要經濟領域的參與。

要發揮穩定、制衡的作用，就必須在香港經濟中關係大局的重要領域佔有一定的份量，而這些領域目前恰恰是中資力量仍較薄弱的環節。因此，中資積極發展的重點，似應包括以下方面：

—— 進一步增強中資在香港金融業的實力地位。金融業是香港經濟中最重要的行業，其穩定與否對各行各業以及整體經濟均有牽一髮而動全身的重大影響。但是，金融領域又是後過渡期香港經濟中不穩定因素最多的領域，多個重要變數，包括滙豐銀行的動向、香港貨幣管理制度的轉變以及港元聯繫匯率制度能否維持等，均可能對全局經濟造成重大衝擊。因此，儘管中銀集團在金融業已擁有良好聲譽和相當實力，仍很有必要加強業務的多元化、現代化和國際化，進一步增強集團實力。特別是為配合"九七"前發鈔的準備工作，中銀集團似乎頗有必要審慎而有計劃地進行集團結構的重組和業務整合，消除因結構重複和業務重疊所造成的資源浪費，從而最大限度地發揮集團的整體優勢。此外，中銀應加強集團的研究力量和人才培訓，為"九七"可能發生的轉變作準備。

—— 中資大企業將部分業務分拆上市，參與香港證券市場。證券市場素來是中資企業的薄弱環節。到 1989 年底中資持有控股權或大量股權的上市公司僅 8 家，佔香港股總值的 0.2%。不過，自中信收購泰富後情況已開始變化。中信已先後將所持港龍航空、國泰航空和澳門電訊股權注入中信泰富，估計將所持香港電訊、東區海底隧道等股權注入亦只是遲早的事。最近（似指 1991 年 —— 編者註），中信泰富與李嘉誠等華資財團聯合收購恒昌企業，令中信泰富發展為太古洋行式綜合企業集團的前景漸趨明朗。這種勢頭已擴展到其他中資大企業。華潤、招商、中旅均公開表示正研究將屬下企業分拆上市，粵海亦考慮將母公司資產注入屬下上市公司粵海投資，增強其盈利能力。從實踐看，中資大企業分拆上市，已成趨勢。

中資大企業參與證券市場的好處在於：

（1）證券市場是香港金融市場體系的重要組成部分，中資若能在香港證券市場佔有一定份量（如 5% 左右），可對後過渡期部分財團（如怡和財團）可能淡出香港產生一定平衡作用，並增加證券市場的穩定性。從長遠角度看，中資企業上市可視為香港股市建立"中國板"的先聲，為國企在港上市取得經驗，有利於加強內地與香港的金融合作以及香港證券市場的區域化、國際化。

（2）上市是將企業管理系統化、現代化的方法之一，可以學習較為完善的經營管理方式，瞭解資本主義運作規律和遊戲規則，從而探討解決社會主義性質的中資企業如何在香港資本主義環境進行有效經營管理的問題。因此，中資大企業上市是業務多元化、現代化和國際化的重要步驟之一，有利於加強與香港整體經濟的融合。

（3）上市有利於中資企業利用證券市場這一有效率及經濟的集資渠道開拓業務，以壯大實力。從長遠看，中資大企業分拆上市將是一項戰略性措施。

當然，中資企業上市應注意以下問題：上市主要限於有條件的中資大企業；應有計劃、有部署試點進行，循序發展，防止一哄而起；防止單純投機性質的炒股活動；要培養、建立專業隊伍。

──有條件的中資企業參與大型基建工程和部分公用事業。後過渡期的六年間，將是香港大型基建高峰期。據港府預測，以 1991 年 3 月價格計算，在"九七"前完成的十項核心工程所投入資金總額高達 986 億港元。此外，還有批大型基建工程或公用事業亦需配套建設。這是中資在後過渡期參與香港經濟的重要領域。因此，有條件的中資企業應積極籌劃，與本港財團或海外公司攜手合作，參與大型基建工程或有關公用事業。這既有利於增強有關投資財團的信心，亦是壯大中資實力的良機。

當然，中資的參與亦要注意下列問題：對參與工程項目應加強可行性研究，要量力而行；要加強中資企業之間的協調和分工，防止出現惡性競爭；要強調加強與香港財團和海外公司的合作，留住它們在港共同發展。防止出現不顧成本、不計後果、與港人爭利的現象。

──適度參與房地產發展和投資。在土地資源短缺的香港，房地產業既是經濟發展的重要領域之一，又是經濟繁榮的主要分享者。香港的華資大財團基本上都是從房地產領域發展起來的。從實踐看，中資企業要在香港站穩腳跟、發展壯大，適度地參與房地產發展和投資，似乎是必要的，政策上應作適當的放寬。當然，中資企業參與房地產業，亦應注意幾點：

（1）主要從事長線的房地產發展和投資，反對短線投機活動；

（2）要加強可行性研究，量力而行，防止盲目跟風炒樓，以免造成重大損失；

（3）在地產樓市場過熱時期應減少參與活動。

──積極參與各種行業組織、諮詢機構及半官方組織，擴大中資在這些組織中的發言權和影響力。中國企業協會應加強內部組織建設，統合中資企業力量，擴大對外影響，並可考慮爭取成為間選立法局議員的功能團體，以便對港府的經濟決策形成一定制衡力量。

第三，改革企業管理體制，提高經濟效益。

中資總體經濟實力仍較薄弱的表現之一，是部分中資企業經營管理不善，經濟效益低下。導致這種情況發生的原因是多方面的，包括：

（1）部分中資企業自恃國家資本實力雄厚，不按資本主義的遊戲規則辦事，進行不計成本、不顧後果惡性競爭，甚至與港人爭利；

（2）中資企業內部缺乏權、責、利之間的制衡機制，導致部分管理人員對公司的資產、盈利關切程度甚低，缺乏追求高效益的動力，有人甚至為私利而不惜讓公司和國家蒙受損失；

（3）部分企業機構臃腫，人浮於事，企業管理缺乏必要的規章制度，或執行不力；

（4）部分管理人員素質不高，短期行為嚴重；

（5）少數企業管理人員官僚主義作風嚴重，甚至有個別貪污受賄。

誠然，上述情況多數發生在部分中小中資企業，但從中反映出中資部分企業只是將內地的那套管理方式、企業制度簡單地搬到香港。難怪有中資外派幹部認為："中資受國內制衡，雖然身處香港，其內部運作機制卻十分傳統、落後，改進速度亦十分緩慢，交學費常常成為失敗、虧損的藉口。中資企業甚至落後於內地改革的步伐。"

當前，內地正掀起搞活國營大中型企業的熱潮，深化企業改革已是大勢所趨。為適應後過渡期乃至"九七"後香港經濟的發展，改善企業形象，提高經濟效益，中資企業很有必要將改革企業體制列為發展策略的重要內容之一。中資可借鑒資本主義的公司法人制度，建立資產所有權和經營權相分離的管理體制，即董事局領導下的總經理負責制，企業所屬國內部門要減少直接行政干預。應根據權、責、利互相制衡的原則，在企業內部建立一系列有效的管理制度。中資大企業可通過分拆業務上市試點改革。

第四，加強宏觀調控，增強總體經濟實力。

宏觀調控不力，是過去中資企業缺乏協調發展的主要原因之一。隨着中資企業在後過渡期對香港經濟的積極參與，以及企業體制的改革，加強宏觀調控，建立相應的運作機制更是必不可少。建議以分社經濟部和中國企業協會為主導，建立中資企業的雙層宏觀調控機制。分社經濟部側重中資企業的宏觀政策制定、執行、監督，中國企業協會具體協調中資在各行業的業務發展，令各具獨立經營自主權的中資企業在後過渡期能相對統合為整體的經濟力量，完成後過渡期歷史所賦予的任務。

（原文載香港東南經濟信息中心：《香港經濟研究》，第 30 期，1991 年 11 月 27 日）

香港華人家族企業的管理模式

【摘要】 自香港開埠以來的逾 150 年歷史發展中，華資家族財團以長江後浪推前浪的形式在香港經濟中孕育、萌芽、成長、崛起，最終取得了舉世矚目的成就，其中的原因，除了天時、地利等種種外部客觀環境的配合之外，其內部維持的獨特的經營管理模式不能不說發揮了重要的推動作用。這套模式既明顯不同於英美等西方國家的企業制度，亦區別於日本的模式，它從中國的傳統文化和儒家思想衍生，具有明顯的中國色彩。概括而言，這套管理模式的基本特點，就是對企業實行家族化統治，即所謂的"企業家族化"。本文深入研究了香港華人家族企業的經營管理特點，並對這一模式的利弊展開分析，指出縝密部署培養接班人的極端重要性，並進一步分析了香港華人家族企業發展面對的制約因素以及這種管理模式的新發展。

一、香港華人家族企業的經營管理特點

英美等西方國家所強調的企業精神，是所有權與經營權分離，即一家公司的大股東未必需要直接參與該公司的決策及日常管理，公司一般交由職業管理人員管理，員工重視企業整體管理制度，以企業利益為重。然而，在中國傳統文化仍然根深蒂固的華資家族中，他們雖然已不斷吸收西方的管理模式，但對公司的控制權和管理權仍然非常"執着"，並不願意只持有控制性股權，而將董事會的控制權交予其他人士，他們十分看重對公司董事局的控制權，即公司的決策權和管理權。70 年代之後，這些華資家族雖然願意將其成功經營的公司上市，將部分股權出讓予公眾人士持有，但是，家族本身仍會確保對公司的最大股權，以及對董事局的控制權。

在華資企業中，家族不但是其創造者、所有者，而且是其經營者、管理者，家族及其利益往往就是企業的靈魂及目標，即使在那些在證券交易所上市的公眾有限公司中，建立家族的資本積聚和控制也往往是首要的目標，權力的方式也往往被用來為這個目標服務。正因為如此，創業家長或家族大家長往往處於主宰地位，實行"家

長萬能" 式的集權管治，並以他為核心根據家族親緣關係的親疏遠近組成管理體系。一般而言，創業家長以外是一個由日後繼承企業的近親所組成的決策層，他們就企業的戰略策略向創業家長提供意見，遠親和朋友們組成的領導層則負責企業的日常運作，再往外推就是技術人員和一般僱員，形成社會學者費孝通所形容的"差序格局"。

這種情況在華資家族企業中可謂比比皆是。早期郭樂、郭泉兄弟創辦的永安集團中，郭樂、郭泉、郭葵、郭順兄弟就分握香港、上海、澳門各地的永安聯號，而公司各部部長和主任則分別由郭氏的親友、合夥人出任，形成家族式的統治。50 年代上海紡織大亨創辦的企業中，其最高領導者幾乎清一色是上海人。據長江製衣創辦者陳瑞球透露，到 80 年代初，管理長江製衣的陳氏家族成員，除陳瑞球及其胞弟陳蔭川外，兩兄弟的 11 位子女均在公司工作，分別管理設計、業務、生產和財務等。**01** 當然，較大型的華資企業已吸納職業經理和專業人士進入領導層，但正如英國《經濟學人》雜誌的評論所指出的："許多最大的華人商行，像香港的李嘉誠帝國和泰國的差倫·波克凡（Charoen Pokphand），它們成功地吸收結合了職業經理，但從不以削弱家族控制為代價。" **02**

家族統治的另一個重要體現是子承父業。作為創業家族的繼承人，年輕一代的家族成員往往很早便被引進家族企業出任要角，培訓掌管企業的能力，而年輕的家族成員亦往往懷着驚人的責任感去履行這一職責。當創業家長逝世，已經在美國成為物理學家或醫生的繼承人，就要被召喚回家，去接管家族的企業或生意，這種事例時至今日亦比比皆是。1983 年永安郭氏家族第二代掌託人逝世，已經成為美國哈佛大學物理系博士的第三代郭志權，旋即放棄長期從事的物理學專業返抵香港出任永安集團主席。1987 年包玉剛被檢查出癌變後，其第四個女婿、美國著名的癌症專家鄭維健即奉召歸隊，主理家族投資生意。直至今日仍沒有跡象顯示，華人創業家族也

01'
黃惠德：《香港製造業總商會會長陳瑞球訪問記》，載香港《信報財經月刊》，第 3 卷第 10 期，第 43 頁。

02'
參閱《海外華人 ── 一往無前的力量》，英國《經濟學人》雜誌，1992 年 7 月 18 日。

會步某些西方創業家族的後塵，按照現已屢見不鮮的那種模式，把業務交給職業經理或信託投資機構，自己則成為"剪息票食利者"。

華資家族企業在處理內部關係方面，強調團結、和諧和忍讓。在創業家長的主持下，加上受到中國二千多年儒家忠孝思想的薰陶，家族及企業內部儘管存在種種矛盾和緊張關係，但一般而言仍比較和諧，尤其在一致對外方面具有高度的團結性。在對外關係方面，華資家族企業的工商活動不像西方建立在法律和契約之上，而是以儒家的信義思想為基礎，依靠相互間的信任。他們以信義為經營信條，通過由有親緣關係的以感情紐帶為基礎結成的社會關係網與外界發生聯繫，日本八佰伴集團總裁和田一夫在總結他與華商做生意的經驗時曾說："不少人以為華人社會只是利害關係的結合，其實並非如此。海外華人由於各種各樣的原因，遠適異國，無鄉可回，無國可歸。除了和長年苦樂與共、能夠彼此真誠相待者外，養成不太與人合作共事的習慣。但一旦碰上值得信賴的人，仍會竭誠合作。這是從現實生活中得來的寶貴經驗和人生智慧。" **01**

01′

戈德：《李嘉誠、謝國民、王永慶——日本人眼中的華人資本家》，香港《信報財經月刊》，1993′年1月，第48頁。

香港華資家族財團的這套獨特的管理哲學及其模式，從歷史文化淵源考察，明顯來自中國傳統文化及儒家思想。香港大學商學教授高偉定（Gordon Redding）在撰寫《華人資本主義的精神》（*The Spirit of Chinese Capitalism*）一書時，曾對亞洲72位華僑創業家作過深入訪問，探討他們如何處理家庭及商業二者之間的關係。高偉定發現，華人創業家有兩個基本意識，一是在管理上希望實行儒家的精神，如家長式管理、家庭式的關係及對等級的尊重，二是因為他們歷史上曾生活在封建社會中，需要採取另一種經營方式以及營造一種心態來平定他們的"不安全感"。高偉定認為，華商產生"不安全感"的主要原因是，儒家思想貶低商業的貢獻：傳統政治管理階層有無上權力，可從正式或貪污途徑分享商人財富；缺乏商業制度，如銀行及保險公司，以及便利商業交易及厘定法律，保障產業權益等。這些對商人不利的情況衍生了"不安全感"。因此，華商往往要全權控制自己的企業，在他們的企業王國內，只有家族內部成員才可獲得信任及參與權；在商業交易中，他們依賴個人而非契約關係。

高偉定的研究無疑頗有道理，然而他忽略了重要的一點，是創業家長從中國文化傳統衍生的獨特價值觀，包括驚人的敬業精神、對創業的滿足感以及堅韌的鬥志和應變能力。這些價值觀不僅成為形成華人家族企業管理模式的重要因素，更被不少探索香港經濟成功奧秘的學者，視為香港經濟起飛的重要原因之一。

二、華人家族企業管理模式的利弊分析

實踐證明，華資家族企業這種獨特的管理模式有其旺盛的生命力，其主要優點在於：決策迅速及對市場反應靈敏，有利於在風雲變幻的市場中及時把握營商機會，賺取厚利。有評論曾指出：這種管理模式的"管理費用低，員工彼此容易溝通，管理也富於彈性，易應付市場上的突發事件"。[01] 香港貿易發展局研究部的一份研究報告也指出："在港絕大部分實業公司都由一人領導，好處是方針明確、號令必行，而且公司比較容易應付市場環境的變化調整業務重心。從有利的方面看，……正是香港贏得市場觸角敏銳、善於革新這一美譽的一項重要因素。"[02] 在華人企業中，創業家長集權力關係於一身，可憑藉其高瞻遠矚的眼光及長年積累的經驗對迅速轉變中的市場及時作出反應，制定決策，調整戰略方向，並憑藉其在商業社會深厚的人際關係迅速推動業務進展，取得理想的經營效果。這一點，西方式的企業顯然遠遠不及。

在具魄力和魅力的創業家長的統率下，企業在縱向合作方面具極強的向心力，分佈企業各要職的家族成員對企業產生了一種強烈的認同感和忠誠感，工作異常投入。為了推動企業發展壯大，家族成員齊心協力，甚至不惜犧牲個人利益，企業因而能煥發強大的活力。即使企業經營方針有所轉變，他們亦不會作出強烈抗拒，這無疑使華資家族企業較易適應市場需要的轉變。這亦是非家族企業所遠遠不及的。企業在橫向合作方面，強調依靠個人關係及信用，而非法律契約，這種安排，無疑大大減低"交易費用"（Transaction Cost），並增加對適應環境轉變的彈性。

華資家族企業這種管理模式的優點，往往在家族創業的第一代中表現得淋漓盡致，正是憑藉着創業家長的遠見卓識和非凡的判斷力，華人家族企業上下齊心，可在短短數十年間從規模細小的商行崛起為龐大的商業帝國，這種事例可謂多不勝數，早期的就有郭樂、郭泉兄弟創辦的永安集團。目光如炬的郭氏昆仲，在短短 30 年間，就將位於皇后大道中一間小小百貨公司建成一個橫跨零售、金融、地產、貿易的多元化大型企業集團。60 年代郭泉更大舉投資香港地產，購進了九龍油尖區、何文田、中區等地區的大量物業。1966 年郭泉謝世時，永安集團正處於巔峰時期。20 世紀 50 年代的華資企業，相當部分亦在一代人中崛起，號稱"李超人"的李嘉誠就

01

少庭：《香港華洋公司管理上的特色》，香港《信報財經月刊》，1978年 11 月號，第 24 頁。

02

香港貿易發展局研究部：《香港製造業現況與前景》，1988 年，第 19 頁。

是從港島筲箕灣一間不顯眼的塑膠廠，在四五十年間迅速崛起為橫跨亞洲、歐洲及北美洲的商業帝國。這些成功典範的背後，固然有種種天時、地利等客觀條件的配合，但創業者的準確判斷以及華人企業的這種獨特的管理模式，無疑發揮了重大作用。香港貿易發展局研究部一份研究報告亦指出：“正是基於這種企業文化，成功的香港企業在初期發展階段，大抵是全球數一數二最具競爭力的公司。” **01**

01

香港貿易發展局研究部：《香港製造業現況與前景》，1988 年，第 20 頁。

誠然，這套獨特的管理模式亦有其天然的缺陷，這種缺陷在企業的最高領導交接班時期表現最明顯。在華資企業中，企業的成敗盛衰在頗大程度上倚重創業家長及其接班人的判斷、經驗、魄力、內部的親和力及外部的人際關係。由於受到生命時鐘的催迫，創業家長總有交出權力的一天，在“子承父業”的限制下，他在接班人的問題上幾乎沒有任何選擇餘地。這些創業家長，耗費數十年心血建立起來的王國，當然希望後人將來能繼承其衣缽，並將之發揚光大。因此，接班人的培養成為極關鍵的一環。這可以解釋華人企業家為何如斯重視對後代的培養教育，事實上，不少企業家的後代亦往往帶着顯赫的博士、碩士學位進入家族企業。然而，企業家的才幹在許多情況下就是最出名的學校也無法培養出來的。對於不少家族企業來說，要想家族王朝一代一代往下傳並不容易，因為兒子並不一定總具備創業父親那樣的機敏，而且亦容易出現不爭氣的一代。

接班人的不力，往往成為華人家族企業由盛轉衰的轉折點，綜觀整部香港華資家族財團的發展史，這種事例簡直俯拾皆是。郭氏永安集團的例子就能說明問題。1966年郭泉逝世後，永安集團便由郭氏第二代“琳”字輩掌舵，儘管財雄勢大，但“郭二代”已無其父輩的魄力和才幹。其時，永安除百貨業仍略有名氣之外，地產、銀行、保險等均被後起之秀迎頭趕上。郭樂、郭泉昆仲致富後極重視後代的教育，郭氏第二、三代中獲名校麻省理工、哈佛大學博士學位者大有人在。然而，永安集團在 70 年代已暮氣沉沉，到 80 年代更漸呈走下坡之勢。1983 年，郭氏第三代曾在美國 IBM 研究中心當研究員的郭志權出任集團主席，期間，永安銀行傳出金融醜聞，出任永安銀行總經理的郭志匡從銀行挪用 1,000 萬美元作為己用。1986 年永安銀行出現財政危機，曾協助永安集團避過大小風暴的永安銀行自此控制權易手恒生銀行，其時永安銀行共虧蝕 3,600 萬美元，已將持股人的權益全部喪失。郭志權曾公開指責其弟郭志匡管理不當，不過，郭氏家族成員對兄弟鬩牆亦表示不滿，郭志權一度在股東大會上潸然淚下，並迴避股東的質問。經此一役，永安集團的聲譽一落千丈。1989 年，永安集團更因經營保守，股票市值低於資產淨值，而遭新興華商鄭裕彤的覬覦，險些將祖業拱手讓人。

中國的傳統智慧，有所謂“富不過三代”的說法。箇中道理，曾國藩的治家格言就說得很清楚：“家中錢多，子弟未有不驕者也。”以傳統的道德眼光來看，驕奢固然是敗家的肇因，如郭志匡等輩般，不過，在理財已發展為一門科學的今天，就算一個富家子弟真的揮霍無度，在專業理財人士的匡扶下，亦甚少在一兩代間把家財敗壞淨盡。因此，在新的經營環境中，家族企業較少敗在接班人個人的操守上，更多的是接班人既缺乏父輩的眼光和才具，又急於求成，盲目擴張，終至動搖企業根基。馮慶鏘兄弟就是一個例子。在創業家長逝世後權力轉移到下一代時，由於接班人缺乏足夠的權威和魄力，家族企業很容易出現內部分裂和派系鬥爭。香港大學亞洲研究中心主任黃紹倫教授在研究香港華人家族企業的分合時亦承認：“家族生意在繼承過程中會出現離心的傾向。” **01** 這往往成為企業由盛轉衰的轉折點，畢竟，個人忠心不易從創業者轉移到他的後代，創業者個人的關係網絡亦會因他的退隱而瓦解。創辦海外信託銀行的張銘添 1982 年突然逝世後，他遺下的龐大商業王國在三數年間便分崩離析，海外信託銀行瀕臨破產被港府接管，其中重要原因之一就在於此。

華人家族企業的另一重要缺陷，是在中國傳統文化中，父親死後，家族財富往往是兒子們均分。如包玉剛逝世時就將其龐大的商業帝國劃分為四份，由其女兒女婿組成的四對夫婦分別控制的四個信託基金持有。英國《經濟學人》對此的評論是：“包玉剛在他生前對其龐大帝國的小心劃分，是最徹底的、令人感興趣的家族觀念的力量展示。” **02** 然而，這種細胞分裂式的分家代代相傳，不僅會動搖家族對企業的控制權，造成企業內部的矛盾，而且會使家族企業無法積累資金，很難進一步發展。有學者指出：家族企業並不就是企業發展的必然障礙，如果家族是一法人團體，可以持有資產，並不受“分家”的影響以至削弱家族對企業的控制權，則家族企業可以不斷發展和延續。日本有很多超過百年的大企業都是家族企業，不過這些企業的經營方式是“家族企業化”，而異於華人企業的“企業家族化”。誠然，香港華人家族企業中亦有成功解決這一弊端的例子。1989 年，已有逾 80 年歷史的利豐集團，就是透過私有化，由管理層向馮氏家族的數十位成員收購股權，重新取得對公司的控制權，從而為華人家族企業解決此一關鍵難題，開創了一個成功的先例。當然，毋庸置疑，並非所有華人企業都能以此方式解決問題。

01

香港貿易發展局研究部：《香港製造業現況與前景》，1988 年，第 20 頁。

02

參閱《海外華人 —— 一往無前的力量》，英國《經濟學人》雜誌，1992 年 7 月 18 日。

三、精心、縝密的部署：培養接班人

因此，深明此中道理的華人企業大家長，均十分重視接班人的培育。自 50 年代崛起的大型華人家族企業中，最早部署交班的是包玉剛。包玉剛沒有兒子，在傳統中國人的觀念中似乎稍有遺憾，四位女婿便成為他挑選的接班人。最早加入包氏王國的是大女婿、奧地利人蘇海文（Helmut Sohman）。1970 年蘇海文陪妻子包陪慶返回香港，便加入環球船務，在短短十數年間，他從一個外行的環球船務執行董事躍升為熟悉航運業務的環球集團第一副主席，很明顯他就是包氏挑選航運業務的接班人。二女婿吳光正 1975 年加入環球集團後便一直追隨包氏左右，1980 年九龍倉收購戰及 1985 年會德豐收購戰中，吳光正均是包玉剛的主要助手，深得包氏器重。包玉剛收購九倉及會德豐後，吳光正即出掌董事總經理一職。很明顯，在此期間包氏已在部署交班計劃。1986 年，包玉剛發覺身體不適，便宣佈正式退休，部署交班計劃；同年 10 月，他辭去環球航運集團以及隆豐國際、九龍倉等上市公司主席一職，分別交由蘇海文和吳光正出任。

最後，包玉剛作了深謀遠慮的部署，他將亞洲航運從隆豐國際分拆出來，轉由環球航運擁有，而環球航運則交由大女婿蘇海文負責；二女婿吳光正負責隆豐國際及九龍倉等陸上王國部分；三女婿渡伸一郎負責一間日本風格的綜合貿易公司，該公司是 1987 年包玉剛從隆豐國際及九倉控股的東京保險及貿易公司私有化的；四女婿鄭維健主理包氏家族的投資基金。為此，包玉剛特意成立四個信託基金，由其女兒女婿組成的四對夫婦各自獨立持有。很明顯，包氏的部署是要避免家族日後出現財產的紛爭。1991 年 9 月包玉剛病逝，不過，他生前創下的事業在四位女婿的分掌下運作如常，繼蘇海文出任香港總商會主席及立法局議員之後，吳光正及鄭維健亦分別出任香港醫院管理局主席及香港聯交所主席，在商界、政界嶄露頭角，吳光正更成為香港特區首任行政長官三位候選人之一，包玉剛的交班部署基本取得成功。

另一位較早展開交班部署的是新鴻基地產主席郭得勝。郭氏的交班部署是讓學成返港的兒子加入家族企業長期追隨自己，將自己數十年經營地產的成功策略和秘訣傳授給他們才讓他們接班。郭炳湘三兄弟均獲優良的教育，長子郭炳湘持有英國倫敦大學帝國學院土木工程系碩士學位，並為英國土木工程師學會會員，次子郭炳江持有倫敦大學工商管理碩士學位及土木工程系學士學位，三子郭炳聯則持有劍橋大學法律系碩士學位及哈佛大學工商管理碩士學位。郭炳湘 1972 年學成返港，次年即加入新鴻基地產，炳江、炳聯亦於 1978 年加入新鴻基地，到 1990 年 10 月郭得勝逝世時，郭氏兄弟在新鴻基地產已有 12 年以上的工作實踐，對地產經營的策略及秘訣已了然於胸。與包玉剛的分家模式截然不同，郭得勝囑令三子合力繼承父業。郭得勝逝世後，郭炳湘出任新鴻基地產主席兼行政總裁，掌握最終決定權，其弟炳江、炳聯則出任副主席兼董事總經理，輔助兄長。郭炳湘兄弟接班後攜手合作，令新鴻基地產的業績大放異彩，郭得勝的交班部署亦初獲成功。

新世界發展主席鄭裕彤的交接部署則稍有波折。1989 年，鄭裕彤有感於好友馮景禧的病逝，決定部署交班計劃，他首先辭去新世界發展董事總經理一職，讓長子鄭家純接任。鄭家純曾在加拿大攻讀工商管理，1972 年返港後一直在新世界發展工作，磨練的日子亦已不短。鄭家純被譽為果斷、不拘小節、具長遠眼光，他亦自言時間就是金錢，他的作風是在考慮清楚後迅速做決定，其後就不再"鑽牛角尖"。鄭家純出任新世界發展總經理後，即大刀闊斧開展連串收購行動，包括購入美國華美達酒店集團，敵意收購永安集團、收購亞洲電視等，令原本負債頗低的新世界發展債台高築、股價急跌，結果需要其父鄭裕彤重出江湖，收拾局面，快刀斬亂麻地將新世界部分資產出售，套現減債，才令新世界發展重上正軌。

華資家族財團創業大家長中，交班計劃部署得最縝密亦最令人矚目的當數李嘉誠。李嘉誠有兩個兒子，分別是長子李澤鉅和次子李澤楷，兩兄弟在 18 歲時，李嘉誠便在公司會議室一角安排兩張椅子，堅持要他們列席旁聽董事局會議。李嘉誠又刻意訓練兩個兒子的獨立性，李澤鉅在讀完中三後就被送到加拿大接受教育，過獨立生活，而李澤楷亦是剛滿 14 歲就被送到美國加州一間預讀學校就讀。李澤鉅在史丹福大學畢業後，擁有的學歷包括結構工程碩士、建築管理碩士，以及土木工程學士。他畢業後不久，即被李嘉誠指定負責統籌規模龐大的萬博豪園發展計劃，並藉此嶄露頭角。1989 年，李澤鉅被委任為長江實業執行董事，時年 24 歲，當時他奔走於香港、溫哥華兩地，既監督萬博豪園的工程，又兼顧香港事務。此後，李澤鉅迅速冒升，1993 年 2 月出任長江實業副董事總經理，僅在李嘉誠、"太傅"麥理思（George Magnus）之下，1994 年 1 月晉升長江實業副主席，被正式確立為接班人。

次子李澤楷獲史丹福大學電腦工程學士後，被父親指定在加拿大多倫多一間投資銀行 —— 哥頓投資公司（Gordon Capital Corp.）工作了兩年半，到 1990 年才奉命返回香港加入和記黃埔，初期出任和記黃埔集團資金管理委員會董事經理，負責籌辦衛星電視。李澤楷在短短數年間，將衛星電視搞得有聲有色，並於 1993 年 7 月將衛視 63.6% 股權售予梅鐸的新聞集團，為和記黃埔及李嘉誠家族賺取了 30 億港元利潤。經此一役，李澤楷在香港商界聲名大振，順理成章出任和記黃埔副主席。與其兄弟李澤鉅踏實低調的作風相反，李澤楷積極進取，曾被美國《華盛頓郵報》評為"以驕橫的談判方式，以及對比他歲數大一倍的下屬倨傲不遜的態度而知名於商界"。[01] 李澤楷並不甘於守業，他將出售衛視所賺資金到新加坡創辦亞洲基建投資公司 —— 盈科集團，並透過盈科收購新加坡上市公司海裕亞洲，一時間光芒四射。

01

參閱《香港新一代富豪 —— 李澤楷》，美國《華盛頓郵報》，1991 年 1 月 24 日至 30 日。

李嘉誠還刻意安排兩個兒子在香港社交界"曝光"，並將他們介紹給香港及中國內地的商界、政界，藉此發展兩個兒子的社會關係。1990 年，萬博豪園在香港推出之際，在長江實業集團公關的精心安排之下，李澤鉅接受兩份雜誌訪問，同年，李澤楷成為和記黃埔為衛視舉辦的吹風會的主持人，兄弟倆開始曝光。1992 年，李嘉誠親自攜子上北京，將他們介紹給當時的中共中央總書記江澤民，同年 7 月，香港總督彭定康參觀葵涌四號貨櫃碼頭時，李嘉誠率領兩名兒子及員工親迎。李嘉誠還推薦長子李澤鉅出任滙豐銀行董事及總督商務委員會委員。1995 年，李嘉誠加快交接班部署，同年 5 月，他將名下持有的 34.5% 長實權益轉由一間信託基金 LiKa Shing Unity Trust 持有，除了他之外，兩名兒子亦為該信託基金收益人。1996 年 7 月，李嘉誠退居幕後，讓李澤鉅全權處理長江基建分拆上市事宜，並讓他出任長江基建主席。至此，李嘉誠的幕前交接班部署似已初步完成。

面對挑戰，華資家族大財團的創業家長們可說絲毫不敢掉以輕心，均作最精心、縝密的部署。然而，新接班的一代均是含着"金湯匙"出生的富家子弟，他們獲得父輩的庇蔭，無須艱苦地打江山，不要說磨練不足，閱歷亦可能稍遜一籌。目前，他們在父輩們的指引下，在父輩們的社會人際網絡中展開拳腳，自然事事順暢，但是，無論交接班的過渡時期安排得如何完善，家族式企業仍難以完全抹煞出現危機的可能，真正的考驗相信仍在後頭。

四、華人家族企業發展的制約因素與破解方法

80 年代中期以後，隨着企業規模的發展壯大，香港華人企業面臨的另一項重要挑戰，就是能否隨着時代的變遷及經營環境的轉變，在繼續保持傳統管理模式的優點的同時，成功吸納西方企業制度的精華並加以改造，從而突破家族企業的制約，令

家族企業走向現代化、多元化及國際化。

在傳統管理模式中，華資家族企業的發展規模實際上受到多種因素的制約。首先是企業管理制度的制約，在這種企業制度中，最高決策者處於主宰地位，甚至即使在他們退休後由兒子掌管企業大權時情況仍然如此。70 年代後期出任香港中文大學嶺南工商管理研究所副主任的約翰‧艾士比在訪問一家企業的一對父子時曾經有深切的感受。訪問期間，已經退休的父親口口聲聲說「現在是我兒子當家了」，但在整個訪問過程中，做兒子的始終不敢說一句話。[01]

由於最高決策者處於主宰地位，員工只是忠實執行決策，中下管理層的主動性和創造性嚴重受到抑制，特別是非家族成員很難受到重用。有研究就指出：「這種管理模式，同時衍生了另一種企業特色。由於公司的營運過於依賴東主，中下層職員往往未能人盡其才，無論技能或經驗都比歐美公司的初級管理人員遜色。在很多香港公司，初級管理人員的職務只限於執行東主的決定。東主對員工的督導及控制也較為嚴厲，即使員工主動進取，也沒有多少發展機會。上司的諸多掣肘經常令能幹的員工心灰意冷，轉而另謀高就，加入外資公司任職，或自行創業。令人感到諷刺的是，到他們開設公司時，卻又效法舊上司的家長式管理方法，忘卻自己正是為了擺脫這種諸多規限的企業文化而創業的。」[02]

結果，策略的成功與否完全依靠創業家長的遠見、經營才能和市場機會。然而，人非全能，創業家長實際上亦只能在已經積累了幾十年經驗的領域裡遊刃有餘，一旦企業進入創業者不熟悉的領域，就有頗高的失敗風險，這就是為什麼許多家族企業往往局限於某一地域或領域的原因。有評論指出：「公司東主獨攬管理大權，也會因個人能力不足而帶來成效低、效率欠佳的弊病。可以說，這種管理模式是造成香港公司淘汰率高的原因之一，同時也揭示了何以香港的企業形象頗有矛盾之處：一方面令人覺得靈活進取，另一方面又顯得非常落伍。身兼東主與領導兩職的香港實業家，大多沒有受過正規管理訓練，他們只憑個人經驗作出商業決定，在發掘新商機方面，也往往沿用舊有和熟悉的手法。」[03]

香港華人企業發展規模受到制約的另一個重要因素，是企業的對外聯繫方式。香港華人企業發展到一定規模必定要擴大跟外界的聯繫，然而，由於企業的發展倚重人際關係而非法律契約，一旦超過原有的社會關係網，企業便很難應付自如。香港大

01
參閱《海外華人 —— 一往無前的力量》，英國《經濟學人》雜誌，1992 年 7 月 18 日。

02
少庭：《香港華洋公司管理上的特色》，香港《信報財經月刊》，1978 年 11 月，第 25 頁。

03
香港貿易發展局研究部：《香港製造業現況與前景》，1988 年，第 19 頁。

學教授高偉定在其著作《華人資本主義的精神》中就指出：家族企業的管理模式使華人家族企業的規模及它們從事的行業都受到局限，海外華人做得最出色的生意是貿易、地產、初級產品、航運、礦業、木材等，在這些行業中，即使經營達到全球規模，一種對恰當價格、恰當時間和恰當地點的直覺本領也要比複雜的管理技術更加重要。

這就解釋了華資家族財團為何不易衝出香港，而一旦往海外投資，不是鎩羽而歸，就是步履維艱，完全失去了在香港的那份瀟灑從容。美國加州執業律師、商學院教授梁福麟在《香港財團無法衝出香港》一文中指出：香港財團，除滙豐銀行等英資公司在美國購買或擁有企業或銀行外，鮮見有蛻變為跨國公司之勢，華資財團除了李嘉誠在加拿大購入赫斯基石油、邵逸夫購買美國美斯大百貨公司 5% 以上股權外，其他都是"只聞腳步聲，不見有人來"。他認為這種情況與"港資機構徘徊在家庭式企業運作階段"有莫大關係。[01] 目前，香港倚靠地產崛起的華資大公司，均已發展到相當龐大的規模，實行業務的多元化及國際化，只是遲早的問題，然而，企業原有的傳統制度如不加以改革，集團日後的發展勢必受到重大制約。

事實上，某些重要的變化已經開始了。自 80 年代以來，華人家族企業已開始逐漸吸收西方企業管理的精華，李嘉誠收購和記黃埔後，便開始刻意迴避純粹東方式家族化管理，大力起用職業經理，李察爾、麥理思、馬世民等洋人均曾在李氏公司出任要職。這種變化無疑將隨創業家長第二代的接班而加速，接受過西方高等教育的華人家族第二代勢必將他們所學到的西方企業精神、經營管理制度帶進家族企業。利豐集團的第三代、出任香港貿易發展局主席的馮國經就指出："傳統的家族式生意如欲超越家族控制範圍進行擴展業務，會遭遇重重障礙。不過，今天的企業家正迅速學習如何克服這個潛在的問題。本人相信，一個嶄新的華人管理模式現正逐漸興起，其中既包羅中國人克勤克儉、重視社會關係的傳統觀念，又融匯了西方人崇尚靈活創新及同化外來者的處世手法。這個模式由第二代、第三代的華商提倡，這些企業家大多在海外接受教育，雖然部分仍需聽命於本身的家族，但是他們卻能成功地吸收西方的管理技巧和起用外國經理，以擴展業務，並確保其企業（業績）不斷增長。"[02] 李澤鉅主理長江基建分拆上市時，全然是新人新作風，當時香港就有評論指出：香港公子已開始脫離父傳子和世襲管理模式，根本不應預期李澤鉅或李澤楷會直接繼承李嘉誠在長江實業及和記黃記埔的地位。[03] 恒隆主席陳啟宗亦公開表示："中國商人如果繼續用傳統的管理辦法，恐怕難與外國多元化的企業競爭；要發

01′

梁福麟：《香港財團無法衝出香港》，香港《信報財經月刊》，1991 年 9 月，第 81 頁。

02′

馮國經：《香港 —— 海外華人的地區匯點》，《第二屆世界華商大會（1993 年 11 月 22 日—24 日）特刊》，香港中華總商會，1993 年，第 128 頁。

03′

參閱《超人部署交班，兩名接棒者待考驗》，《香港經濟日報》，1996 年 7 月 18 日。

展跨國企業,傳統的家族管理方法難望有成功。"

然而,面對巨大的傳統勢力,第二代、第三代接班人究竟能走多遠?又會否在改革中丟失傳統模式的種種優點?凡此種種,均是即將進入新時代、新世紀的華人企業所必須面對的挑戰和考驗。

(原文載香港《信報財經月刊》,總 281 期,2000 年 8 月)

百年利豐：基業長青的經營管理之道

【摘要】中國的家族企業，能夠屹立百年而不倒的，並不多見，而以香港為總部的利豐集團，則是其中的一家。本文深入研究了利豐成功的經營管理策略。這些策略主要包括：第一，隨着全球出口貿易產業的演變，利豐因應外部經濟環境的轉變與時俱進，從過去傳統的簡單中間商發展成為全球供應鏈管理者。第二，緊緊把握時代和經濟大勢的脈搏，因應宏觀經濟環境的轉變而及時調整、創新經營策略，以"三年計劃"作為不斷改善企業經營管理的重要手段。第三，建立起一套獨特的企業管理架構和管理機制，包括建立靈活而以客戶為中心的組織營運架構；建立有利於發揮創業精神的企業營運機制；建立一套靈活而完善的薪酬福利制度——激勵機制；在充分分權的基礎上保持嚴格的中央監控體制。第四，推行卓越的"公司管治"，通過公司私有化將分散的股權集中，實現有效的股權安排；通過董事會結構安排保持對企業的監察功能；建立所有權與經營權分離的高效率的運作組織。第五，實施高瞻遠矚的人力資源政策。

中國的家族企業，能夠屹立百年而不倒的，為數並不多，而以香港為總部的利豐集團，則是其中的一家。利豐 1906 年在廣州創辦，其管理層宣稱，這是中國第一家由華商創辦的進出口貿易公司。順理成章，利豐也就成為現今中國眾多進出口貿易公司的始祖。創辦初期，利豐只不過是"廣州洋人地頭"——沙面附近諸多舊式商行中並不起眼的一家"鋪位"，相信當日連它的創辦人亦絕未料到利豐會演變成今天蔚然壯觀的情景：分支機構橫跨全球 40 多個國家或地區、擁有超過 45,000 名僱員，成為香港首屈一指的商貿巨擘、全球最大的貿易集團之一。

是什麼樣的經營管理之道，令這家華商家族企業，在經歷了兩次世界大戰、美國經濟大蕭條、中日戰爭、朝鮮戰爭等歷史大事件，以及二戰後香港經濟面對的種種驚濤駭浪般的危機之後，仍能屹立不倒，且能發揚光大？ 2002 年以來，筆者有幸得到一個難得的機會，深入地對利豐這家百年老店進行全方位考察，個人的印象是，這不僅是一家百年企業，而且是一家與時俱進、充滿勃勃生機的現代跨國集團。哈佛商學院就曾對利豐的全球供應鏈管理做了多個經典案例分析。無論從哪個方面看，這家企業的經營管理理念、"公司治理"都堪稱走在時代的前列。那麼，令利豐基業長青的管理基因是什麼呢？

一、與時俱進：從中間商到全球供應鏈管理者

從 1906 年利豐創辦以來的 100 多年間，隨着全球出口貿易產業的演變，利豐因應外部經濟環境的變化，經歷了從簡單中間商到全球供應鏈管理者的歷史性轉變。

第一階段：採購代理（1906 年至 20 世紀 70 年代初）。20 世紀初葉馮柏燎和李道明在廣州創辦利豐時，世界經濟還處於輪船時代，中國正處於清朝末期。在那個年代，馮柏燎由於精通英語，充當了中國供應商和美國客戶之間買賣的中介人角色。當時，利豐作為溝通客戶與供應商之間的橋樑，獲得了約 15% 的佣金。不過，到了馮漢柱時代，利豐從事的貿易已從對中國的轉口貿易轉為香港本土的出口貿易，作為買方的客戶和作為供應商的廠商的影響力迅速擴大，公司的生存空間日益縮小，所收取的佣金也逐漸減少到 10%、5% 甚至 3%。馮國經回憶說："1976 年，當我結束在哈佛商學院的教書生涯回到香港時，我的朋友曾警告我說，像利豐這樣的採購代理商將會在十年內消失，他們都認為'採購代理是夕陽產業'。" **01**

第二階段：地區性採購公司（20 世紀 70 年代初至 80 年代中期）。20 世紀 70 年代初期，從美國學成返港的馮國綸、馮國經兄弟先後加入了家族公司。當時，香港經濟已完成工業化，隨着國際貿易保護主義抬頭和西方國家實施限制性紡織品配額制度，香港製造業廠商開始將勞動密集型生產工序或產業外遷至亞洲區周邊國家。這一階段，利豐的角色已經從單純的中間商擴展到"生產計劃的管理者和實施者"。對此，馮國經解釋說："在原有模式操作中，客戶會說：'這是我們需要的商品，請

01

Joan Magretta, "Fast, Global, and Entrepreneurial: Supply Chain Management, Hong Kong Style: An interview with Victor Fung," *Harvard Business Review*, September-October 1998, pp102-114.

到最好的地方幫我購買。'而新的模式則是這樣運作的：我們四大客戶之一的 The Limited 公司對我們說：'在下一季度，我們所想要的就是這種外形、顏色和品質的產品，你能提供一個生產計劃嗎？根據客戶設計師的草圖，我們會進行市場調查，尋找合適的紗並對樣品布料進行染色，以達到與客戶要求的顏色相一致。然後，我們會根據產品構思生產出樣品。買家看過樣品後會說：'我不太喜歡那種樣品，我喜歡這種，你能生產多些這種樣品嗎？'接下來，我們會為整季產品制定完整的生產計劃，具體說明產品結構和生產時間表，我們會和所有原材料供應商和工廠簽訂合約，然後，我們會策劃和監督工廠的生產，以確保品質和準時交付。"**01** 這一階段，利豐作為歐美客戶的採購代理，開始將其採購網絡從香港擴展到台灣、韓國、新加坡和中國內地，逐步發展為地區性採購公司，其業務也從單純的採購代理向供應鏈的上、下游延伸。

01'

Joan Magretta,
"Fast, Global, and
Entrepreneurial:
Supply Chain
Management, Hong
Kong Style: An
interview with Victor
Fung," Harvard
Business Review,
September-October
1998, pp102-114.

第三階段："無疆界生產"管理者（20 世紀 80 年代中期至 90 年代中期）。20 世紀 80 年代初，世界經濟衰退，西方工業國家實行更嚴厲的貿易保護主義，而鄰近的台灣、韓國、新加坡等地區也加強它們的競爭，香港製造業產品出口面臨日益困難的市場環境。香港製造業廠商經過幾年摸索、試探，從 80 年代中期起，將勞動密集型產業或工序大規模內遷至以廣東珠江三角洲為核心的南中國。因應這種變化，利豐的貿易經營模式進一步發展，成為"分散生產"的管理者。在分散生產模式下，利豐在香港從事諸如設計和品質控制等高附加值的業務，而把附加值較低的業務分配到其他最可能的地方進行生產，使產品實現真正的全球化。正如馮國經所說："對分散生產進行管理是一種真正的突破，這迫使我們不僅需要精通物流和運輸，而且亦要懂得剖析價值鏈。"利豐將這種分散生產的管理模式又稱為"無疆界生產"管理模式。在此模式下，客戶提供給利豐一個初步的產品概念，由利豐為客戶制定完整的生產計劃，在各地採購合適的配件，提供最適合的成品製造商。生產過程之中，利豐對生產工序作出規劃及監控，以確保產品品質和及時交貨。在這種生產模式之下，利豐從事如設計和品質控制規劃等高附加值的業務，而將附加值較低的業務，例如生產工序，分配到其他最適合的地方，使整個生產程序及流程實現真正的全球化。

第四階段：全球供應鏈經理人（20 世紀 90 年代中期至今）。1990 年代中期以後，利豐藉收購金巴莉，在"分散生產"管理的基礎上向"虛擬生產模式"發展。在該模式中，利豐與境外客戶直接簽訂供貨合約，向買家提供所需產品，即直接充當客戶的供應商角色。這一階段，利豐實際上已成為全球供應鏈經理人，對來自歐美客戶的每一份貨品訂單，在全球範圍內進行供應鏈的優化配置，從而創造出一條最有效益的供應鏈，為客戶提供具成本競爭力的產品，並從中賺取最大的邊際利潤。利豐向客戶提供的服務領域，除了負責以產品為中心的工作，包括市場調查、產品設計與開發、原材料採購、選擇供應商和生產監控之外，還監管一系列的進出口清關手續與物流安排，並對有潛質的原材料供應商、工廠、批發進口商和零售商等在供應鏈中佔有關鍵位置的企業進行融資，使供應鏈上供求雙方的企業都能夠以最佳狀態運作。

20 世紀 90 年代以來，越來越多的企業、公司將供應鏈管理的概念納入他們的戰略議程中，國際上一些著名的大企業，如惠普公司、IBM 公司、戴爾電腦公司等，在供應鏈管理實踐中都取得了令人矚目的成績。就全球範圍而言，香港的利豐集團無疑是其中的佼佼者之一。美國哈佛商學院就對利豐的供應鏈管理實踐做了多個商業案例分析，《哈佛商業評論》稱利豐的供應鏈管理為"香港風格的供應鏈管理"，具有"快捷、全球化和創業精神"。利豐貿易有限公司總裁樂裕民（Bruce Rockowitz）表示：在這個世界中，各採購國之間將沒有邊界，而利豐擁有在一個"平的世界"中管理供應鏈的獨特模式。"在美國任何一家商城裡，都會有 30%－40% 的商家是利豐的客戶。消費者們基本不會注意到我們公司，但在各類服裝以及家庭用品背後，卻是我們在提供服務。""供應鏈的演變與發展造就了現在的利豐模式。"正是依靠這種有效的"供應鏈管理"，利豐能夠比競爭對手更快、更準確、更靈活同時更低成本地為客戶提供產品，並將來自供應鏈上的收益最大化。概括而言，利豐的這套全球供應鏈管理模式具有以下幾個特點：

第一，積極拓展全球性的採購經銷網絡，對產品供應鏈進行優化管理。經過多年努力，利豐貿易的採購網絡已擴展到在全球 40 個國家和地區設有超過 300 家辦事處。一個龐大的、運作有效的全球性採購網絡，有利於利豐各產品小組為特定的客戶制定最優化的產品供應鏈，以最低成本向顧客提供最快捷的優質服務。為了能在全球範圍內為客戶制訂最優化的供應鏈，利豐非常重視供應鏈各節點上企業的緊密合作，強調企業應專注於核心業務，建立核心競爭力，在供應鏈上明確定位，將非核心業務外包，並實現供應鏈各節點上的企業的緊密合作，以爭取"零售價裡的軟三元"。這種供應鏈合作關係可以定義為供應商與製造商之間，在一定時期內的共用資訊、共擔風險、共同獲利的協議關係。

第二，建立從採購、經銷到零售的完整供應鏈的組織管理架構，重視並不斷強化各企業的核心業務和核心競爭力。20 世紀 80 年代中期，利豐的供應鏈管理從採購貿易擴大到零售環節，90 年代收購英之傑在亞太區的市場推廣及相關業務後，進一步擴大到經銷領域，從而形成從採購、經銷到零售的完整的供應鏈管理。在整條供應鏈管理中，利豐集團的三個重要組成部分 —— 利豐有限公司、利和經銷集團以及包括利亞零售在內的利豐零售，分別處於產品供應鏈的上游、中游和下游，並以其具競爭優勢的核心業務為客戶提供服務，而把非核心業務外判。其中，處於供應鏈上游的上市公司 —— 利豐，主要業務是從中國內地和其他亞洲發展中國家採購貨品（主要是成衣和各種硬產品，如玩具），銷售給歐美的經銷商和零售商客戶；處於供應鏈中游的利和經銷，主要專注於經銷代理和批發業務，包括市場推廣、品牌代理、品類管理、物流服務、銷售渠道的拓展和管理等等；處於供應鏈下游的利豐零售，旗下擁有利亞零售和利邦兩家上市公司，主要經營三個連鎖店集團：OK 連鎖便利店、利邦連鎖服裝店和玩具 "反" 鬥城，其核心業務是緊貼消費市場，針對目標顧客的需要提供產品和服務，建立零售店的品牌形象。

第三，建立以客戶為中心、以市場需求為原動力的拉動式（牽引式）供應鏈運作模式，為客戶提供 "一站式" 的增值服務。利豐的供應鏈管理屬於拉動式的供應鏈運作模式，以客戶為中心，以市場需求為原動力。利豐的客戶主要是歐美市場的零售商，這些客戶非常瞭解歐美消費市場的需求，知道如何銷售產品和服務顧客，但他們也知道自行管理生產事宜並不合算，於是委託利豐代理，要求利豐替他們選擇生產商和供應商，並設計整個生產計劃及流程，代為監督品質和生產時間，處理各種各樣的瑣碎事項，直至產品裝運出口。利豐公司的供應鏈管理強調了真正的客戶導向，它將客戶分為大客戶和中小客戶，大客戶由一個部門專門負責，實行一對一的貼身服務，小客戶也由專門的人員全程服務，滿足了客戶多樣化個性化需求。利豐根據顧客的需求，從採購服務逐步發展起一系列的增加附加值服務，並扮演簡單代理商、增值代理商、貿易供應商、虛擬生產商等多種角色。[01]

01

參閱 Jamie
O'Connell，"Li &
Fung (Trading) Ltd.,"
Harvard Business
Case Studies, 9-396-
075, June 28, 1996。

第四，利用流程管理和資訊系統去優化供應鏈的運作。利豐集團旗下各公司都非常重視收集、處理和利用市場訊息。除統計銷售資料外，市場人員在銷售的同時還直接到銷售點現場採集第一手的市場訊息。作為全球供應鏈的協調和組織專家，利豐擁有一套完整的 IT 系統，利用統一的 IT 資訊系統，進行訂單的輸入、交貨和收款等工作，有條不紊地處理訂單，確保一致的服務水平和效率。利豐雖然不是技術型企業，但卻被《連線》（*Wired*）雜誌列入世界 IT 公司前 40 名。正如前利豐貿易總裁樂裕民所指出的，"利豐利用 IT 技術進行大規模的業務經營，如果沒有 IT 技術，我們肯定無法達到現在的規模"，"世界各地的辦事處全部通過一個電腦系統相互聯接，我們仍是一個完整的企業"。

二、"三年計劃"：不斷改善企業的方法

在現代，利豐緊緊把握時代和經濟大勢的脈搏，因應宏觀經濟環境的轉變而及時調整、創新經營策略，突出表現在它的 "三年計劃" 裡。

2010 年，樂裕民曾這樣形容利豐的 "三年計劃"："每隔三年我們都會考慮公司革新的問題。我們花一年的時間去審視哪些要作出改變……我們想推倒一切，從頭再來。我們放眼未來，勾畫藍圖，預見今後的貿易將如何發展，並考慮公司會遇到經濟衰退等等其他問題嗎？我們志存高遠，放眼未來，為公司尋找發展的方向。如果我們發現存在缺陷，便會通過變革來彌補。為此我們形成了一套戰略，而此戰略一旦形成，我們將會貫徹執行。雖然這個過程非常繁瑣，但這恰恰是利豐的成功之道。"

馮國綸表示，三年計劃的最初意念，是來自中國國家發展的五年計劃。自中華人民共和國建立以來的數十年間，國家一直對經濟發展制定五年計劃。這種體系 "可以使公司向前看，但又不會看得太遠"。馮氏兄弟認為，一個固定年期的計劃有助於企業達成中長期的目標，使企業有計劃地成長。這個固定年限的計劃可使企業訂立特定的經營目標，並完全照抄目標有步驟、有組織地進行，並使企業轉型和改造成為企業持續工作的一部分。但是，如果完全照抄國家以五年為期作計劃，對企業來說年期太長，有可能令企業與快速變化的市場脫節、計劃脫離現實環境；而如果計劃的年期只有一兩年的話，計劃目標就會太短視，缺乏讓計劃深化和貫徹的時間。因此，取其平衡，以三年為計劃年期：第一年是設定計劃並開展；第二年是整個企業努力落實計劃，爭取達到目標；第三年達到目標並作檢討。三年給予了企業各個部門迴旋的空間，以應付計劃未曾預料到的外部環境的轉變，並把握最適合的時機去達成目標。

"三年計劃" 背後的理論基礎，是馮氏兄弟的 "擊鼓理論"（Drumbeat Theory）。2008 年 4 月，馮國經在接受《商業週刊》記者採訪時曾對此作過解釋。他表示："如

果公司要管理得好，你一定要有你的 regularity（規律、節奏）。不是今天是這樣、明天是那樣。這是我用龍船（擊鼓作為比喻），沒有需要的時候，是ㄅㄜ，ㄅㄜ（鼓聲，速度慢），有需要的時候是ㄅㄜ、ㄅㄜ（鼓聲，速度快）。"他進一步解釋："這不表示我們沒有危機感。所以我們變，從穩定怎麼樣平衡，我們就用'三年計劃'。計劃訂下來，就三年不變。三年就一次大變。Zero Base（零基計劃）造好之後又regular。這就是我們怎麼樣去平衡一個更新，同這個穩定平衡。""在快速移動的世界中進行計劃，需要不斷反應變化，也需要提供足夠的穩定性來執行計劃。快速流動的資訊以及變動的環境是為了回應風向的些微變化，但是，一艘回應所有風向變化的船隻永遠到不了岸邊，所以，船長需要訂一個目標，使全體船員專心一致的朝向目標，然後，再定期重新評估所在位置並作出修正。" [01]

01

參閱《三年定一音的擊鼓理論 —— 獨家專訪馮氏兄弟談基業常青的三堂課》，《商業週刊》，第 1063 期，2008 年 4 月 7 日—13 日，第 138—139 頁。

馮國綸十分重視"三年計劃"的重要性。他說，我們的三年計劃是從零開始，每三年檢討一次，看在現實的宏觀環境下，企業是否還有生存價值。該計劃包括這麼一種自我反省："我們是否仍然有用，我們會不會從中間商的位子上被甩開？"他在美國讀 MBA 時曾聽到一個很有名的故事：一家製造馬鞭的企業，一門心思去研究如何做好馬鞭，把馬鞭做得出神入化，但卻不知道世道已發生變化，社會已不再需要馬鞭了，結果這家企業最後被迫倒閉。馮國綸說，這個故事說明瞭解市場環境的極端重要性。馮氏兄弟認為，等到環境轉變才想到要去適應環境的企業，只是屬於小學級、中學級企業；能夠事前預測到環境的轉變，提前改造企業使之去適應未來環境的轉變，才屬大學級企業。因此，利豐決定每三年停下來全面檢討一次，看是否需要改造自己。

根據馮國經、馮國綸兄弟的經營思想，利豐"三年計劃"的制定，大致分四個步驟：第一，通過環境分析預測三年後企業發展的基本景觀（Scenario of Environment）；第二，從公司的願景（Vision）出發，根據預測的企業環境景觀制定具挑戰性的發展目標；第三，從公司目標回望企業現況，找出差距，制定跨越差距的策略；第四，根據策略組織實施計劃，並因應環境改變修訂策略。這樣，利豐的經營策略，便與經濟大勢的演變，緊密地結合起來。

自 1992 年上市以來，利豐經歷了六個"三年計劃"。總體而言，利豐的"三年計劃"取得了成功。從 1993 年起，利豐正式實施第一個"三年計劃"（1993—1995），目標是要實現營業額突破 10 億美元，超越英之傑採購（IBS）而成為香港最大的貿易公司。1995 年，利豐收購天祥洋行，提前實現第一個三年計劃。在第二個 "三年計劃" （1996 — 1998）的實施中，利豐將重點集中在提高天祥的邊際利潤率上，通過將天祥融入利豐，成功實現利潤翻番、邊際利潤回升至 3% 以上的目標。在第三個 "三年計劃" （1999 — 2001）中，利豐將目標定為：營業額提升 50%，邊際利潤提升 1%，總體實現盈利倍增。實施期間，由於遇到事前未預料到的收購 Colby 事件，特別是由於公司的互聯網投資需要撇賬，利豐雖然未能達到總體目標，但營業額亦按預定計劃增長 50%。2000 年，利豐貿易的股票漲幅超過恒生指數的 75%，成功躋身香港前二十大上市公司之列。在第四個 "三年計劃" （2002 — 2004）中，利豐將目標定為 "利潤比 2001 年增加一倍"，由於期間遭遇惡劣的經濟環境，這一目標未能達到，但卻成功建立了海外品牌，利潤增長率加速提升。在第五個 "三年計劃" （2005 — 2007）中，利豐實施 "雙線收購" 和登陸美國的 "本土策略"，成功實現營業額超過 100 億美元的目標。在第六個 "三年計劃" （2008 — 2010）中，由於受全球金融危機影響，部分目標未能達到，但計劃期內營業額及核心溢利分別增長 34% 和 77%；美國及歐洲本土業務的營業額分別達 26 億美元及 11 億美元；期內核心經營溢利增長百分比為營業額增長百分比的 2.3 倍。

三、獨特的企業管理架構和管理機制

利豐在企業經營管理方面有其獨特的經驗。馮國經、馮國綸兄弟極為強調以客戶為主導，並高度重視企業家精神。這些管理哲學形成了利豐獨特的企業管理架構和管理機制：

第一，建立靈活而以客戶為中心的組織營運架構。

1973 年上市以後，利豐逐漸建立起以客戶為中心而不是按地區劃分的組織營運架構。目前，利豐擁有超過 100 個分組專注於特定的客戶需求，每個分組的運作就像一個獨立企業，分組經理擁有充分的決策權以滿足顧客快速變化的需求。1998 年，馮國經在接受美國《哈佛商業評論》編輯瓊·瑪格麗塔（Joan Magretta）女士採訪時，對利豐所建立的以客戶為中心的組織營運架構曾有清楚的說明："據我們所知，每一個公司都宣稱以顧客為中心。那麼，以顧客為中心是什麼意思呢？通常，這是指公司要設計出一種在大多數情況下，能夠配合大多數客戶的主要系統，而我們所做的卻有所不同：我們以每個顧客為中心，為他們組織生產。…… 我們公司的基本運作單位是部門。我們儘可能令整個部門集中服務一個客戶。我們也會把較小的但有相同需求的客戶集中在一起,並成立一個部門只為他們提供服務。例如,我們有一個名為'主題商店'的部門專門為華納兄弟商店(Warner Brothers Stores)和雨林咖啡館(Rainforest Cafe)之類的客戶提供服務。這種圍繞客戶而建立的組織結構十分重要,因為我們的目標是為每個顧客度身訂造一條價值鏈。因此,以顧客為中心的部門是我們公司組織架構的基礎。" **01**

馮國經還談到利豐的這種以客戶為中心的組織營運架構一旦與某個國家或地區的供應商發生矛盾時的處理原則,他說:"在大多數的跨國公司內,公司所屬地區、產品和客戶三者必然會產生衝突是有名的。從產品角度來看,核心問題是,我怎樣為客戶提供更好的服務。孟加拉國對你來說可能是微不足道的,但它對我們全球化的產品線卻十分重要。從國家區域角度出發,核心問題是,怎樣維繫我們與這個國家供應商的全面關係,所以,如果某個國家的工廠同時為多個產品部門生產的話,則我不會容許某部門不公平地利用這一工廠。解決上述典型問題的方法是,首要以顧客和他們的需要進行生產。但為平衡各方關係,每一個產品部門的主管人員都有責任維繫公司與此國家供應商的全面關係。因此,產品部主管要謹慎對待公司在某個國家主管人員當前所面對的問題,並且減少他們提出不合理要求的可能性。"

第二,建立有利於發揮創業精神的企業營運機制。

作為一家具有輕型資產特性的大型貿易公司,利豐集團獲得迅速發展的關鍵有兩點:一是在快速多變的國際市場環境中如何能保持靈活、有效的運作;二是如何吸引人才、留住人才,並充分發揮專業人才的創業精神。因此,利豐在公司組織架構的設計方面,以規模細小的產品部門為基礎,並重視創業精神的發揮。每個部門約經營 2,000 萬至 5,000 萬美元的業務,並由一位具有領導才能的企業家來負責管理,這位領導人會像管理自己的公司一樣來管理這個部門。

馮國綸說:"我們稱這些分公司的經理們為'小尊榮'(Little John Waynes,是美國好萊塢著名演員,經常扮演具有勇氣和愛國精神的人物)—— 他們總想到外面用槍打壞蛋。他們不願意呆在這裡(指辦公室)簽署類似支票的東西,並且他們擁有市場行銷的經驗 —— 他們不是行政人員。" **02** 用馮國經的話說:"我們所聘請的那些人,他們若不在利豐工作的話,便會開公司經營自己的生意。"正如哈佛案例《利

01

Joan Magretta, "Fast, Global, and Entrepreneurial: Supply Chain Management, Hong Kong Style: An interview with Victor Fung," *Harvard Business Review*, September-October 1998,pp102-114.

02

陳妙珠:《中西合璧的商人 —— 馮國經》,載《香港經濟日報》,1996 年 1 月 25 日,第17 頁。

豐貿易》所指出的："（利豐）大部分頂尖的貿易員工 —— 事業部經理、產品組別經理和執行董事 —— 都有能力建立自己的貿易公司並與'利豐貿易'競爭。"因此，利豐必須設計一套有效的營運機制去留住這些經理，並發揮他們的創業精神。

為此，利豐在企業營運機制上賦予部門經理一定程度的管理和營運自主權，"所有為客戶協調生產計劃的業務操作，例如和哪些工廠合作、停止出貨還是繼續出貨等具體操作，都是由部門領導層作出決策的"。利豐的許多經理都認為，獨立性是他們與同事對公司感到滿意的重要因素。產品組別經理伍永華稱事業部為"小團體"是利豐企業文化的基礎；事業部經理賴貞潔認為，在利豐工作"像是在經營自己的事業一樣"。

從管理學的角度看，這是一種很扁平的現代企業組織結構，具有高度的靈活性及競爭力。正如馮國經所說，這是一種"隨插即用型"的組織結構，可以在實際操作中運行一個而關閉另一個，或者說，"能在一夜之間創造或毀掉一個團隊"。[01] 馮國經在經營管理中繼承了父親的觀點：管理是一條雙程道 —— 你照顧員工，員工自會照顧你。要管理一間地域上分隔甚遠的公司，關鍵是經常為員工提供優良的培訓，及保持緊密的聯繫和溝通。團隊合作相當重要，一家擁有上萬員工的跨國公司，絕不可能只由一兩個人制定所有決策。馮國經明白到大多數香港人最終都想當老闆，因此他們把利豐重組，以迎合這些"企業內的企業家"。公司有上百個單位，各自組成盈利中心，由不同的企業家管理他們擅長的範疇，利豐則提供各項基本建設、設施以及其他方面的支持，如資訊科技、人力資源、行政管理及經濟財務，目的是使他們"如虎添翼，翱翔天際"。

第三，建立一套靈活而完善的薪酬福利制度 —— 激勵機制。

誠然，利豐在賦予部門經理獨立經營權的同時，亦設計出一套靈活而完善的薪酬福利制度，將公司的業績與員工的升職和薪酬掛鉤。無論是不同等級的或是流動員工，利豐都會根據員工當年的工作表現及分組業績來給予報酬，甚至可以說，利豐管理層員工的收入是沒有封頂的。據利豐透露的一份員工根據不同職級的薪金報酬，1994 年利豐員工的獎金佔其薪酬的百分比，執行董事平均為 269%，產品組別經理為 99%，事業部經理佔 31%，其他員工則佔 4% —9% 不等。馮國綸表示，高收入是留住高層員工的必要條件，利豐也是按照這一理念來設計公司的薪酬制度

01

參閱 "Getting Virtual Right", Asiainc May 2001, pp34-35。

的；利豐龐大的供應商網絡、行政支持和與業績掛鉤的薪酬制度能幫助頂尖的貿易員工賺取比他們自己經營一家小公司更多的收入。在這一制度下，利豐的高層員工的流失率是相當低的。

第四，在充分分權的基礎上保持嚴格的中央監控體制。

利豐的管理體制，實際上是一個嚴格的中央監控與充分權利下放相結合的體系。所有的產品小組都可充分運用公司所下放的權力自行運作，但有兩件事是必須經過公司總部的，這就是財務控制和資訊管理。從另一方面來說，利豐總部負責財務、資訊科技和行政等工作，對從事貿易服務的前線 100 多個產品小組給予強有力的支援服務。為了促進全球各個地區跨部門的溝通和協調，利豐的政策委員會定期召開會議，由各區域部門經理商討重要的決策行動，並負責向其屬下部門傳遞整個集團運作的資訊。利豐的中央資料庫有全球所有與公司有聯繫的生產商的紀錄，利豐透過其在全球 40 個國家或地區的 300 家辦事處，可以為客戶尋找到最佳的生產元件與生產方式，為客戶提供最佳的供應鏈方案。利豐的這種管理體制，兼具小公司的靈活性，同時又有大公司實力雄厚的財政及信譽支持。

四、卓越的"公司管治"

在香港，家族企業所佔的比例也相當高，一般估計至少超過 90%。許多家族企業都有悠久的歷史：香港最老資格的英資洋行怡和，至今已經歷了 170 多年的歲月；利豐從 1906 年創辦至今，也已有整整 100 年歷史。雖然不少家族企業都經營得非常成功，但無論是國內還是國外，都流行這麼一種說法："富不過三代。" 有的甚至更明確指出，家族企業是一代創業，二代守成，三代衰敗。根據美國布魯克林的家族企業學院的研究，約有 70% 的家族企業未能傳到下一代，88% 未能傳到第三代，只有 3% 的家族企業在第四代及以後還在經營。美國麥肯錫諮詢公司的研究結果也差不多：所有家族企業中只有 15% 的企業能延續三代以上。

然而，利豐卻打破了"富不過三代"的神話。利豐在經歷了馮柏燎、馮漢柱兩代發展之後，傳到馮國經、馮國綸第三代手上，更加發揚光大，家族事業攀上了新的高峰。在馮氏兄弟的卓越領導下，利豐建立起一套運作有效的優良公司管治模式，不僅成功打破了"富不過三代"的神話，而且躋身香港上市大財團之列。利豐的成功，原因是多方面的，但有效的"公司管治"肯定是其中的關鍵因素之一。在這方面，利豐堪稱香港家族控股的上市公司的典範。利豐的做法是：

第一，有效的股權安排 —— 通過公司私有化將分散的股權集中。家族企業一般採取兩大類股權安排，即分散化股權安排和集中化股權安排。股權分散的華人家族企業通常傾向於採用家族成員管理方法。這種方法的缺陷，就是家族成員可能因缺乏監督或囿於個人私利等原因而對企業造成損害或減低企業效率，並可能因部分成員出售企業股份從而影響家族對企業的控制權。因此，股權集中的安排，是家族保持對企業控制的唯一方法。1989 年，馮國經兄弟通過私有化的方式將家族已經分散化的股權再度集中，從而有效地保持了利豐的活力、效率和企業家精神。利豐也以此為轉折點，從一家普通的家族公司迅速發展為全球性的跨國大企業。

第二，有效的監察模式 —— 通過董事會結構安排保持對企業的監察功能。在優良的公司管治中，董事會對企業的有效監察是重要元素之一。調查顯示，當家族的控制權沒有受到挑戰而企業又缺乏有效的監察時，該控股家族成員往往可能缺乏誘因去尋求企業的最大利益，而傾向從事自利活動。因此，董事會對企業的監察就顯得極為重要，而董事會能否有效發揮其監察功能，在相當程度上依賴董事會的組織結構和運作。利豐極為重視有效發揮董事會的監察功能：首先，馮國經、馮國綸兄弟分別擔任董事會主席與行政總裁。其次，馮氏家族成員在董事會中所佔比例極低，以2008 年為例，在 13 名董事會成員中，僅馮氏兄弟二人，所佔比例僅為 15%。而獨立董事則有四人，均為香港或國際商界具公信力的權威人士。利豐董事會的組織結構和運作，使其能有效發揮監察功能。這也成為利豐一直得以保持優良公司管治的重要原因之一。

第三，高效率的運作組織 —— 所有權與經營權分離。目前，在美、歐、日等企業中，一般已實現所有權（產權）與經營權的分離。這些國家的企業甚至逐漸實現高級管理層人員向所有者轉化的趨勢。而香港的情況則不同，所有權與經營權仍密切結合，依然是董事會主席操縱決策大權，直接參與經營和管理；或董事會實行執行董事制，由執行董事直接領導和管理公司，經理還是"打工仔"，是僱員，專業管理層仍沒有在整個社會中形成。利豐雖然仍實行執行董事制，但透過董事會主席與行政總裁的分離，透過建立一套有利於發揮企業家精神的企業營運機制以及靈活而完善的薪酬福利制度，實現了所有權與經營權的分離。利豐賦予部門經理獨立的經營管理權，實際上在企業內部培育了一個具豐富行業經驗的職業經理層。

五、高瞻遠矚的人力資源政策

1996 年，馮國經連中兩元，同時獲得 DHL 及《南華早報》的香港商業獎和美國《商業週刊》的全球最佳經理獎（World's Top Manager）。兩個獎項都是表彰馮國經在管理利豐集團的成就，使利豐從一個傳統的中國式貿易公司發展為一家現代化的亞洲跨國集團。當時，馮國經在接受記者採訪時表示，自己是中西合璧的商人，既重視中國傳統觀念，又具有西方管理技巧，因此在他與弟弟馮國綸的領導下，利豐變成一家有亞洲色彩商業管理模式的公司，兼具 "制度" 與 "人情味" 的管理特色。[01]

01

梁淑文、李禾德：《百億富豪十年鋪路 —— 馮國經志在特首》，香港《壹週刊》，2003 年 9 月 18 日，第 44 頁。

利豐作為一家輕型資產模式的商貿集團，人才資源的素質和充裕程度顯然是公司能否迅速發展的一個關鍵因素。對此，馮國經、馮國綸兄弟首先是通過建立一套嚴謹而有競爭力的用人制度來吸引人才的。利豐在企業營運機制上賦予部門經理一定程度的管理和營運自主權，使他們能夠 "像是在經營自己的事業一樣"，而且設計了一套靈活而完善的薪酬福利制度予以配合，將公司的業績與員工的升職和薪酬掛鈎。與一些華人家族企業不同，利豐主要不是以家族血緣的親疏關係決定管理人員職位的高低，而是能者居之。健全的用人制度保證了利豐擁有同行業中最優秀的人才。從 2005 年利豐董事局的組成來看，執行董事中除了擔任總經理的馮國綸外，有長期在利豐工作、從基層做上來的陳浚霖、劉世榮、劉不凡等，也有在收購 Colby、英之傑採購（天祥洋行）轉過來的樂裕民、梁慧萍、梁國儀等。健全的用人制度保證了利豐擁有同行業中最優秀的人才。

馮國綸表示，西方的那套工商管理知識固然很有用，但在香港運用時也不能與當地的社會文化脫節，如西方的人事管理制度就不適用於香港。他承認，20 世紀 70 年代，在利豐這樣一家古老的華人企業，的確有不少 "Dead Wood"（指對公司沒有貢獻的員工）。在美國，企業要求員工全天候保持最佳狀態，否則便遭解僱，但在香港就不能那樣做。馮國綸說："美國是效率第一，僱主與員工關係全基效率表現，不講人情，我 70 年代讀完哈佛回香港，很 '番'（西化），很受美式管理影響。不過，我很記得父親教導我：'你怎樣對待夥記（員工），夥記就會怎樣對待公司，如果沒有一點人情味，你休想他們對公司有歸屬感。第二點是，人不是機器，會有情緒起落，可能受到人的問題影響情緒，例如未能適應新客戶，影響效率。' 我不相信美式在管理人事上所謂 Business is Business 這一套，我們融入中國式的元素。"

利豐還相當重視管理人員及各級員工的培訓，定期為員工舉辦課程和講座，為他們引進外國先進的企業管理理論和實踐經驗。利豐位於長沙灣利豐中心的總部，就設有演講廳及培訓室。近年來，隨着集團規模的迅速擴大以及公司業務的快速發展，利豐對人才培訓更加重視。2010 年，利豐先後推出兩項重要的培訓計劃：第一項為"領袖培訓項目"，目標是為利豐經理級的團隊提升管理能力，彼此之間有更多的共同語言，並且加深對公司文化的認識。該項目由利豐與美國麻省理工大學及香港大學合作，為期一年，學員分別在麻省理工大學和香港大學上課五天，其餘時間遵照麻省理工大學的"行動學習模式"（Action Learning Approach）參與不同的實踐項目，包括電子商務、供應鏈改善流程、提升採購能力，以及如何建立社交網絡等等。第一期學員包括公司總裁、副總裁、行政總裁等高層管理人員 180 人。計劃並陸續進行公司二、三、四級經理的培訓。

第二項為 PMD 項目（Program for Management Develement），即利豐主席馮國經所稱的利豐的"黃埔軍校"計劃。該項計劃着眼於利豐未來的長遠發展，為利豐建立"人才庫"，目標是通過培訓建立利豐未來發展的人才梯隊，這些人才必須有國際視野，深刻瞭解世界貿易營商環境，並且熟悉利豐各個業務環節，包括採購、經銷和零售等業務，可以勝任集團的全球各地的分公司的管理業務，迎接不同的挑戰。該計劃將在全球招聘學員，每期學員為 50 人，標準是這些人必須有企業家精神，認同利豐的企業文化，並且在不同行業有三至五年的實踐工作經驗。2010 年，PMD 項目收到全球 1,300 個申請，利豐從中挑選了 43 位為第一期學員。這些利豐未來的管理人才經過既定的培訓學習後將被派到集團不同部門實習。目前，"PMD"的項目已進行了六年，先後培訓出 128 位學員，其中 86% 都選擇留在集團工作。這項高瞻遠矚的計劃，反映了馮氏的掌舵人已開始為集團未來幾十年的可持續發展，早作準備。

（原文為作者在中國人民大學商學院 CAMP 班的演講稿，2014—2016 年）

從李嘉誠部署交班看華人家族企業的傳承

【摘要】本文從李嘉誠部署交班講起，分析了香港華人家族企業在企業傳承過程中所面臨的困境，以及香港主要華人家族企業的基本做法，重點剖析了李嘉誠交班的主要策略及可能面臨的問題。

近年，香港老一輩華人企業家相繼部署交班：李嘉誠宣佈自己巨額資產的分配方案，會德豐的吳光正將主席職位交給 35 歲的兒子吳宗權，恒基地產的李兆基、新世界發展的鄭家純、嘉華集團的呂志和、合和實業的胡應湘等，都陸續部署淡出。甚至連正值壯年的新鴻基地產的郭炳江、郭炳聯兄弟也被迫開始部署接班事宜，安排家族第三代、現年 29 歲的郭基輝和 31 歲的郭顥灃進入董事局。由於這些大企業對香港經濟有舉足輕重的影響，有關事件再次引發了香港社會對華人家族企業傳承問題的關注：這些被安排的接班人經驗是否足夠？交接會否順暢？對於公司管治將帶來怎樣的挑戰？新一代接掌後對於家族企業發展將產生什麼樣的影響？

中國歷來有所謂"富不過三代"的說法。根據香港中文大學一項對近 20 年來香港、台灣、新加坡 200 宗家族企業傳承案例的研究，家族企業在繼承過程中往往面臨巨大的財富損失，在繼承年度（新舊董事長交接完成的一年，通常此交接伴隨控制股權交接）及此前五年、此後三年的累計股票超額收益率平均高達 −60％，換言之，股權所有人於企業傳承前五年每份價值 100 元的股權，在傳承完成時只剩下 40元。相比其他兩地，香港近 80 宗經歷傳承企業的價值損失更大，高達 −80％。[01]

華人家族企業的傳承過程中，有兩個問題一直困擾着他們：首先是接班人的選擇和培養。華人家族企業的成敗盛衰，在頗大程度上倚重創業家長及其接班人的判斷、經驗、魄力、內部的親和力及外部的人際關係。在創業家長或家族家長逝世後權力轉移到下一代時，如果接班人缺乏足夠的權威和魄力，家族企業很容易出現內部分裂和派系鬥爭。香港大學黃紹倫教授在研究香港華人家族企業傳承時曾指出："家族

01

范博宏、羅綺萍：《家族企業價值為何在繼承中蒸發六成》，《新財富》，2009 年 12 月 30 日，http://finance.sina.com.cn/ leadership/mroll/20091230/16517176523. shtml。

生意在繼承的過程中會出現離心的傾向。"**01** 可以說，接班人的不力往往成為家族
企業由盛轉衰的轉折點。綜觀整部香港華人企業發展史，這種事例簡直俯拾皆是。
香港最古老的華人商行元發行、20 世紀 30 年代盛極一時的郭氏永安集團、80 年代
的馮秉芬集團、東南亞華僑富商張明添等等，都是由於接班人的不力而導致家族企
業崩潰或由盛而衰。因此，深明此中道理的企業大家長，均極為重視接班人的培育。

華人家族企業傳承面對的另一個困境是，在中國的傳統文化中父親去世後，家族財
富往往要由兒子們均分，這種"細胞分裂"式的傳承，不僅會動搖家族對企業的控
制權，造成企業內部的矛盾，而且會使家族企業無法積累資金，很難進一步發展。
面對這一困擾，"世界船王"包玉剛將其商業王國劃分為四份，分別傳給他的四對女
兒和女婿。其中，環球航運集團交給大女婿蘇海文；會德豐係上市公司，由二女婿
吳光正管理；三女婿渡伸一郎和四女婿鄭維健則分別主理其日本的綜合貿易公司和
包氏家族的投資基金。為此，包玉剛成立四個信託基金，分別由其女兒、女婿組成
的四對夫婦各自獨立持有。很明顯，包氏的部署是要避免家族日後可能出現的財產
紛爭。他的部署顯然取得了成功。

面對這一困擾，新鴻基地產創辦人郭得勝的部署是，將家族企業的股權以家族信託
基金的形式傳給他的妻子和三個兒子郭炳湘、郭炳江、郭炳聯共同持有。郭炳湘出
任董事會主席兼行政總裁，掌握決定權，其弟郭炳江、郭炳聯則出任董事會副主席
兼董事總經理，輔助兄長。在相當長的一段時期內，郭氏兄弟攜手合作，令新鴻基
地產業績大放光彩。郭氏兄弟合作經營新鴻基地產 20 年，公司的市值從 1990 年接
班時的 254 億港元增加到 2010 年的 2,000 億港元，資產增長近八倍。可惜，天有
不測風雲，三兄弟後來終生嫌隙，發展至矛盾難調，導致公司董事會改組，即郭氏
家族信託基金內部重組。其後，郭氏兄弟因涉嫌貪污，相繼被香港廉政公署拘捕，
被迫匆匆部署第三代接班，給公司的發展蒙上陰影。

01
香港貿易發展局研究
部：《香港製造業現況
與前景》，1998 年，第
19 頁。

香港華人家族大企業中，交班計劃部署得最縝密、最令人矚目、亦最成功的當數李嘉誠。李嘉誠早在兩個兒子少年時即已堅持安排他們旁聽公司董事局會議，並刻意訓練他們的獨立性。長子李澤鉅在史丹福大學碩士畢業後，即出任長江實業執行董事，直接負責加拿大的赫斯基石油公司收購計劃。1994 年 1 月，時年 29 歲的李澤鉅出任長江實業董事會副主席，被確立為接班人。次子李澤楷在史丹福大學畢業後，初期被安排在一家投資銀行工作，1990 年回港加入和記黃埔後負責籌辦衛星電視，迅速在香港商界嶄露頭角。與其兄相比，李澤楷積極進取，曾被美國《華盛頓郵報》評為 "以驕橫的談判方式，以及對比他歲數大一倍的下屬倨傲不遜的態度而知名於商界" [01]。他將出售衛星電視所賺資金在新加坡創辦盈科公司，並透過盈科成功收購大藍籌公司香港電訊，一時間光芒四射。

01
參閱《亞洲新富豪一代 —— 李澤楷》，美國《華盛頓郵報》，1994年 1 月 24 日。

1995 年 5 月，李嘉誠開始部署交班，他將名下所持 34.5% 的長江實業權益轉由一家信託基金 Li Ka-Shing Unity Holdings Limited（簡稱：LKS Unity）持有，與李澤鉅和李澤楷各持有三分之一。1996 年 7 月，李嘉誠退居幕後後，李澤鉅全權處理長江基建分拆上市事宜，並出任長江基建主席。1999 年底，在李澤鉅的主導下，和記黃埔向德國曼內斯曼公司出售旗下英國電訊 Orange 公司 44.8% 的股權，換取曼內斯曼電訊 10.1% 的股權。此次所謂的 "和記賣橙" 奠定了公司在歐洲的地位。2006 年 1 月，李澤鉅正式出任長江實業集團董事總經理一職。至此，李嘉誠交班的時機已趨成熟。

2012 年 1 月 25 日，在長江實業及和記黃埔股東年會後，李嘉誠首次主動向媒體披露了自己巨額資產的分配方案：家族信託基金 LKS Unity [02] 由次子李澤楷持有的那三分之一轉給長子李澤鉅，令李澤鉅持股量增至三分之二，餘下三分之一繼續由李嘉誠持有。換言之，長子李澤鉅將獲得其持有的逾四成的長江實業及和記黃埔權益，以及三成半的赫斯基能源權益，成為李嘉誠事業的繼承人；次子李澤楷則得到了李嘉誠撥予的巨額現金，用於支持他發展個人事業，注資規模將會是李澤楷現有資產的數倍。李嘉誠並承諾，將財產的三分之一捐給社會，為此將成立 "李嘉誠慈善基金"，日後將由李澤鉅擔任主席，李澤楷參與管理。

02
LKS Unity 共持有 22 間上市公司，包括長江實業、和記黃埔、長江基建、電能實業，以及 TOM 集團、匯賢產業等。

至此，李嘉誠醞釀、部署近 20 年時間的交班 "大劇" 終於落幕。其中滲透着他終生積累的商業智慧和人生智慧：首先，將家族事業的精華 —— 長和系四大上市公司交由長子李澤鉅接掌，完全符合中國人的傳統文化理念，在倫理上不會出現問題。

李澤鉅人如其名，性格沉穩，在長江實業已經超過 20 年，行內人對他的評價是"很守規矩"、"中規中矩"，與香港各界的關係也比較融洽。與李澤楷相比，李澤鉅無疑是更適合守業的人選。其次，次子李澤楷鋒芒在外，個性十足，並且早已創業在外，持有大藍籌公司電訊盈科，是一個開拓性的商界人物。李嘉誠沒有採取新鴻基地產的模式讓其輔助兄長，而是撥予巨額現金支持李澤楷發展事業，可以說是發揮"一石三鳥"的功效，既可避免日後發生兄弟鬩牆的風險，又有利於發揮李澤楷的長處，將家族企業的傳承與創業有機結合起來。此外，社會輿論認為，李嘉誠還培育了"永遠不會讓他失望"的"第三個兒子"——李嘉誠基金會，在交班的同時不忘回饋社會。

對此，社會輿論普遍給予了正面評價，有評論認為："這樣的決定可以說趨於完美，也給香港眾多富豪提供了一個家產分配的範例。"不過，李嘉誠的部署並非完全沒有風險，正如有評論所指出的，相比起李嘉誠，李澤鉅沉穩有餘，開拓不足，失去李嘉誠庇護後，由他獨自導航的長和系，面對風雲變幻的香港及國際政經環境，仍然能夠像李嘉誠時代那樣遊刃有餘嗎？次子李澤楷固然衝勁十足，但有評論認為他"不很在乎方方面面的關係"、"不擅守業"，一旦失去父親的庇護，他開創的事業能夠仍然如過往那樣順利發展嗎？他們兩兄弟在守業和創業兩個層面上將如何相互協助、取長補短呢？是否有相關的制度安排呢？對此，人們將拭目以待！

（原文載香港《信報財經月刊》，第 442 期，2014 年 1 月）

李嘉誠 "長和系" 的業務重組及其原因分析

【摘要】2009 年全球金融海嘯爆發後,國際經貿環境發生深刻變化,一方面是歐元區經濟及資產市場低迷不振,另一方面中國經濟開始步入增長放緩的 "新常態"。面對新形勢,李嘉誠開始策劃一個後來使他受到相當大非議的策略 ——"乾坤大挪移":他先是不動聲色地從中國內地、香港等地減持資產物業,同時大舉投資歐洲,甚至 "買起半個英國"。更令人矚目的是,他打破 "永不遷冊" 的承諾,先後透過電能實業分拆港燈電力投資、長和系 "三部曲" 重組,以及長江基建合併能源實業(未成功),相繼將旗下上市公司變相遷冊海外……從歷史來看,李氏的策略其實與當年滙豐銀行的策略類似,背後無疑有着深刻的經濟、社會乃至政治等因素的考慮。本文主要分析了近年來李嘉誠在內地、香港的 "撤資" 風波、大舉投資歐洲特別是英國的策略,剖析他對長和系的業務重組全過程,並探討了其背後的主要考慮因素。

一、李嘉誠在內地、香港的 "撤資" 風波

香港商人參與內地房地產、基礎設施的投資,始於 20 世紀 80 年代中國改革開放初期。不過,自 1978 年被邀請到北京參加國慶觀禮,一直到 1989 年,李嘉誠對於內地的投入,主要以捐資辦學、公益捐贈為主,並沒有涉及房地產業務。李嘉誠對內地房地產業的大規模投資,大約從 1989 年開始。這一年爆發 "北京風波",部分外資企業從內地撤離,李嘉誠卻反其道而行,開始進軍內地市場。1992 年,鄧小平南巡廣東,中國進入全方位對外開放的新時期。同年 5 月,李嘉誠旗下的長江實業在深圳成立合資的深圳長和實業有限公司,正式開啟李氏集團大規模投資內地之旅。1993 年初李嘉誠正式對外宣佈轉向中國內地市場拓展時,長江集團在內地項目已佔到集團資產的四分之一。其中,最具標誌性的項目,就是拿下了位於北京東長安街 1 號、佔地 10 萬平方米的絕佳地段,建成亞洲最著名的商業建築群之一 —— 東方廣場,總投資額高達 20 億美元。

2003 年，和記黃埔在內地初步佈局了上海、深圳、重慶、廣州、北京等一線城市。2005 年中央政府出台樓市調控政策，和記黃埔"逆市而上"，陸續在西安、成都、長沙、長春、武漢、天津、重慶等地投入 400 億元人民幣的巨額資金，圈下了超過 300 萬平方米的土地，基本完成了其對一級城市和主要二級城市的戰略佈局。從投資線路看，李嘉誠的長和系在內地的擴張遵循了一條從中心到邊緣、從一線城市擴散向二線城市的策略，而投資時機，多是在內地房地產市場陷入低谷之際。這主要是因為，一線城市房地產市場競爭激烈，加之高漲的樓價受到中央政策的強力抑制，未來投資風險顯而易見；而眾多二線城市，樓價仍有不少上升空間，投資風險較低，收益較高。

據統計，李嘉誠重組長和系時，集團共擁有 2,092 萬平方米的土地儲備，其中 379 萬平方米位於香港，1,652 萬平方米在內地，在海外擁有 61 萬平方米。也就是說，長和系近八成土地儲備在內地，這些土地儲備大部分在 2005 年以前獲得，獲得土地的成本很低。從實踐看，長和系進入內地進行地產開發的一個顯著特點，是通過分期緩慢開發、變相囤地，坐享土地升值。由於拿地時間較長，中間採取"囤地"手段，其土地儲備均價處於較低水平，這就保證了將地塊的價值充分挖掘，從而實現項目利潤最大化。李嘉誠在內地的土地策略，其實就是香港富豪熱衷的"landbank 模式"，即所謂的"低價拿地、長線操作"的"抄底"策略。

據統計，從 2005 年至 2014 年的十年間，長江實業在內地已建成物業總樓面面積約達 876 萬平方米，分別分佈在北京、上海、廣州、深圳、重慶、成都、長春、西安、長沙等內地一線城市和省會城市，其中，以成都建成的物業最多，達 187 萬平方米。其中已完成的地產項目包括北京的譽天下，長春的御翠園，常州的御翠園，上海的御沁園、御翠園、御濤園和嘉里不夜城，成都的南都匯和彩疊園，深圳的御峰園和世紀匯，廣州的珊瑚灣畔和逸翠莊園，重慶的逸翠莊園等。這十年間，以面積計算，長江實業在內地建成物業約佔集團全部建成物業的八成以上。以 2013 年為例，這一年，長江實業全部建成的物業總面積大約為 195 萬平方米，其中內地建成 178 萬平方米，佔長江實業全部建成物業面積的 91.28%。長江實業在內地房地產項目的發展，大幅提升了集團的營業額。據統計，1999 年長江實業的營業額為 82 億港元，到 2011 年增加到 424 億港元，12 年間增長了 4.17 倍。

不過，2009 年全球金融海嘯爆發後，特別是 2013 年以來，隨着國際經貿環境和中國經濟環境的變化，李嘉誠在內地的投資策略發生重要變化，其基本趨勢就是拋售在中國內地處於高位的房地產物業。據粗略統計，舉舉大者主要有：

—— 2013 年 8 月，長江實業、和記黃埔以 25.78 億元人民幣出售廣州西城都薈港。

—— 2013 年 10 月，長江實業、和記黃埔以 71.6 億元人民幣出售上海陸家嘴東方匯經中心，該項交易單價高達 8.2 萬元人民幣／平方米，成為上海大宗交易賣得最貴的項目。

—— 2014 年 2 月，長江實業持股 7.84% 的新加坡房地產基金亞騰資產管理公司（ARA）以 24.8 億元人民幣出售南京國際金融大廈。

—— 2014 年 4 月，李嘉誠次子李澤楷旗下公司以 57.6 億元人民幣出售北京盈科中心。

—— 2016 年 10 月，李嘉誠旗下長實地產與李嘉誠海外基金會，以 200 億元人民幣出售上海世紀匯地產項目。

上述出售商業地產項目中，以上海世紀匯最為矚目。該項目是李嘉誠集團在上海陸家嘴的地標性項目。2004 年，李嘉誠的長和系擊敗新鴻基地產奪得上海陸家嘴這塊 "黃金寶地"。該項目為位於上海陸家嘴地鐵 2、4、6、9 號線上蓋物業，佔地面積達 5.1 萬平方米，包括國際級購物中心和兩座超甲級寫字樓，總建築面積約 36 萬平方米，其中，商場面積約 14 萬平方米，寫字樓面積約 13 萬平方米。不過，李嘉誠奪得該地塊後，並沒有急於開發。直至 2008 年，該項目才進入環評階段，開工日期更延後至 2011 年 3 月。2016 年，該項目已竣工，進入內部裝修階段。早在 2015 年 7 月，市場已傳出長實地產有意出售世紀匯廣場的傳聞，售價約為 200 億元人民幣。及至 2016 年 10 月 26 日，長江實業地產終於發表公告，宣佈將與李嘉誠海外基金會一道以 200 億元人民幣的售價出售上海世紀匯廣場，預計交易將於 2017 年至 2018 年完成。出售世紀匯廣場之後，李嘉誠在上海持有的商業物業，將僅剩位於南京西路的梅龍鎮廣場以及普陀區真如的在建項目。

據市場的粗略估計，這一時期，李嘉誠在內地拋售物業套現資金金額至少在 1,000 億元人民幣以上。不僅如此，2011 年以前，長江實業及和記黃埔每年都在內地吸納一些土地儲備，但 2012 年 5 月購入上海一塊住宅用地之後，長和系在內地市場再沒有買進過一塊土地。值得注意的是，與此同時，李嘉誠也在香港減持資產，主要包括：

—— 2013 年 7 月，李嘉誠高調宣佈將出售和記黃埔旗下的百佳超市，不過該出售計劃其後於 10 月份擱淺。

—— 2013 年 7 月，長江實業以 58.5 億港元出售所持置富產業信託權益。

—— 2014 年 1 月 29 日，李嘉誠宣佈將電能實業旗下的香港電燈公司分拆，後者於當年單獨上市，成為香港最大的 IPO 之一，電能實業套現 241.27 億港元。

—— 2014 年 3 月，和記黃埔旗下在新加坡的上市公司和記港口信託，以 24.72 億港元的售價，將亞洲貨櫃碼頭公司 60% 的權益出售予中資的中海集團。

—— 2014 年 3 月 21 日，和記黃埔將旗下屈臣氏集團 24.95% 的權益出售予新加坡淡馬錫集團，作價 440 億港元，並保留兩年後分拆屈臣氏上市的權利。

—— 2015 年 6 月，電能實業以 76.8 億港元的售價，將所持香港電燈公司 16.53% 的權益售予中東的卡塔爾投資局。此外，卡塔爾投資局再向李嘉誠的長江基建購入電能實業 3.37% 的股權。交易完成後，卡塔爾投資局共持有香港電燈 19.9% 的股權；電能實業對香港電燈持股減至約 33.37%，套現逾 92.5 億港元。

—— 2016 年 11 月，長實地產將所持香港中環中心 75% 的權益以 358 億港元的售價，出售給中資公司中國郵政儲蓄銀行。

粗略估算，這幾年李嘉誠旗下公司在香港也出售超過 1,000 億港元資產物業。李嘉誠拋售內地、香港資產，特別是內地房地產項目的策略，引起內地媒體和社會各方的關注，並掀起了軒然大波。其中，最具衝擊力的是 2015 年 9 月 13 日新華社旗下智庫機構批准成立的瞭望智庫發表的、署名羅天昊的評論文章《別讓李嘉誠跑了》。該評論認為：李嘉誠等豪族的坐大得益於北京的 "招安" 政策，其在內地的地產財富也 "並非完全來自徹底的市場經濟，恐怕不宜想走就走"。一時間，對李嘉誠的抨擊、非議鋪天蓋地。

二、"乾坤大挪移"："買起半個英國"

就在相繼拋售中國內地、香港的資產物業的同時，李嘉誠透過旗下公司，特別是和記黃埔旗下公司，大舉進軍歐洲特別是英國市場，實施 "乾坤大挪移" 的投資策略。

2009 年，全球金融海嘯爆發，歐美經濟相繼陷入不景，其後歐洲更爆發持續的主權債務危機，資產市場價格低迷。在這種背景下，李嘉誠開始轉變策略，轉而在海外大舉投資，投資領域從能源、電訊等領域擴大到基礎設施建設、水務、管道燃氣、地產等行業，投資地域主要在歐洲，其中英國成為主戰場，另外還包括意大利、荷蘭、瑞典、丹麥、奧地利及愛爾蘭等歐洲國家。犖犖大者包括：

—— 2010 年，長江基建牽頭財團以 90.3 億美元價格收購英國電網。

—— 2011 年，長江基建牽頭財團以 38.7 億美元收購英國水務業務；同年，李嘉誠以 24 億英鎊買下 Northumbrian 自來水公司。

—— 2012 年 7 月，長江基建牽頭財團以 30.32 億美元收購英國管道燃氣業務；7 月 31 日，和記黃埔收購英國曼徹斯特機場集團。

—— 2012 年 8 月，長江基建等斥資 77.53 億港元收購英國天然氣供應商。

—— 2012 年，和記黃埔旗下歐洲 Three 集團積極透過收購壯大業務版圖，反向收購 Orange 的法國電訊及收購奧地利 Orange，並在 2013 年完成交易後併入奧地利 Three。

—— 2013 年收購西班牙電訊（Telefónica）愛爾蘭子公司 O2，2014 年獲准交易後併入愛爾蘭 Three。

—— 2014 年 4 月，和記黃埔投資 15.12 億美元在英國倫敦商業區金絲雀碼頭（Canary Wharf）重建 Convoys Wharf，開展商住地產項目，長和系因而成為英國最大的單一海外投資者。

—— 2015 年 1 月，長江實業及其子公司長江基建以合資企業的名義，斥資 10.27 億英鎊收購英國 Eversholt 鐵路集團。

—— 2015 年 1 月，李嘉誠旗下和記黃埔宣告，將斥資約 102.5 億英鎊（約折合 956 億元人民幣），收購英國第二大移動電信運營商 O2 UK。O2 UK 創辦於 2002 年，2006 年被西班牙電訊以 180 億英鎊收購。和記黃埔計劃收購交易完成後將 O2 UK 與旗下的 Three 移動公司合併，從而成為英國最大的電信集團，所佔市場份額將達 41%。

不過，李嘉誠收購 O2 UK 的計劃一波三折，進展並不順利。2015 年 11 月，歐盟反壟斷監管部門對 Telefonica SA 將英國手機運營商 O2 UK 股權出售給和記黃埔的交易計劃進行了反壟斷調查。2016 年 2 月 4 日，李嘉誠的長江和記實業作出承諾：在未來五年，"3+O2" 將在英國的電訊業務投資 50 億英鎊；在合併後五年內絕不提高語音、短訊或資料傳輸價格；"3+O2" 將通過出讓網絡容量中小部分共用權益，令其他英國電訊市場的競爭對手可以在公平競爭的環境下提供服務。可惜，5 月 11 日，歐盟委員會宣佈否決長江和記實業有限公司收購西班牙電信公司旗下英國無線運營商 O2 UK 的計劃。歐盟反壟斷機構稱，若該交易達成，將導致價格上升，並減少英國客戶的選擇，同時阻礙英國互聯網基礎設施的創新和發展。

據市場粗略估計，目前，李氏商業帝國在英國的總資產高達約 3,900 億港元，包括三個港口、三家連鎖店、一家移動運營商、一家鐵路集團、一家區域電網公司、兩家區域煤氣公司、一家水務公司。其中，在倫敦市區還有一個 3,500 套住宅的樓盤開發項目。除英國外，李嘉誠還在奧地利、荷蘭、新西蘭等其他地區開展收購行動：2014 年集團旗下的長江基建先後於 1 月、6 月以 4.1 億美元和 12.51 億美元收購新西蘭廢物管理公司 Enviro Waste 及荷蘭最大的廢物轉化能源公司 AVR

Afvalverwerking B.V.。其後，長和系又以 15.04 億美元高額收購奧地利 3G 通訊業務。據市場粗略估計，李嘉誠旗下的長和系公司自 2008 年金融危機爆發後，已累計斥資超過 3,000 億港元進行海外資產收購。

這一時期，長和系公司的海外投資主要有兩個特點：

第一，重視"反週期操作"，並且與集團的多元化、國際化拓展緊密結合起來。在投資週期逢低吸入，佔據發展先機，幾乎是李嘉誠海外投資開闢每一個新領地的基本準則。在香港投資界，李嘉誠被稱為"玩 cycle（週期）的人"。他做投資，是在摸準了行業的發展規律和週期之後，不但做到在行業處於投資的最佳時機時才大舉進入，還讓所投資行業與其他的產業處於不同的業務週期，互補不足，相得益彰。長和系的和記黃埔最能體現李嘉誠的投資策略。和記黃埔下屬有七大行業，包括港口及相關服務、房地產、零售及製造、能源及基建，以及新興產業如電訊、互聯網、生命科技等，各個行業之間有很強的互補性。例如，在 1998 年至 2001 年間，1998年零售業務不佳，但基建和電訊業務好；1999 年物業和財務投資較差，但是零售卻好轉了；2000 年零售、物業和基建都很差，但是能源好；2001 年零售和能源比較差，但是其他五個行業都很好。李嘉誠如果僅投資單一行業，那整個企業集團就容易大起大落。但是，如果在全球佈局多個週期互補行業，就會使得整個集團東方不亮西方亮，每段時間都會有表現好的行業來彌補其他行業的下滑。同時，李嘉誠一旦決定投資某個行業，就會想盡辦法，在全球範圍尋找機會。和記黃埔的電訊業務，從 20 世紀 80 年代後期開始，就走多元化道路。因為不同的國家和地區在科技發展和應用程度上有較大區別，公司就利用這種差異推出適應當地實際情況的技術和產品。這意味着，和記黃埔的一項技術能在不同時期在不同市場推廣，其盈利期限可以被儘量延長。可見，李嘉誠的"反週期操作"還與他的"多元化、國際化"策略緊密結合。

第二，奉行"高現金、低負債"及"現金為王"的財務政策，並且重視聯合系內公司共同收購以減低資金壓力。長和系的資產負債率一般保持在 12% 左右。李嘉誠曾對媒體表示："在開拓業務方面，保持現金儲備多於負債，要求收入與支出平衡，甚至要有盈利，我想求的是穩健與進取中取得平衡。"他還曾說過："現金流、公司負債的百分比是我一貫最注重的環節，是任何公司的重要健康指標。任何發展中的業務，一定要讓業績達致正數的現金流。"長和系長期維持流動資產大於全部負債的策略，以防地產業務風險擴散。如果當年的經常性利潤較低或者現金流緊張，李嘉誠往往會用出售旗下部分投資項目或資產的方法來解決。在亞洲金融危機後，和記黃埔先後出售了 Orange 等資產，用非經常性盈利平滑了業績波動。另一方面，資產出售帶來的利潤，為和記黃埔在危機後的低潮期大舉投資港口、移動通信等"准壟斷"行業提供了資金支持。這也是和記黃埔的商業模式：通過一系列能產生穩定現金流的業務，為投資回報週期長、資本密集型的新興"准壟斷"行業提供強大的現金流支持。此外，在海外展開收購兼併時，往往聯合系內其他公司共同展開。自 2008 年以來，長江基建投入了超過 220 億美元用於海外收購，但得益於這種策略，長江基建的淨資產負債率平均值一直保持在 4.4% 左右，該公司 2012 年的淨利潤達 94 億港元（約合 12 億美元），幾乎是五年前的兩倍。相比之下，在海外收購方面孤軍奮戰的中電控股的資產負債率則徘徊在 84.3% 的高位，2012 年的淨利潤下降 22%。

三、長和系重組：變相遷冊海外

就在長和系在中國內地、香港以及歐洲等海外市場進行資產和業務大規模重新配置的同時，自 2013 年起，李嘉誠對長和系的股權和業務也展開令人矚目的重組。重組前，李嘉誠旗下的長和集團成員包括多家公司：長江實業、和記黃埔、電能實業（前身為香港電燈）、長江基建、TOM 集團等十家上市公司。截至 2013 年 10 月 31 日，長和系在香港上市公司的總市值為一萬億港元。2015 年 1 月宣佈重組時為 6,616 億港元。這次的世紀性的重組，包括電能實業分拆港燈電力投資、長和系重組，以及長江基建合併能源實業等。

第一，電能實業分拆港燈電力投資。

2013 年 12 月，李嘉誠旗下的電能實業宣佈，將分拆港燈電力投資（港燈）上市，並根據情況出售港燈 50.1%—70% 的股權。港燈於 2013 年 9 月 23 日在開曼群島註冊成獲豁免有限公司。2014 年 1 月 6 日，電能實業分拆港燈上市的議案獲逾 99% 的股東支持通過。同年 1 月 16 日，港燈在香港交易所上市，發售 44.269 億股份，發售價為每股 5.45 港元，集資約 235 億港元，同年 1 月 29 日在香港交易所掛牌上市。2015 年 6 月，電能實業宣佈，以 76.81 億港元向卡塔爾投資局出售港燈電力投資 16.53% 的股權。此外，卡塔爾投資局向長江基建買入港燈電力投資 3.37% 的股權，收購完成後將持有共 19.9% 的港燈股權。李嘉誠在 1985 年 1 月以 29 億元從置地收購港燈 35% 的股權。以當時收購價計算，港燈市值約 84 億港元。經過 28 年的經營，更名為"電能實業"的港燈的市值超過 1,400 億港元，增長了 16 倍；連同股息每年投資回報高達 16%。分拆上市後的港燈成為李嘉誠旗下首家在海外註冊的上市公司。

第二，長和系"三部曲"重組計劃。

2015 年 1 月 9 日，香港股市收市後李嘉誠旗下的長和系公佈其"三部曲"重組計劃，這無疑是香港回歸 17 年以來最重大的企業事件。消息傳出仿佛在香港市場扔出一枚"重磅炸彈"，引發香港及國際社會的矚目，其震撼力有如當年怡和宣佈遷冊海外。

是項計劃的權威資料，首推香港交易所於 1 月 9 日下午 4 時 17 分、22 分在其正式網站上的"披露易"頁面代長江實業及和記黃埔發表的上市公司公告。該份公告的分類詞，包括"非常重大的收購事項""集團重組或協議安排""私有化／撤銷或取消證券上市""分拆"等，一共十個，與當日其他上市公司發佈的消息比，真是非同小可。根據公佈的資料，李嘉誠旗下長江實業與和記黃埔合併改組計劃，共分為三步：

第一步，長江實業變身為長江和記實業有限公司（簡稱"長和"）。長和實業於 2014 年 12 月 11 日在開曼群島註冊成立，為長江實業的全資附屬公司。根據重組計劃，所有長江實業股份，將以一對一的比率換成長和的股份，而原有的長江實業股票將隨即被註銷及銷毀。此後，長和將代替長江實業成為集團的新控股公司，擁有長江實業及其所有附屬公司的權益，其股份將在香港交易所主機板上市，沿用長江實業目前的股份代號 0001。之後，長江實業於香港交易所的上市地位將不復存在。完成此第一步，須得到長江實業股東、香港高等法院原訟法庭和香港交易所上市委員會的批准。計劃完成後，長和完全取代長江實業，而公司的註冊地將從香港轉移到開曼群島。

第二步，首先是和記黃埔收購部分赫斯基能源股份。赫斯基能源是加拿大最大的一家綜合能源上市公司，其股權的約有三分之一屬於一系列的李嘉誠家族基金，另外約三分之一屬於和記黃埔。該步驟是由和記黃埔收購原來屬於李嘉誠家族基金所擁有的赫斯基能源股份的六分之一左右（約為赫斯基能源市值的 6.24% 權益），從而使長和所持赫斯基能源的股權從 33.97% 增加到 40.21%。其次，由長和實業併購和記黃埔，並整合與長江基建合營的五個項目。計劃中的這一部分，換股比率為一股和記黃埔股份換取 0.684 股新的長和股份。當然，此步亦須經相關的股東、法庭和交易所或監管機構同意方可進行。這裡，由長和併購和記黃埔，可以說是整個收購行動的核心。

第三步，分拆新的長和實業的地產業務，交由新公司長江實業地產有限公司（簡稱"長實地產"）經營、上市。這一步的經濟涵義很強。短期而言，美國年中可能加息，導致港元利率上揚，對房地產可能很不利；分拆現時和黃系的地產業務到新的獨立運作掛牌的公司，對集團的不利影響就可減低。由於地產業務的"賣點"在於資產增值，而其他資產業務注重的卻是營運收益，兩者的投資者的期望不同，管理層的策略也不一樣，分拆地產業務有利於各自經營發展。與母公司長和實業一樣，長實地產也是在開曼群島註冊、在香港上市的雙重意義上的"離岸"公司：相對於香港，兩個公司離岸註冊；相對於開曼群島，兩家公司離岸上市。

從重組方案來看，其中的目的之一無疑是想要進一步梳理長和系的內部業務。長和系這次大動作重組分拆，集團給出的理由是為集團股東着想，要解決"控股導致股價偏低"的問題（holding company discount 或 conglomeratediscount）。李嘉誠公開表示，這次集團改組，能夠減少控股折讓、釋放價值，投資者便得益。重組前，長江實業與和記黃埔有太多業務存在交叉重複；重組後，兩大集團的業務分類更加清晰，地產業務與非地產業務分屬兩個集團來操作，避免了此前的內部競爭或利益輸送等嫌疑，企業運作也更加透明。所以，從投資者角度來說，李嘉誠實施的這一重組方案實屬利好。不過，更重要的是，重組後，李嘉誠旗下的兩家主要上市公司，其註冊地都從香港轉到開曼群島，實現了變相遷冊海外。

第三，長江基建合併能源實業。

2015 年 9 月，長江基建宣佈，計劃以 116 億美元的換股形式合併旗下公用事業公司電能實業，以創立一間世界級的多元化基建公司。每股由長江基建持有的電能實業股份將交換新發行的長江基建股份，換股比率為每股電能實業股份交換 1.04 股長江基建股份。換股比率基於長江基建和電能實業截至（及包括）2015 年 9 月 4 日五個交易日的平均收市價厘定，每股並派發股息 5 港元。合併後，電能實業將退市。長和實業、長實地產、長江基建等公司註冊地均在海外，電能實業是唯一一家在中國境內註冊的長和系公司。這就意味着，一旦電能實業成功併入長江基建並退市，李嘉誠將最終完成旗下公司註冊地的全部遷冊海外。

不過，長江基建合併能源實業的計劃進展並不順利，遭到部分小股東的反對。為爭取合併成功，2015年10月，長江基建宣佈，原有1股換取1.04股和派發5港元股息，分別提高至以1股換取1.066股長江基建股份，並派發7.5港元股息。不過，在電能實業的股東大會上，電能實業與長江基建合併的決議案僅獲得50.8%票數贊成，而反對票則佔49.2%。根據相關規定，兩家公司的合併交易必須得到至少75%的少數股股東同意，同時持反對意見的少數股股東不能超過10%。因此，有關長江基建合併能源實業的計劃被迫擱置。至此，李嘉誠旗下上市公司，除了電能實業外，都成功變相遷冊海外。

對於李嘉誠長和系的改組，市場普遍給予正面的肯定和支持。有香港大型投資銀行的高管認為："李嘉誠的做法受到了資本市場的普遍歡迎，因為長和系的多個大型集團涉足多個產業，每一產業估值不同，這使得集團上市公司股價較淨資產賬面價值有所折讓。"根據公告，長江實業賬面權益為3,790億港元，市值2,920億港元，這中間存在23%的折讓。2015年1月9日重組消息宣佈後，李嘉誠旗下上市公司於美國掛牌的預託證券當晚彈升逾10%。1月12日，香港股市開盤伊始，長江實業與和記黃埔的股價均大漲逾15%。

四、長和系業務重組背後的原因分析

2009年全球金融海嘯爆發後，特別是2013年以來，李嘉誠透過在中國內地、香港與歐洲的資產重新配置以及股權和業務重組，實現了世紀性的"乾坤大挪移"。對於這次"大遷徙"式的重組，李嘉誠的解釋是，為了長子李澤鉅接班和方便做生意。不過，由於長和系在香港的地位特殊，該集團如此大動作的背後，必定有更多深刻的政經原因。歸納下來，大致有以下幾個方面的原因：

第一，純從經濟角度考慮，是李嘉誠"反週期操作"的結果。反週期操作或者說"低買高賣"，是促成李嘉誠成功崛起的一貫策略。

2009 年以來，由於中國政府的宏觀刺激政策，特別是中央的“四萬億”投資和地方政府支持房地產業的一系列政策，內地房地產市場的估值一直處於相當高的位置；而反觀同期的歐洲資產市場，由於受到全球金融海嘯和持續的主權債務危機的影響，資產價格一直處於低位。這種內地以及香港房地產市場的高估值和歐洲資產市場的低估值，形成了鮮明的對比。雖然從長期看，中國內地房地產市場可能仍有較大升值空間，但至少未來一段時期內，增值空間遠比過去要小得多，甚至還有較大風險。因此，從做生意角度，對李嘉誠來說，撤資中國內地和香港，進而投資歐洲資產市場，無疑是一次值得考慮的投資選擇。在這方面，要充分承認李嘉誠的過人眼光。

李嘉誠在內地減持投資物業，曾引起內地傳媒和評論的一片非議。對此，李嘉誠曾在 2015 年 9 月發文響應，稱自己只是一個純粹的商人，不偏不倚地做生意，並不存在“逃跑”一說。“香港需要尋找未來，大陸需要尋找未來，大中華地區需要尋找未來，全世界都需要尋找未來，但是我需要尋找的只是利潤，地產、金融可以，教育、科技也可以。對我來說，誰是趨勢、誰利潤最大才是我要考慮的，而不是空洞的政治考慮和虛假的道德說教……李嘉誠不會跑，也不願跑，更跑不了。”

其子李澤鉅講得更清楚：“除長江集團中心外，沒有任何物業我們是一定要持有的，於考慮交易時，公司不會考慮感情因素。”有評論認為，“商人有祖國，從商無國界”，從商者，即使是擁有非常高知名度的李嘉誠，其本性都是不斷尋找可低買高賣的國家和地區，以追逐更高回報。《亞洲教父》和《亞洲模式》的作者喬·斯塔威爾評論說：“他（李嘉誠）是一位堪稱完美的資產交易者。每當他出手買入某項資產，它肯定無比划算，而一旦售出，那肯定是個再好不過的價格。”

第二，從政治、經濟角度綜合考慮，香港的政局風險上升，經濟增長放緩，戰略地位下降，集團在香港發展空間有限。

2013 年，香港發生了兩起針對李嘉誠的事件：先是 3 月在長江實業業績會前，香港多個社會團體手舉橫幅和標語，在長江實業集團大樓前，抗議李嘉誠年賺逾 67 億港元，卻合理避稅繳納零元所得稅，要求政府創設“李嘉誠稅”。對此，李嘉誠表示：“這正是我多年來加大海外投資的原因，樹大招風，引起社會仇富很正常。既然大家不願意看到我壟斷香港，那我就去歐洲、去北美、去內地投資。”同年 4 月，和記黃埔旗下港口管理公司發生要求改善待遇等的罷工，碼頭工人在李嘉誠旗下商鋪發起"罷買行為"，大有"打土豪、分田地"的氣勢。惡搞李嘉誠的漫畫把他描繪成"吃人惡魔"，一些工人用文革手法與李嘉誠鬥爭，很多社會團體和香港市民捐款支持罷工工人。這兩件事情使李嘉誠顏面大損，身心疲憊，深感"不患寡而患不均"的時代正臨近香港。而 2014 年 10 月，香港更爆發激烈的"佔中"運動。

另一方面，香港經濟增長放緩，集團在香港的發展空間有限。2000 年 10 月 25 日，歐洲議會發表報告，點名指責以李嘉誠為首的李氏家族生意，在香港市場佔有率太高，可能對香港經濟造成支配性影響，甚至會出現壟斷情況。李嘉誠次子李澤楷被指 TOM 在創業板獲豁免部分上市條件是享有特權。該報告還聲稱："這個家族的業務共佔香港股票市場資本估值約四分之一到三分之一，當中包括的行業有電話、行動電話、電力、超級市場及地產等等。"在這種背景下，從資本安全角度考慮，在歐洲資產低估值時，到英國為主的歐洲投資雖然不是上上策，但至少是中上策，是較為保守的良好選擇。

第三，對中國經濟環境轉變及世界形勢可能存在的系統性風險的防範。

李嘉誠曾經向英國《金融時報》表述自己的投資準則："在決定優先（投資）場所時，有幾個標準對我很重要：法制法規、能保證投資的政治穩定性、寬鬆的生意環境以及良好的稅收結構，這些都是重要特徵。"李嘉誠家族雖然創業在香港、發展在香港，成就也在香港和中國內地，但本質上仍屬於西方資本。李嘉誠的崛起是在港英時期，是在滙豐銀行等英國資本一手支持下，從無名小卒發展成亞洲首富。大集團的發展，背後一定要有金融體系的支撐，李嘉誠旗下企業財團的主要支撐來源於英國金融體系，因此，從資本安全角度考慮，李嘉誠投資英國，實際上是一種避險行為，規避的是大的、可能出現的系統性風險。就資本生存角度說，這種做法屬於為自保作出的戰略調整。

第四，規避交接班和交接班後的系統性風險。

有學者認為，相比公司財務或稅務上的考慮，香港的政治風險增加及法治制度的不明朗因素，才是李嘉誠轉移註冊地的主因；從法律角度看，將來公司若捲入訴訟，香港法庭或許對長和沒有司法權。目前，李嘉誠已屆耄耋之年，雖然身體健康但畢竟歲月不饒人，因此進行財團的交接班是必然的。從過去李嘉誠對二子的安排上看，李氏集團未來的掌舵人是其長子李澤鉅。但是，相比李嘉誠在政商兩界長袖善舞的能力，其子一向低調，是否有掌控大局的能力仍有待考驗。在這種情況下，安全的做法是不將雞蛋放在一個籃子裡。另外，市場人士分析，李澤鉅一直在業務發展方面傾向於國際化佈局，這不僅可以突破父親的成就陰影，成就第二代的開拓者形象，而且可以將家族企業順勢從局限於一地、受一地政治色彩影響的家族企業，轉為更國際化的跨國常青樹企業。

從歷史來看，李嘉誠的這次“乾坤大挪移”，其實與當年滙豐銀行的“帝國還鄉”相當類似。20 世紀八九十年代，滙豐銀行為應對香港政治、經濟環境的轉變，加快部署其國際化戰略，先後收購美國海洋密蘭銀行、英國米特蘭銀行，又透過業務重組將公司註冊地和集團總部變相遷往英國。李嘉誠的策略與滙豐銀行當年的策略，有異曲同工之妙，其背後其實也有着深刻的經濟、社會、政治等因素的考慮。

李嘉誠從中國內地、香港減持投資物業，同時“抄底”歐洲和英國，在香港、中國內地乃至國際社會，都引起了廣泛的關注和評論。2015 年 10 月，中英兩國在倫敦簽署了關於能源、旅遊、醫療衛生等一系列協議，總金額約 400 億英鎊（約人民幣 4,000 億元）。當時，市場立即想起早前李嘉誠在英國的一系列被稱為“買起半個英國”的超前投資佈局，有評論認為：“相對於此輪中國企業組團到英國‘做生意’，李嘉誠着實快人一步。”不過，事隔不到一年，2016 年 6 月，英國公投“脫歐”重創英國金融市場，英鎊暴跌超創 30 年來新低，資產市場價格大幅下挫。受此影響，李嘉誠旗下的“長和系”股票大幅下跌。是次“乾坤大挪移”，究竟是李嘉誠的眼光超前，還是策略性失誤？可能需要一段長時間的觀察才能作出最後的判斷。不過，他的部署會否在香港引起連鎖反應，倒是值得關注。

（原文為作者在中國人民大學商學院 CAMP 班演講稿，撰寫於 2016 年 5 月）

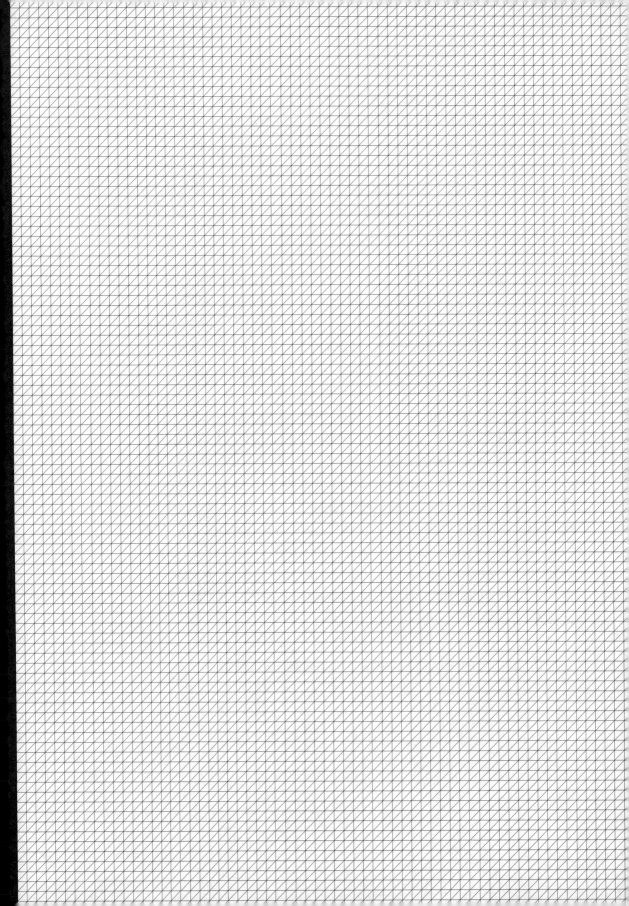

CHAPTER 4.

粵港合作與
廣東珠三角地區的
發展

珠江三角洲的崛起及其啟示

【摘要】珠江三角洲是廣東經濟發展最活躍的地區，在改革開放的短短數年間，該地區在全國、亞太地區以至國際經濟中的崛起，日益引起國內外人士的關注。這一崛起主要表現在：形成多層次開放的格局，透過香港參與國際分工，初步實現國內外生產資源的合理配置；開放加速了鄉鎮企業的崛起，產生了初步的金融和勞動力市場，形成了市場經濟的雛形；改善基礎設施，加強技術改造，形成工業化社會雛形。本文進而分析了珠江三角洲的崛起對中國經濟發展及國際社會的啟示。對中國的啟示是：對外開放、參與國際分工體系，是中國沿海地區乃至整個中國經濟加速發展的啟動器；充分發揮香港作用，是當前中國經濟加速走向國際市場的關鍵；對外開放，是促進中國產品經濟向市場經濟轉變的有效槓桿。對國際社會的啟示是：中國開放、改革已形成不可逆轉的發展勢頭，與中國的經濟合作將有日益廣闊的前景；香港的特殊作用將在中國開放改革的深化中得到進一步發揮，香港的繁榮穩定是有保障的。本文並提出了珠江三角洲進一步發展面臨的兩個問題。

1987 年 12 月，美國《紐約時報》以"中國的改革從這裡開始"為題，撰文指出："廣東現在成了中國的先鋒，它從幾百年的經濟沉睡中覺醒，成了世界上經濟發展速度最快的地區之一。"[01] 這裡所指的廣州，實際上主要是指珠江三角洲。珠江三角洲是廣東經濟發展最活躍的地區，在短短幾年間，珠江三角洲在中國、亞太地區以至國際經濟中的崛起，日益引起國內外人士的關注。越來越多的亞洲專家甚至在研究其成為亞洲第五條小龍的可能性。近幾個月來，在香港、廣州相繼召開珠江三角洲經濟發展研討會，正是這種研究的明證。

一、廣東珠三角經濟的迅速崛起

根據我們的考察，珠江三角洲地區的崛起主要表現在三個方面：

01

參見 1987 年 12 月 21 日美國《紐約時報》。

1. 形成多層次開放的格局，透過香港參與國際分工，初步實現國內外生產資源的合理配置。

1979 年前，廣東甚至珠江三角洲基本上屬於封閉型經濟結構，處於國際分工體系之外，僅有少量外貿。1978 年，廣東口岸的出口只有 3.97 億美元。[01] 1979 年廣東率先實行"特殊政策，靈活措施"，隨後設立深圳、珠海、汕頭三個經濟特區。1987 年，珠江三角洲開發區擴大到 28 個市縣，這就使珠江三角洲區域形成特區—開放城市—經濟開發區的多層次開放格局，從而處於中國對外開放體系的最前沿，為其梯度式參與國際分工、發展外向型經濟提供了可能性。這是珠江三角洲經濟發展的重大轉折點。據統計，1979 年至 1986 年的八年間，廣東直接吸引外資 42.77 億美元，佔全國直接利用外資的 60%；註冊投產"三資"企業 4,196 個，佔全國的 70%；簽訂"三來一補"合同 69,906 宗，佔全國的 70%—80%；引進技術設備 80 多萬台（套）、生產線 1,600 多條，[02] 這些投資大部分集中在珠江三角洲。廣東出口貿易大幅增加，1987 年高達 54 億美元，是 1978 年的 13.6 倍，其中珠江三角洲出口值就達 33.68 億美元，佔全省出口總值的 62.4%。[03]

珠江三角洲對外開放的一個顯著特點，是抓住香港，憑藉毗鄰香港之地利，透過香港來參與國際分工。香港是舉世聞名的自由港，是國際性金融、貿易、海空運、訊息等中心，又是華人社會，與內地有密切聯繫。香港的上述特點使它成為廣東特別是珠江三角洲進入國際市場的最便捷通道。珠江三角洲的外向型經濟正是充分利用了香港而取得突破性發展的。據統計，廣東省九年間吸收的外資中，80% 以上來自香港。[04] 1985 年廣東簽訂的來料加工合同中，97.8% 來自香港，1986 年各部分達 100%。[05] 廣東口岸出口總值中，對香港出口額所佔比重從 1978 年的 42.5% 上升到 1987 年的 62.8%。[06] 另一方面，廣東亦直接投資香港，以粵海集團為基地直接利用香港便利條件參與國際金融、商業活動。該集團公司僅 1986 年就籌資支持省出口生產體系項目 58 個，金額 1.57 億美元；1987 年又投資 21 個項目，金額達 1,763 萬

01'

參見符大榜：《珠江三角洲發展及其與香港關係》。

02'

參見 1987 年 8 月 14 日《人民日報》；廣東省經貿理論研討專題組：《廣東省八年利用外資的基本實驗和今後的發展戰略》；張烈：《廣東廠商發展"三來一補"業務的成效和經驗》，載《廣東對外經貿》，1987 年第 4 期。

03'

參見符大榜：《珠江三角洲發展及其與香港關係》。

04'

參見廣東省委周樹德：《試談加強粵港金融合作》，粵港澳發展經濟貿易研討會材料。

05'

根據筆者對廣東省經貿委的調查數據。

06'

參見丁厲松：《珠江三角洲經濟發展與香港的關係》。

01

參見廣東省委周樹德：
《試談加強粵港金融合
作》，粵港澳發展經濟
貿易研討會材料。

美元。該集團公司還在港發行商業票據融資 2.5 億港元，承辦保險 4 萬宗，總額 45 億港元，並在法、加、美、德（當時的西德）等國興辦、註冊九家公司，[01] 為廣東參與國際分工起到了媒介作用。

珠江三角洲對外開放的另一個顯著特點，是以發展"三來一補"業務為其參與國際分工的突破口和重要形式。其參與國際分工的形式，除傳統的直接對外貿易外，還有"三來一補""三資企業"，以及國際租賃、貸款等。國際租賃、貸款業務才剛起步，"三資"企業的發展需要較完善的投資環境，因而其發展規模受到一定程度的限制，主要集中在經濟特區及一些基礎設施較好的大城市。而"三來一補"以其投資少、風險小、效益大的特點，在具有毗鄰香港地理優勢的珠江三角洲得到廣泛發展。香港有充裕的資金、廣闊的國際市場、先進的資金管理及回饋靈敏的資訊，近年來迫於勞力短缺及工資、土地價格上漲的壓力，面臨產業結構調整，其勞動密集型產業或工序正往外轉移；而珠江三角洲因長期受產品經濟的束縛，資金匱乏、市場狹窄、技術落後、資訊不靈，其參與國際分工的比較優勢在市場機制的誘導下與"三來一補"這種形式得到較好的結合，從而增強了兩地在國際分工體系中的競爭力。據統計，從 1979 年到 1987 年 7 月止，廣東對外加工裝配簽訂合同數達 72,183 宗，協議利用外資 11.46 億美元，實際利用外資 6.14 億美元，工繳費達 17 億美元，其中銀行結匯工繳費 14.54 億美元。[02] 僅 1986 年全省工繳費收入便達到 2.7 億美元，佔全國工繳費收入的 79.4%，佔全省淨收入外匯 13.2 億美元的 20.5%。1987 年，全省實收工繳費達 3.5 億美元，比 1986 年又增加約 30%。[03] 珠江三角洲有的市縣對外加工裝配工繳費收入已成為當地重要經濟支柱，如東莞工繳費收入已佔全市國民收入的 9.5%（以 1 美元折 3.7 元人民幣計算），惠陽縣（今惠州市惠陽區）則佔 30%，寶安縣（今深圳市）橫崗區甚至高達 90%。此外，補償貿易到 1986 年底已簽訂協定 861 項，利用外資 4.7 億美元。[04] 目前廣東省的"三來一補"企業已發展到 13,000 多家，從業人員超過 100 萬。

02

參見《廣東省對外加工
裝配業務歷年情況》，
載《廣東對外經貿》，
1987 年第 4 期。

03

參見古念良：《"大循
環"戰略在香港的地位
與作用》，粵港澳發展
經濟貿易合作研討會論
文。

04

參見廣東省人民政府辦
公廳：《廣東對外裝配、
補償貿易業務的基本情
況》，1987 年 9 月 10 日。

05

參見徐裕年：《關於"三
來一補"的新形勢和新對
策》，載《廣東對外經貿
調研》，第 11 期。

根據光鼎盛經貿委主任徐裕年的分析，目前廣東省"三來一補"業務發展呈現如下特點：（1）勢頭很猛；（2）投資向多元化發展，從港資為主發展到日、美、德（當時的西德），甚至台灣、韓國的資本也開始通過香港進來；（3）顯示長期化傾向，客商紛紛增加了投資，擴大加工範圍引進先進技術設備，培訓技術骨幹；（4）出現向技術型轉化勢頭；（5）呈現連片開發傾向；（6）出現整個行業轉進來的趨勢。[05] 當前"三來一補"的迅猛發展，不僅促進了珠江三角洲以至廣東省出口貿易的發展，而且為"三資"企業的發展創造了有利條件。有許多"三資"企業，就是從來件裝配─來料裝配─進料加工─合作經營等途徑發展起來的。[01] 現階段廣東及珠江三角洲透過香港與國際經濟的分工合作，已不再停留於產業間的商品交換，而是通過"三來一補"的形式發展到產品內部的分工合作，這使珠江三角洲與香港及國際社會的生產資源在更深的層次上得到合理的配置，從而加深了其參與國際分工的程度。這是珠江三角洲近幾年經濟迅猛發展的根本原因之一。

2. 開放加速了鄉鎮企業的崛起，產生了初步的金融和勞動力市場，形成了市場經濟的雛形。

開放促使"三來一補"業務迅速發展，"三來一補"業務實質上是一種國際市場經濟的特殊形式，設備的購進和產品的銷售均在國際市場，要求按市場經濟的機制運作。"三來一補"一開始就選擇了鄉鎮企業為其載體。鄉鎮企業最初的發展源於農村經濟體制的改革，它不同於原有的實行計劃經濟的國營企業，基本上是處於指令性計劃經濟之外的一種較為靈活的形式，它一出生，就是一個自負盈虧的經濟實體，因而最為適應"三來一補"業務的發展。"三來一補"業務的發展，加速了廣東特別是珠江三角洲鄉鎮企業的崛起，使得原有的計劃經濟之外，生長起日益擴展的市場經濟。據統計，從 1979 年到 1986 年，廣東全省鎮、村、社（組）、體、戶五個層次的鄉鎮企業，累計已達近 100 萬個，從業人數達 500 萬之多，幾乎佔了全省勞動力的四分之一。八年來，廣東鄉鎮企業與外商簽訂合同並已投產的項目達 3.1 萬多宗，利用外資達 7.9 億美元，引進各類機械設備 31.6 萬台（套）。1986 年，全省鄉鎮企業出口總值達 18.3 億美元，佔全省出口總值的 43.57%，八年來鄉鎮企業總收入平均增長達 27%，1986 年為 264 億美元，比開放初的 1978 年翻了三番，佔全省農村社會總產值的 44.29%。其中珠江三角洲開放區（四市十三縣）的鄉鎮企業總收入佔全省鄉鎮企業總收入的 53.8%，佔本區農村社會總產值的 57.93%。順德鎮（今佛山市順德區）企業總收入佔農村社會總產值的比重為 72%、南海縣（今佛山市南海區）為 68.8%，中山市為 64.5%，開平縣（今開平市）甚至高達 75.9%。1987 年全省鄉鎮企業總收入又達到創紀錄的 350 億元，增幅達 30% 以上。[02] 可見，廣東特別是珠江三角洲的鄉鎮企業經濟已成為農村經濟乃至全省國民經濟的重要支柱。它因靈活的經營方式及其與國外市場的聯繫而成了國營企業的競爭對手，鄉鎮小企業打敗國營大企業的事例屢見不鮮，其發展的勢頭已遠遠超過國營企業。這塊因"三來一補"而擠進來的市場經濟對原有的計劃經濟造成了重大的衝擊。

01

具體情況參見《國際商報》（1988 年 1 月 14 日），載《廣東對外經貿調研》第 11 期。

02

參見《廣東鄉鎮企業異軍突起》，載 1987 年 12 月《羊城晚報》；王光振等《論珠江三角洲經濟模式》。

珠江三角洲內市場經濟對原有計劃經濟的衝擊，突出表現在金融活動上。鄉鎮企業和"三來一補"業務的發展，一方面使民間和社會上的資金相對充裕起來，另一方面，又使得對資金的需求更為迫切，客觀上要求原有的金融體制變通，否則就會壓抑這種勢頭的發展。這樣，在國家指令性經濟控制最嚴的金融體制中，誕生了金融市場的萌芽。這萌芽在珠江三角洲鄉鎮企業和"三來一補"發展最迅速的一些縣市表現尤為明顯。以號稱珠江三角洲"四小虎"之一的東莞市為例，具有民辦性質的農村信用社已發展到約 600 間，這種信用社雖受國家農業銀行的指導，但其存貸款的利率、資金的投向和投量都具有較大的靈活性，加上網點眾多，便利群眾，因而業務發展迅速。1987 年，對鄉鎮企業、"三來一補"生產設備的貸款只能在 1986 年 3,848 萬元的基礎上增加 100 萬元，遠不能滿足鄉鎮企業及"三來一補"發展的需要。而農村信用社支持鄉鎮企業的貸款則多達 8.8417 億元，其中安排"三來一補"設備貸款達 2.6439 億元，比 1986 年新增 1.7 億元，是農業銀行有關貸款的 6.7 倍。東莞農村信用社這種市場經濟的萌芽，在一定程度上彌補了國家金融體制的缺陷，有力地促進了鄉鎮企業和"三來一補"業務的發展。[01] 在城鎮，個體經濟、小集體經濟發展迅速，但由於國家專業銀行網點少、人手不足，個體、小集體企業存在存款難、借款難、結算難等問題，無法適應"兩小"經濟（即集體經濟、個體私營經濟）的發展。為適應這種需要，東莞及虎門於 1987 年相繼出現了專門為"兩小"經濟服務的城市信用社。東莞還成立了財務公司，以集中收儲各單位預算外資金，支持廠房及基礎設施的發展。此外，東莞還成立了外匯調劑中心、金融拆借中心，加快原有金融體制的改革。珠江三角洲不少縣、市已開辦外幣存貸款業務，替企業發行股票、債券、開辦小型投資公司。[02] 上述情況表明，適應外向型經濟發展需要的多層次，多種所有制的金融市場已初現端倪。

鄉鎮企業和"三來一補"的發展，也促進了珠江三角洲勞動力市場的形成。據統計，目前流入珠江三角洲各縣市的外地勞動力已經超過了 100 萬人。僅東莞就有約 30 萬人，佔全市自由勞動力 69.7 萬的 43%。這些勞動力遍佈各行各業，主要集中於建築、建築材料、基礎設施建設以及企業，填補從這些部門轉移到"三來一補"企業去的勞動力所留下的空缺。這些勞動力大多來自本省邊遠縣市以及鄰近省份，有的甚至來自內蒙、新疆、西藏。其流入渠道主要有親戚朋友介紹、香港客商介紹、勞動部門介紹、本地企業直接到外地招收。據測算，這些外來勞動力平均每年匯出 1,000 元，僅東莞市一年就匯出 3 億元。1988 年春節期間的短短幾天，匯出額就超過 1 億元。[03] 珠江三角洲出現的初步的勞動力市場，不僅使珠江三角洲保持了勞

01 根據筆者對東莞市農業銀行和農村信用社的調查數據。

02 根據筆者對東莞市中國人民銀行、外匯調劑中心、城市信用社等單位的調查。

03 根據筆者對東莞市社會經濟發展研究中心及東莞市農業銀行的調查。

動力資源的比較優勢，而且為山區以及內地的經濟發展積累了資金，培養了人才和市場經濟觀念，推動了兩地經濟的合作與發展，使在珠江三角洲成長起來的市場經濟，輻射到內地和山區。

上述粗線條的敘述使我們看到，珠江三角洲在對外開放、逐步參與國際分工的幾年中，其自身的經濟發生了兩個方面的重要變化：一方面，隨着國際資本的進入、鄉鎮企業的崛起，金融市場和勞動力市場的初步產生，在原有計劃經濟之中擠進了日益擴大的市場經濟；另一方面，在外來市場經濟的衝擊下，為了適應日益擴大的對外開放形勢，原有的計劃經濟體制加快了改革的步伐，大大減少了對經濟的干預，逐步向市場經濟轉化。兩個方面作用的結合，使珠江三角洲形成了市場經濟的雛形，該地成為中國市場經濟發展最快的區域，具有不可逆轉的發展勢頭，並逐步向山區以及內地推進。這是珠江三角洲崛起的另一個根本原因。

3. 改善基礎設施，加強技術改造，形成工業化社會雛形。

對外開放以及市場經濟的發展，增加了珠江三角洲迅速改善基礎設施的緊迫感，亦提供了可能。九年來，廣東尤其是珠江三角洲，通過合資、合作、綜合補償、民間集資、銀行貸款等多種形式籌集資金，進行了大規模的基礎設施建設，明顯改善了投資環境。如今，在整個珠江三角洲已形成發達的水路交通網絡，公路、內河航運里程每百平方公里有 63.47 公里，比全省平均高了近一倍，是全國平均數的兩倍。全區現有港口 63 個，輸送量十萬噸以上的達 20 多個。通訊狀況亦明顯改善，廣州、深圳、珠海、佛山、江門、中山、東莞、順德甚至一些區鎮都實現了電話直撥自動化，可直撥香港、澳門及一些世界大城市。能源方面，擴建了韶關電廠，新建沙角電廠，各地亦自辦電廠。"六五"期間（1981—1985 年）全省電裝機容量投產 90.5 萬千瓦，正在建的 225 萬千瓦，緩和了供電緊張的局面。[01]

對外開放及市場經濟的發展，加速了廣東及珠江三角洲的技術改造。1979 年至 1986 年間，廣東引進的 80 多萬台（套）技術設備、1,600 多條生產線中，屬於國際及國內先進水平的約達 70%，[02] 如紡織業引進了化纖絲、麻紡、毛紡等先進生產線及噴氣、噴水、片梭、大圓盤等先進設備，使全省紡織業形成配套成龍的、較先進的生產體系，提前五年實現年產值翻一番的目標。從佛山地區看，1981 年至 1987 年的七年間，全市利用外資 6.2 億美元，引進設備 17 萬台（套），生產線約 400 條，引進設備佔現有設備原值的 45% 左右。這些設備屬國際上 70 年代末、80

01
參見王光振等：《論珠江三角洲經濟模式》。

02
參見廣東省經貿理論研討專題組：《廣東省八年利用外資的基本經驗和今後的發展戰略》。

年代初先進水平的佔 25% —30%，使佛山電子、紡織、塑膠、陶瓷等骨幹行業得到了全面改造。據測算，佛山"六五"期間新增的 52 億工業產值中，三分之二是引進、技改取得的。[01] 技術改造大大推動了珠江三角洲的工業化進程。

"六五"期間，珠江三角洲經濟開放區工農業生產值從 83.43 億元增長到 197.86 億元，年平均增長達 18.9%，大大超過了全省的 13.7% 和全國的 10%，工業產值在工農業生產總值中的比重從 57.30% 增加到 81.52%，佛山的工業比重更增加到 89.11%。[02] 珠江三角洲已基本擺脫農業社會，成為初步工業化經濟區域。

01

參見佛山市紀委《小康之市 —— 佛山》及筆者對佛山市外經委的調查。

02

參見王光振等：《論珠江三角洲經濟模式》。

二、廣東珠三角經濟崛起的啟示

珠江三角洲的崛起日益引起國內外人士的關注，它無疑會給人們帶來許多有益的啟示。對中國而言，我們認為這種啟示至少有以下四點：

（1）對外開放、參與國際分工，是中國沿海地區乃至整個中國經濟加速發展的啟動器。

從珠江三角洲的實踐看，該區之所以迅速崛起，成為中國經濟發展最快的地區，開放無疑是最大的推動力和關鍵所在。開放使珠江三角洲在封閉的經濟體系下長期閒置的勞動力資源和土地資源得以按照比較利益原則，同國際資本、技術、市場以"三來一補"以及"三資"企業等形式結合起來，形成現實的生產力，並積累了資金，改善了基礎設施，加快了技術改造，有力地推動了經濟發展進程。珠江三角洲的實踐對中國沿海地區無疑具有重要的啟迪。最近（本文曾於 1988 年發表 —— 編者註），趙紫陽總書記提出了中國沿海地區經濟發展戰略，沿海地區要發展勞動密集型產業，"兩頭在外"，大進大出，發展外向型經濟，一定程度上可以說，中國沿海地區經濟發展戰略實際上是珠江三角洲經驗的借鑒、推廣及發揮。中國沿海地區有着與珠江三角洲基本相同的經濟條件，若能採取切實可行的措施，加快開放步伐，抓住當前有利的國際時機，參與國際分工，則實現經濟起飛是完全可能的。

珠江三角洲的實踐還表明，對外開放、參與國際分工，不僅可加快自身經濟發展，而且由於向內地的輻射作用，如為內地積累資金、培訓勞動力等，相應地帶動了山區和臨近省份的經濟發展。因此，中國沿海地區開放，參與國際分工，必然會由於輻射效應層層帶動內地經濟發展。

（2）充分發揮香港作用，是當前中國經濟加速走向國際市場的關鍵。

珠江三角洲之所以能在短短幾年的時間走向世界，初步參與國際分工，其中的關鍵因素是能夠抓住香港，充分發揮香港作用。眾所周知，香港是世界著名的自由港，是國際金融、貿易、海空運、資訊中心，且是南中國門戶，是目前中國通往國際市場最便捷的通道。香港得天獨厚的特殊地位，至少在目前一段時間內是國內外其他任何地區所無法代替的。因此，當前中國經濟要加速走向國際市場，不僅一個珠江三角洲，整個廣東省都存在如何進一步發揮香港作用的問題，整個中國沿海地區亦存在這個問題。不注意發揮香港作用，將是中國經濟決策的重大失誤。

中國沿海地區都利用香港，相應地就會有人提出這麼一個疑問：香港的潛力有多大？我們認為：香港的潛力至今仍未發揮出來。在香港與珠江三角洲的經濟合作中，香港製造業工人不足百萬，卻以“三來一補”的形式容納了珠江三角上百萬的勞力（有人估計甚至超過200萬）。香港的潛力不在於自身的經濟實力，而在於其背後龐大的國際資本和廣闊的國際市場。1988年，日本、美國的國際財團資本大量湧入香港，更加強了香港的國際地位。因政治原因不能與中國大陸直接交往的台灣資本、韓國資本最近（1988年 ── 編者註）亦開始透過香港發展與珠江三角洲的經濟合作。因此，只要中國政策對頭，沿海地區是可以充分利用香港與國際經濟發生廣泛聯繫、參與國際分工的。當然，與此同時亦應開拓其他通往國際市場的渠道。

（3）發展市場經濟，是中國貫徹沿海地區經濟發展戰略的必要條件。

珠江三角洲的實踐表明，要吸引外資，發展外向型經濟，不發展市場經濟是不行的。“三來一補”業務之所以能在珠江三角洲得到蓬勃發展，重要原因之一，是當地政府大幅度減少了對經濟的直接干預，創造條件讓外資按國際市場慣例活動，從而生長起一塊日益擴大的市場經濟。若沒有鄉鎮企業的崛起，沒有初步形成的金融市場、勞動力市場的配合，沒有與之相適應的市場經濟觀念，一句話，沒有一個初步按照國際慣例運轉的經濟，“三來一補”是不可能引進、發展的。從珠江三角洲看，哪個縣市的市場經濟發展得好，哪個縣市的外向型經濟就發展得快。

珠江三角洲的實踐還證明，市場經濟並不可怕，資本主義可以發展市場經濟，社會主義亦可以發展市場經濟，市場經濟有強大的生命力，對經濟發展有重要的促進作用。當前中國貫徹實施沿海地區經濟發展戰略，必須參照國際慣例，加快改革，有組織地自覺發展市場經濟。

（4）對外開放，是促進中國產品經濟向市場經濟轉變的有效槓桿。

珠江三角洲之所以能成為中國體制改革最快、市場經濟發展最快的地區，一個很重要的因素是其最先對外開放。對外開放、引進外資，必然相應地引進了市場經濟及其觀念，從而在原有產品經濟中擠地盤、生根成長，並對產品經濟造成重大衝擊，使得整個經濟體制的改革變得較為易於進行。中國長期實行的是產品經濟，市場經濟不為人們熟悉，不易為舊思維者所接受，產品經濟已形成一種頑固勢力，要想從中萌生出市場經濟，過程是痛苦、漫長的。另一方面，國際社會有着成熟的市場經濟經驗，對外開放既可引進市場經濟，又有利於借鑒國際市場經濟經驗，對原有產品經濟進行改造。同時，在開放地區生根成長的市場經濟還可以隨着開放逐步深入，向內地滲透，這種藉助開放層層推進的體制改革，可以克服前幾年中國改革中不顧地區差別，一刀切所帶來的種種問題，減少改革的難度和風險。

珠江三角洲的崛起，對國際社會又有什麼有益的啟示呢？

（1）中國開放、改革已形成不可逆轉的發展勢頭，與中國的經濟合作前景將日益廣闊。

中國的對外開放開始於珠江三角洲，對外開放使珠江三角洲在短短幾年間迅速崛起，成為世界經濟發展最快的地區之一，亦成為中國當前投資環境最好的區域。如今，珠江三角洲的繁榮、發展已與開放、改革不可分割地聯繫在一起。短短幾年，中國開放已從特區蔓延到整個沿海地帶，形成了從南到北、從沿海到內地的多層次開放態勢。鑒於珠江三角洲的成功經驗，最近（1988 年 —— 編者註）中國領導層又作出兩項重大決策：把海南島闢為中國最大的經濟特區，確定沿海地區經濟發展戰略。可以說發展到今天，中國的開放、改革已形成不可逆轉的勢頭。此外，隨着開放和市場經濟的發展，人們生活有了顯著提高，同時也看清中國與先進工業國家的差距，價值觀、時間觀發生深刻變化，開放、改革已成為中國社會的主流。因此，國際投資者應該有信心，抓住當前的有利時機到中國投資。事實上，到珠江三角洲投資的客商亦大多能獲得較好的投資回報。投資對象已從港商發展到世界跨國公司，投資項目已從旅遊發展到製造業，投資形式已從"三來一補"發展到"三資"企業，生產的產品已從勞動密集型發展到技術、知識密集型。當前國際經濟正面臨新一輪產業結構調整，而中國則進一步開放沿海地區。可以說，國際投資者與中國經濟合作具有日益廣闊的前景。

（2）香港的特殊作用將在中國開放改革的深化中得到進一步發揮，香港的繁榮穩定是有保障的。

珠江三角洲的開放改革不僅促進了自身的發展，也促進了香港產業結構的調整，提高了港產品在國際市場的競爭力，成為香港經濟近兩年連續取得兩位數較高增長速度的重要原因。香港與珠江三角洲的經濟聯繫已成為香港繁榮穩定的因素之一。隨着中國開放、改革的深入，香港與中國內地沿海地區的經濟合作將日益加強，香港在中國走向世界中的特殊作用將進一步發揮，香港的繁榮穩定是有保障的，香港的企業家應為即將到來的合作在資金、技術、市場、交通運輸等方面做好準備，國際投資者更應抓住有利時機，透過香港積極擴大與中國沿海地區的經濟合作。

三、值得深入研究的兩個問題

珠江三角洲開放、改革幾年來雖取得一定程度的成功，但亦隱藏着一些值得人們進一步深入研究的問題：

問題之一：珠江三角洲外向型經濟主要是透過香港，以"三來一補"形式發展起來的，它適應珠江三角洲目前的經濟發展水平，但這種發展亦使得珠江三角洲缺乏自己完整的工業體系和獨立的銷售市場，具有較大的依附性，它在一定程度上，依賴於國際經濟及香港經濟的繁榮發展。一旦世界經濟衰退，國際市場收縮，香港為保存自身發展，很可能撤回"三來一補"業務，首先受到打擊的很可能就是珠江三角洲的經濟。該採取何種對策使這種打擊能減少到最低程度，這是值得研究的一個方面，而一旦珠江三角洲建立起自己的完整的工業體系和國際銷售渠道，其與香港的經濟合作是否會受到削弱？兩者間的競爭性是否會增強？香港的繁榮是否會受到影響？如何建立兩地間持久的合作關係？這又是值得研究的一個方面。

問題之二：如何加快珠江三角洲原有產品經濟體制向市場經濟體制的轉化，並協調與內地的經濟關係？珠江三角洲市場經濟雖初步形成，但原有產品經濟體制對其發展外向型經濟的阻力仍較大。依然以東莞金融體系為例，雖然該地已萌生了金融市場的萌芽，但其基本構架仍是國家專業銀行的產品經濟模式，其對經濟發展的不適應性日益明顯。但是，在珠江三角洲與內地沒有明顯隔離條件的情況下，又該如何在中國產品經濟模式中加快珠江三角洲的市場經濟發展呢？其日益發展起來的金融市場、勞動力市場如何管理？如何減少珠江三角洲在主要發展外向型經濟，面對國際市場大進大出的同時，又能得到內地資源的補充，實現兩地間資源的合理配置，解決與內地在資源、市場方面的矛盾？……這些都是今後珠江三角洲經濟發展中必須深入研究的問題。

（原文載香港東南經濟信息中心：《世界經濟信息》，
第 3 期，1988 年 3 月 31 日；香港《經濟導報》，
第 2065 期，1988 年 4 月 18 日，
作者為楊振漢、馮邦彥、梁秩森）

珠江三角洲商品經濟發展態勢及其問題：兼論中國經濟體制改革的基本思路

【摘要】本文從經濟體制改革的角度進一步考察珠江三角洲的發展，認為其市場經濟的發展已有相當規模，主要表現在：從經濟運行機制看，市場初步發育，社會生產要素的配置大部分已以市場調節為主；從所有制結構看，走向多元化，鄉鎮企業已成為該地區經濟的主要組成部分；從利益分配看，國家、地方、企業、個人都獲得實在的物質利益，初步形成商品經濟發展的良性循環。本文進一步分析了珠江三角洲市場經濟發展存在的主要問題：廣東（珠江三角洲）市場與鄰近省區市場的矛盾；面臨鄉鎮企業強大競爭的國營企業的出路；社會財富重新分配過程中的不公平競爭，使社會各階層收入差距拉大，社會承受能力不均衡；“一刀切”政策對珠江三角洲經濟發展的制約。本文認為，從珠江三角洲的經驗看，中國經濟體制改革可以說交織着兩條基本思路：一是以全國整體性推進為出發點的雙軌制思路；二是以開放為先導從經濟特區—沿海開放城市和改革試點城市—經濟開發區—內地波浪式逐層推進的改革思路。本文對此作了進一步的分析。

一、廣東珠三角商品經濟的發展現狀

根據我們考察，經過多年的改革，珠江三角洲商品經濟的發展已有相當規模，主要表現在三個方面：

1. 經濟運行機制：市場初步發育，社會生產要素的配置大部分已以市場調節為主。

1978 年以前，珠江三角洲同全國一樣，整個社會經濟的運行主要依靠計劃機制推動，市場體系不發育。不過，由於其毗鄰港澳的特殊地理位置以及傳統、歷史等方面的原因，商品生產和交換已較內地活躍。1979 年中央對廣東實行“特殊政策、靈活措施”，推動了廣東首先向商品經濟轉變。十年來，廣東把“對外更加開放，對內更加搞活，對下更加放權"作為全省改革宗旨，在逐層財政包乾的基礎上簡政放權。珠江三角洲各市縣更是充分運用中央和省下放的權利，相繼進行了計劃體制、分配體制、農村經濟體制、企業管理體制等一系列改革，各級政府減少了對經濟活動的直接干預。看來這是珠江三角洲市場體系發育的前提。

珠江三角洲市場體系的發育首先從價格改革開始。1980 年，當全國的價格改革仍着眼於調整不合理的官定價格時，廣東已着手從根本上改革價格體制，相繼放開了大部分農副產品、工業消費品及生產資料的價格，並通過改革流通體制，培育起消費品市場和生產資料市場。目前，廣東由國家定價的農副產品早就從原來的 118 種減至只有計劃內糧食、蔗糖、煙葉三種，而糧食實際上亦已半放開，農副產品收購總額中市場價格和指導價格所佔比重已達 80% 以上；國家定價的工業消費品從原來的 372 種減至鹽、食糖及少數原材料，全省零售商品總額中市場價格和指導價格所佔比重從原來的 2.98% 擴大到 86.5%；國家定價的生產資料絕大部分實行雙軌價格，且計劃外比重日益擴大，生產資料銷售總額中市場價格和指導價格所佔比重為 70% 左右；第三產業除交通、郵電、城市公用事業及房地產業等壟斷性較強行業外，其餘已全部實行市場調節。[01] 根據最近（1988 年 —— 編者註）制訂的中國價格改革的預期進程，廣東的價格改革看來已比全國快五年。而珠江三角洲各市縣，市場調節價格在整個價格體系中所佔比重更大，一般超過 90%。因為珠江三角洲鄉鎮企業比重大，而鄉鎮企業幾乎全部使用計劃外的生產資料。據估計，珠江三角洲計劃內生產資料所佔比重佔 10% 左右。[02] 以南海縣為例，去年（1987 年 —— 編者註）計劃內供應的煤炭、柴油、化肥僅分別佔全縣消費總量的 9.4%、9% 和 16.7%。[03] 可以說，珠江三角洲的消費品市場和生產資料市場已經發育形成。此外，勞力、技術、資訊以至資金、房地產等市場也有了不同程度的發育。

01′

廣東省價格學會會長何傑：《廣東價格改革面臨的新形勢和新任務》、廣東省價格研究所所長文武漢：《廣東價格改革的回顧與前瞻》。

02′

根據筆者對東莞、中山、順德、南海四地的調查。

03′

根據廣東南海縣統計局提供資料整理。

隨着市場體系的發育，社會生產諸要素的配置也開始按照市場所確定的比較利益進行。這首先反映在產品結構的調整上。從農業看，近幾年來，珠江三角洲指導性農業計劃，一般只能下達到村一級，農民種什麼基本上由自己根據市場情況決定。以順德縣為例，在傳統四大作物中，由於甘蔗、蠶繭收購價格偏低，農民不願種蔗養蠶，甘蔗、蠶桑發展緩慢；而塘魚由於價格放開，市場需求大，比較利益高，發展迅速。據統計，從 1978 年到 1987 年，順德縣甘蔗、蠶繭總產量分別下降34.33%、97.88%，而塘魚則增加 170.7%。[01] 工業也是如此。市場上那些需求大、價格上升、利潤高的輕紡、家電產品成為珠江三角洲鄉鎮企業的重點發展項目。在市場的誘導下，珠江三角洲的產業結構也發生重大變化，資金、勞力迅速向第二、三產業轉移。據東莞、中山兩市統計，去年（1987 年 —— 編者註）兩市一、二、三產業所佔比重分別是 31%、41% — 42%、27% — 28%，第三產業產值已開始逼近第一產業。[02]

2. 所有制結構：走向多元化，鄉鎮企業已成為該地區經濟的主要部分。

十年來，珠江三角洲所有制結構亦隨着鄉鎮企業的崛起而發生了變化。農村人民公社的解體和普遍實行的家庭聯產承包責任制，成為珠江三角洲鄉鎮企業發展的第一推動力。鄉鎮企業從其誕生起，就顯示了它的生命力，它是自負盈虧的經濟實體，機制靈活，因而在與國營企業的競爭中處於有利地位；日益擴大的對外開放、外引內聯，又為珠江三角洲的鄉鎮企業帶來其急需的資金、先進技術設備、原材料、人才及銷售市場。上述諸因素的結合，推動了鄉鎮企業發展，從而使鄉鎮企業迅速成為珠江三角洲國民經濟的主要部分。這就大大地推動了商品經濟的發展，使珠江三角洲的經濟顯示出很大的活力。珠江三角洲所有制結構的變化主要體現在三方面：

（1）工業總產值。十年來，珠江三角洲工業總產值中各種經濟成分結構變動的基本趨勢是，國營經濟所佔比重迅速下降，而包括鎮、區、村、聯合體、戶五個層次的鄉鎮企業所佔比重則大幅上升。以東莞市為例，1978 年國營經濟在工業總產值中所佔比重是 40.7%，1987 年下降為 11.3%，同期，各類集體鄉鎮企業所佔比重從59.3% 增至 79.4%。合資合作經濟從無到有，佔 9.3%。

（2）財政收入。財政收入結構的變動典型地反映出珠江三角洲各種所有制經濟的相對發展趨勢及地位變化。1978 年，東莞、中山、順德、南海四縣市財政收入總額中，全民所有制經濟所佔比重約為 60.4%，到 1987 年已迅速下降到 24.3%，而

01

根據廣東順德縣物價局編《1987 年順德縣主要農產品成本調查表》整理。

02

根據東莞市統計局編《東莞市開放、改革以來社會經濟基本情況》和中山市統計局編《中山市 1980 — 1987 年國民經濟統計資料》整理。

同期，鄉鎮企業經濟所佔比重則從 38.6% 上升到 52.5%，個體經濟從 0.6% 上升到 9%。從 1984 年起，四縣市地方財政收入的主要來源，已從國營經濟轉移到鄉鎮企業經濟，今年（1988 年——編者註），鄉鎮企業在財政收入中所佔比重略有下降，主要原因是個體經濟的迅速發展。

（3）固定資產投資。固定資產投資結構的變化亦顯示了同樣的趨勢。以中山、順德為例，1980 年國營企業在兩縣市全社會固定資產投資完成額中所佔比重為 72.5%，1987 年下降到 12%，同期，集體企業所佔比重從 27.5% 上升到 61%，個人投資從零增加到 27%。

3. 利益分配：國家、地方、企業、個人都獲得實在的物質利益，初步形成商品經濟發展的良性循環。

市場體系的發育和所有制結構的變化，使商品經濟在珠江三角洲整個社會經濟發展進程中逐步佔據了重要地位，從根本上改變了原有的利益分配結構，形成了國民經濟增長快於城鄉人民收入增長、城鄉人民收入增長快於物價增長的良性循環。

（1）國民經濟高速增長。價格放開後，隱藏在固定價格背後的供求矛盾迅速表面化，刺激原來定價偏低商品的價格上漲，刺激了生產和流通的發展。價格機制的這種調節作用在競爭性市場結構中表現尤為明顯。這就推動了國內外市場需求缺口大的輕紡、家電等輕工產品及鮮活農副產品在珠江三角洲的迅速發展，進而帶動了整個地區國民經濟的高速增長（表 4-1）。

表 4-1 │ 1978—1987 年珠江三角洲四市縣工農業總產值、國民收入平均增長情況（%）

	東莞	中山	順德	南海
工農業總產值平均增幅	19.3	22.5 [1]	18.3	19.8
國民收入平均增幅	20.4	22.9 [2]	20.8 [3]	21.1

註：①②③係 1980 年至 1987 年間的平均增幅

資料來源：根據東莞、中山、順德、南海四市縣統計局提供資料整理。

表 4-2 ｜ 珠江三角洲四市縣財政收入平均增長情況（％）

		1978—1984 年年平均增幅	1985—1987 年年平均增幅
東莞	上繳	2.6	17.5
	留用	10.2	56.5
中山	上繳	2.4	14.7
	留用	14.0	45.0
順德	上繳	2.2	18.0
	留用	14.5	32.5
南海	上繳	3.5	17.8
	留用	25.8	34.0

資料來源：根據東莞、中山、順德、南海四市縣統計局提供資料整理。

表 4-3 ｜ 1978—1987 年珠江三角洲四市縣物價、收入平均增幅比較（％）

	東莞	中山	順德	南海
物價指標	4.8	7.0	4.8	6.6
城鎮職工平均收入	15.5	16.4	15.8	12.9
農民人均純收入	20.5	21.8	20.0	23.8

資料來源：根據東莞、中山、順德、南海四市縣統計局提供資料整理。

（2）財政收入迅速增加。國民經濟的高速增長相應地使財政收入迅速增加。特別是
1985 年廣東在珠江三角洲各市縣實行“核定技術、逐年遞增、一定五年不變”的財
政包乾政策後，不僅上繳省、中央部分逐年增加，地方財政留用部分更是大幅增長
（表 4-2），大大增強了珠江三角洲各市縣推行改革的財政實力。

（3）城鄉人民收入大幅提高。經濟的高速增長以及傳統分配體制的突破，也大大提
高了珠江三角洲城鄉人民的收入。儘管該地區物價增幅較大，但能自我消化。企業
發展，市場繁榮，城鄉人民生活水平仍有較大提高（表 4-3）。

目前，珠江三角洲已成為全國商品經濟發展最快、最活躍的地區，它所形成的商品

流對鄰近省區的封閉型經濟造成了日益強大的衝擊。

二、當前廣東珠三角商品經濟發展存在的主要問題

當前，珠江三角洲商品經濟發展存在的主要問題是：

1. 廣東（珠江三角洲）市場與鄰近省區市場的矛盾

隨着商品經濟的發展，廣東特別是珠江三角洲地區日益擴大的市場需求對鄰近省區及全國各地的農副產品、原材料等初級產品形成強大的拉力，從積極意義上看，它為這些地區的經濟發展提供了廣闊的市場和動力。但是，由於這個地區的商品經濟是在鄰近省區及全國仍處於封閉型產品經濟的條件下成長起來的，這就不可避免地導致及加劇了地區間市場的摩擦和矛盾。珠江三角洲地區對鄰近省區農副產品、原材料的強大拉力，進一步擴大了這些地區對上述產品的需求缺口，導致價格大幅上升，使原有的社會承受能力顯得更加脆弱，影響了這些地區經濟的正常運轉。這些矛盾在廣東半放開糧價後顯得尤為尖銳。鄰近省區為維持自身原有的經濟秩序，設置重重關卡，阻止當地初級產品流向廣東。由於歷史的原因，廣東基礎工業薄弱，能源、原材料缺乏，近年來珠江三角洲經濟發展的"貿—工—農"取向，亦增加了其對糧食的需求。鄰近省區對廣東的封鎖，使廣東已經緊缺的糧食、原料更形緊張，給經濟的發展造成困難。廣東（珠江三角洲）為緩解這一矛盾，近年來已從三個方面努力：（1）加強與內地糧食、能源、原材料產地的橫向經濟聯繫；（2）逐步建立自身具有比較利益優勢的原材料生產基地；（3）轉向國際市場，從國外進口。上述三個方面的努力，或者是由於需要大量的資金和時間，或者是由於開放伊始，外匯不足，只能解決部分急需，遠不能適應其進一步發展商品經濟的要求。因此，尋求某種變通方法，以打破鄰近省區對廣東的封鎖和市場分割，又不致影響鄰近省區經濟的正常運轉，這是統籌全局的中央和廣東地方政府亟需研究、解決的重大問題之一。

2. 面臨鄉鎮企業強大競爭的國營企業的出路

十年來，隨着鄉鎮企業異軍突起，國營企業在珠江三角洲經濟發展中的地位迅速降低，其在工業總產值、財政收入及社會固定資產投資完成額中所佔比重均急劇下降，不少國營企業虧損嚴重，要靠地方財政補貼度日，職工收入較低，有的企業甚

至連工資、物價補貼也發不出，被稱為"養命企業"。

造成國營企業日益式微的原因是多方面的，既有根本性的因素，亦有具體特殊的原因。具體而言：（1）產權關係不明確，經營成果未能與職工利益直接掛鈎，發展缺乏動力。許多國營企業仍然受到重重的行政干預和牽制，價格管制過嚴，徵稅過高，管理機構臃腫，難以適應市場需求的急劇變動，因此在與鄉鎮企業競爭中常常處於劣勢。如工資制度，鄉鎮企業可根據自身經營狀況自主發放工資，國營企業則受國家工資總額及標準控制，工人收入較低，有技術者紛紛跳槽。（2）不少國營企業，國家投資少、設備老、退休工人多、產品落後，因而成本高、效益差，競爭能力低下。

從珠江三角洲的實踐看，國營經濟在今後相當長的一段時間裡，由於其自身計劃經濟模式改造的艱巨性和全國經濟體制改革速度的制約，以及受到機制靈活的鄉鎮企業等其他經濟成分的衝擊，其在珠江三角洲經濟中的地位仍將進一步下降，若不改革，甚至可能成為經濟進一步發展的障礙。看來所有制的發展必須適應當時當地生產力發展的實際，既然珠江三角洲的國營企業缺乏活力，不能有效地適應和推動生產的發展，而這些企業在全國經濟中，僅屬於中小型企業，以參股或拍賣等形式加以根本改造，重新調整其產權關係，將其融入機制靈活的鄉鎮企業洪流中恐怕是勢所難免的。

3. 社會財富重新分配過程中的不公平競爭，使社會各階層收入差距拉大，社會承受能力不均衡。

從總體看，珠江三角洲利益分配結構發生根本變化，但不可否認，在新舊體制交接時期，由於舊秩序受到衝擊，而新秩序又尚未建立，特別是還未建立起一套商品經濟的宏觀調節機制、法規，因而在社會階層經濟承受能力脆弱，尤其是由此而引起的心理不平衡等消極因素正隨着物價的不斷上漲而蔓延，影響社會安定及經濟正常運轉。當前突出的表現是國營企業職工、黨政機關幹部及科教文衛部門專業人員收入偏低，而個體戶（即個體工商戶，具體指公民在法律允許範圍內，依法經核准登記，以個體財產或家庭財產為經營資本，在法定範圍內從事工業、商業、建築業、運輸業、餐飲業、服務業等活動的個體勞動者）與專業戶（中國農村中專門或主要從事某種生產活動的農戶）及私營企業主收入偏高。以東莞市為例，若從絕對水平看，1987 年東莞市全民所有制職工、教師及黨政機關幹部的年平均工資分別為

2,028 元、2,079 元和 2,174 元，而城鎮集體職工則為 2,995 元，分別比前三者
高出 47.7%、44.1% 和 37.8%。若從相對水平看，如果 1978 年全民所有制職工、
教師、黨政機關幹部年平均工資與城鎮集體職工年平均工資之比都是 1：1，那麼
到 1987 年則分別是 1：1.98、1：1.8 和 1：1.92。**01** 十年收入差距幾乎拉開一倍。
若從東莞市不同鎮來看，收入差距更大。1987 年東莞較富裕的城鎮農民人均純收入
為 1,960 元，而較貧困的樟木頭、謝崗等五個鎮農民人均純收入僅在 800 元左右。
在賓館酒樓當服務員的女工月收入達 600 元，而在虧損的國營企業中職工月收入僅
100 元左右，有的國營企業甚至只能靠貸款發基本工資和物價補貼。

01

根據東莞市統計局提供
的資料整理。

隨着商品經濟的發展，在公平競爭及市場機制誘導下，各階層收入有一定程度的拉
開是正常和合理的，亦有利於促進社會生產力的發展。但是，珠江三角洲地區各階
層收入差距的拉大還有兩個不合理的原因：一是原有產品經濟模式的制約，如國營
企業這部分，仍受到國家計劃、政策的過多干預、控制，經濟機制不靈活，效益低
下，職工收入自然難有大幅提高；此外，在工資地區分類、工資等級標準及工資總
額等國家有關政策控制下，黨政機關、科教文衛和國營企業的職工幹部收入的提高
受到嚴格限制，當珠江三角洲地區的經濟和人民收入水平已超前發展，鄉鎮企業職
工收入分配模式已突破原有產品經濟模式的框框時，這一部分人員收入偏低是在所
難免的。二是新舊體制交替過程中，存在着宏觀經濟協調上的空隙。突出表現在對
個體戶、專業戶、私營企業以及鄉鎮企業缺乏一套完善而合理的稅收制度、監管制
度，偷稅漏稅嚴重，使這部分人收入偏高，不合理地拉大了收入差距。

收入差距不合理地拉大，使社會上出現人們普遍不願當幹部、不願當教師、不願到
國營企業當工人的現象。這個問題實際上是不難解決的，因為地方有雄厚財力，適
當提高這個階層的收入水平，精簡機構，實行 "以俸養廉" 是辦得到的，也有利於
進一步深化該地區的體制改革。當前的問題是受到國家有關政策的制約，教師的情
況更是如此，知識貶值，收入體腦倒掛使得各地教師紛紛離職另覓出路。順德縣僅
去年（1987 年 —— 編者註）離職的教師就達 260 人。收入差距拉大直接影響到經
濟改革的深化及經濟的正常運轉。

4. "一刀切" 政策對珠江三角洲經濟發展的制約

珠江三角洲地區率先改革，成為全國商品經濟發展最快的地區，它與全國體制間的
差距拉得越大，全國 "一刀切" 的政策對珠江三角洲經濟發展的制約就越大，矛

盾也越尖銳。這種 "一刀切" 的政策除上述談到的方面外，還突出表現在如下幾個方面：

（1）金融體制。近年來，儘管珠江三角洲的金融體制進行了一系列改革，但仍未跳出產品經濟的模式框架，尤其在信貸指標、存貸利率等方面，仍受全國政策的統一制約，這就日益不適應珠江三角洲經濟的發展。眾所周知，珠江三角洲經濟發展的一大特色是負債經營，對信貸資金的需求很大。據統計，僅去年（1987年 —— 編者註）一年，廣東省農業銀行和信用社系統就向鄉鎮企業貸款 112.6 億元，其中固定資產貸款 23.13 億元。當全國出現信貸膨脹，需收縮銀根、壓縮信貸時，珠江三角洲的鄉鎮企業就會處於極其困難的境地。又如農村信用社，近年來隨商品經濟的發展而日益活躍，東莞市農村信用社去年對鄉鎮企業設備貸款達 2.6 億元，是當年該市農業銀行同類貸款的 6.7 倍，對鄉鎮企業發展起了很大的促進作用。但是即使是此類民間金融機構，亦受國家金融體制的嚴格制約，實際上難以有更大作為。

（2）外匯管制。近年來為適應珠江三角洲外向型經濟的發展，各市縣相繼成立外匯調劑中心，但由於受到全國外匯管制的制約，調劑外匯的手續極為繁瑣，加上種種成文或不成文的規定，實際作用並不大。此外，企業的留存外匯，亦需經層層審批，有的要一年後才能拿到額度，這種管制已成為外向型經濟的障礙。

（3）審批許可權。珠江三角洲不少縣，如南海、順德等，其經濟實力和規模比內地一些市還大得多，但由於是縣級建制，許多審批許可權，如投資項目的審批權、稅收減免的審批權，進出港澳人員的審批權等，都受到嚴格限制。如進出港澳，兩縣有許多企業均與港澳有聯繫，很有必要隨時派人到港澳聯繫業務，但因受到種種許可權制約而無法審批，因而對國際市場不瞭解，資訊回饋遲鈍，經常被外商 "砍三刀"，即外商對進口的設備、原材料報高價，對合作經營的出口產品報低價，使不少企業蒙受損失。

當前珠江三角洲商品經濟發展過程中存在的種種問題，歸根結蒂是全國產品經濟模式對珠江三角洲商品經濟發展的制約。隨着體制和發展模式差距的拉大。這種制約日益明顯，矛盾亦更形尖銳。若不及時加以解決，必將阻礙珠江三角洲地區經濟改革的深化、商品經濟新秩序的建立乃至經濟的進一步發展。

三、從珠三角看中國經濟體制改革的基本思路

十年來，中國經濟體制改革可以說交織着兩條基本思路：一是以全國整體性推進為出發點的雙軌制思路；二是以開放為先導從經濟特區 — 沿海開放城市和改革試點城市 — 經濟開發區 — 內地波浪式逐層推進的改革思路。近年來，由於宏觀環境面臨許多問題，雙層體制並存所造成的空隙與摩擦以及舊增長模式因素的制約，雙軌制的負面影響日益明顯。而與此同時，廣東特別是珠江三角洲地區的商品經濟卻在中央"特殊政策、靈活措施"，即區域推進的改革思路上取得了實質性的進展，處於中國商品經濟發展的最高層次。它的經濟高速增長及所形成的良性循環對全國商品經濟的發展起了積極的示範效應和推動作用。但另一方面，因為一省一區的超前改革實踐是在全國整體上仍然是產品經濟的舊格局中進行，隨着廣東特別是珠江三角洲商品經濟的發展，全國產品經濟模式在一些關鍵部位上對這些區域經濟發展的制約便更形突出，矛盾日趨尖銳。由於近年來廣東特別是珠江三角洲地區經濟發展水平的提高、地方財力雄厚及社會承受能力增強，要基本擺脫全國產品經濟的制約，在區域內實行"一步到位"式的轉軌業已具備條件，區域推進已成客觀趨勢，中央對廣東實行超前綜合改革試驗區的政策正是在此種基礎上形成的。因此，廣東經濟改革的當務之急，應是在區域相對封閉和中央統一協調區域內外關係的前提下，力爭在三至五年內完成轉軌的戰略決戰，實現改革的基本目標，借鑒國外特別是香港商品經濟的模式，在區域內建立起相對完整的社會主義商品經濟體系。

從廣東特別是珠江三角洲商品經濟發展的實踐看，中國在沿海地區實施的區域推進的開放、改革戰略，可以進一步發展為一條在全國範圍內分區改革的基本思路，即藉助和配合中國從南到北、從沿海到內地逐層對外開放態勢，梯度式地推進改革。在中央政府宏觀調控的前提下，由中央授權各省區根據本區經濟發展水平和對外開放梯度，自主地制定適合本區經濟發展的政策、法令，形成地區間多層次體制並存局面，並由中央統一協調因區域間體制差異而引起的矛盾，並使在開放地區生根成長的商品經濟隨開放的逐步深入層層向內地滲透，最終完成整個中國的改革任務。具體而言：

（1）分區改革以省為基本單位（經濟發展水平類似的幾省可同步推進），中央與地方的關係以財政、信貸、外貿包乾的形式相對固定。以省為單位可利用原有的行政建制和傳統經濟聯繫，減少社會震盪。

（2）各省根據中央授權和本省經濟發展水平，在遵守中央有關全國協調的大政方針及完成地方對中央全面承包任務（以立法或契約形式確定）的前提下，自主制定並推進改革方案，中央政府保留修正權力。

（3）中央政府以經濟、法律以至行政手段統一協調各省間的矛盾，推進改革梯度式深化。

從中國現階段國情看，分區改革具有客觀必然性：

第一，中國幅員廣大，各地區社會經濟發展頗不平衡，商品經濟發展程度亦不平衡。東部沿海地區較發達，中、西部相對落後。東部沿海特別是廣東等省份實質上已具備徹底轉軌、建立社會主義商品經濟的條件。而中西部許多地區甚至仍基本處於自然經濟之中。不同層次的經濟發展水平需要不同層次的改革措施、體制配合，試圖以"一刀切"方式在全國推進改革，有悖於生產關係必須適應生產力性質的基本原理。

第二，各地區對改革的承受能力不平衡。如廣東珠江三角洲地區，由於經濟的高速增長及良性循環，對深化改革的承受能力較強，但在不少地區，任何小小的改革衝擊，都會給這些地區的社會、經濟帶來很大的震盪。

當前，從全國看，亟需控制通貨膨脹、治理環境、穩定經濟，而從廣東等沿海地區看，則亟需強化市場機制，徹底完成轉軌任務。分區改革的戰略正是適應了這種現實的需要。在穩定全國經濟的同時，在沿海經濟發達地區推進改革，實現區域內體制的系統轉軌，以保持改革的勢頭，並藉此逐步推動經濟欠發達地區的改革。

分區改革可能出現的最大問題，從廣東（珠江三角洲）超前改革的實踐看，主要有三個：（1）超前發展地區對鄰近落後地區經濟正常運轉的負面影響；（2）容易引發地區封鎖市場，形成割據，不利於全國統一市場形成；（3）容易產生地區間在實施特殊政策上的攀比效應，加劇地區間重複建設，不利於全國產業結構的調整；（4）處理不當，容易削弱中央政府對全局經濟的調控能力。客觀地分析，任何一個改革方案，由於受到政治、社會、經濟等因素制約，不可能沒有負面影響。分區改革也如此。問題是如何使之減至最低限度。看來，分區改革的關鍵，應該是加強而非削弱中央政府協調各省區的宏觀調控能力，一方面要指導各省區根據開放梯度和本區實際情況推進改革，以制約盲目攀比效應；另一方面，甚至不惜繼續用行政手段及法律加強各省區間的協調，以便銜接市場，調整產業結構，減少摩擦。例如，可繼續用指令性計劃和較為合理的官定價格保證能源、重要原材料、農副產品及某些緊缺重要商品在各省區的流通，中央政府加強宏觀控制的原則，應是既保證各省區配合全國波浪式逐層推進的開放態勢自主深化改革，又有利於各省區之間的協調發展。當然，這個"度"的掌握及由此而衍生的一系列具體問題，有待於在實踐中不斷研究、解決。

（原文載香港東南經濟信息中心：《世界經濟信息》（增刊）第 14 期，1988 年 11 月 15 日，作者為楊振漢、馮邦彥、梁秩森）

粵港合作建立"香港—珠三角高科技灣區"

【摘要】本文研究了粵港科技合作的可行性與發展前景,提出構建"香港—珠三角高科技灣區"的理念。本文認為,香港—珠江三角洲高科技灣區可以借鑒三藩市灣區的經驗,以香港為融資營運中心,以香港、深圳(當然也包括廣州)為高技術產業孵化中心,以珠三角包括東莞、中山、番禺等縣市為生產基地,並與北京、上海等城市建立策略性聯盟,形成南中國的高技術產業開發地區。為此,必須解決以下幾個關鍵性的問題:第一,建立香港與深圳、廣州合作開發高增值、高科技產業的統籌協調機制,加強兩地的協調配合,制定長遠的區域性發展計劃。第二,加大政府投入,建立港深科技走廊,進而形成香港—珠三角高科技灣區。第三,在港深科技走廊建立科研機構、高等院校群體,加大政策力度吸引海外優秀華人科學家、海外留學人員和內地優秀科技人才到來從事科研、創業。第四,建立以香港為主、深圳為輔的高科技灣區風險投資營運中心。

香港要發展高科技產業,成功實現經濟的轉型,除了需要加強本身的科技基礎和科技實力之外,還應充分利用內地的優勢,實現雙方的優勢互補。在這方面,香港與內地的合作有着相當大的潛力和基礎。

實際上,香港與內地的高科技產業合作亦具有優勢互補的基礎。香港是國際著名的自由港,是亞太地區重要的國際金融、貿易、航空、航運、通訊及旅遊中心,是聯結東西方經濟的商業樞紐,具有良好的投資營商環境,包括發達的資訊、與國際市場的密切聯繫、完善的基礎設施、優良的銀行及金融體系、簡單及低稅率的稅制、自由開放的經濟政策、具創意的企業家隊伍,以及高質素的管理人才。這種良好的投資營商環境有利於科技轉移、科技應用和科技開發,特別是有利於科研成果的商品化、產業化進程。

與香港相比,內地除了擁有土地和勞工價格低廉的優勢外,近年在鼓勵科技創新及產業化方面亦有相當大的政策優勢。1998 年初，深圳就公佈了《關於進一步扶持高新技術產業發展的若干規定》，即 22 條。高交會召開前，深圳再推出《全面、先進和切實可行的新 22 條》，新 22 條借鑒美國經驗，設立"深圳市創新科技專家委員會"，並將吸引外來科研力量作為發展高技術產業的重中之重，規定從 1999 年開始每年斥資 1,000 萬元人民幣設立歸國留學人員創業資助資金，在每年科研經費中撥出 2,000 萬元人民幣用於資助歸國留學人員帶回高新技術成果、項目來深圳從事轉化和創辦企業；鼓勵設立科技型企業孵化中心，在高新技術產業園區設立留學生園。1998 年 8 月，廣東省政府亦頒佈《關於依靠科技進步推動產業結構優化升級的決定》，全面推動珠江三角洲高技術產業的發展。與此同時，科研實力雄厚的北京、上海也分別出台《關於進一步促進高等技術產業發展的若干政策》和《上海市促進高新技術成果轉化的若干規定》。北京把鼓勵科技人員創業放在首位，而上海則重點促進科研成果的商品化、產業化。這種態勢，實際上為香港與內地高技術產業的合作，創造了良好的外部環境。

從地域看，香港與內地高技術產業的合作，可以劃分為三個層次，首先是香港與深圳的合作，其次是香港與包括深圳、珠海、廣州在內的廣東珠江三角洲高技術產業開發區的合作，再次是香港與以北京、上海為代表的內地的合作。其中，核心和關鍵是香港與深圳、廣東珠江三角洲的合作，在這方面可借鑒美國三藩市灣區的模式，形成香港—珠江三角洲高科技灣區。

三藩市灣區由三藩市（San Francisco）、奧克蘭（Oakland）、聖何西（San Jose）等縣區組成，是當今世界上最卓越的知識密集型經濟、高科技產業開發區。這裡可以用幾個關鍵性指標說明：該灣區快速發展的小型企業在全美佔有最高比率，擁有專門學歷及高級學位的人口比例最大，本地僱員的人均發明專利相當於美國平均數的兩倍以上，高科技的輸出在美國佔有最大份額，擁有最大規模的研究性大學和聯邦研究機構的結合群體，國際網絡（Internet）的普及應用率超過美國任何地區。三藩市灣區的人口儘管只佔美國的 2%，但年總產值超過 2,000 億美元，若將它視為一個國家，在全球約排名 20 位。[01]

支撐三藩市灣區發展的有兩個關鍵因素：一是擁有世界級研究性質的史丹福大學、加州大學柏克萊分校及三藩市分校等，區內聚集了大批高科技人才，二是擁有世界密度最高的國際風險投資機構，美國風險投資總額的 35% 集中在該灣區，任何創新發明都可在灣區獲得貸款，從而創辦企業。

香港─珠江三角洲高科技灣區可以借鑒三藩市灣區的經驗，以香港為融資營運中心，以香港、深圳（當然也包括廣州）為高技術產業孵化中心，以珠江三角洲包括東莞、中山、番禺等縣市為生產基地，並與北京、上海等城市建立策略性聯盟，形成南中國的高技術產業開發地區。具體而言，香港與內地高技術產業合作將包括多種形式，主要有：

（1）在香港設立的"數碼港""中藥港""矽港""科學園"，吸引內地高科技公司和科技人才從事科研開發轉化。

（2）內地高科技公司在香港建立營運中心，在香港創業板上市及融資。

（3）國際風險投資基金以香港為據點進入深圳投資科技創新企業。

（4）香港投資內地的三資企業逐漸發展為高新技術企業。

（5）內地與香港以及跨國高科技公司合資創辦高新技術企業。

（6）其他各種形式。

從客觀現實出發，設想中的香港─珠江三角洲高科技灣區應該首先從香港與深圳的合作開始做起，形成港深科技走廊，再由此向珠江三角洲內各縣市的高技術產業開發區輻射、轉移，進而形成整個高科技灣區。要實施這一設想，必須解決以下幾個關鍵性的問題：

01

伍幼威：《香港經濟輝煌再現 ── 田長霖香港高增值產業的發展前景》，載香港《明報月刊》，1998 年 4 月，第 17—18 頁。

第一，建立香港與深圳、廣東合作開發高增值、高科技產業的統籌協調機制，加強兩地的協調配合，制定長遠的區域性發展計劃。

根據香港創新科技委員會最後報告的建議，香港特區政府可能會重整發展高增值、高科技產業的領導架構，成立由財政司司長任主席、向行政長官負責的新政策小組，負責政策制定及統籌工作，同時成立向行政長官負責的常設諮詢組織及按行業劃分的諮詢委員會，而深圳市也設立"深圳市創新科技委員會"。兩地政府都在重組架構。

港深兩地要加強合作，應建立兩地就高技術產業發展事宜的統籌協調機制，建議初步可先建立兩地創新科技統籌領導機構之間的定期聯席會議，就兩地協調配合事宜加強溝通，交流資訊，解決具體問題，進而建立港深創新科技合作協調委員會，以便就兩地的合作、區域性的長遠發展制定藍圖、規劃。當然，具體的規劃、政策則由兩地政府各自制定。這種機制可從港深之間根據實際形勢發展到粵港，或可同步開始，但以港深為試點。

第二，加大政府投入，建立港深科技走廊，進而形成香港—珠江三角洲高科技灣區。

加強創新科技的發展，需兩地政府加強對科技基礎、科研設施的投入。目前，香港和深圳在研究與發展資金方面的投入都嚴重不足，香港僅達 0.4%，深圳也僅達 1.5%。因此，在中短期內，香港與深圳都應該增加 R&D 資金的投入，使其逐漸接近或達到國際水平。香港與深圳應加強高技術開發園區的硬件建設。在香港方面，特區政府應加快科學園、數碼港以及中藥港的規劃開發和硬件建設，根據創新科技委員會最後報告建議，加快科學園、香港工業科技中心、香港工業村的合併步伐，重整香港高科技產業開發園區計劃。特區政府重整高技術產業開發園區計劃時，可以顧問公司施傑域在其關於科學園第一期研究報告中提出的"科技網絡"這一概念為基礎，建立貫穿港島、九龍、新界的"十字型"科技走廊，並與深圳灣畔建設中的"矽谷"連通，形成港深科技走廊，使之成為華南地區高技術產業的孵化中心，進而將高技術產業輻射到整個珠江三角洲高科技灣區。

第三，在港深科技走廊建立科研機構、高等院校群體，加大政策力度吸引海外優秀華人科學家、海外留學人員和內地優秀科技人才到來從事科研、創業。

世界上著名的高科技園區，無不以國際知名的科研機構、高等院校和雄厚的科技力量為依託。香港和深圳在籌建港深科技走廊的過程中，除了要加強對現有科研開發機構、高等院校的建設之外，還應增設科研開發機構，諸如台灣的工業科技研究院、新加坡的標準與工業研究院、國家科學與科技局、國家電腦局等機構，形成密集型的科研、院校群體。

此外，深圳應積極吸引內地一流科研機構、學校前來開設分支機構，形成港深配合的科研群體。

從整體看，香港、深圳以至廣東的科技力量仍然不足，因此，雙方除了要大力加強對教育的投資之外，能否制定優惠政策吸引海外與內地的優秀科技人才，是其中的關鍵之一。

香港屬高工資地區，在吸引海外一流華裔學者、出國留學人員以及內地優秀人才方面具有優勢，只要政策制訂得當，將會大大改變現時科技人員不足的弱點。近年，深圳在吸引人才方面已做了不少工作，若能加大力度，必將成為內地優秀科技人才的聚集點。此外，無論在建立科研機構和吸引人才方面，深圳都應與實力雄厚的北京、上海等建立策略性聯盟。

第四，建立以香港為主、深圳為輔的高科技灣區風險投資營運中心。

近年來，一批以香港為地區據點的國際風險投資機構已相繼進入深圳。據統計，到1999年8月，進入深圳的機構已超過30家，其中，荷蘭 ING，日本野村，美國IDG、華登、賽博投資基金等12家機構已在深圳進行實質性投資。目前，深圳方面也在積極籌建創業投資基金。從長遠看，深圳股市也應借鑒香港經驗開設創業板，使港深科技走廊同時也成為國際風險投資機構的營運中心。

第五，中央政府、廣東省政府應為內地高科技企業家、科技人才建立特殊的出入境審批制度，方便他們自由出入境甚至在香港深圳定居、從事科技工作和科技創新產業的開發和行銷。

香港與深圳乃至整個廣東珠江三角洲高增值、高科技產業的合作，不但將推動兩地經濟合作模式的升級，而且將有力促進香港產業結構的升級轉型。

（原文載《香港產業結構研究》第七章第四節，經濟管理出版社，2002 年 10 月）

CEPA 框架下粵港澳經濟一體化發展趨勢研究

【摘要】本文首先分析了 CEPA 的簽署及實施,對香港、澳門與內地特別是與廣東珠三角的經濟關係的重大意義和深遠影響,進而分析了 CEPA 協議的基本內涵及其主要特點。本文認為,在 CEPA 框架下,粵港澳經濟合作進入一個新的發展時期,三方的合作正呈現出一系列的新特點,主要表現在:三方的合作將從以比較優勢為基礎、由市場機制引導的功能性合作向以突破政策、制度障礙的制度性整合轉變;合作將從純粹的垂直性分工合作向垂直性分工和水平分工相結合,逐步向建立商品、服務特別是生產要素共同市場的方向轉變;合作將從由市場力量推動的自發合作轉向經濟融合和一體化。本文進而分析了在 CEPA 框架下粵港澳經濟合作的新趨勢:第一,在 CEPA 框架下,香港、深圳、廣州將出現金融整合與分工趨勢,逐漸形成大珠三角地區的金融分工合作體系。第二,在 CEPA 框架下,香港、深圳、廣州、澳門將出現物流業的競合格局,逐漸形成大珠三角地區物流樞紐體系。第三,在 CEPA 框架下,逐步建立粵港澳大珠三角旅遊區。第四,在 CEPA 框架下,粵港澳加強高新技術產業合作,建立"香港—珠三角高科技灣區"。

一、CEPA 簽署的歷史意義與影響

CEPA 的簽署及實施,對香港、澳門與內地特別是與廣東的經濟關係具有重大意義和深遠影響,主要表現在:

第一,CEPA 的實施是中國加入世界貿易組織(WTO)進程的提前演練。中國加入 WTO 後,將面對諸多制度、規則的重大變化,特別是在原產地規則、貨物與一般性服務、金融服務、政府採購與智慧財產權等領域的開放方面,均要有個學習瞭解與運作的過渡時期,而 CEPA 是內地與香港、澳門在 WTO 框架內作出的特殊安排,可為中國全面進入 WTO 的過渡進行政策試驗。這種試驗將是一個循序漸進的

過程，通過對港澳提前實施中國"入世"承諾及開放服務業，可以為內地在過渡安排中，探索如何與境外企業合作與競爭，探索在制度安排、管理和運營理念等各方面如何更好地與 WTO 體制接軌，並在試驗的基礎上推進與其他地區簽訂類似的協定，特別是為中國與東盟建立自由貿易區（"10+1"）等方面，提供極為重要的政策及法律借鑒。

第二，CEPA 是貫徹、實施"一國兩制"方針，維持香港、澳門經濟穩定繁榮的重要舉措。CEPA 的簽署，對於處在痛苦調整時期的香港經濟，無疑是一劑"強心針"，無論是貨物貿易還是服務貿易，CEPA 給予香港的優惠均優於中國對 WTO 其他成員的承諾，時間上也比中國與東盟"10+1"自由貿易區要提前，這充分體現了中央對香港經濟發展的巨大支持。過去 20 年，香港、澳門與內地特別是廣東珠江三角洲地區形成了密切的經貿聯繫。然而，在"一國兩制"的框架下，香港、澳門與內地是彼此獨立的關稅區，實際上形成客觀阻隔，並增加了兩地經濟發展的交易成本，影響了兩地的經濟合作和融合。中國加入 WTO 後，香港原來扮演的中介角色逐漸弱化，產業結構處於痛苦、艱難的調整時期。香港如不能成功融入以廣東珠江三角洲為核心的華南地區，其在國際經濟中的戰略地位及競爭力將無可避免地下降。CEPA 的簽署，可以說是"一國兩制"的一種制度創新，在最大限度發揮"一國兩制"正面效益的同時，儘可能將其可能需要付出的成本或代價減至最低，為"一國兩制"的實現提供了豐富的經濟內涵。

第三，CEPA 是廣東繼 1979 年開放以來的又一次重要發展機遇。改革開放 20 年來，廣東藉着中央賦予"先行一步"的特殊政策，承接了以香港製造業為代表的國際產業的轉移，迅速進入了工業化的中期階段，造就了長達 20 多年的繁榮時期，躍入了中國經濟發達省份的前列。隨着香港製造業轉移的基本完成，中國內地省份的產業結構亟待優化升級，但由於粵港澳分屬不同的關稅區，不可能進行全面無阻礙的整合，導致三地合作空間難免相應縮小。CEPA 在不違背 WTO 規則的情況下，提前對香港、澳門開放，這就有利於粵港澳三地的優勢互補，可將廣東省正處於快速增長中的製造業發展優勢，與香港發達的金融、物流、商貿等服務業，以及澳門的旅遊、博彩業的比較優勢充分整合，促進三地更寬領域、更深層次、全方位的合作與發展。

第四，CEPA 是在 WTO 的框架內推進粵港澳經濟一體化的重要舉措。迄今為止，港澳與內地的經濟合作，基本停留於兩地在比較優勢基礎上的功能性整合上，各自實施的是不同的經濟政策和措施。在開放的初期，這種功能性的融合還是行之有效的，但隨着經濟的發展，如果僅停留在功能性融合上，制度差異的障礙就會影響融合的程度。近年來，香港與內地彼此掣肘等現象的時有發生就說明了這一點。所以，CEPA 的實施將逐漸消除這種制度上的障礙，並打開香港、澳門與內地產品和要素流動的閘門，通過建立產品和要素的共同市場，促進產品和生產要素的自由流動。因此，CEPA 在符合 WTO 規則的前提下，建立起內地與港澳"更緊密經貿關係安排"，實際上標誌着內地與香港、澳門之間的合作正式進入經濟一體化的新階段，內地與香港、澳門的經濟合作將從過去那種由民間主導、市場推進的模式，轉變為由官方帶領、政府協調的模式。以此為分水嶺，香港、澳門將更深地融入內地經濟，粵港澳經濟融合的步伐將加快，"大珠江三角洲"區域經濟將獲得進一步的整合並迅速崛起。當然，CEPA 的最終的目標，還不在於三地本身。從長遠看，它是要為建立"一國四席"（內地、台灣、香港、澳門）的"中華經濟圈"提供示範，並最終實現一個國家內部四個獨立關稅區（內地、台灣、香港和澳門）之間的經濟整合。

第五，CEPA 的實施還推動了"泛珠三角"經濟區的發展，並為"中國—東盟自由貿易區（"10+1"）的啟動提供了契機。與長江三角洲相比，珠江三角洲缺乏經濟腹地的弱點明顯制約了其經濟的持續發展。針對這個問題，2003 年 7 月廣東提出"泛珠三角"經濟區的概念，即廣東與周邊省份（福建、江西、海南、湖南、廣西、貴州、雲南、四川）以及香港、澳門兩個特別行政區的經濟合作。與此同時，中國—東盟自由貿易區（CAFTA，即"10+1"）也開始啟動，並計劃於 2010 年建成。CEPA 的實施不僅將大大促進大珠三角經濟區的崛起，而且啟動了"泛珠三角"經濟區的形成與發展，使大珠三角經濟區成為中國大西南地區通向東盟國家的橋樑和跳板，並為廣東率先加強與東盟國家經濟貿易合作提供了契機。總體而言，CEPA 的簽署及實施無論是對泛珠三角地區的經濟整合，還是對東亞地區的經濟合作和經濟一體化，都具有深遠的意義。

二、CEPA 協議的基本內涵及其主要特點

香港、澳門與內地分別簽署的 CEPA，包括正文六章及六個附件，其基本內容包括四部分：貨物貿易零關稅、服務貿易優惠、貿易投資便利化，以及 CEPA 的機構安排。

1. 貨物貿易零關稅

主要規定是，內地自 2004 年 1 月 1 日起，對原產香港、澳門的 273 種產品（依內地稅目的劃分，可轉化為 405 個香港產品編號）實行零關稅，並將不遲於 2006 年 1 月 1 日對以上 273 種原產香港、澳門的進口貨物實行零關稅。零關稅制度最重要的內容是原產地規則：享受零關稅的貨物必須符合原產地規則，事先由港澳特區政府核定產品確實在港澳本地生產，並由雙方核定產品清單和確定原產地標準。根據協定，273 種香港產品將採取三種原產地規則：（1）實質性加工：187 種（佔 68%）採用實質加工為原產地標準；（2）從價百分比：約 40 項（佔 15%）產品採用 30% 附加值規定；（3）稅號改變：46 項（佔 17%）沒有現行原產地規則的產品採用"關稅項目轉變"的方法。

2. 服務貿易優惠

CEPA 中關於服務貿易優惠部分承諾內地開放 18 個服務行業，包括金融（銀行、保險、證券），物流及分銷（物流服務、貨代運輸服務、倉儲服務、海運服務及分銷），商業及專業服務（法律服務、會計服務、管理諮詢服務、會議和展覽服務、廣告服務、房地產和建築、醫療和牙醫服務），旅遊，電訊及視聽服務等五大領域。根據香港總商會的分析，CEPA 對 18 個服務行業的開放承諾可分為四類：

（1）提前開放"入世"中承諾的市場准入，比對其他世貿成員，香港可能提前一至四年進入這些市場，如以獨資方式經營一些分銷業務等；

（2）降低市場准入門檻，規模較小的香港服務提供者能較容易進入內地市場，如銀行資產規模要求就從 200 億美元降低至 60 億美元；

（3）法規改變以便利服務貿易，這裡包括兩類，一類是開放專業服務，包括資格相互承認和放寬規管，如法律方面允許香港居民參加內地司法考試；另一類就是取消內地服務提供者來港的限制，如在金融、旅遊等方面的安排；

（4）超越"入世"的新開放措施，如開放展覽業，以及視聽服務市場的准入承諾。

開放 18 個服務行業的承諾，最關鍵的規定就是"香港公司"、"澳門公司"的界定。根據 CEPA 第 12 條及附件 5，"香港公司"的定義有兩條：必須是"根據香港法律設立的法人"或"在香港註冊成立的公司"，以及在本地經營"實質業務"。而判斷"實質經營"的標準有五條：a. 性質和範圍：企業在內地從事的業務應與其在香港從事業務性質一致；b. 經營年期：企業應已在香港經營三年或以上（金融服務和建築業要五年或以上）；c. 繳稅：企業應在香港繳納利得稅；d. 業務場所：企業應在香港擁有或租用業務場所，從事實質業務；e. 僱傭員工：企業在香港僱傭員工應佔總員工的 50% 以上。

"香港公司"的定義是 CEPA 磋商過程中最具爭議性的議題。CEPA 附件 5 為這一問題提供了一個合理而實際的解決方案。由於香港《公司條例》沒有對香港公司的註冊實施國籍限制，因此 CEPA 的規定並沒有與《服務貿易總協定》抵觸，不存在歧視成分。不過，根據協定，外資公司在 CEPA 生效後收購香港公司，被收購公司須於一年後才能符合 CEPA 規定下的香港公司資格。這一點旨在防止不符合資格的外資公司從"後門進入"，即 WTO 稱之為"反規避"的溫和措施。

3. 貿易投資便利化

貿易投資便利化包括九個領域，即貿易投資促進、通關便利化、商品檢驗檢疫、食品安全、品質標準、電子商務、法律法規透明、中小企業合作，以及中醫藥產業合作。其中，最主要的是兩個方面，一是通關便利化，二是改善、優化內地的投資營商環境。

4.CEPA 的機構安排

CEPA 規定香港、澳門分別與內地建立有關 CEPA 的指導委員會，該委員會下轄的 "工作小組具有五大職能，包括監督 CEPA 的執行、解釋 CEPA 的規定、解決爭議（原產地規則及香港公司資格問題）、擬訂 CEPA 內容的增補和修正以及指導工作小組的工作。

內地與香港、澳門簽署的 CEPA 協議，主要有兩個明顯的特點：

第一，CEPA 具有很強的針對性，重點是要協助港澳地區，特別是香港產業結構的調整和升級，促進港澳經濟的穩定發展。

香港回歸後，經過幾年的摸索，基本上確定了產業結構轉型的主要方向：一是鞏固和加強金融、物流、中介性商業服務和旅遊四大產業支柱，進一步提高香港服務業的國際競爭力；二是維持並振興製造業，在一定程度上解決香港產業 "空心化" 問題。CEPA 基本上是針對香港經濟結構轉型的這兩個方向而設的。在 CEPA 的框架內，香港服務業獲准提前進入內地，贏得發展先機，無疑大大拓展了業界的市場寬度和深度，加快了香港經濟結構的轉型步伐。香港作為國際金融中心、物流中心及商貿服務平台的地位將得到加強。CEPA 中關於香港公司的定義，對投資者的國籍並無明確限制，有利於香港吸引海外公司到香港設立地區總部和分公司，並以香港公司名義進入內地尤其是廣東珠江三角洲地區。

澳門 CEPA 在某種意義上可以說是 "搭順風車"，這反映了在 WTO 框架下推動經濟一體化的客觀要求。不過，澳門 CEPA 也有自己的特點，如配合特區政府提出的 "跨境工業區" 的建議，更強調維持並振興澳門製造業；配合特區政府關於將澳門建成 "三個商貿平台" 的經濟定位等，在貿易投資便利化條款中，特別列明雙方同意開展經貿活動以推動雙方與葡語國家的貿易和投資，從而凸顯了澳門作為中國內地與葡語國家的經貿服務平台的地位和作用。

第二，CEPA 實行地區性傾斜政策，有利於促進港澳與珠江三角洲地區的融合。CEPA 是一項在內地普遍有效的計劃，沒有一個地區排除在外。但是，這並不意味着香港因素對內地的平均化。由於過去 20 年香港與廣東的密切經濟聯繫以及廣東的特殊區位，廣東珠江三角洲地區必然要成為香港實施 CEPA 的核心區域。實際上，

CEPA 也針對這一客觀情況，特別加入了一些只在廣東實施的規定，如在分銷服務業，CEPA 規定香港、澳門公司在內地設立零售企業的地域範圍擴大到地級市，並允許港澳永久居民中的中國公民在廣東設立個體工商戶，無需經過外資的前置審批；在旅遊領域，率先開放廣東境內居民個人赴港澳旅遊，並在東莞、中山、江門等市先行；在法律服務領域，取消港澳律師事務所在深圳、廣州設立代表處所有代表最少居留時間要求。此外，CEPA 關於通關便利化的規定，實際上主要針對香港、澳門與廣東的通關情況。

CEPA 的這個特點決定了它實際上將首先在廣東珠三角地區實施。其實，從天時、地利、人和來看，CEPA 的實施都將首先強化港澳與廣東的經濟整合。從天時看，粵港澳經濟合作由來已久，三地經濟落差正逐漸縮小，無論從合作深度、廣度還是經驗累積的程度來看，廣東都具有內地其他地區無法替代的優勢。從地利看，廣東毗鄰港澳的區位優勢，相比內地其他地區產生的合作效應將更大更直接。從人和看，港澳居民大多以粵籍為主，三地語言相通、生活習慣相近、文化相同，尤其是改革開放 20 多年來的經貿合作已奠定了良好的基礎，各方在建立共同經濟利益基礎上的基本發展觀念和思路上逐漸接近，為經濟融合奠定了堅實基礎。

目前，香港、澳門與內地簽署的 CEPA，其意義等同於歐洲國家在 1957 年簽署的《羅馬條約》，標誌着港澳與內地，特別是粵港澳經濟一體化的正式啟動。正如有評論所指出的，就近期而言，CEPA 的確立給港澳經濟 "提供了一個更為廣闊的發展空間，更自由的發展環境"，"但 CEPA 的意義遠遠不止於此，從更廣闊的歷史跨度上考察，這標誌着中國開始從制度層面上擺脫歷史造成的國內經濟分割局面，走向經濟整合"。CEPA 的簽署，是港澳與內地特別是與廣東的經貿關係，從經濟合作走向經濟一體化的轉折點和里程碑。

就其性質而言，CEPA 相當於國際上通行的自由貿易區，但是，CEPA 與自由貿易區也有重要區別。一般自由貿易區協定通常是一次定型，一經簽署就不能隨意更改，且往往是適用於國家與國家之間的；而 CEPA 則遵循 "先易後難、逐步推進"的原則不斷擴充，逐步深化，並且將更能體現在 WTO 總體框架下，港澳與內地的一個國家內部幾個獨立關稅區之間的特殊關係和客觀現實。在 "更緊密經貿關係"的安排下，香港、澳門與內地，主要是與廣東的經濟一體化進程無疑將會進一步加快，其最終目標，至少發展至 "共同市場"的階段，達致區域內人流、物流、資金流和信息流能暢通地雙向自由流動，實現區域內生產要素和社會資源的最優配置。

三、CEPA 框架下粵港澳經濟合作的新特點

在 CEPA 框架下，粵港澳經濟合作無疑將進入一個嶄新的發展時期，三方的合作正呈現出一系列的新特點，主要表現在：

首先，三方的合作將從以比較優勢為基礎、由市場機制引導的功能性合作向以突破政策、制度障礙的制度性整合轉變。過去 20 年，香港、澳門與廣東珠江三角洲地區的經濟往來，實際上一直停留在民間層面，彼此之間存在着邊境和關稅障礙，絕大部分生產要素不能進行雙向自由流動。因此，三地之間並未展開真正意義上的經濟整合，它只是一種參與各方的以其比較優勢為基礎、由市場機制引導的功能性整合，其特點主要是以民間組織為主體進行相互之間的貿易、投資，雙方還存在着制度上屏障。在這種模式下，內地與港澳政府間的默契方式除了配置外向型生產基地方面尚有所作為外，一旦交易涉及到區域內外服務、貿易、基礎設施的協調規劃與投資時，便遭遇種種的限制，因為只有在政府間達成正式的制度性安排，才能為這些領域的准入或廣泛合作放行。而在過去的發展中，三地都只是從各自經濟領地內"經濟人"的假定出發，經濟規劃也只在不跨越"制度界線"的現實條件下進行，這就使得區域不可能進行整體經濟優化整合。然而 CEPA 的簽訂，打破了原來的制度障礙，三地可以超越這種"功能性"的整合，進行以突破政策、制度障礙為主要內容的制度性整合。

其次，三方的合作將從純粹的垂直性分工合作向垂直性分工和水平分工相結合，逐步向建立商品、服務特別是生產要素共同市場的方向轉變。過去 20 年，粵港澳之間的經濟合作最主要的內容和基礎就是形成"前店後廠"的分工合作模式，這是一種垂直的產業分工體系。實際上，這種合作模式早在 1990 年代中後期，其局限性已逐漸暴露，並開始削弱三地經貿合作的基礎。CEPA 的實施，其重要內容之一是對內地開放 18 個服務，使廣東省正處於快速增長中的製造業發展優勢，與香港發達的金融、物流、商貿等服務業，以及澳門的旅遊、博彩業的比較優勢充分整合，促進三地更寬領域、更深層次、全方位的合作與發展，即從過去那種單純的垂直分工逐漸走向垂直分工與水平分工相結合的合作。更重要的是，CEPA 通過制度整合，包括零關稅制度的實施、服務業的開放、自由行、人民幣個人開放以及貿易投資便利

化的種種措施等等，目的都是要打破粵港澳三地客觀形成的市場壁壘，最終消除產品、服務和生產諸要素在區域內自由流動的障礙，建立統一的共同市場，逐步實現經濟一體化。

再次，三方的合作將從由市場力量推動的自發合作轉向經濟融合和一體化。當經濟整合從功能性整合發展到制度性整合層面時，政府將會在經濟合作中發揮主導性作用。在這種政府間的合作中，廣東將處於比較被動的地位。由於制度整合和共同市場的建立將是在香港、澳門兩個特別行政區政府與中央政府相關部門之間展開，有關協定也將由其代為簽署，但由於港澳與廣東的特殊關係，CEPA 的實施實際上主要在廣東展開，如何處理好廣東省政府與中央政府以及兩個特區政府的關係，將是廣東面對的一項挑戰。為加強 CEPA 在廣東的實施和推進，廣東省政府應設立一個專職處理和推進粵港澳經濟合作和落實 CEPA 的常設性政府機構，化被動為主動。

四、CEPA 框架下粵港澳經濟合作的新趨勢

是次 CEPA 的簽署及實施，使得粵港澳的經濟合作再次轉入"快車道"，並正式啟動經濟一體化的進程。在其後召開的粵港第六次高層聯席會議上，時任廣東省長黃華華和當時的香港特首董建華達成共識：港主金融、物流等商貿服務，粵主製造業——將傳統的"前店後廠"合作模式提升到一個更高的層次。

可以預料，在 CEPA 的框架下，粵港澳三地的經濟合作將呈現一系列新的發展趨勢，從而建立"更緊密的經貿關係"，突出表現在以下幾個方面：

第一，在 CEPA 框架下，香港、深圳、廣州將出現金融整合與分工趨勢，逐漸形成大珠三角地區的金融分工合作體系。

香港作為亞太區國際性金融中心，具有資金流通自由、金融市場發達、金融服務業高度密集、法制健全和司法獨立、商業文明成熟等各種優勢。不過，自 1997 年受到亞洲金融風暴衝擊以後，香港國際金融中心的地位有所下降。由於 CEPA 支持內地銀行將其國際資金外匯交易中心移至香港，支持內地銀行通過收購方式在香港發展網絡和業務活動，支持內地企業、內地保險公司到香港上市，這將在相當程度上強化香港國際金融中心、區域性商貿服務平台的地位，令香港在連接國際及國內兩個

市場的全球性供應鏈中扮演重要角色。

2003 年 11 月 19 日，國務院批准香港銀行在港辦理人民幣存款、兌換、銀行卡和匯款四項個人人民幣業務，中國人民銀行還選定中銀香港作為香港銀行個人人民幣業務清算銀行。隨着香港的人民幣回流機制的建立，人民幣個人業務在香港開展，為香港的人民幣資金回流提供了一套合適的制度安排，長遠而言，將有利於香港確立為中國的人民幣離岸中心。香港一旦發展成為中國的人民幣離岸中心，便擁有其他金融中心無法取代的優勢，其作為亞太區國際金融中心的地位將隨之得到鞏固和加強。

在 CEPA 的推動下，包括粵港澳在內的大珠江三角洲地區的金融業將面臨一次重新整合，並可能形成以香港為龍頭，以廣州、深圳為雙翼，其他中小城市為依託的金融服務業分工合作體系，以實現資金的有序流動，最大限度地提高資源配置效率。香港作為亞太區國際性金融中心將側重發展私人銀行、財富管理、企業資本性融資、基金管理以及金融衍生產品等方面的高附加值和資本市場業務；深圳以毗鄰香港的優勢，逐漸發展成區域性風險投資基金管理中心，其剛啟動的中小企業板市場將有可能逐漸與香港創業板聯動、聯合，為區域高新科技產業服務；廣州則憑藉其在製造業、港口運輸及個人消費服務蓬勃發展的基礎，重點發展貿易融資、企業貸款及個人消費信貸等傳統銀行業務。港、深、穗三地的金融整合與分工，無疑將有利於大珠江三角洲的經濟發展。此外，貿易投資便利化合作的推進，將有利於推動粵港兩地政府在金融業的法規條例上進行協調和合作，如建立更好的兩地通報、監管機制，這將有助於資金的跨境流動和兩地金融合作深化。

第二，在 CEPA 框架下，香港、深圳、廣州、澳門將出現物流業的競合格局，逐漸形成大珠三角地區物流樞紐體系。

與金融業相比，粵港澳物流業的分工合作態勢相對仍未明朗。目前，影響物流業務在香港、澳門與廣東之間流動的主要因素仍然佔有絕對優勢。近年來，雖然香港的成本在下降，珠三角成本在上升，但雙方的差距仍然很大。可以預料，在未來一段時期，深圳、廣州（南沙）、珠海等地的物流將隨着其貨運碼頭處理能力的增強而不斷擴展，與香港形成此消彼長的競爭態勢。

不過，香港也仍然有其優勢。香港作為全球十大國際貿易體系之一，實際上已經是亞洲地區首屈一指的國際運輸及物流樞紐，擁有完善的國際經貿網絡、優越的物流基建配套、良好的物流營商環境、經驗豐富的專業人才，以及先進的資訊科技。香港的物流業在未來相當一段時期仍然佔主導地位，特別是在貨物空運方面。需要指出的是，目前，香港的物流業正在進行轉型，主要透過加強供應鏈管理、提供更多的增值服務來增強其競爭力。最典型的例子就是香港利豐集團的全球供應鏈管理經驗。當然，香港面對的最大挑戰就是營運成本偏高。其他問題包括香港與其貨物腹地之間的 "內陸集散網" 基礎仍有待改善以及香港各物流業供應商之間存在電子隔膜，以致供應鏈未能全面結合，妨礙香港發展融合各個物流環節的服務方案。此外，整體而言，香港在協力廠商物流服務方面，仍落後於新加坡和西方國家。

因此，香港的定位是：（1）亞太區國際性物流中心；（2）時效性、高端物流服務中心；（3）跨國物流公司投資珠三角的地區總部所在地；（4）全球或區域性供應鏈管理中心。

在深圳方面，90 年代以來，深圳市政府加大對物流業發展的支持力度，使鹽田集裝箱貨運港和黃田機場迅速崛起，成為全球四大集裝箱貨運港及全國四大航空貨運基地之一。深圳的優勢是，航運能力增長迅速，距離貨源近，與香港聯繫緊密；高新技術產業基地；物流費用和交易成本較香港低。不過，深圳物流業迅速發展的直接結果之一，就是截流了原來流向香港的物流項目。有人批評深圳港口的發展忽略了 "香港因素"，引發了與香港的激烈競爭，甚至對香港的物流中心地位構成了威脅。因此，深圳如何定位，與香港如何分工、協作，對構建大珠江三角洲物流樞紐體系極為關鍵。

因此，深圳的角色應該是：（1）連接香港和內地的最關鍵環節，是香港物流功能在內地的延伸及分流；（2）華南地區主要的貨物集散中心，是連接海外市場和珠三角經濟腹地的重要環節。

廣州處在珠江三角洲地區中心地帶，歷史上便是商貿重鎮。作為廣東省的省會，目前是華南地區的經貿、金融中心和交通樞紐，本地物流需求旺盛，是全國最發達的貨物供需地之一，對地區經濟發展具有較高的政策影響力。從物流業的發展看，廣州已建成了立體式交通運輸網絡，以廣州為中心，半天車程可以到達珠三角各製造業基地。與香港、深圳比較，廣州最大的優勢在於本地市場、與內地的聯繫和大珠三角現代裝備工業的地位，物流費用和交易成本也較香港低。廣州龐大的市場需求以及與內地緊密的聯繫保證了它對整個珠三角和內地的輻射能力。配合廣州產業結構向現代裝備工業、重工業和石化工業調整，廣州物流業從簡單的公路運輸、倉儲到一體化的供應鏈管理服務及海陸空多式聯運方式都具有極大的發展空間。

因此，廣州的定位是：（1）華南地區物流中心，配給香港，輻射珠三角及泛珠三角地區，發展綜合性物流服務；（2）本地快速運輸、配送和倉儲業務，本地及內地企業協力廠商物流服務的提供者；（3）汽車、造船、鋼鐵、石化等現代製造工業和裝備工業的物流服務提供者。

澳門是中國南大門與香港互成犄角的另一個自由港、獨立關稅區。與香港比較，澳門經濟腹地和聯繫的國際市場都有很大的不同，澳門背靠的是珠江三角洲西部，沿西江上溯是西江中下游廣闊的經濟腹地。這是澳門不容忽視的戰略優勢。不過，澳門缺乏深水港，其自由港的功能一直以來難以有效發揮應有的作用。澳門必須與珠海合作，把雙方的優勢結合起來，聯合發展成為粵西乃至大西南地區的商貿服務平台和物流轉運站，將粵西等地的優質產品透過澳門轉口至歐盟、葡語系國家、東南亞等地。

第三，在 CEPA 框架下，逐步建立粵港澳大珠三角旅遊區。

20 世紀 90 年代以來，旅遊業這一享有"永久朝陽產業"美譽的新興產業，在國際經濟中越來越展現出勃勃生機。旅遊業已成為包括香港、澳門在內的大珠江三角洲經濟區日益重要的產業，也是 CEPA 框架下粵港澳經濟合作的重要領域之一。鑒於粵港澳三地在旅遊業合作的良好前景，早在 1993 年底，香港、澳門和廣東三地的政府旅遊機構就合組"珠江三角洲旅遊推廣機構"，推動粵港澳旅遊大三角的發展，並取得了初步成效。據香港旅遊協會的統計，1998 年，在同一次行程中，來香港及珠江三角洲地區旅遊的海外旅客接近 265 萬，比 1991 年增長超過三成。

粵港澳三地的歷史背景相近，但旅遊資源各具特色。香港作為亞太區的國際大都會，匯集了中西文化精粹，充滿現代化城市活力。近年積極推廣其"魅力之都、動感之都"形象，其最大賣點就是興建中的迪士尼主題公園。據專家估計，迪士尼樂園啟用首年參觀人數可達 500 萬人次，15 年後達到飽和，屆時每年將有 1,000 萬人次前往參觀。澳門則融合了中國傳統及葡萄牙文化，彌漫着獨特的歐陸風情，是世界三大賭城之一，被譽為"東方蒙地卡羅"。2002 年澳門特區政府打破博彩專營壟斷，引進了競爭機制。澳門正逐步發展成融博彩、觀光、文化、度假、保健、商務、會議、展覽為一體的綜合性旅遊業城市，成為"亞洲拉斯維加斯"。歷史文化悠久的廣東是中國近代史發源地，也是中國現代經濟發展最迅速的地區。廣東地域遼闊，自然和人文資源豐富，以"近代史跡勝地""南粵風情""改革開放之窗"等而聞名海內外。目前，廣東共有 7 個國家級歷史名城、3 個國家級和 34 個省級風景區及約 2,000 個旅遊景點。三地在旅遊業的合作，將可組成一個世界級的旅遊區域。因此，如何充分發揮粵港澳三地的旅遊特色，而又實現優勢互補的旅遊路線及旅遊產品體系，是推動旅遊合作的關鍵。

第四，在 CEPA 框架下，粵港澳加強高新技術產業合作，建立"香港—珠三角高科技灣區"。

在零關稅制度下，廣東的機遇在於粵港澳聯手打造珠三角"世界工廠"，合作發展高附加值、高科技產業，建立"香港—珠江三角洲高科技灣區"。廣東出口加工業主要是在承接香港製造業的轉移下帶動起來的，其基本的生產模式和技術結構是香港版本的複製和放大。雖然經過多年的努力有了改善和發展，作為世界性生產製造基地已經初具規模，但一直面臨着產業升級轉型的困難，並且開始出現發展後勁不足的現象。

由於受制於國際產業轉移中的技術限制，加上香港製造業已經在技術上無力帶動廣東，以及國內長三角等地競爭的壓力，廣東憑一己之力建成真正的世界性製造基地，無疑十分困難。現在，零關稅給了香港、澳門發展高新技術產業的良機，在國際資本的推動下，香港有可能在數碼技術、納米技術、軟件業和生物製藥等領域有所發展，建立起以掌握核心技術的高技術產業和重振高附加值的傳統製造業。如果廣東能夠與香港及澳門聯手打造大珠三角製造基地，就可以充分利用零關稅制度的有利而化解不利，實現共同發展。

需要強調的是，在 CEPA 框架和零關稅制度下，香港與廣東深圳、珠江三角洲地區的合作可考慮建立"跨境工業區"或"邊境工業區"，以吸引有意進入中國市場的國際跨國公司到區內投資設廠，發展高附加值及高新科技產業。香港與廣東可借鑒美國三藩市灣區的經驗，以香港為融資營運中心，將深圳發展成為風險投資中心或創業基金中心，以深圳、廣州、珠海等高新技術產業區為高技術產業孵化基地，以珠江三角洲包括東莞、惠州、中山、番禺等縣市為生產基地，並與北京、上海等城市建立策略性聯盟，形成"香港—珠江三角洲高科技灣區"。需要指出的是，2003 年批准成立的珠澳"跨境工業區"，正為這方面的發展提供了示範和借鑒。

（原文載澳門《澳門研究》雜誌，2005 年第 2 期）

在 CEPA 框架下：深化粵港金融合作，將廣東建成金融強省

【摘要】本文從金融理論和廣東的實踐出發，分析廣東金融業發展滯後所面對的挑戰，而 CEPA 協議的簽署及其實施，則為廣東金融發展帶來了極其重要的發展機遇。本文認為，在 CEPA 的推動下，包括粵港澳在內的大珠江三角洲地區的金融業將面臨一次重新整合，並形成以香港為龍頭，以廣州、深圳為雙翼，以其他中小城市為依託的金融服務業分工合作體系（或稱 "港深穗金融走廊"），以實現資金的有序流動，最大限度地提高資源配置效率。因此，廣東應緊緊把握 CEPA 的機遇，及時採取有效政策和措施，深化粵港金融合作，從而將廣東建設成金融強省，以增強廣東在全國乃至國際經濟中的競爭力。為此，筆者建議，廣東應向中央爭取在 CEPA 框架下更有利於推動粵港澳金融合作的安排，進一步降低香港銀行進入廣東的 "門檻"，以促進香港銀行在廣東珠江三角洲地區的主要城市開設分行；考慮將廣州或深圳列為全國金融開放的 "示範區"，以進一步加大港澳金融機構到廣東發展的開放力度等。

一

社會經濟的全面、協調及可持續發展，其中一個重要方面就是要正確處理經濟增長與金融發展的關係。

傳統的經濟理論認為，金融發展水平是經濟增長的結果。不過，70 年代以來，越來越多的經濟學家注意到金融發展對經濟增長的促進作用。著名經濟學家羅奈爾得·麥金農（R.I.Mckinnon，1973）和愛德華·肖（E. S. Shaw，1973）提出的 "金融抑制論" 就是其中的代表。與忽視金融與經濟發展關係的傳統理論針鋒相對，該理論把金融體系和金融政策放在發展中國家經濟發展的核心地位，深刻地指出金融抑制是這些國家經濟發展落後的根源，必須通過金融深化進程促進金融發展，從而推

動經濟與金融的良性循環與發展。過去二三十年來，不少發展中國家為了消除金融抑制，採取了一系列金融深化措施，取得了明顯成效。

從中國的情況來看，總體而言，是金融發展滯後於經濟增長，已束縛了經濟發展。從廣東省的情況來看，隨着經濟的持續快速發展，經濟總量的迅速擴大，這種金融發展滯後的情況更加明顯、突出，矛盾更加尖銳，已經影響了宏觀經濟的全面、協調發展。

據統計，廣東金融業佔第三產業增加值及 GDP 的比重分別從 1994 年的 11.9% 和 4.3% 下降到 2005 年的 7.02% 和 3.01%。廣東金融業對第三產業和 GDP 的貢獻率已大幅低於上海（14.61% 和 7.37%）、浙江（12.54% 和 5.02）和江蘇（8.67% 和 3.07%），甚至也落後於西部的四川（9.55% 和 3.55%）、貴州（9.07% 和 9.61%）、雲南（9.61% 和 3.79%）等省份。可以說，廣東金融業正面臨嚴峻挑戰。

二

由於受制於中國金融發展和金融改革的總體形勢以及各種客觀因素，廣東的金融發展本來難有突破性的發展。然而，2003 年 6 月 29 日內地與香港簽署的 "更緊密經貿關係安排"（CEPA），以及其後相繼簽署的四個補充協議，為廣東金融帶來了極其重要的發展機遇。

根據 CEPA 的有關規定，香港銀行業在內地設立分行的資產規模要求從 200 億美元降至 60 億美元；香港銀行的內地分行申請人民幣業務的資格條件，也由在內地開業三年以上和單家分行考核，調整為在內地開業兩年和多家分行整體考核；而內地則支持國有獨資商業銀行和部分股份制商業銀行將其國際資金外匯交易中心移至香港，並允許特定的內地證券、期貨公司在港設立分支機構，此舉被視為 QDII 啟動的重要一步。

CEPA 實施以來，粵港金融合作呈現了良好的發展態勢：

（1）香港的永隆、大新、上海商業等銀行相繼進入廣東，將其經營網絡拓展到珠三角地區，至 2006 年 6 月，已有 22 家香港銀行進入廣東，其中，深圳成為全國港資銀行最多的城市；同時，部分香港銀行將資料處理中心、檔案管理中心、單證業務、電話業務中心等部門內移，如中銀香港將軟件開發中心移至深圳、滙豐銀行將檔案備份中心遷至廣州。

（2）以香港為基地或地區總部的一些跨國銀行也加快進入中國內地的步伐。據統計，至 2006 年第一季度，共有 25 家境外銀行以戰略投資者的身份投資 21 家內地銀行，涉及投資金額約 200 億美元，佔內資銀行總資本的 17% 左右。

（3）廣東方面亦有三家銀行，包括廣東發展銀行、深圳發展銀行、招商銀行在香港開設辦事處甚至分行。

（4）在銀行業務合作方面，粵港銀行在授信融資業務、結算代理業務、外匯資金業務、個人銀行業務、港資銀行經營人民幣業務、港資銀行代理保險業務以及資訊交流、人員培訓等方面的合作已全面展開。

（5）在資本市場合作方面，2004 年 8 月第七次粵港聯席會議將"支持廣東企業到香港上市"作為兩地金融合作的重點，其後，廣東企業，如中興通訊、富力地產等多家企業已成功赴港上市。

三

從目前的形勢看，在 CEPA 的推動下，包括粵港澳在內的大珠江三角洲地區的金融業將面臨一次重新整合，並形成以香港為龍頭，以廣州、深圳為雙翼，其他中小城市為依託的金融服務業分工合作體系（或稱"港深穗金融走廊"），以實現資金的有序流動，最大限度地提高資源配置效率。

香港作為亞太區國際性金融中心，具有資金流通自由、金融市場發達、金融服務業高度密集、法制健全和司法獨立、商業文明成熟等各種優勢。香港將重點發展私人銀行、財富管理、企業資本性融資、基金管理以及金融衍生產品等方面的高附加值和資本市場業務。

在 CEPA 框架下，內地銀行、金融機構將其國際資金外匯交易中心移至香港，或通過收購方式在香港發展網絡和業務活動，支持內地企業到香港上市，這將進一步強化香港國際金融中心的地位。香港銀行在經營離岸人民幣業務上享有優勢，並能藉此爭取更多優惠。在 CEPA 的框架下，香港銀行將逐步展開個人的匯款、外幣兌換、儲蓄、信用卡等人民幣業務，香港成為中國的人民幣離岸中心將是遲早的事情。

深圳擁有毗鄰香港的地緣優勢和高新技術產業的優勢，可逐漸發展成區域性風險投資中心，關鍵是：

第一，通過香港或聯合香港引進風險投資基金，特別是著名風險投資機構，大力培育本土的風險投資機構，並營造有利於風險投資結構發展的營商環境；

第二，借鑒國際經驗，積極發展中小企業板，從長遠看還要考慮如何與毗鄰的香港創業板的合作、整合問題。

廣州則憑藉其在重化工業、港口運輸及個人消費服務蓬勃發展的基礎，重點發展貿易融資、企業貸款及個人消費信貸等傳統銀行業務，並以 CEPA 實施和泛珠三角區域合作為契機，以增強聚集和輻射能力為主線，大力發展金融產業和現代金融體系，其戰略目標是到 2010 年初步形成帶動全省、聯通港澳、面向東南亞、與國際接軌的區域性金融中心。

在 CEPA 的框架下，通過深化粵港澳金融合作，建立港深穗金融走廊，無疑將大大提高廣東的金融發展水平，從而提高包括粵港澳在內的整個大珠三角地區經濟的國際競爭力。

四

因此，廣東應緊緊把握 CEPA 的機遇，及時採取有效政策和措施，深化粵港金融合作，從而將廣東建設成金融強省，以增強廣東在全國乃至國際經濟中的競爭力。我們的建議是：

第一，轉變思想，樹立"金融強省"的觀念。

在經濟全球化、金融全球化的時代，經濟的核心問題就是金融，現代經濟實質就是貨幣經濟、金融經濟。金融發展滯後，經濟就無法有大的突破。廣東省各級政府應把金融發展擺在中心工作的地位，花大力氣發展金融產業。

第二，以粵港銀行業合作為突破口，大力吸引香港金融機構進入廣州、深圳等中心城市，使其將經營網絡拓展到珠三角地區，形成覆蓋整個大珠三角地區的港深穗銀行網絡體系。

廣東應配合 CEPA 的實施，出台一系列相關的配套政策和優惠措施，包括降低營商成本、破除地方保護主義、完善金融配套設施等，以加快吸引香港銀行到廣東發展，使資金、金融企業、人才等各種資源向廣東集聚。廣東還要利用政策槓桿，規劃協調珠三角金融區的整體發展戰略，整合金融基礎設施，推動大珠三角地區金融分工合作體系的形成。

第三，以市場對接為手段，促進三地金融市場融合，具體包括：

（1）爭取申辦兩地銀行間同業拆借市場。在開放香港銀行經營離岸人民幣業務之前，在建立廣東省銀行間外匯清算系統的基礎上，開展粵港銀行間港元同業拆借業務。

（2）隨着 QFII 制度的實施，積極向香港的合格投資機構推介深圳證券市場；同時，利用 QDII 機制啟動的有利時機，着手研究成立投資基金，打通廣東居民投資香港證券市場的合法通道。

（3）抓住內地國債登記結算系統將與香港債券工具中央結算系統（CMU）實現聯通

的有利條件，支持廣東金融機構投資香港債券市場。

第四，加強並深化與香港交易所的合作，積極推動廣州企業到香港上市、融資，包括推動高新技術企業到香港創業板上市；同時，引進香港實力雄厚、管理規範的證券公司、基金管理公司，並帶動香港中介機構到廣州拓展業務；加強與香港期貨市場的合作，爭取中央和省政府支持設立廣州商品期貨交易所，探索發展金融期貨市場。

第五，優化政務環境，為內外資金融機構開展經營活動提供便利。

（1）廣東要規範國有企業改制，確保銀行債權得到落實；

（2）加大對逃廢銀行債務的企業的打擊力度，努力維護銀行的合法權益；

（3）工商部門應當簡化相關手續，為金融機構辦理註冊登記提供"一站式"服務；

（4）人事、外事、公安部門應當在職責許可權內，為金融機構人員赴境外培訓、商務旅行實行優先辦理，提供便利。

通過優化政務環境，為金融企業創造便利、公正的經營環境。由於牽涉政府多個部門，這些措施需要有省政府的強力主導方可落到實處。

第六，加快信用環境的建設。信用環境的建設對金融業的發展具有極端重要性。近年來，上海、江浙地區金融業取得迅速發展的一個重要原因，就是高度重視信用環境的建設。廣東應加快信用環境建設，建立全省性的私人信貸資料庫，建立健全的抵押品的認證、登記制度，完善企業資信評估機構和信用制度，以從根本上改善廣東的金融環境。

第七，考慮到 CEPA 在實施過程中廣東地位的重要性、特殊性，廣東應向中央爭取在 CEPA 框架下更有利於推動粵港澳金融合作的安排，包括：

（1）進一步降低香港銀行進入廣東的"門檻"，以促進香港銀行在廣東珠江三角洲地區的主要城市開設分行。

（2）可考慮將廣州或深圳列為全國金融開放的"示範區"，以進一步加大港澳金融機構到廣東發展的開放力度。

（3）從長遠而言，可考慮深圳中小企業板與香港創業板的合作事宜，探討深交所與港交所合作機制。

第八，建立政府層面的粵港澳金融交流合作機制，積極推動三地金融合作全面深化。政府合作包括：

（1）由省政府牽頭建立粵港澳政府協調機制，商討三地金融發展的規劃、佈局以及促進金融合作的環境激勵措施。

（2）由中國人民銀行牽頭，協同銀監、證監和保監，建立與粵港貨幣管理當局和金融監管部門的協作機制，探索制度化的監管資訊交流機制。

（3）加強反洗錢合作，由中國人民銀行會同司法部門，建立粵港澳反洗錢主管部門合作機制。

（原文為廣東省第九屆政協提案，獲評為當年省政協優秀提案，2006 年 3 月）

CEPA 在廣東實施面臨的困境與策略性思考

【摘要】本文首先研究了 CEPA 在廣東實施面臨的困境，包括隨着 WTO 過渡期結束，CEPA 的優先性逐漸減弱；CEPA 開放的全面性與香港中小服務企業進入難度的矛盾；市場壁壘與兩地服務業市場發育程度的差異等。本文認為，隨着時間的推移，CEPA 將在"先易後難、逐步推進"的原則下，逐步擴大和深化對香港的開放。為了打好 CEPA 牌，加快香港生產性服務業進入廣東，並解決當前 CEPA 在實施中面臨的困境，廣東的策略可以概括為"雙管齊下"：一方面，根據 CEPA"先易後難，逐步推進"的原則，積極向中央爭取政策，使 CEPA 對香港的開放在廣東先行一步，或者說，以廣東為對香港生產性服務業進一步開放的實驗區；另一方面，針對 CEPA 在廣東實施中存在的問題，加大改革開放力度，加快市場經濟的制度建設，以最大限度地發揮 CEPA 現有效益。為此，向中央政府建議，設立"廣東生產性服務業開放試驗區"，在區域範圍內進一步加大對香港生產性服務業的開放力度，繼續保持 CEPA 較 WTO 更為開放的特性，將目前尚難以在全國範圍內全面推行的服務行業開放制度在區域內試行，以便總結經驗為更大範圍內全面運行提供參考。

CEPA 自 2004 年實施以來，推動了香港生產性服務業進入廣東，促進了廣東服務業的快速發展，對產業結構調整和經濟增長方式轉變都起了積極的作用。不過，調查顯示，在 CEPA 框架下，香港生產性服務業進入廣東仍然面臨不少問題、障礙，主要包括：CEPA 對香港生產性服務業開放仍顯不足，申請手續繁複；CEPA 的實施細則和配套政策措施不夠完善，實際運作有待改進；廣東投資營商環境有待進一步改善；廣東適應國際化運作需求的專才不足、香港專才進入受限等。

一、CEPA 在廣東實施面臨的困境

1. 困境之一：隨着 WTO 過渡期結束，CEPA 的優先性逐漸減弱。

CEPA 實施之初，商務部原副部長安民曾表示，CEPA 在服務貿易領域的開放將本着 "優於東盟，先於 WTO" 原則。但是，調查發現，隨着 2006 年 12 月 WTO 過渡期結束，相當部分港商甚至部分廣東地方政府官員都對 CEPA 的功效存有疑慮，提出諸如 "CEPA 對港資企業開放的優先性是否已減弱" "CEPA 是否已經被邊緣化" 的質疑。部分香港業界人士反映，在 WTO 全面實施後，已不能區分是依據 WTO 還是依據 CEPA 優惠進入內地；有的香港業界人士甚至表示，利用 WTO 針對外資服務業的進入條款，還可免去申請《證明書》的繁瑣手續。

從香港特區政府提供的統計資料看，香港特區政府批出的《證明書》在 2004 年分別有 1,196 張，2005 年降至 359 張，2006 年進一步降至 142 張，2007 年 1 月—4 月為 56 張，總體呈現逐年減少的態勢。

而另一方面，香港服務企業事實上正大舉進入內地。以廣州為例，從 2003 年至 2007 年 3 月，廣州共接獲香港企業在 CEPA 項下的申請 78 項，批准了 75 項，投資總額 1.63 億美元，合同外資 1.08 億美元；然而，同期香港在廣州直接投資的服務業項目有 589 項，合同外資 11.74 億美元，實際使用外資 12.22 億美元。這種巨大的反差反映了部分政府官員和商界疑慮背後的根據。

2. 困境之二：CEPA 開放的全面性與香港中小服務企業進入難度的矛盾。

CEPA 作為中央政府與香港特區政府簽署的制度安排，它對香港的開放是全面性的，即適用於香港對全國各地。因此，CEPA 的開放 "門檻" 不可能太低，還必須

受到全國各地區地方政策、法規的制約。

在這種背景下，特別是 WTO 過渡期已經結束，一般較大型的香港企業基本都能在 WTO 的框架下進入內地，根本不需要通過 CEPA 渠道；而中小型的香港服務企業卻往往因為"門檻"仍然偏高而難以進入。事實上，香港服務企業中，95% 以上的為中小型企業，它們之中的相當部分，經營與國際接軌，水平亦相當高。然而，在現行 CEPA 框架下，它們卻難以進入內地發展。

根據香港貿發局 2006 年 4 月對香港服務業界的調查顯示，近五成的被訪者由於"公司本身的條件所限"及"對內地市場認識不足"這兩大原因，而未到內地開展業務。調研顯示，中小型的香港服務企業受這兩大原因影響，進入內地開展業務的積極性相對較低。以物流業為例，雖然目前物流業是港資服務業中進入內地最多的一個行業，但跨境物流的參與資金要求較高（註冊資金要求為 1,000 萬），一般只有大型企業可以參與，而香港眾多的中小企業則難以參與。

除了企業自身的條件限制，內地對服務企業運作模式的一些要求，也使香港的中小型服務企業難以進入內地市場。例如，香港的建築師歸屬於工程師工會，內分十個專業範疇，建築事務所通常都專營某種專業服務；而內地的建築設計單位通常都提供一條龍服務，要求香港的建築服務企業進入內地也要以提供綜合服務的機構形式開展業務，但對香港服務者而言，在有客戶之前，不可能在內地先組成一個綜合的公司。

3. 困境之三：市場壁壘與兩地服務業市場發育程度的差異。

調研顯示，香港服務業內遷性質與製造業內遷完全不同，難易程度迥然有別。香港服務業內遷涉及市場准入的全過程，需要面對一系列複雜問題。CEPA 雖然打破了香港服務業進入的外部壁壘，但並沒有消除內地市場中各種各樣的壁壘。正是由於這些商業壁壘，包括行政性壟斷壁壘、地方保護主義壁壘、不規範的市場壟斷壁壘及其他非貿易壁壘等，CEPA 的落實存在很多困難，特別是服務貿易方面，內地對中介服務機構的管理和作用的發揮等方面還有很多"潛規則"，這些規則實際上是一些內部的壁壘，不利於香港的服務業進入和發揮作用。

另一個重要問題是，內地服務業開放與市場制度環境的不匹配。香港服務業的發達，是與香港市場經濟制度和法治社會的完備分不開的；而國內的市場經濟才初步建立，市場經濟制度遠沒有完善，高素質服務業發展的環境條件較差。當內地市場條件和制度環境尚不成熟時，對香港服務業的大規模進入，必定會產生種種的制約和障礙。

二、"雙管齊下"，設立"廣東生產性服務業開放試驗區"
1. 策略性思考：打好 CEPA 牌，加快香港生產性服務業進入廣東。

CEPA 作為一項內地與香港經濟一體化的制度安排，不是權宜之計，而是"一國兩制"的一項制度性創新。它在 WTO 的原則、"一國兩制"原則以及"先易後難、逐步推進"原則前提下，逐步深化兩地的經濟融合，從而達到維持香港長期繁榮穩定以及共同提高香港與內地國際競爭力的戰略目標。因此，隨着 WTO 過渡期結束，CEPA 不僅不應該被"邊緣化"，而且應該走得更快，最大限度地發揮其戰略功能。

某種意義上說，CEPA 框架是特為協助香港中小型的企業而設定的，中國入世議定書所設的服務市場准入門檻，對大部分香港服務業企業來說仍然偏高，而 CEPA 則為香港公司降低這些門檻，讓它們可以更容易進入內地服務業市場。而且，CEPA 目前的某些優惠條款是香港企業獨家享有的，在"一國兩制"下，同 WTO 其他成員國相比，香港始終與內地處於一種更緊密的經貿關係之中。CEPA 簽署的目的之一就是"支持香港發展金融、物流、旅遊、諮詢等服務業，保持香港國際金融、貿易、航運等中心的地位"，保持香港的長期穩定繁榮。因此，加大 CEPA 對香港服務業的開放力度，保持 CEPA 較 WTO 更為開放的特性，將成為國家實施"一國兩制"方針的一項長期戰略措施。

眾所周知，經過改革開放以來 20 多年的發展，廣東雖然成為世界製造業基地，其中部分製造業如 IT 產業等，就集中了全世界最先進的技術，但是，其服務業特別是生產性服務業發展則相對滯後，如金融服務、財會服務、法律服務、資訊服務等就跟不上，不能與之配套。即使是廣州、深圳等中心城市，其生產性服務業發展水平與國際水平相比仍有相當大的差距，表現為人才素質不高、行業競爭不充分、公司治理水平落後、市場服務意識不強、國際化水平不高等問題。生產性服務業的滯後給廣東經濟發展帶來一系列的問題，包括制約了國際競爭力的提高、市場經濟發展的秩序最終難以建立等等。例如，如果法律服務缺失或水平低，相當部分的企業特別是民營企業就要找政府保護、靠行政審批,市場經濟秩序、法治經濟秩序就難以建立。

基於對 CEPA 這種戰略功能的認識,可以預見,隨着時間的推移,CEPA 將在 "先易後難、逐步推進" 原則前提下,逐步擴大和深化對香港的開放。為了打好 CEPA 牌,加快香港生產性服務業進入廣東,並解決當前 CEPA 在實施中面臨的困境,廣東的策略可以概括為 "雙管齊下":一方面,根據 CEPA "先易後難,逐步推進" 的原則,積極向中央爭取政策,使 CEPA 對香港的開放在廣東先行一步,或者說,以廣東為對香港生產性服務業進一步開放的實驗區;另一方面,針對 CEPA 在廣東實施中存在的問題,加大改革開放力度,加快市場經濟的制度建設,以最大限度地發揮 CEPA 現有的效益。

加快香港生產性服務業的進入,將使原有已經進入廣東的各種 "灰色" 企業 "由暗轉明",使其規範化發展,從而降低經營中的交易成本和經營風險。更重要的是,加快香港生產性服務業進入廣東,將促進粵港聯手參與國際服務業轉移創造的發展機遇,打造國際服務平台。

目前,美國等發達國家服務業開始向海外轉移,出現國際服務業產業轉移和服務業外包的新趨勢。粵港聯手,將有利於承接全球服務業轉移和外包業務,特別是在商務服務、電腦及互聯網服務、金融服務、培訓服務及專業服務方面,搶佔國際市場份額,共同進入國際服務業新一輪分工格局中。

2. 向中央建議,設立 "廣東生產性服務業開放試驗區"。

(1) 向中央建議,根據 CEPA "先易後難、逐步推進" 原則,設立 "廣東生產性服務業開放試驗區"。

根據科學發展觀的要求,廣東要加快經濟增長方式的轉變,加快現代服務業的發展,要與香港共同打造國際服務平台,其重要策略是:充分利用 CEPA 的制度安排功能,向中央政府建議,設立 "廣東生產性服務業開放試驗區",在區域範圍內進一步加大對香港生產性服務業的開放力度,繼續保持 CEPA 較 WTO 更為開放的特性,將目前尚難以在全國範圍內全面推行的服務行業開放制度在區域內試行,以便總結經驗為更大範圍內的全面運行提供參考。

建議選擇廣東作為對香港服務業實行更大程度開放的試驗區，主要源於兩方面的考慮：一是在與香港的經濟合作中，廣東一直走在全國的前列，粵港兩地合作不僅有地緣優勢，更具備了堅實的合作基礎；二是在 2003 年的 CEPA 協議中，已經有廣東"先走一步"的戰略內涵。CEPA 針對廣東將可能成為 CEPA 實施的核心層次這一客觀情況，特別加入了一些只在廣東實施的規定，如分銷業，規定香港公司在內地設立零售企業的地域範圍擴大到地級市，在廣東則擴大到縣級市，並允許港澳永久居民中的中國公民在廣東設立個體工商戶，無須經過外資前置審批；在旅遊領域，率先開放廣東境內居民個人赴港澳旅遊，"自由行"最早就是從廣東的四個地市開始執行的。可見，作為 CEPA 政策推行的試驗區，廣東具有良好的基礎與條件。

在 CEPA 框架下建立"廣東服務業開放試驗區"，可以針對香港生產性服務業的優勢，更進一步降低准入"門檻"或放寬限制，使更多有競爭力的香港生產性服務企業進入廣東發展；同時，廣東也可以藉此加大改革力度，打破市場壁壘，推進市場經濟特別是生產性服務業的市場發育程度，儘快與國際接軌，為香港生產性服務業進入創造良好的經營環境，並為全國範圍內服務業的全面開放提供經驗。

（2）"廣東生產性服務業開放試驗區"的區域範圍和開放行業

考慮到改革開放 20 多年來廣東與香港經濟合作的密切性，"廣東生產性服務業開放試驗區"的區域範圍以覆蓋全省的行政區劃為宜，但是，由於生產性服務業主要集中在中心城市，因此，在實際運作中，以廣州、深圳兩大城市為重心，並擴展到珠三角東莞、佛山等地級市。

廣州、深圳等中心城市應制定服務業開放的發展規劃，對外經濟貿易的主管部門要積極制訂措施，調動資源，結合本身的優勢和港商的需求，進一步加大對香港生產性服務業的招商力度。如廣州要利用建設珠江新城和琶洲中央商務區的機遇，加快引進香港的金融、會展、酒店、商貿服務，吸引香港金融機構設立區域總部和區域性經營機構；要結合新白雲機場和廣州港、南沙港的發展，加強兩地物流業合作，提升廣州作為華南地區物流樞紐的地位和服務水平。

考慮到粵港兩地服務業的互補性，"廣東生產性服務業開放試驗區"進一步對香港開放的行業，應是香港具競爭優勢的生產性服務業，特別是資金、技術密集的生產性服務行業，重點是金融業、運輸物流以及會計、律師、管理諮詢、會展等專業服務業。例如：

a. 金融業

——可考慮進一步降低銀行業的開放"門檻"，特別是考慮相應降低香港銀行在粵設立分行的條件，包括年限和註冊資本的條件，吸引香港銀行，包括香港中小銀行在廣州、深圳乃至珠三角地區的一些主要城市佈點，使其能在更短的時間內增設分支機構、經營人民幣業務，形成經營網絡，進一步推動香港金融業與廣東製造業的結合。

——積極開展銀行同業間業務合作，加強資本市場業務合作，逐步開放金融中介市場，開放香港、澳門律師、會計信用評估、金融資訊機構進入廣東的限制。

——建立粵港兩地政府、銀行同業公會、銀行同業、銀行監管部門高層定期會面機制，聯合打造粵港金融基礎設施平台，全面推進粵港金融機構、市場、業務、人才、資訊等各種金融要素之間的交流與合作，形成以香港為國際金融中心，以廣州、深圳等城市為次中心、以大珠三角地區為腹地的金融網絡樞紐。

——借鑒香港健全的信用機制，加快建設廣東信用體系，完善廣東企業信用資訊平台，建立企業和個人徵信體系，完善規範化的小企業資信評估機構和信用制度，加快發展各種信用擔保機構。

b. 物流業

——根據 CEPA 的開放要求，在全省範圍內清理、修訂內地就經營物流企業而訂定的經營管理、監督檢查及法律責任等政策法規，使之與 CEPA 的開放政策相配合。

——在 CEPA 框架下，放寬香港物流企業不能在省內多個城市設立分支機構開展業務的限制。

c. 專業服務業

—— 在廣東先行推行與香港互認專業資格的政策，簡化執業程序，以加快推動粵港專業服務業融合的步伐。

—— 放寬現行法規限制，使港資律師事務所聘用的內地律師能以律師身份獲聘用，並允許其參與跨境業務。

—— 在律師業試行"准聯營"制度。目前，關於律師事務所的聯營有兩項限制：一是成立三年代表處後才可以申請聯營；二是在地域限制方面，不可與省外律師所聯營。香港法律服務界人士認為，聯營會產生"排他性"的不利影響，且對香港所與其他內地所相互委託或轉介業務帶來不利影響。因此，香港法律服務界提出建立"准聯營"的制度，如兩地個別事務所有意聯營，只需向主管部門發出聯營意向，即可以"准聯營"方式開展合作，實現人才相互調派、展開業務培訓等，使"准聯營"能有效過渡到正式的"聯營"。

3. 制訂並完善 CEPA 開放的實施細則和配套政策，加快生產性服務領域的改革，加大政策扶持力度。

廣東在爭取設立"試驗區"的同時，也要重視充分發揮現有 CEPA 開放的制度功能，加快市場經濟的制度建設，特別是與 CEPA 開放相配套的實施細則和相關配套政策的制訂、修改、完善。

（1）按照 CEPA 要求在全省範圍內全面清理、修訂、完善相關的政策和法律法規，使之與 CEPA 相配套。CEPA 協議作為內地與香港經濟一體化的總體框架協定，涉及內容較多，許多項目僅作了原則性約定，有關細節尚未明確。這已影響了 CEPA 的實施。因此，廣東省及各地方政府應根據 CEPA 開放內容，儘快制定與 CEPA 相配套的實施細則和政策，按照 CEPA 要求，在廣東省內全面清理、修訂、完善相關的政策和法律法規。對於受清理的、還能繼續使用的及新頒佈的有關政策規定，應一併給予公佈，以使企業能夠更好地在 CEPA 框架下發展。

（2）促使 CEPA 實施與其他經濟政策的推行同步進行，並逐步制定導向性的地區推動措施。服務業市場的開放是一個漫長的過程，必定需要一些新的相關政策配合 CEPA 的實施，才能保證服務業的順利引入與運營。因此，要加快香港生產性服務業進入廣東的步伐，不能單純依靠 CEPA 的實施，還需要在實踐中不斷尋找制定新政策的必要性與可行性之間的結合點，才能更好地實現服務業市場開放的目的。在 CEPA 實施過程中，由於部分制度性問題未能得到解決，導致一些實質性問題至今依然存在。在調研中，甚至有人提出，"服務業進入的制度性問題不解決，CEPA 實施只能是先挑好幹的幹，問題始終會存在"。但是，也不能將制度問題簡單地都推到中央層面，及時總結服務業進入過程中的問題，對其進行分析歸類，並提煉出其共性，有助於制定導向性的地區推動服務業發展措施。在這一過程中，應積極發揮兩地行業協會的作用。

（3）加快推進生產性服務業的改革開放，加大對生產性服務業發展的政策扶持力度。要積極貫徹落實《國務院關於加快發展服務業的若干意見》，根據廣東"十一五"規劃綱要的要求，進一步推進服務領域各項改革，引入競爭機制，實現投資主體的多元化，特別是要建立公開、平等、規範的服務業准入制度，進一步打破市場分割和地區封鎖，推進統一開放、競爭有序的市場體系建設。

同時，要加大政策扶持力度，依據國家產業政策完善和細化服務業發展指導目標，從財稅、信貸、土地和價格等方面，進一步完善、促進服務業特別是生產性服務業發展的政策體系。

（原文節選自研究報告《CEPA 框架下香港生產性服務進入廣東發展調研報告》，
2007 年 7 月 6 日，作者為馮邦彥、龔唯平、鍾韻）

深化粵港金融合作，加快深穗區域金融中心發展

【摘要】本文首先指出，金融發展滯後是近年廣東經濟發展動力不足的重要原因。廣東金融業要提速發展，必須進一步加強對香港金融業的開放與合作，構建以香港為龍頭，以深圳、廣州為兩翼，以珠三角其他城市為支點的金融體系。在該體系中，深圳的發展重點是：作為香港國際金融中心功能延伸和重要補充；致力於發展成為中國首要的創業投資中心和中國的"納斯達克市場"；與香港聯手打造國際再保險中心。廣州的發展重點是：積極打造南方金融管理營運中心、金融總部中心和區域性資金結算中心；大力發展銀行創新業務，使廣州成為華南地區銀行中心、產業金融中心和金融創新基地；恢復建立廣州商品期貨交易所，爭取設立廣州金融資產交易中心，積極打造廣州金融發展平台。深圳、廣州兩大中心城市藉助香港的輻射、帶動作用提速發展，各中心城市金融業相互配合、錯位發展，共同形成具國際競爭力和強大輻射力的金融中心圈層，以增強對國內外金融資源的吸引力、集聚力和帶動力。

一、金融發展滯後：廣東經濟發展動力不足的重要原因

傳統的經濟增長理論偏重於資本、勞力、技術以及自然資源等各種實物要素對於經濟增長的貢獻，而忽略了貨幣金融在經濟發展與經濟增長中起到的重要作用。不過，20 世紀 70 年代以來，越來越多的經濟學家注意到金融發展對經濟增長的促進作用。愛德華·肖和羅奈爾得·麥金農以發展中國家為樣本，深入研究了金融發展與經濟增長之間的關係，提出"金融抑制"與"金融深化"理論。該理論把金融體系和金融政策放在發展中國家經濟發展的核心地位，深刻地指出金融抑制是這些國家經濟發展落後的根源，必須通過金融深化進程促進金融發展，從而推動經濟與金融的良性循環與發展。

表 4-4 ｜ 廣東省歷年金融業對第三產業和 GDP 的貢獻率 （單位：億元）

年份	GDP	第三產業	金融業	金融業佔GDP 的比重	金融業佔第三產業的比重
1997	7,774.53	3,091.81	302.87	3.90%	9.80%
1998	8,530.88	3,469.21	306.39	3.59%	8.83%
1999	9,250.68	3,882.66	331.1	3.58%	8.53%
2000	10,741.25	4,755.42	443.69	4.13%	9.33%
2001	12,039.25	5,544.35	450.81	3.74%	8.13%
2002	13,502.42	6,343.94	454.65	3.37%	7.17%
2003	15,844.64	7,178.94	534.28	3.37%	7.44%
2004	18,864.62	8,364.05	602.68	3.19%	7.21%
2005	22,557.37	9,772.5	661.81	2.93%	6.77%
2006	26,587.76	11,585.82	8,99.91	3.38%	7.77%
2007	31,777.01	14,076.83	1,705.08	5.37%	12.11%
2008	36,796.71	16,321.46	1,972.4	5.36%	12.08%
2009	39,482.56	18,052.59	2,283.29	5.78%	12.65%
2010	46,013.06	20,711.55	2,658.76	5.78%	12.84%
2011	53,210.28	24,097.7	2,916.13	5.48%	12.10%
2012	57,067.92	26,393.71	3,233.99	5.67%	12.25%

註：本表按當年價格計算

資料來源：《2012 年廣東國民經濟和社會發展統計公報》

表 4-5　| 部分省市金融業對第三產業和 GDP 的貢獻率比較（%）

	2005 年		2012 年	
	金融業 / 第三產業	金融業 /GDP	金融業 / 第三產業	金融業 /GDP
廣東省	6.77	2.93	12.25	5.67
江蘇省	8.67	3.07	13.47	5.86
浙江省	12.54	5.02	18.98	8.57
上海市	14.61	7.37	20.32	12.19
全國	8.37	3.29	12.35	5.51

註：本表按當年價格計算

資料來源：2005 年和 2012 年廣東、江蘇、浙江、上海及全國國民經濟和社會發展統計公報

從廣東省的情況看，受到 1997 年亞洲金融危機的衝擊，特別是廣信破產和粵海債務重組等事件的影響，廣東省、廣州市一些部門曾將金融發展視為畏途，一度忽視了金融發展的重要性。進入 21 世紀以後，隨着經濟總量迅速擴大，這種金融發展相對滯後的情況更加明顯、突出。據統計，2005 年，廣東金融業佔第三產業增加值及 GDP 的比重分別為 6.77% 和 2.93%，大幅低於上海（14.61% 和 7.37%）、浙江（12.54% 和 5.02）和江蘇（8.67% 和 3.07%），甚至低於全國平均水平（8.37% 和 3.29%）。2007 年，廣東省召開金融工作會議，提出 "金融強省" 的戰略，大力發展金融業，金融業在第三產業和 GDP 的比重才有了較大幅度的提升，2012 年分別上升至 12.25% 和 5.67%，但是仍然低於上海（20.32% 和 12.19%）、浙江（18.98% 和 8.57%）和江蘇（13.47% 和 5.86%），滯後於客觀經濟發展的需要（表 4-4、表 4-5）。可以說，金融發展相對滯後，已成為廣東經濟增長動力不足的重要原因之一。

二、廣東金融提速關鍵：加快深圳、廣州區域金融中心發展

廣東金融業發展相對滯後，或者說大而不強，其中一個重要因素是深圳、廣州兩大中心城市的區域金融中心地位不突出；在金融改革方面，相對於上海的 "兩個中心" 建設和天津濱海新區綜合配套改革試驗，呈現出發展後勁不足的態勢。因此，廣東金融業要提速發展，必須進一步加強對香港金融業的開放與合作，構建以香港為龍

頭，以深圳、廣州為兩翼，以珠三角其他城市為支點的金融體系。在該體系中，深圳、廣州兩大中心城市藉助香港的輻射、帶動作用提速發展，各中心城市金融業相互配合、錯位發展，共同形成具國際競爭力和強大輻射力的金融中心圈層，以增強對國內外金融資源的吸引力、集聚力和帶動力。

1. 深圳區域金融中心的發展重點

在大珠三角金融中心圈中，深圳無疑是僅次於香港的重要角色。近年來，深圳作為區域性金融中心在全球逐步嶄露頭角。2012 年，深圳金融業增加值達 1,819.2 億元，佔 GDP 的比重達 14.0%，已接近香港的水平（16%）。不過，深圳作為區域金融中心存在兩個問題，一是面臨國內金融資源競爭越來越大的壓力，深圳有如逆水行舟，不進則退；二是深圳金融業國際化水平明顯不足。因此，深圳亟需深化與香港的金融合作，解決上述問題。根據深圳的比較優勢，作為區域金融中心，深圳的發展重點是：

第一，香港國際金融中心功能延伸和重要補充。

—— 連接香港的多層次資本市場和金融創新試驗區。深圳要成為香港國際金融中心的功能延伸和重要補充，必須加強與香港的對接，以深港金融合作為紐帶，以金融創新為突破口，以發展多層次資本市場為核心，通過建立完善、高效的金融市場體系，提升對境內外金融機構及人才的吸引力，增強金融業對珠三角、粵港澳經濟圈的產業優化功能，增強金融業在全國及海外的資源集聚功能。

—— 人民幣國際化的"橋頭堡"和香港人民幣離岸業務中心的後援基地。深圳要配合國家金融戰略，利用香港人民幣離岸市場的發展之機，做好自身的人民幣業務。在人民幣"走出去"方面，發揮深圳的中介作用，使深圳和內地城市的資金在國家有關規定的指導下，通過深圳的渠道進入香港，投資香港中間業務、諮詢業務等等；在人民幣回流方面，深圳應協調內地和香港互動，推動內地在香港發行債券（特別是中小企業債券），推動香港銀行在香港籌集人民幣，然後到深圳向珠三角企業貸款。

—— 區域性財富、資產管理中心。中國招商銀行和貝恩公司共同發佈的《2013 年中國私人財富報告》顯示，2012 年可投資資產規模在 1,000 萬元人民幣以上的高淨值人士已超過 70 萬，其中，5,000 萬以上高淨值人士近 10 萬人，1 億以上的高淨值人士達 4 萬人。中國內地高淨值客戶跨境投資的首選目的地是香港。深圳要充分利用毗鄰香港的區位優勢和金融發展相對領先的優勢，積極吸引證券投資機構和各大銀行、股權投資機構，大力發展私人銀行業務，大力發展財富管理業務，不斷夯實財富管理中心的基礎，形成一批具影響力的專業財富管理機構，促進財富管理市場的多樣化發展，使深圳發展成為區域性財富、資產管理中心。

第二，中國首要的創業投資中心和中國的 "納斯達克市場" [01]。

—— 大力發展創業投資基金（VC）[02]、股權投資基金（PE）[03]，成為中國首要的創業投資中心和私募股權基金管理中心。據統計，截至 2012 年底，深圳的基金公司共管基金 344 隻，基金總規模 9,519.25 億元，基金資產淨值 8,380.20 億元，管理基金數、基金總規模、基金資產淨值均排名全國第二，約佔行業的三分之一。據不完全統計，目前深圳僅 PE/VC 就有 3,500 家。值得指出的是，深圳在很長一段時間內缺乏明確的扶持私募基金政策，特別是缺乏針對私募行業的現金獎勵政策、稅收和補貼鼓勵政策。2010 年 8 月，深圳市政府發佈了《關於促進股權投資基金業發展的若干規定》。深圳應在此基礎上，進一步制定扶持政策，營造有利於創業投資機構發展的營商環境，大力培育、發展本土的創業投資機構，積極引進國際著名的創業投資機構，真正發展為中國首要的創業投資中心和私募股權基金管理中心。

—— 做大做強中小企業板和創業板，成為中國的 "納斯達克市場"。深圳的中小企業板於 2004 年 5 月正式開板，它不僅為中小企業提供了直接融資的途徑，而且為風險投資提供了進退機制。開業十年來，深圳中小企業板儘管取得了不錯的成績，但也存在着不少問題，包括部分上市公司涉嫌存在利用會計粉飾業績、進行內幕交易、資訊披露不完善等。深圳創業板自 2009 年開板以來發展迅速，但也存在不少問題，如部分創業板公司創新能力不強、不符合創業板市場定位；部分公司成長性不夠，上市後業績出現下滑；創業板的發行市盈率過高，導致股價被提前透支；資金大量超募，超募資金使用效率低下等。因此，深圳要積極借鑒國際經驗和香港經驗，進一步完善中小企業板和創業板的制度建設，特別是要鼓勵和尋找經營規範的優質企業上市，加強和完善監管體系，完善資訊披露，進而做大做強中小企業板和創業板。廣東應積極推動本土企業在深圳主機板、中小企業板和創業板上市，打造股票市場的廣東板塊，以充分發揮資本市場對企業發展的帶動作用。從中長期看，

01

納斯達克是英文縮寫 "NASDAQ" 的音譯名，全稱是美國 "全國證券交易商協會自動報價系統"。它建於 1971 年，是世界上第一個電子化證券市場。它利用現代電子電腦技術，將美國 6,000 多個證券商網點連接在一起，形成一個全美統一的場外二級市場。1975 年又通過立法，確定這一系統在證券二級市場中的合法地位。納斯達克的發展與美國高技術產業的成長是相輔相成的，被奉為 "美國新經濟的搖籃"。

02

創業投資基金（Venture Capital Funds，簡稱 VC）：指由一群具有科技或財務專業知識和經驗的人士操作，並且專門投資在具有發展潛力以及快速成長公司的基金。

03

股權投資基金（Private Equity，簡稱 PE）：在中國通常稱為 "私募股權投資"。從投資方式角度看，依國外相關研究機構定義，是指通過私募形式對私有企業，即非上市企業進行的權益性投資，在交易實施過程中附帶考慮了將來的退出機制，即通過上市、併購或管理層回購等方式，出售持有股獲利。有少部分 PE 基金投資已上市公司的股權。

深圳創業板與香港創業板要加強合作、整合，最終形成“一市兩板”的市場結構，發展成為中國的“納斯達克市場”。

第三，與香港聯手打造國際再保險[01]中心。

01▸

再保險（reinsurance）：也稱分保，是保險人在原保險合同的基礎上，通過簽訂分保合同，將其所承保的部分風險和責任向其他保險人進行再次保險的行為。

近幾年，日本地震、澳洲水災等全球自然災害接連發生。受累於巨災賠付金額上升，再保險巨頭感受到了前所未有的生存壓力。隨着再保合約續轉交易的陸續結束，國際再保險巨頭集體收緊承保條件，巨災再保費率普遍上調。深圳要充分利用毗鄰香港的地緣優勢，推動深港合作的再保險市場的發展，並在深圳探索建立地震、海嘯、颱風等巨災保險制度。深圳可在前海現代服務業示範區探索開展離岸再保險業務，推動香港人民幣保單再保險業務跨境貿易結算的發展，降低香港保險業進入深圳市場的門檻，積極引進香港保險機構在前海示範區設立國內總部、分支機構以及後台服務機構，並在前海探索開展離岸再保險業務，吸引香港再保險公司與再保險經紀公司進駐，與香港聯手打造華南地區的再保險中心以及深港國際再保險中心。

2. 廣州區域金融中心的發展重點

早在 1993 年，廣州就提出建設現代化區域性金融中心的目標。不過，進入 21 世紀後，受到亞洲金融危機的衝擊，廣州金融業的發展一度滯後，面對上海、北京、深圳等金融中心的崛起，廣州感到前所未有的壓力，與深圳相比已拉開一定的差距。廣州金融業發展最大的問題是缺乏有效的資本市場和金融發展平台。不過，作為廣東省的省會城市，廣州總體綜合實力一直高居華南地區首位，它集交通、商貿、科技、資訊、教育等中心於一體，是華南地區的樞紐、南中國的門戶，產業基礎雄厚；廣州金融業發展總量一直位居全國前列。根據廣州金融發展的比較優勢，其發展重點是：

第一，積極打造南方金融管理營運中心、金融總部中心和區域性資金結算中心。

隨着國家金融改革政策的實施，廣州已經成為央行大區分行、國有商業銀行區域性大分行、區域性商業銀行總行的集聚地，銀監會、證監會、保監委等金融監管機構均在廣州設立省級分支機構。廣州要充分利用其作為金融業佈局的“大區中心”地位，大力吸引金融機構地區性總部在廣州聚集，致力於發展成為中國南方金融管理營運中心和金融總部中心。此外，廣州要加強與香港的結算合作，依託廣州銀行電子結算中心，完善人民幣和外匯跨境結算系統，積極推動跨境外匯結算系統和境內外匯結算系統的聯網，發展成為區域性結算中心。

第二，大力發展銀行創新業務，使廣州成為華南地區銀行中心、產業金融中心和金融創新基地。

廣州作為國家中心城市，地處珠江三角洲這一中國內地經濟最活躍、外向度最高地區的中心，金融業發展的最大優勢就是依託這一地區龐大的產業基礎，包括在重化工業、高新技術產業、港口運輸、對外貿易等領域的基礎，以及個人消費服務蓬勃發展的態勢，大力發展產業金融、企業貸款、貿易融資以及個人消費信貸等傳統銀行業務。

目前，廣州金融業的核心和主體是銀行業，廣州已形成了包括商業性銀行、政策性銀行、外資銀行、農村金融機構等多種類型的銀行體系，擁有巨大的體量規模。不過，廣州雖然擁有龐大的銀行存貸款業務，但銀行發揮的作用主要還停留在信貸服務、個人業務、結算支付等傳統業務方面。因此，廣州金融業的當務之急，是要繼續鞏固銀行業的優勢，將廣州的產業優勢、物流優勢、文化優勢和金融優勢結合起來，積極推動銀行業的多元化業務發展，進一步提高銀行業綜合競爭力，使廣州發展成為華南地區的銀行業務中心、銀團貸款中心以及產業金融中心。其重點是：

——加快引進香港金融機構在廣州設立地區總部，積極支持香港金融機構入股本地金融機構，以及到珠三角各城市參與設立村鎮銀行和小額貸款機構，以使兩地最大限度地發揮銀行業的協同效應。結合珠三角地區正在形成的對資本市場的巨大需求，積極推動穗港金融機構攜手開發銀團貸款，引進新型的金融產品；推動廣州地區金融機構在香港發行人民幣債券。

——大力發展產業金融，強化廣州金融業在華南地區金融產業分工與協作中的引領和帶動作用。廣州應積極發展科技金融、汽車金融、物流航運金融、房地產金融、文化創意產業金融、碳金融以及農村金融等。其中，發展科技金融的措施，主要是支持銀行機構設立科技支行，設立科技企業創業投資引導基金，推動科技企業上市、發債，開展科技保險試點，建立以多層次資本市場、科技信貸、科技保險為支撐的科技金融體系；發展汽車金融，主要是積極發展汽車金融、汽車保險業務，擴大汽車貸款證券化規模，為汽車生產、製造、銷售、物流等各環節提供金融支持；發展物流航運金融，主要是大力發展物流航運融資、結算、保險、信託、租賃業務，爭取設立專業性航運金融保險機構，探索設立航運金融功能區；發展房地產金融，探索發展房地產投資信託基金（REITS）。

—— 積極發展以銀行為主體的財富管理業務。經過 30 年的快速發展，珠三角地區私人財富已大量積聚。與此同時，以銀行為主體的財富管理機構逐步雲集廣州，如工商銀行、中國銀行等多家銀行機構都已在廣州設立了私人銀行部門，在總行授權範圍內向客戶提供個人金融、資產管理、諮詢顧問等服務。因此，發展以私人財富管理為主的中間業務將成為廣州銀行業業務發展的越來越重要的一環。

—— 大力開展金融創新，使廣州成為區域性金融創新基地。廣州可結合金融業務的需求和發展，營造更加寬鬆、靈活、穩健的金融環境，在金融市場、金融組織、金融業務、金融基礎設施、金融體制機制方面大膽探索、創新。要加大直接融資力度，推動保險、擔保、信託和金融租賃等金融市場的多元化；鼓勵金融機構為廣東企業在銀行間市場發行短期融資券、中期票據等債務融資工具提供承銷服務；要豐富非銀行金融機構種類和層次，完善非銀行金融機構服務渠道和內容，健全非銀行金融機構治理架構，發展面向民營的金融集群，積極爭取引入消費金融公司、金融租賃公司、貨幣經紀公司等更多類型的新型金融機構，增強金融市場活力。

第三，恢復建立廣州商品期貨交易所，爭取設立廣州金融資產交易中心，積極打造廣州金融發展平台。

與上海、深圳相比，廣州金融發展的弱勢是缺乏全國性的金融市場交易平台。目前，在中國三大經濟圈中，唯獨珠江三角洲缺少期貨交易中心，使華南的生產企業難以掌握定價權，在市場中處於被動狀態。2005 年，廣州市政府正式向中央有關部門提出恢復設立商品期貨交易所的申請，但至今仍未獲批准。廣州是華南地區的商貿、物流中心，是中國重要原材料的消費地和集散地，大宗商品交易量在全國處於領先地位。近年來，廣州相繼建立了塑膠、金屬、糧食、煤炭、石化、化工等大宗商品電子交易中心，大宗商品現貨市場十分活躍，這些都為廣州擁有恢復設立期貨交易所奠定了發展基礎。目前，內地 19 個商品期貨交易品種中，有六至七個大宗

01
廣州市金融辦副主任陳
平提供的數據，轉引自
《廣州將大力推進區域
金融中心規劃建設》，
《上海證券報》，2009
年 04 月 16 日。

商品的交易量集中在廣州或以廣州為中心的珠三角地區。[01] 其中，成品油、塑膠等多種大宗商品的交易價格已形成影響全國的"廣州價格"，初步實現全球採購、廣州集散、廣州結算的格局。與上海、大連、鄭州交易所相比，廣州在純鹼、燃料乙醇、紙漿及廢紙（漿）、熱軋板材、以美元計價的離岸商品如鐵礦石等方面具有明顯優勢，能彌補國家期貨交易體系的不足。因此，廣州應該加強與香港期貨市場的合作，爭取國家支持設立和恢復廣州期貨交易所，建設輻射全國和面向東南亞的期貨交易中心，以此作為廣州金融發展最重要的平台，打造"廣州價格"，掌握區域定價權，並帶動金融、期貨業的發展。

同時，以廣州為中心的珠三角地區的非上市企業股權融資、併購重組、產業整合的需求巨大。目前，廣州產權交易所交易規模列全國第三位。2012 年，廣州市政府會同中國人民銀行廣州分行、廣州股權交易中心研究制定設立廣州金融資產交易所的工作方案，啟動了交易制度、交易系統研究等工作。廣州通過這些金融平台的建設，推動金融業的發展，以適應珠三角地區大規模的企業融資、產業整合提升需求。

三、深化粵港合作為動力推動深穗區域金融中心發展

《珠江三角洲改革發展規劃綱要（2008－2020）》（簡稱《規劃綱要》）明確提出："允許在金融改革與創新方面先行先試，建立金融改革創新綜合試驗區。" 這為深化粵港金融合作、推動廣東金融提速發展提供了重要的制度安排。廣東應充分利用《廣東建設珠江三角洲金融改革創新綜合試驗區總體方案》和 CEPA 機制優勢，與香港緊密合作，優勢互補，以開展跨境人民幣業務等金融創新，增強對外經貿轉型的金融支持力度，進一步發展金融服務外包業務，提高廣東金融市場和業務對外開放程度，與港澳共建具有全球競爭力的國際金融中心區域。在 CEPA 先行先試框架下，深化粵港金融業合作的重點是：

第一，以創建"金融改革創新綜合試驗區"為突破口，加快深圳前海、廣州南沙和珠海橫琴三大平台建設。

在國家金融開放和金融安全的總戰略下，深化粵港金融合作，必須借鑒當年創辦經濟特區的經驗，先易後難、由點及面逐步推進。鑒於創建"金融改革創新綜合試驗區"是中國改革、開放的大事，是一項複雜的系統工程，應由國家根據"主動性、

可控性和漸進性"的原則,分階段授權廣東"先行先試"開展是項工作。至於"金融改革創新綜合試驗區"的區域範圍,可在"一國兩制"方針前提下,按照"先易後難,逐步推進"的原則,授權廣東從"點"到"面"逐步推進,取得經驗之後再向深圳、廣州兩大中心城市推進,然後逐步向整個廣東珠三角地區推廣。這個"點"可從深圳前海、廣州南沙和珠海橫琴這三大新區試點展開,其中,重點是毗鄰香港的前海;橫琴新區的金融發展更多的是為國際自由貿易提供配套服務;而廣州南沙則是利用在珠三角中的龍頭地位為產業提供配套,發展與實體經濟相關的金融期貨等業務,穗港可合作在廣州南沙設立商品期貨交易所。

現階段,深圳前海金融發展最大的戰略價值,就是充分發揮前海毗鄰香港的優勢,在人民幣國際化過程中發揮積極作用。前海地區可以考慮在中國尚未放開資本項目、人民幣尚不能自由兌換的總體宏觀背景下,通過中央政府和中國人民銀行的政策和制度創新安排,在前海"撕開一道口子",積極試行人民幣有限度的自由兌換,探索人民幣國際化和資本項目的開放路徑及其風險防範措施,為人民幣國際化積累經驗、探索路徑。另一方面,隨着香港人民幣離岸業務中心的建設、發展,前海亦可擔當香港人民幣離岸業務的後援基地,為香港提供支援服務。目前,一些在港金融機構推出的人民幣產品銷售非常火爆,表明人民幣業務在香港市場非常受歡迎。隨着人民幣投資內地渠道打通,企業在香港進行人民幣籌資或者在港人民幣能夠到內地投資,將極大地刺激港深兩地的金融融合,前海可在這方面發揮積極作用。

第二,積極推動香港銀行、金融機構佈局珠江三角洲地區。

長期以來,銀行業一直是香港金融業中的強項。然而,隨着香港製造業北移、香港企業投資和消費信貸需求持續疲弱,為企業提供融資需求的空間嚴重受限,香港銀行的傳統業務模式受到空前挑戰。而另一方面,廣東珠三角地區的港台資企業、民營企業卻往往因融資的制約而發展受制。因此,應繼續利用 CEPA 先行先試的制度安排,積極推動香港金融機構到廣東,在廣州、深圳等中心城市設立地區總部、法人機構或分支機構,並將其經營網絡拓展到珠三角地區,推動香港現代金融業向珠三角實體經濟延伸,實在是兩地優勢互補的雙贏之舉。當前的策略重點是:

——積極推動香港銀行在廣東設立"異地支行",推動港資銀行在珠三角地區建立佈局合理的經營網絡。2011 年 8 月,中國人民銀行行長周小川曾公開表示,目前廣東的金融條件尤其適合港資銀行深耕細作，有利於港資銀行將來在內地其他地區發展積累經驗。從長遠看，香港銀行業投放更多資源在廣東設立分行、增設支行，將可構建一個面向珠三角民營企業（包括港台資企業）和居民的私人銀行體系，有利於積極發展對中小企業及民營企業信貸服務及信貸服務創新，發展消費信貸業務，支持城鄉居民擴大消費，並成為珠三角國有銀行體系的補充。當然，港資銀行的大規模進入，將會對原有的國有銀行體系構成一定的擠壓，不過，從另一個角度看，這些港資銀行的經營模式、個人理財經驗等等也將會給整個銀行業帶來正面效應。

——鼓勵和推動香港金融機構參與創辦廣東村鎮銀行和小額貸款公司，加快發展以服務村鎮為主的地區性金融機構。2010 年 4 月粵港兩地政府簽署的《粵港合作框架協定》規定：允許香港金融機構深入珠三角腹地開設村鎮銀行和小額貸款公司。粵港兩地政府應積極鼓勵港澳的金融機構及企業作為發起人，積極參與在廣東開設村鎮銀行，掃除村鎮銀行發展的相關制度障礙，特別是對在金融發展相對不足的非珠三角地區設立營業機構，予以開闢綠色通道。近年來，廣東的小額貸款公司雖然取得了較快的發展，但總體而言仍落後於浙江、江蘇等省份，特別是在吸引港資發展小額貸款公司方面，廣東已落後於上述省份。因此，廣東應急起直追，充分利用 CEPA 先行先試的制度框架，加快引進港資的小額貸款公司，推動粵港澳金融合作向縱深發展。

——積極引進香港非銀行類金融機構。廣東應積極鼓勵實力較雄厚的香港金融機構，與廣東金融企業通過重組、併購等方式組建大型金融控股公司，逐步消除香港金融業參與廣東金融機構的改革、重組的持股比例限制；積極引進和籌建一批新的金融機構，尤其是企業集團財務公司、專業保險公司等專業化公司；鼓勵香港金融機構與廣東合作設立租賃金融、住房金融、汽車金融、貨幣經紀、保險代理、保險經紀、保險公估等專業性金融服務和金融中介企業；充分利用香港發達的金融服務體系，引進境外投資基金，大力發展創業投資機構和產業投資基金；推動證券、期貨、基金業在業務創新、技術開發等方面與銀行、保險業進行全面合作，構建廣東更為開放的、綜合發展的金融體系，為珠三角地區企業和居民提供全方位金融服務。

第三，積極推動粵港跨境貿易人民幣結算和創新發展跨境人民幣業務。

在跨境貿易人民幣結算試點中，粵港人民幣跨境結算可以說是其中的重點。香港與廣東開展跨境貿易人民幣結算，不僅有利於帶動香港與內地的經貿往來，而且有利於擴大貨幣的兌換、資金的拆借和貿易融資等市場需求，推動香港人民幣離岸業務發展，推動香港發展成為具有全球影響力的金融中心。當前的策略重點是：

——鞏固和擴大粵港兩地跨境貿易人民幣結算規模，拓展與貿易結算相關的人民幣跨境業務。粵港兩地跨境投資龐大、運營企業數量眾多，對以人民幣進行跨境貿易結算具強烈的需求。粵港兩地政府應共同推動兩地企業鞏固和擴大現有跨境貿易人民幣結算規模，在繼續擴大進口貿易結算規模的同時，進一步提升出口貿易結算的規模和比例；積極開展對港供電、供水以及農副產品、食品貿易以人民幣進行計價結算業務，引導粵港雙邊貿易企業多採用人民幣結算；擴大服務貿易的人民幣結算規模，包括跨境的旅遊、電信、運輸、金融等服務貿易的結算專案，拓寬人民幣對服務貿易的結算範圍。此外，粵港兩地還應積極拓展與貿易結算相關的人民幣跨境業務，包括推進省內企業在香港進行人民幣融資，推動開展海外工程的人民幣專案融資，鼓勵企業的人民幣對外投資業務；試行開通有限額的中國境內居民和特定機構投資於香港離岸人民幣市場，以擴大香港的人民幣資金池；探索在香港設立扶持廣東企業轉型升級的人民幣股權投資基金、推進粵港人民幣跨境集中代收付業務等方式，支持香港人民幣離岸市場建設，將跨境人民幣結算業務不斷向海外輻射。

——加大創新力度發展人民幣投資產品，積極推動香港人民幣債券業務及債券市場的發展，拓寬人民幣投資渠道。粵港兩地金融界要加強合作，共同推動人民幣產品創新，積極發展人民幣投資產品。鼓勵兩地金融機構合作推出以人民幣計價或交割的各種創新性金融產品，包括開發以人民幣計價或交割的貿易融資、保值避險等金融產品，提高人民幣投資收益，推進跨境貿易人民幣結算業務發展；支持境內機構在香港發行人民幣債券，進一步發展香港人民幣債券市場；積極參與並支持香港聯交所在香港股票市場上實行港幣與人民幣的雙幣種報價，允許投資者自由選擇幣種進行交易和交割。同時，要鼓勵粵港兩地銀行開展人民幣及港幣交易結算、票據交換、代理行、專案融資、銀團貸款和 QDII、QFII 等多種業務合作，開辦兩地銀行同業拆借市場；鼓勵境內金融機構參與香港的人民幣與外幣無本金遠期交易市場等。要充分發揮香港金融資源優勢和廣東實體經濟優勢，積極推動廣東金融機構及省內企業在香港發行人民幣債券，將赴港發行人民幣債券主體從金融機構擴大到工商企業，可以先推動已在香港發行 H 股、紅籌股的廣東企業及其相關聯企業在香港發行人民幣債券；探索發行項目債券，增加債券發行品種；鼓勵兩地銀行業、證券業等金融機構參與債券的承銷和交易，在區域內形成一個與股權市場互補的債權市場。

第四，積極推進深圳與香港的證券交易所和資本市場的深度合作。

與廣州相比，深圳的優勢在於擁有證券交易所。如果說，香港與廣州的金融合作重點在銀行業，那麼香港與深圳的金融合作重點在證券市場和資本市場，特別是港交所與深交所的合作。具體內容包括：

——加強港深兩家交易所在市場訊息交流、產品發展、跨市場監管和人員培訓等業務領域的深度合作。包括就兩地掛牌企業及證券加強資訊互通及聯合監管建立定期交流機制；兩地在支持業務發展的技術、交易產品發展、資訊產品發展、人員培訓等方面加強交流及合作，探討合作編制以兩所證券為成分股的指數，等等。

——積極推動深港證券交易所的互聯互通、互設交易代理平台試驗。目前，由於內地資本流動限制及外匯管制等原因，香港與內地兩地市場對跨境金融產品的需求十分巨大。因此，深港證券交易所的互聯互通、互設交易代理平台的試驗，可以先從在深交所引入港股交易所買賣基金 ETF 開始，進而發展至深交所和港交所互掛交易所買賣基金 ETF。如果港深兩地 ETF 互掛取得成功，兩所在 ETF 的合作可進一步擴展至開發債券 ETF、黃金 ETF 及交叉掛牌，以及 B 股和 H 股在兩地交易所相互掛牌交易，並且可在資產證券化產品、股指期貨、利率期貨、遠期結售匯、掉期期權等產品尋求進一步合作，先行先試。

第五，穗港合作在廣州恢復設立商品期貨交易所，共同發展及壯大商品期貨交易市場。

恢復設立商品期貨交易所，是廣州建設區域性金融中心的一個重要環節。廣州要恢復設立商品期貨交易所，最重要的策略就是與香港聯手推進。目前，中國的商品期貨交易市場，已形成了包括大連、鄭州、上海以及香港四家鼎立的基本格局。但是，港交所旗下的商品期貨交易所的期貨品種有限，市場腹地得不到拓展，近 20 年來發展始終受限。而毗鄰的廣州歷來在大宗商品的生產與流通上，在華南地區佔據重要地位，擁有龐大的貿易量和現金流，廣州依託的華南地區實體產業發達，是世界的製造業基地，而且華南地區腹地廣闊，商貿聯通整個東南亞，可以藉助期貨交易平台,實現 "廣州價格",輻射整個東南亞,對粵港優勢互補、大珠三角金融一體化都有促進作用。因此,港穗合作建立一個共同的期貨交易平台,既有整個華南的產業基礎為支撐,現貨期貨聯動,又可聯接兩地金融,豐富投資品種,無疑將十分有利,實在是雙贏策略。

廣州應加強與香港的合作,爭取國家批准恢復廣州商品期貨交易所。要共同研究推出期貨交易品種,創新交易品種,組建初期可重點考慮選擇熱軋板捲、紙漿和廢紙、茶葉以及以美元計價的離岸商品如鐵礦石等作為上市品種,推出石油期貨產品。可將期貨實物倉儲點和交割點設在廣州,以服務於爭取國際商品和金融定價主動權、優化中國期貨市場佈局的戰略需要。

第六,降低對香港從事產險業務的保險公司的進入門檻,允許香港保險代理機構在廣東設立獨資或合資公司。

香港保險業的發展,最早從水險、火險、財產險等一般保險業務開始,至今已有170年的歷史,積累了豐富的經驗,具有相當高的管理及服務水平。然而,自20世紀90年代以來,隨着香港製造業北移,香港的保險業市場也開始發生重要變化,一般保險業的地位和比重都在下降。而另一方面,廣東在產險方面的規模和服務都有待提高。因此,粵港保險業合作先行先試,可在廣東率先開放一般保險市場方面起步,通過降低門檻或鼓勵兩地公司組建合資公司,大力引進香港的產險公司。

《粵港合作框架協定》規定:"支持香港保險公司進入廣東保險市場,鼓勵香港保險代理機構在廣東設立獨資或合資公司,提供保險代理服務。"這是在目前內地尚未出台合資保險代理機構設立辦法的情況下,具有探索性的突破。開放保險代理市場,可以考慮先從珠三角兩大中心城市深圳和廣州開始試點。深圳作為中國保險創新發展試驗區,保險中介機構發展迅速,領先於國內大部分保險中介市場。深圳、廣州對香港率先開放保險業中介市場,有利於鼓勵和推動粵港兩地保險代理和經紀業在更多領域開展全方位、多層面、縱深化的交流與合作,共同促進兩地保險代理和經紀業的發展。

(原文載《華南師範大學學報(社會科學版)》,2014年第5期)

新時期粵港澳金融合作的重點領域與策略

【摘要】隨着人民幣國際化、自貿區發展、"一帶一路"戰略的實施和推進，中國金融業擴大對外開放已勢在必行。然而，由於現階段中國金融業存在着市場體系不健全、監管水平不高、利率和匯率形成機制不完善、金融機構自身核心競爭力和抗風險能力不強等眾多問題，國家在實施金融對外開放戰略的過程中，實際上存在着很大的風險。而粵港澳金融發展基礎雄厚，具有"一國兩制"的制度性差異，極具試驗優勢。以粵港澳金融合作為試點，可為國家實施金融開放戰略探索出一條既推進金融改革創新、擴大對外開放，又有利於防範金融風險、保證金融安全的新路徑。同時，在新的歷史發展時期，推進粵港澳金融合作創新，將有力地試點推進人民幣的區域化、國際化進程，並有力地推動國家"一帶一路"及自貿區建設等戰略的實施。本文重點分析了現階段粵港澳金融合作的四個重點領域，即穩步推進深港交易所合作、融合與資本市場的對接；深港合作攜手打造"前海國際金融城"；港穗合作攜手打造南沙"穗港金融共同市場"；澳珠（橫琴）合作共建區域性商貿合作金融服務平台。

一、穩步推進深港交易所合作、融合與資本市場的對接

粵港澳金融合作中，深圳與香港的金融合作是重頭戲。在香港與中國內地證券交易所合作、融合過程中，深圳因擁有毗鄰的地利優勢，應"先行先試"，積極推進港深兩地證券交易所的合作創新與資本市場對接。具體應包括以下方面的內容：

第一，積極推動港深證券交易所證券市場的互聯互通及互設交易代理平台。

經過數年的發展，目前港深證券交易所已在互相引進 ETF、互認基金等方面取得了積極的進展。2015 年 7 月，中國證監會與香港證監會開始接受兩地基金管理人互認基金申請。為配合內地與香港基金互認業務的落地，深交所、中國證券登記結算公司、深圳證券通信公司與香港金管局合作，在兩地證監會和深圳市政府的支持下，

共同推出了基金互認服務平台。平台與香港金管局 CMU 平台（債務工具中央結算系統）連接，兩地相關機構只需單點接入平台，就可實現跨境基金銷售的資料交換、次級登記託管和資金交收。12 月 5 日，基金互認服務平台正式上線。12 月 29 日，華夏回報混合證券投資基金作為南下香港的首隻互認基金產品之一，通過基金互認服務平台在香港市場成功銷售。2016 年 1 月 4 日，行健宏揚中國基金通過基金互認服務平台在內地市場成功銷售，標誌着基金互認服務平台成功雙向開通。

與此同時，香港與內地股票市場的互聯互通也在推進。2014 年 11 月 17 日，滬港通正式開通。滬港通的成功開啟無疑為"深港通"的開通鋪平了道路。目前深港通一切工作已準備就緒，有望在 2016 年第四季度開通。兩所可在實現互掛交易所買賣基金 ETF 的基礎上，引進更多的 ETF，進而擴展至開發債券 ETF、黃金 ETF 及交叉互掛，以及允許深交所與港交所實行連線交易，深交所 B 股和香港 H 股嘗試相互掛牌交易，並可在資產證券化產品、股指期貨、利率期貨、遠期結售匯、掉期期權等產品方面尋求進一步的合作和互聯互通或互設交易平台，展開"先行先試"的試點。此外，還可在深交所進行港股 CDR（China Depository Receipt，簡稱 CDR，即"中國預託憑證"）和紅籌股公司發行 A 股試點；鼓勵廣東企業通過 A+H 的形式同時在香港和深圳上市。互聯互通及互設交易平台，發展跨境金融產品，一方面可以擴充市場容量，增加兩地交易所的收入，減少兩地套利行為，另一方面也為全面、深度合作提供了業務基礎。

第二，做大做強創業板，積極推動港深創業板合作，最終實現兩板合併。

深交所要發展成為中國的納斯達克，做大做強創業板是其中的重要內容之一。其中，一個重要舉措是加強港深兩地創業板的合作，最終實現兩板的整合、合併。從整體上看，深圳創業板在國內市場具有優勢，香港創業板則具有國際化優勢，兩者具有互補性。

然而，兩者之間也存在明顯的競爭，特別是人民幣在資本項下實現可自由兌換以後，兩板面對的上市資源和投資者基本上都是相同的。2007 年，中國銀行香港集團研究員宋運肇就提出，相對於整體大市，香港創業板和深圳二板市場的發展均大為滯後，香港創業板和深圳二板市場應該加強合作。從中長線來說，應探討如何借鑒歐洲市場的經驗，把兩地交易平台加以整合。從長遠的角度看，港深創業板的合作乃至將來最終合併是大勢所趨。從中長期看，兩板合作可以有許多模式，如"一板兩市"（任何在香港創業板或深圳創業板上市的公司，均可同時在另一市場掛牌交易），"循 A+H 模式，兩次上市"，"以預託憑證（類似 ADR 的操作模式，以 CDR 或 HDR 的方式來運作）的方式掛牌交易等。不過，無論是何種方式，現階段都仍受制於人民幣在資本項下不可完全自由兌換。從中短期看，香港和深圳創業板可在廣東省"先行先試"框架下加強互動合作，包括互聯互通、共同開發產品等，逐步推進，為兩板合併創造條件。另外，亦可考慮港深交易所合作，以現有香港創業板和深圳創業板為基礎，在深圳前海合作建設一個新的創業板，引進香港的先進制度，共同打造中國的"納斯達克"市場。

第三，積極推動港交所與深交所結成戰略聯盟，推動港交所與深交所率先互相持股，最終實現兩所合併，打造統一的資本市場。

從長遠角度看，港交所與內地兩家交易所的合作、合併乃大勢所趨。在這方面，可以深交所作為"先行先試"的試點。兩所可在互聯互通的基礎上，結成戰略聯盟，即在共同上市、共用技術等方面展開全面戰略合作。

為此，深交所可借鑒和引進港交所的先進管理經驗，特別是運作模式逐步與香港接軌，包括在上市規則（包括創業板規則）、證券交易的管理、對上市公司的監督，以及交易所本身的管理等方面）與香港及國際接軌。與此同時，深交所在條件成熟時進行改制，轉變為公司法人，形成股東管理體制，再掛牌上市，為兩所的融合、合併作準備。在此基礎上，港深兩所結成戰略聯盟，包括兩所在交易、結算、託管和清算系統等技術方面的整合，形成聯通境內外的統一資本市場。

港深交易所的整合、融合乃至最終合併，可擴大港深兩地資本市場的規模和實力，吸引更多的海內外優質公司在港深市場上市。港交所可藉此鞏固其在國際及中國市場的戰略地位，深交所也可大幅提升其管理水平、國際開放度和國際競爭力，達至共建全球性國際金融中心的雙贏局面。

二、深港金融合作創新：攜手打造"前海國際金融城"

粵港澳金融合作的另一個重點，是以前海為平台，共建粵港金融合作創新示範區。具體可包括以下方面的內容：

第一，積極推動創建深圳前海人民幣跨境試驗區，使前海發展成為中國人民幣國際化的境內橋頭堡及境外後援基地，與香港合作，共同打造全球性跨境離岸人民幣業務樞紐。

在人民幣國際化的過程中，深圳前海與香港無疑將成為發展跨境和離岸人民幣業務的天然合作夥伴。據估計，預計未來五年，中國對外投資將達到 5,000 億美元，其中相當一部分是沿着"一帶一路"進行投資的。

因此，未來粵港澳金融合作的另一個重要內容，就是港深攜手合作，共同打造全球性跨境離岸人民幣業務樞紐。深圳前海的金融發展，可以考慮在中國尚未完全放開資本項目、人民幣尚不能完全自由兌換的總體宏觀背景下，通過中央政府和人民銀行的政策和制度創新安排，在前海"撕開一道口子"，嘗試建立前海人民幣跨境試驗區，在區域內實現人民幣完全自由兌換和資本項目的完全開放，或者爭取實現深港之間有限度的"人民幣自由行"和"外匯自由行"試點，即爭取國家管理層每年給予深港之間一定額度的"人民幣自由行"和"外匯自由行"指標，從而合作建立更加順暢的人民幣資金通道，以推動境內企業和資金"走出去"發展和境外人民幣的回流投資，使前海真正成為中國人民幣國際化的橋頭堡和境外特別是香港人民幣離岸業務的後援基地。在此基礎上，隨着人民幣投資內地渠道打通，內地企業在香港進行人民幣籌資或者在港人民幣能夠到內地投資，將可極大地刺激港深兩地的金融合作創新，使前海真正成為深港金融合作的創新平台。香港與深圳的金融合作，可以在人民幣的離岸業務發展中形成市場互聯、功能互補、要素互通、創新互認的新格局。

第二，以"跨境""離岸""交易"為指向推動金融創新，粵港合作共建"前海國際金融城"，使前海成為國家金融創新的試驗示範窗口和連通境內外兩個資本市場的平台。

首先，前海的金融創新要突出"跨境"的特色。前海要充分發揮其作為內地對接香港金融服務業的"橋樑"和"跳板"的優勢，通過金融創新，實現與香港國際金融中心的金融市場和金融資源的對接，因此其金融創新的內容要重點突出"跨境"的特點。近年來，前海率先在全國進行推進跨境人民幣貸款、赴港發行人民幣債券、設立合資證券和基金公司等嘗試，已在跨境人民幣貸款、外債宏觀審慎管理試點、雙向資金池試點、跨境雙向股權投資試點等方面走在全國前面，已逐步形成跨境金融政策體系。在此基礎上，前海要積極推動"金改30條"能夠全部落地，並爭取中央的支持出台深港跨境金融創新政策，在跨境人民幣、財富管理、證券、保險方面加強合作；進一步推動本外幣跨境融資、QFLP（合格境外有限合夥人）及QDLP（合格境內有限合夥人）等跨境投融資業務試點；積極推動跨境互聯網金融發展，為跨境電商企業提供低成本、多樣性、個性化金融服務；加速推動香港金融機構前來發展，與香港金融界合作，將自身打造成連接香港金融市場的"前海國際金融城"。

其次，前海的金融創新要突出"離岸"的特點。前海作為中國人民幣國際化的境內橋頭堡及境外後援基地，需要對接雙方的離岸人民幣交易市場，以維繫離岸人民幣升減值預期下的雙向交易。

當前，隨着人民幣國際化進程加快，特別是香港人民幣資金池進一步擴大，需要通過前海的發展進一步完善人民幣回流機制。而在完善人民幣回流機制的建設中，需要完善人民幣支付結算功能、投資儲值功能，尤其是人民幣投資產品的開發等。因此，前海金融創新的一個重要使命，是要積極開發離岸人民幣債券工具，以連接境外（特別是香港）與內地的人民幣貨幣市場，讓境外人民幣回流內地服務實體經濟，這可以說是人民幣國際化的關鍵。同時，前海應通過積極開展對香港的合作，逐步完善金融衍生品市場，嘗試逐步開放股票、銀行間債券、拆借，允許境外期貨通過批准進入前海的金融機構，開展匯率、利率的即期、遠期、掉期等金融產品交易，為境外期貨提供人民幣投資和避險工具，逐步將前海建設成為中國的一個金融衍生品交易中心。為此，應借鑒香港金融監管的經驗，在前海成立金融監管局，探索創新金融行業的新監管模式，提升監管效率。

再次，前海的金融創新要突出"交易"的特色。與上海國際金融中心建設全方位、多層次的資本市場體系不同，前海的金融發展主要聚焦於建設與離岸人民幣交易、跨境交易、私募股權交易相關的交易所集群，並推進深港資本市場合作，成為聯通境內外兩個資本市場的平台。

在這方面，前海已有快速的發展。據統計，截至 2015 年 9 月底，在前海設立的各類要素交易所和交易平台已達 19 家，業務領域涵蓋農產品、文化產權、金融資產、電子商品、珠寶鑽石、酒類、航空航運、租賃資產等多個領域。其中，前海股權交易中心創辦於 2012 年 5 月，截至 2015 年 6 月末，已有掛牌展示企業 6,438 家，成為全國展示企業數量最多的區域性股權交易中心，累計為 539 家企業實現融資 86.69 億元人民幣。前海應在此基礎上，進一步做大做強這些特色交易所平台，使其真正成為聯通境內外兩個資本市場的平台。

三、港穗金融合作創新：攜手打造南沙"穗港金融共同市場"

在新的歷史發展時期，廣州與香港的金融合作創新，可以廣東自貿區南沙片區為主要平台展開。其中的重點領域包括：

第一，積極推進廣州南沙自貿區框架下金融管理體制上的創新，大力引進香港銀行及金融機構，推動兩地金融市場互聯互通，打造"穗港金融共同市場"。

廣州的金融優勢在其銀行業。廣州南沙要發展成為"廣州金融的創新高地和新增長極"，銀行業的發展無疑是重要的環節。而在香港方面，由於製造業等實體經濟已經外移，香港銀行業的發展需要將其經營網絡進一步拓展至與其密切聯繫的廣東珠三角地區，南沙作為珠三角的幾何中心和廣州未來發展的重點，要大力引進香港的銀行業，包括持牌銀行、有限制牌照銀行、持牌存款公司等，擴大業務規模，爭取使南沙成為香港銀行機構佈局珠三角經營網絡的地區總部所在地，以進一步鞏固廣州在銀行業方面的優勢。

當然，也要大力引進非銀行類金融機構，包括基金、資產管理、期貨、保險、融資租賃、投資諮詢領域的金融機構和類金融機構，大力發展新型金融業態，包括互聯網金融、小貸公司聯合體、區域股權交易中心、大數據金融等，使南沙成為廣州金融機構聚集的高地。

為此，要積極借鑒和適應港澳金融管理模式，做好自貿區框架下金融管理體制上的創新，加強與粵港澳金融管理部門的合作，不斷拓展南沙新區在 CEPA 框架下的金融發展空間；要在自貿區的制度框架下完善金融業負面清單准入模式，簡化金融機構准入方式，適當降低金融機構准入及開展相關業務的門檻，從而推動自貿試驗區南沙片區金融服務業對港澳地區進一步開放。

與此同時，要積極探索穗港在金融合作與開放方面的"先行先試"，按照"先易後難、循序漸進"的原則，先行開展金融業務合作與市場開放試驗，包括推動穗港金融機構加強業務合作，相互引進金融產品，開展網絡銀行、銀團貸款合作，通過跨境人民幣貸款或銀團貸款方式為區內航運、港口等重點項目建設提供資金支持；支持和推動南沙金融機構與香港同業合作開展跨境擔保業務；支持自貿區南沙片區內符合互認條件的基金產品參與內地與香港基金產品互認，推動粵港澳金融機構在一定額度內互售理財產品；發展與港澳地區保險服務貿易，推動與港澳地區保險產品的互認、資金互通與市場互聯；加快開展跨境人民幣創新業務，推動自貿試驗區南沙片區證券公司、基金管理公司、期貨公司、保險公司等開展與港澳跨境人民幣業務等。

第二，加強與香港期貨業合作，共同創建創新型商品期貨交易所和期貨交易市場。

廣州要加快金融業的發展，其中一個關鍵，是恢復發展商品期貨市場，以彌補資本市場的缺乏。建設新型的商品期貨市場，對於廣州金融業的發展，具有極為重要的戰略意義：既可以填補廣州資本市場的空白，形成金融機構的聚集，更可與香港、深圳的金融業形成錯位發展和優勢互補，從而加速廣州整合珠三角城市群金融資源的能力和擴大對外金融影響力。

目前，廣州正選址廣東自貿區南沙片區推進創新型商品期貨交易所的建設。在籌建過程中，廣州應加強與香港方面的合作，最理想的做法，是邀請港交所成為戰略性股東，同時積極聯合國家、各省市和港澳金融機構參股，集合各方的資源和力量共同籌建，實現共贏。在交易所的上市品種方面，除了以碳排放為首個品種外，可重點發展塑膠、金屬、糧食、煤炭、化工、木材、紡織品和皮革等大宗商品交易平台，提升"廣州價格"影響力。大力吸引跨國公司總部、品牌銷售公司和採購中心進駐，增強"全球採購，廣州集散"能力。在交易所創建初期，可考慮規定離岸期貨的參與者僅限於合格境外機構投資者、合格境內機構投資者，以及國內有大宗商品出口權的企業、大宗商品的主要使用者，在交易運營取得經驗後再逐步放開。在交易所的體制設計方面，要根據"先行先試"的原則，以世界眼光從國家戰略高度謀劃，可借鑒香港和國際經驗，採用公司制而不是會員制，並在行政管理、資訊公開、交易機制等方面進行創新。穗港若能聯合籌建廣州商品期貨交易所，實現兩地期貨市場發展的優勢互補，既可為國際、國內大宗商品貿易和金融期貨投資提供大型交易平台，又為國際交易商提供快捷便利的大宗商品實物交割倉庫，所形成的優勢將是全球任何一家期貨交易所都無法比擬的，一定能快速吸引全球眾多投資、投機、套利者參與集中競價。

第三，藉助香港經驗和網絡，穗港合作發展航運金融。

香港是著名的國際航運中心，航運政策法規、市場體制機制與國際高度接軌，在航運金融發展方面具有豐富的實踐和經驗，在船舶融資及航運業資金結算領域佔據重要的一席之地，並已發展成為國際上著名的航運資金結算中心。廣州擁有毗鄰港澳的天然區位優勢，具備廣闊的腹地和市場，勞動力、土地資源相對豐富，是香港航運金融服務業進軍內地市場的"橋頭堡"，可望率先成為內地與香港航運金融合作的"先行先試示範區"，發揮窗口作用。

加強穗港航運金融合作，其中一個重點是合作發展廣州航運交易所。廣州航運交易所成立於 2011 年 9 月，其後通過交通運輸部備案，成為珠江三角洲唯一合法的船舶交易服務機構。2013 年 12 月，廣州航運交易所遷址南沙新區，並與八個航運、金融企業簽訂了戰略合作協定。

不過，目前廣州航運交易所在規模和影響力等方面都仍有限。為了充分發揮香港航運金融的優勢，主動承接香港國際航運中心和金融中心的輻射帶動功能，建議廣州南沙將穗港共建廣州航運交易所作為發展航運金融的一項核心工程，通過引入香港有國際影響力的策略性股東及香港的會員，借鑒香港和國際的管理經驗，藉助香港航運金融的市場網絡，做大做強廣州航運交易所，使廣州航運交易所發展成為"21世紀海上絲綢之路"的一個重要航運金融平台。

與此同時，要以廣州航運交易所為核心，大力引進香港及國內外航運金融機構，包括船舶金融租賃、航運保險等專業性金融機構，在航運金融、航運交易、船舶租賃、航運保險、海事法律服務和教育培訓等領域與港澳展開全面合作，為港澳航運服務業向內地延伸拓展空間，並加強航運金融在南沙的聚集，以形成與區域性國際航運中心相匹配的支撐能力和較強資源配置能力的現代航運金融服務體系，將南沙新區建設成為具有顯著特色的航運金融中心。同時，要積極推動穗港澳航運金融機構加強合作，共同開發航運金融產品。當前，船舶融資是以美元結算，開展人民幣船舶融資業務的銀行將長期面臨匯率風險。廣州南沙應加強與香港航運金融方面的合作，共同開發一些人民幣和美元的長期避險產品，以降低銀行船舶融資的風險。另外，國際油價波動也是航運企業無法迴避的風險，穗港雙方亦應加強合作，共同開發出為航運企業規避油價風險和外匯風險的原油期貨、外匯衍生產品等投資避險工具。

四、澳珠（橫琴）合作：共建區域性商貿合作金融服務平台

加強澳珠（橫琴）金融合作創新，成為粵港澳金融合作的重要組成部分。澳珠（橫琴）金融合作創新的重點，主要集中在以下幾個方面：

第一，澳門與珠海橫琴加強合作，共建區域性商貿合作的金融服務平台。

眾所周知，在區域與國際分工合作中，澳門經濟的一個重要比較優勢，是它的區位優勢、自由港優勢和國際網絡優勢。基於此，近年來，澳門特區政府提出，希望國家在支持澳門特區與葡語系國家開展雙邊人民幣貿易結算及融資業務的基礎上，發揮其作為珠江三角洲地區乃至國家與葡語系國家合作與交流的平台作用，將澳門作為內地與葡語系國家合作的跳板，積極開展金融機構互設、金融市場及業務合作和金融智力合作等各方面合作。

另一方面，國家"一帶一路"戰略實施，以及廣東自貿區建設的展開，既為澳門和珠海橫琴金融業的發展提供了發展機遇，也對兩地金融業的發展提出了要求。對澳門而言，"21世紀海上絲綢之路"戰略的實施，包括與沿線國家的設施聯通、貿易暢通、資金融通等，將有利於加快澳門作為"中國與葡語國家商貿合作服務平台"的建設，加快"三個中心"的建設。對珠海橫琴也是如此，橫琴自貿區建設本身就

是國家"一帶一路"戰略的組成部分。因此,澳門與珠海橫琴金融業的合作創新,必須有力配合和助力國家"一帶一路"戰略的實施。

根據上述分析,新時期澳珠(橫琴)金融合作創新的發展定位,可以確定為"區域性商貿合作的金融服務平台"。在此總體發展定位下,澳珠(橫琴)兩地金融合作必須加強頂層設計。從澳門與珠海橫琴金融合作的角度來看,澳珠(橫琴)雙方應建立金融合作的高層緊密聯絡機制,就雙方如何合作建設區域性商貿合作的金融服務平台展開商討,特別是在澳門金融機構進入橫琴發展,雙方如何共同拓展人民幣跨境業務,如何共同拓展融資租賃、資產管理、債券發行等金融服務業,並實現協調發展和錯位發展等領域展開商討,制定合作規劃,並推進實施,以共同推動中葡商貿合作服務平台建設和助力國家"一帶一路"戰略的實施。

第二,積極推動澳門銀行進入珠海橫琴、廣東珠三角地區經營發展,推動澳門銀行積極拓展人民幣業務。

澳珠(橫琴)金融合作的一個重點,是銀行業的合作。為了更好地助力國家"一帶一路"戰略以及推進澳門作為中葡商貿合作服務平台的建設,澳門金融業應積極拓展其在廣東珠三角地區尤其是珠江西岸的經營網絡。2012年7月,澳門與內地簽訂的 CEPA "補充協議9"已明確規定:"允許澳門銀行為服務橫琴新區經濟發展,在橫琴設立分行或法人機構,提出申請前一年年末總資產不低於 40 億美元。"2014年 1月,澳門國際銀行在珠海橫琴設立代表處,成為進入橫琴的第一家澳門銀行。澳門特區政府與珠海市政府應加強合作,共同推動這些符合條件的澳門銀行進入橫琴發展。

考慮到澳門與廣東珠江西岸地區的密切經濟聯繫,進入橫琴的澳門銀行可以利用"異地經營"條款,在廣東珠江西岸的珠海、中山和江門等珠三角地區開設支行,以進一步拓展其經營空間,搭建澳門在珠三角地區的經營網絡。

另外,《珠三角改革發展規劃綱要》指出:"支持港澳地區人民幣業務穩健發展,開展對港澳地區貿易項下使用人民幣計價、結算試點。"可以預料,隨着人民幣國際化進程的加速推進,隨着廣東自貿區建設和 CEPA 深化,人民幣離岸業務將有進一步的發展。澳門銀行應把握機遇,積極拓展人民幣離岸業務,這既可增加澳門銀行的相關業務，並有效運用銀行的人民幣資金，也有助於促進澳門與廣東珠三角地區在經濟和金融方面的融合。

為推進區域性金融服務平台的發展，澳門銀行還應加強與位於珠海橫琴的內地銀行合作，積極推進融資租賃、債券發行等業務的發展。

第三，澳珠（橫琴）加強合作，共同拓展融資租賃、資產管理、債券發行等金融服務業，以推動中葡商貿合作服務平台建設和助力國家"一帶一路"戰略實施。

澳門與珠海橫琴合作共建區域性商貿合作的金融服務平台，除了加強銀行業的合作外，還應該把握當前的發展機遇，合作拓展多元化的金融服務業。可以預料，隨着澳門加快推進中葡商貿合作服務平台建設、加快"三個中心"建設，澳門與葡語國家、西語國家的官方民間交流及經貿往來將日趨密切，再加上國家實施"一帶一路"戰略，澳門將日益成為內地企業及資金"走出去"和境外資金投資內地的"橋頭堡"。

同時，國家推進"一帶一路"戰略的實施，其中一個重要內容，就是要推動沿線國家基礎設施建設，未來一段時期將有不少內地企業以基礎設備出口帶動對外投資發展，這會產生大量的融資及投資需求，特別是在鐵路、公路、航空、港口等交通基礎設施，電訊、互聯網等通信設施，電力、石油開採與供應等能源基礎設施等方面，以及與此相關的裝備製造項目等。這就為澳珠（橫琴）的金融發展，特別是在融資租賃、資產管理、債券發行等金融服務業的發展方面提供了巨大的商機。

而在這方面，澳門擁有眾多的發展優勢：澳門作為實施"一國兩制"的成功典範，回歸以來一直保持政治、經濟、社會的穩定。從國家風險和經營風險來看，澳門與盧森堡、摩納哥、開曼群島等均屬於風險較低地區。澳門是全球最開放的貿易和投資經濟體系之一，奉行自由市場經濟制度，實行簡單及低稅率的稅制，沒有外匯管制，資金進出自由。

回歸以來，澳門博彩業帶動經濟高速增長，使澳門居民存款和本地高淨值客戶資產規模不斷擴大，政府財政儲備和外匯儲備大幅增加，地區資金充裕、流動迅速。在金融方面，澳門實行與港元掛鉤的聯繫匯率制度，澳門銀行體系國際化程度高，資金充足，經營穩健，金融監管靈活、寬鬆。這些都為融資租賃、資產管理、債券發行等金融服務業的發展提供了很好的基礎。

而在珠海橫琴方面，目前橫琴正積極發展多元化的商貿金融業務，包括融資租賃、商業保理等，其中，融資租賃正成為發展重點之一，橫琴已出台《橫琴新區促進融資租賃業發展試點辦法》，並且已有近十家融資租賃企業落戶橫琴。因此，兩地在這些領域的合作具有互補的基礎。

（原文載研究報告《新時期粵港澳金融合作創新研究》第五部分，2016 年 10 月）

"一帶一路" 戰略與粵港澳大灣區的構建

【摘要】本文主要研究了作為國家 "一帶一路" 戰略重要節點和樞紐的 "粵港澳大灣區" 的構建。首先分析了中國對外開放的新態勢 —— 自貿區建設與 "一帶一路" 戰略的實施及 "粵港澳大灣區" 構建的關係。進而追溯了 "粵港澳大灣區" 理念的形成過程及其提出，分析了灣區構建的戰略價值。本文進一步分析了 "粵港澳大灣區" 的基礎與比較優勢，特別是在區位優勢與資源稟賦、經濟規模、內部通勤、內外聯繫及城市群與產業基礎等方面的基礎和比較優勢；剖析了灣區構建的核心內容，包括粵港澳三地如何在金融業、航運物流業、科技創新產業和旅遊休閒產業等方面的合作、整合和錯位發展。最後分析了構建 "粵港澳大灣區" 面臨的困難和障礙。

一、宏觀背景：自貿區與 "一帶一路" 戰略的實施

2008 年美國次貸危機及 2009 年全球金融海嘯爆發以來，國際經貿環境發生了深刻的變化。對國際經貿和對外開放方面，2008 年世貿組織杜哈回合談判破裂，當時的美國總統奧巴馬隨即宣佈啟動加入泛太平洋夥伴關係（TPP）[01] 行動。在奧巴馬的推動下，歐美等國家先後在亞太區推動形成 TPP，在歐洲推動形成跨大西洋貿易和投資夥伴關係（TTIP）和歐美貿易服務協定（TISA），日本和歐洲也在簽訂經濟合作協定。這就意味着美國、日本、歐洲和中國四大經濟體中，有三大經濟體之間都有相互開放的協議，唯獨中國例外。國際經貿環境的變化，倒逼中國進一步擴大對外開放。正是在這種背景下，中國提出了自由貿易試驗區和 "一帶一路" 戰略。

1. 自由貿易試驗區的建設

自貿區的建設，是在新形勢下，中國積極參與國際經貿規則制定、爭取全球經濟治理制度性權力的重要戰略。中國要想在未來的國際貿易規則中不被邊緣化，就需要把一整套高標準的自由貿易區的遊戲規則在境內一定範圍內進行試驗，將其變成倒逼我們高水平開放的壓力，這是自由貿易試驗區的全國戰略意義。可以說，自貿區

01

泛太平洋夥伴關係（The Trans-Pacific Partnership，簡稱 TPP），是由亞太經合組織成員國中的新西蘭、新加坡、智利和汶萊等四國發起，從 2002 年開始醞釀的一組多邊關係的自由貿易協定（free trade agreement, FTA），原名 "亞太自由貿易區"（Free Trade Area of the Asia Pacific, FTAAP），旨在促進亞太地區的貿易自由化。

建設，其宗旨是要探索中國對外開放的新路徑和新模式，並以開放倒逼改革，打造中國經濟的"升級版"。

2013 年 8 月，國務院正式批准設立中國（上海）自由貿易試驗區，範圍涵蓋上海市外高橋保稅區、外高橋保稅物流園區、洋山保稅港區和上海浦東機場綜合保稅區等四個海關特殊監管區域，面積為 28.78 平方公里。上海自貿區掛牌以來，聚焦制度創新，與國際通行規則相銜接，重點進行了多方面的制度探索，包括在投資管理方面，探索落實准入前國民待遇加負面清單管理制度，提高投資便利化水平；在貿易監管方面，借鑒國際經驗，提高貿易便利化水平；在金融開放創新方面，在風險可控的前提下，協調推進"一行三會"51 條意見的落地實施，為實體經濟服務；在事中事後監管方面，初步建立了安全審查、反壟斷審查、社會信用體系、企業年度報告公示和經營異常名錄制度、資訊共用和綜合執法制度、社會力量參與市場監督等制度。此外，還展開了一些改革創新試驗，包括實施行政公開透明制度、公平競爭制度和權益保護制度等，初步形成了一套可複製、推廣的經驗。

2015 年 1 月，在上海自貿區建設取得初步成效的基礎上，國務院宣佈自貿區擴圍，並在廣東、天津、福建特定區域再設三個自由貿易園區。中國自貿區範圍從當初上海的 28.78 平方公里，擴展到全國四個自貿區 13 個片區、近 475 平方公里。上海自貿區範圍擴大到 120.72 平方公里，除了原來的四個海關特殊監管區域（28.78 平方公里）外，新增加陸家嘴金融片區（34.26 平方公里）、金橋開發片區（20.48 平方公里）和張江高科技片區（37.2 平方公里）等三個片區。其中，陸家嘴金融片區重點發展金融、航運、商貿及總部經濟等高端服務業；金橋開發片區將重點發展先進製造業、戰略性新興產業及生產性服務業等；張江高科技片區重點發展高新科技等產業。

其中，廣東自貿區範圍為 116.2 平方公里，包括珠海橫琴片區（28 平方公里）、廣州南沙片區（60 平方公里）及深圳前海、蛇口片區（28.2 平方公里）。三個片區，發展重點明確，分工清晰。其中，珠海橫琴片區要充分發揮毗鄰澳門的優勢，重點發展旅遊休閒健康、商務金融服務、文化科技和高新技術等產業，建設文化教育開放先導區和國際商務服務休閒旅遊基地。深圳前海蛇口片區則充分發揮聯通深港的優勢，重點發展金融、現代物流、資訊服務、科技服務等高端服務業，建設中國金融業對外開放試驗示範窗口、世界服務貿易重要基地和國際性樞紐港。廣州南沙片區重點發展航運物流、特色金融、國際商貿、高端製造等產業，建設以生產性服務業為主導的現代產業新高地和具有世界先進水平的綜合服務樞紐。

眾所周知，中國內地對港澳的開放制度安排，主要是 2003 年 6 月 29 日簽訂的 CEPA 協議及其後各年簽訂的補充協議。不過，至今 CEPA 協定的投資效益並不明顯。其中的主要原因，是所謂的 "大門開了，小門不開"，"小門開了，玻璃門還在"。實際上，CEPA 開放對某些部門的資產規模門檻要求較高，存在服務貿易 "小門"，而內地複雜的營商環境以及地方保護主義等 "玻璃門" 也影響港澳服務業投資。此外，CEPA 條文不明確、審批程序繁瑣等也是重要原因。換言之，CEPA 開放度存在 "協議高開放，執行未落實" 的問題。廣東、天津、福建等自貿區的投資體制，以 CEPA 升級版的形式，複製上海自貿區的制度創新，採用當前國際通用的投資體制，包括負面清單管理模式、一口受理機制、境外投資備案制、註冊資本認繳登記制、先照後證等，將有效改善包括香港企業在內地投資發展遇到的種種障礙。因此，廣東自貿區的建設，為加強內地特別是廣東珠三角與香港、澳門的合作，提供了廣州南沙、深圳前海蛇口和珠海橫琴等三個重要平台，為粵港澳大灣區的構建作出了重要的制度安排。

2. "一帶一路" 戰略的提出與實施

"一帶一路" 指的是絲綢之路經濟帶和 21 世紀海上絲綢之路。2013 年 9 月和 10 月，習近平主席在出訪哈薩克斯坦和印度尼西亞期間，首次提出建設 "絲綢之路經濟帶" 和 "海上絲綢之路" 的戰略構想。2015 年 3 月，中國國家發改委、外交部和商務部在亞洲博鰲論壇共同發佈題為《推動共建絲綢之路經濟帶和 21 世紀海上絲綢之路的願景與行動》（簡稱《願景與行動》），闡述了 "一帶一路" 計劃的基本目標："促進經濟要素有序自由流動、資源高效配置和市場的深度融合；推動沿線各國實現經濟政策協調，開展更大範圍、更高水平、更深層次的區域合作；共同打造開放、包容、均衡、普惠的區域合作架構。"

根據"一帶一路"走向，陸上依託國際大通道，以沿線中心城市為支撐，以重點經貿產業園區為合作平台，共同打造新亞歐大陸橋、中蒙俄、中國—中亞—西亞、中國—中南半島等國際經濟合作走廊；海上以重點港口為節點，共同建設通暢、安全高效的運輸大通道。根據香港馮氏集團利豐研究中心的分析，在"一帶一路"戰略中，最有可能參與的國家和地區將達到 58 個，約佔全球人口、GDP 和家庭消費的 64.2%、37.3% 和 31.4%。其中，許多國家（特別是中國內地沿海省份）擁有大量的新興中產階級，他們被視為未來經濟增長的主要動力。而根據經合組織（OECD）在 2010 年的一項研究，全球中產階級人數將從 2009 年的 18 億增加到 2030 年的 49 億，同期中產階級消費支出將從 21 萬億美元增加到 56 萬億，其中超過 80% 的增長來自亞洲。**01**

"一帶一路"的整體框架包括圍繞陸權與海權建設，形成互聯互通的亞洲經濟體系，合作重點包括政策協調、設施聯通、貿易暢通、資金融通、民心相通等方面。其中，政策協調被視為成功的關鍵，而優先目標則是聯通各國的基礎設施。各國將加強港口等基礎設施建設，促進港口合作；全面拓展民航合作平台；促進能源、通信等基礎設施的連接和合作等。在貿易暢通方面，沿線國家將降低非關稅壁壘、提高技術貿易措施的透明度，推動投資便利化，擴大相互投資領域，加強在新興產業方面的合作，合作建設多種形式的工業園區等。

為推進"一帶一路"戰略，中國將進一步強化多邊合作機制作用，發揮上海合作組織（SCO）、中國—東盟"10+1"、亞太經合組織（APEC）、亞歐會議（ASEM）、亞洲合作對話（ACD）、亞信會議（CICA）、中阿合作論壇、中國—海合會戰略對話等現有多邊合作機制作用，加強與相關國家的聯通。同時，中國將加強與"一帶一路"沿線國家的金融合作。2014 年 10 月，在中國的倡導下，包括中國、印度、新加坡等在內的 21 個首批意向創始成員國的財長和授權代表簽署了《籌建亞投行備忘錄》，共同決定成立亞洲基礎設施投資銀行。亞投行的法定資本為 1,000 億美元，初始認繳資本目標為 500 億美元左右，實繳資本為認繳資本的 20%。亞投行的成立不僅可彌補現有世界金融體系在亞洲基礎設施建設投資上的缺口，而且將彌補亞洲發展中國家在基礎設施投資領域存在的巨大缺口。2014 年 12 月，中國還出資 400 億美元設立絲綢之路基金，以改善絲綢之路沿線國家和地區的交通與貿易連

01

馮邦彥：《承先啟後：馮氏利豐邁向 110 週年——一個跨國商貿企業的創新與跨越》，三聯書店（香港）有限公司，2016 年，第 228 頁。

接。中國國家開發銀行也將在"一帶一路"中發揮"更充分"的作用。

在中國的"一帶一路"戰略中，國內的自貿區將成為整個戰略的樞紐。國家發佈的《願景與行動》的第六章"中國各地方開放態勢"就明確了沿海省份和港澳台地區的發展定位，特別強調了粵港澳合作。《願景與行動》指出，要充分發揮深圳前海、廣州南沙、珠海橫琴、福建平潭等開放合作區的作用，深化與港澳台合作，打造"粵港澳大灣區"。可以說，"粵港澳大灣區"的構建正是在這種特定的宏觀背景下提出的。

二、"粵港澳大灣區"的提出及其戰略地位

"粵港澳大灣區"的提出最早可追溯到 20 世紀 80 年代以來粵港澳形成的"前店後廠"的分工格局。港澳回歸後，"前店後廠"模式的局限性逐漸顯現，內地與港澳先後簽署《關於建立更緊密經貿關係安排》（CEPA）協議及其後的十份補充協議。在 CEPA 框架下，包括港澳在內的大珠三角正逐步成為一個經濟整體。2004 年 6 月初，首屆泛珠三角區域合作與發展論壇簽署《泛珠三角區域合作框架》，為泛珠三角發展奠定合作原則和機制。粵港澳合作腹地進一步擴大：從珠三角為主向廣東東西兩翼推進，向"泛珠三角"地區推進。2008 年 5 月，國家商務部、港澳辦以及廣東省政府聯合向國務院提出《關於服務業港澳開放在廣東先行先試的政策建議》，獲得同意。

2007 年，廣東方面基於三地合作的態勢提出"粵港澳特別合作區"的設想。2008 年 6 月，廣東省正式提出構建"粵港澳緊密合作區"概念，提出要"全面推進粵港澳緊密合作，加大 CEPA 在廣東先行先試的力度，深化粵港澳產業轉型升級合作"。[01] 2009 年初，國務院批覆《珠江三角洲改革發展規劃綱要（2008—2020）》，提出以粵港澳合作、泛珠三角區域合作、中國—東盟合作為重要平台，全面加強與世界主要經濟體的經貿關係，率先建立全方位、多層次、寬領域、高水平的開放型經濟新格局。2009 年，廣東完成《大珠三角城鎮群協調發展規劃研究》，提出了把"灣區發展計劃"列為空間總體佈局協調計劃的重要一環，並提出四項跟進工作，包括跨界交通合作、跨界地區合作、生態環境保護合作和協調機制建設，其後粵港澳三地政府聯合制訂《環珠三角宜居灣區建設重點行動計劃》，以落實這一跨界地區合作。2010 年 4 月 7 日，香港與廣東兩地政府在北京簽署《粵港合作

01

中共廣東省委：《廣東省人民政府關於爭當實踐科學發展觀排頭兵的決定》，2008 年 6 月 19 日。

框架協議》，將粵港合作的發展定位確定在六個方面：世界級新經濟區域、金融合作區域、先進製造業和現代服務業基地、現代流通經濟圈、大珠三角優質生活圈和世界級城市群。

為了推動粵港澳合作，這一時期廣東先後提出珠海橫琴、深圳前海、廣州南沙等三個對港澳開放的平台建設，並獲中央同意提升為國家級的對外開放平台。其中，珠海橫琴作為"特區中的特區"以及全國唯一的粵港澳緊密合作示範區，在推進對澳門的開放方面扮演了重要角色。深圳前海定位為"粵港現代服務業創新合作示範區"，主要承擔現代服務業體制機制創新區、現代服務業發展集聚區、香港與內地緊密合作先導區、珠三角地區產業升級引領區等四個方面的功能，重點發展金融業、現代物流業、資訊服務業、科技服務和其他專業服務等四大產業領域。廣州南沙則定位為"深化粵港澳全面合作的國家級新區"，以"對港澳開放"和"全面合作"為方向，在投資准入政策、貨物貿易便利化措施、擴大服務業開放等方面先行先試。2015 年 4 月 21 日，廣東自貿區正式掛牌啟動建設，廣州南沙、深圳前海蛇口、珠海橫琴片區成為三大組成片區。

"粵港澳大灣區"正是在此基礎上提出來的。2015 年 3 月 28 日，國家發展改革委、外交部、商務部聯合發佈的《願景與行動》，在第六章明確提出："充分發揮深圳前海、廣州南沙、珠海橫琴、福建平潭等開放合作區作用，深化與港澳台合作，打造粵港澳大灣區。"**01** 2016 年 3 月，經國務院總理李克強簽批，國務院印發《關於深化泛珠三角區域合作的指導意見》（簡稱《指導意見》）。《指導意見》提出了八項重點任務，其中就包括："促進區域經濟合作發展，攜手港澳打造粵港澳大灣區，建設世界級城市群。"與此同時，國家"十三五"規劃綱要也明確提出："支持港澳在泛珠三角區域合作中發揮重要作用，推動粵港澳大灣區和跨省區重大合作平台建設。"廣東省"十三五"規劃綱要也提出："創新粵港澳合作機制，打造粵港澳大灣區，形成最具發展空間和增長潛力的世界級經濟區域。"至此，"粵港澳大灣區"的構建被正式提升至國家戰略的層面。

根據國家的相關文件，"粵港澳大灣區"在國家對外開放、實施"一帶一路"戰略中佔有相當重要的地位。國家發改委的《願景與行動》就指出：粵港澳大灣區是"21世紀海上絲綢之路"的戰略要衝，是對接東南亞、南亞、中東、歐洲等"一帶一路"國家的必經之地，也是國家經略南海最重要的戰略支點。國務院印發的《指導意見》

01′

中國國家發改委、外交部和商務部：《推動共建絲綢之路經濟帶和 21世紀海上絲綢之路的願景與行動》，第六章"中國各地方開放態勢"，2015 年 3 月 28 日。

也提出：要"構建以粵港澳大灣區為龍頭，以珠江 — 西江經濟帶為腹地，帶動中南、西南地區發展，輻射東南亞、南亞的重要經濟支撐帶"。

三、"粵港澳大灣區"的基礎與比較優勢

根據國際通行的定義，"灣區"一般指同一海域的、由多個港口和城市連綿分佈組成的具有較強功能協作關係的城市群區域。一些發達灣區通過對港口、城市、交通、產業和腹地進行統一佈局，形成了以中心城市為核心，以周邊腹地為支撐，以經濟目的地為導向的有機的開放型經濟體系。著名的有紐約灣區、三藩市灣區、東京灣區等。這些灣區憑藉着開放的經濟結構、高效的資源配置能力、強大的集聚外溢功能和發達的國際交往網絡，發展成為國際頂級的城市群，發揮着引領創新、聚集輻射的核心功能，成為帶動全球經濟發展的重要增長極和技術創新的引擎。

從中國的情況看，華東長三角、華南珠三角和華北環渤海等地區，都擁有灣區資源，並開始呈現出世界級灣區經濟的雛形。從粵港澳大灣區來看，其比較優勢主要表現在以下方面：

1. 區位優勢與資源稟賦

粵港澳大灣區位於中國的南大門，背靠中國內地，特別是"泛珠三角"地區，面向太平洋，正處於東北亞和東南亞航線的中心位置，並且是"一帶一路"特別是"21世紀海上絲綢之路"的重要節點和樞紐。粵港澳大灣區既有三面環陸的內灣又有直面大海的外灣，灣區海岸線長，經濟腹地廣闊，並且擁有香港維多利亞港口、深圳鹽田港、廣州黃埔 — 南沙港等三個躋身全球十大集裝箱港口行列的港口，在大亞灣、大廣海灣沿岸也有眾多優質深水港。

2. 經濟規模

世界級的灣區，必然是產業和人口的重要聚集區，並且擁有龐大的經濟體量。當今世界，發展條件最好的、競爭力最強的城市群，都集中在沿海灣區。東京灣區、紐約灣區、三藩市灣區是當今世界公認的三大灣區。根據相關統計，2015 年，日本東京灣和美國紐約灣、三藩市灣三大灣區的經濟（GDP）總量分別為 20,500 億美元、15,600 億美元及 6,500 億美元；粵港澳大灣區城市群經濟總量則為 12,400

億美元。從經濟總量來看，粵港澳大灣區已超過三藩市灣區，並相當於東京灣區的 60.5%、紐約灣區的 79.5%。2016 年，粵港澳大灣區城市群經濟總量更增加到 13,590 億美元。目前，粵港澳大灣區既有全球主要的國際金融中心香港、亞太區主要的旅遊休閑中心澳門，也有全球最主要的製造業基地珠三角地區，特別是深圳、廣州等創新科技產業平台等。可以說，粵港澳大灣區城市群經過改革開放 30 多年來的發展，已成為中國綜合實力最強、開放程度最高、經濟最具活力的區域之一。

3. 內部通勤

經過多年的發展建設，粵港澳灣區是廣東乃至全國高速路網最密的地區，至 2015 年底廣東省高速公路通車總里程達 6,880 公里，居全國第一。根據相關規劃，至 2030 年，廣東省的高速公路網將以"九縱五橫兩環"為主骨架，以加密線和聯絡線為補充，形成以珠江三角洲為核心，以沿海為扇面，以沿海港口（城市）為龍頭，向山區和內陸省（區）輻射的路網佈局。其中，"九縱五橫兩環"總里程約 7,000 公里，實現全省"一日交通圈"。在城市輕軌交通方面，珠三角城際軌道系統的建設已經啟動，規劃線路以廣州、深圳、珠海為中心，從原來的"兩主軸三條放射線兩條聯絡線"發展為"三環八射"線網格局，覆蓋珠三角地區主要城市，並聯通港澳地區的軌道交通網。建成後，珠三角軌道交通網絡密度接近巴黎都市圈和東京都市圈水平，形成真正意義上的大珠三角"一小時生活圈"。此外，未來隨着港珠澳大橋、深（中）江通道、深茂鐵路和虎門二橋的建成通車，加上原有的虎門大橋，跨珠江口的通道就有五條，必將大大縮短珠江口兩岸的交通距離和成本，珠三角將從原來的 A 字形變成真正的三角形。

4. 內外聯繫

從與國內的聯繫來看，粵港澳大灣區是泛珠三角地區的重要組成部分。泛珠三角地區除了粵港澳以外，還包括廣東周邊的福建、江西、湖南、廣西和海南五省以及雲南、貴州、西川等省區。換言之，粵港澳大灣區在國內的聯繫面和經濟腹地是中國的華南地區和大西南地區。從國際聯繫來看，粵港澳大灣區既是"21 世紀海上絲綢之路"的重要節點和樞紐，也是第三條亞歐大陸橋的橋頭堡。其中，香港是國際著名的自由港和商業大都會，其主要聯繫包括東南亞、歐洲和北美等主要的國際市場。澳門將發展成為世界旅遊休閑中心和中國與葡語國家商貿合作的服務平台，其聯繫的重點包括葡語／拉丁語國家和地區以及歐盟國家。因此，粵港澳大灣區以香港、深圳、廣州等港口群為起點，以昆明為樞紐，經緬甸、孟加拉、印度、巴基斯坦、伊朗等亞洲沿線國家，可從土耳其進入歐洲抵達荷蘭鹿特丹港，進入歐洲腹地。

5. 城市群與產業基礎

目前，粵港澳大灣區城市群基本形成港深、廣佛、澳珠三個都市圈。其中，以港深都市圈的經濟實力最強。據統計，2013 年，港深都市圈人口總數 1,785 萬人，土地面積 3,101 平方公里，本地生產總值達 31,503 億元人民幣。從發展功能和定位看，港深都市圈是高度外向型的經濟區域，一邊連接巨大的國際市場，一邊背靠廣闊的內陸腹地，其重點發展的產業主要包括金融、貿易、物流和高新科技產業。該都市圈最具戰略價值的是其金融業的發展。2013 年深圳金融業佔本地生產總值的比重已達到 14%，接近香港（16%）的水平，港深金融合作將可共同提升為全球性國際金融中心。

廣佛都市圈總人口達 2,023 萬人，土地面積 11,302 平方公里，兩項指標都超過港深都市圈。據統計，2013 年，廣佛都市圈本地生產總值為 22,430 億人民幣，約相當於港深都市圈的 71%。從功能發展定位看，廣佛都市圈承接港深都市圈的國際輻射，並向環珠三角、泛珠三角地區輻射。該都市圈的產業發展重點是貿易、物流、金融和製造業。其中，廣州的貿易、物流與佛山的製造業結合，情況就像東京、紐約─新澤西等世界知名都市圈一樣，區域內金融、港口、現代服務業、製造業等形成優勢互補，構成聯合艦隊。

改革開放 30 多年來，珠三角東、西兩岸發生了巨大的經濟變化，但兩岸的差距也越來越大，西岸的發展明顯落後於東岸。相比之下，澳珠都市圈的發展仍在起步階段。據統計，2013 年，澳珠兩市人口總數為 219 萬人，土地面積 1,721 平方公里，僅相當於港深都市圈的 12% 和 55%，相當於廣佛都市圈的 11% 和 15%；澳珠兩市本地生產總值為 4,873 億元人民幣，分別相當於港深都市圈和廣佛都市圈的 15% 和 22%。不過，情況正在改變，回歸以來澳門經濟獲得快速發展，澳門與珠海橫琴合作，正重點發展旅遊休閑、會議展覽、特色金融等產業。

表 4-6 │ 2013 年珠三角三大都市圈經濟規模比較

	港深都市圈	廣佛都市圈	澳珠都市圈
人口 （萬人）	1,063（深圳） 722（香港）	1,293（廣州） 730（佛山）	158（珠海） 61（澳門）
合計	1,785（港深）	2,023（廣佛）	219（澳珠）
土地面積 （平方公里）	1,997（深圳） 1,104（香港）	7,434（廣州） 3,868（佛山）	1,688（珠海） 33（澳門）
合計	3,101（港深）	11,302（廣佛）	1,721（澳珠）
本地生產總值 （人民幣億元）	14,500（深圳） 17,003（香港）	15,420（廣州） 7,010（佛山）	1,662（珠海） 3,211（澳門）
合計	31,503（港深）	22,430（廣佛）	4,873（澳珠）
產業發展定位	金融、貿易、物流 和高新科技產業	貿易、物流、金融 和製造業	旅遊休閑、會議 展覽

資料來源：相關統計年鑒

四、構建"粵港澳大灣區"的核心內容

"灣區經濟"不僅是一個區域概念，更主要的還是一個產業概念，即需要有一個能夠輻射周邊腹地甚至全球的產業群或者臨港產業群，從而成為區域甚至全球的經濟增長極。從"粵港澳大灣區"來看，其中很重要的就是加強灣區內產業，特別是金融業、物流航運業、科技創新產業和旅遊休閑業的合作發展、協調發展和錯位發展。

第一，深化粵港澳金融合作，構建以香港為龍頭、以深圳、廣州和澳門—珠海橫琴為主要節點的大灣區金融中心圈。

從灣區內各中心城市的產業比較優勢來看，區域內金融業的合作是主要一環。目前，香港是僅次於倫敦、紐約的國際金融中心，香港金融業是區域內最具戰略價值的產業。香港具有資金流通自由、金融市場發達、金融服務業高度密集、法制健全和司法獨立、商業文明成熟等各種優勢，香港將成為大珠三角金融中心區域的"龍頭"。深圳作為區域性金融中心在全球已逐步嶄露頭角，金融業的綜合實力和競爭力位居全國前列。深圳金融業發展最大的優勢，是擁有全國兩大證券交易所之一的深交所，並形成了由眾多項目、創業投資基金、股權交易市場和中介機構組成的創業

投資市場體系，深圳更成為當前灣區內金融創新最活躍的城市。廣州地處廣東珠三角城市群的中心地帶，周邊的三角洲、環珠三角甚至泛珠三角等區域為廣州金融業發展提供了廣闊的經濟腹地以及深厚的基礎和潛力。值得強調的是，回歸以來，隨着經濟的快速發展，澳門金融業的實力已大大增強，近年更積極提出發展包括融資租賃、資產管理、債券發行的特色金融，其在區域性的角色也逐步顯露。

在全球經濟分工體系中，金融業和高科技產業是現代產業體系的制高點。中國要想成為世界一流國家，在全球金融體系中獲得話語權可以說是重中之重。這要求中國必須有能夠發揮全球影響力的國際金融中心。綜合比較，粵港金融合作區是當下中國最好的選擇。因此，從長期的戰略層面看，應通過制度創新，打通三地資源流通的脈搏，充分發揮香港國際金融中心的比較優勢，發揮珠三角地區特別是深圳、廣州兩大中心城市以及澳門金融資源的比較優勢，將香港、深圳、廣州、澳門及珠海橫琴以及整個珠三角地區有機聯繫起來，形成協調發展和錯位發展的態勢，從而形成一個具有強大輻射力的，以香港為龍頭，以深圳、廣州、澳門—珠海橫琴為主要節點的全球性金融中心區域。從這個角度看，粵港澳大灣區產業的整合，首先和最重要的是金融業的整合。

第二，深化粵港澳航運物流合作，構建中國對外開放特別是"一帶一路"沿線經濟帶的世界級航運物流樞紐。

灣區內航運物流產業的合作與協調發展，是構建"粵港澳大灣區"的另一個重要內容。長期以來，香港一直是亞太地區最著名的自由港和貿易轉口港。香港在可預見的將來以及未來相當長的時期內，將會繼續是亞太區著名的國際貿易中心、航運中心、航空中心和物流樞紐，貿易及物流產業將是香港最主要的支柱產業之一。然而，也應該看到，一些不利的因素正在影響香港國際貿易物流中心的地位，這些因素包括：香港產業的"空心化"；港資企業在廣東珠三角地區的製造業正在向外遷移或向越南等東南亞地區轉移；香港的轉口貿易正向離岸貿易轉變；香港本土的貿易、物流成本持續上升，等等。香港集裝箱貨運量在全球的排名已從十年前的第一位跌至第五至第七位之間。據瑞銀的報告，香港貨櫃輸送量佔珠三角市場份額從2001年的70%，已降到現在的三分之一，預測未來五年還會大跌至28%，最終降至22%。

與此同時，珠三角地區特別是廣州、深圳等中心城市，在航運物流領域正迅速崛起，並開始超越香港。據統計，2015年深圳港集裝箱輸送量達到2,421萬標箱，其中重箱輸送量為1,606萬標箱，佔全港輸送量比例超過66%。換言之，深圳港集裝箱輸送量已連續三年位居全球第三，僅次於上海、新加坡而超越了香港。深圳貨物裝卸費更比香港低5%—20%。從廣州港來看，近年穩居第七或第八位的廣州港，貨櫃量保持較為穩定的增長，並逐步在高增值航運服務業發力。近年來圍繞"一帶一路"和廣州南沙國際航運中心建設，廣州港加大建設力度。據廣州港務局的公佈，廣州將斥資逾356億元人民幣，陸續開建南沙港區四期工程、廣州國際航運交易中心等十大工程項目。因此，灣區內三大港口在未來發展中如何加強合作，包括協調發展、錯位發展和加強航運物流的基礎設施建設等，並建設成為中國對外開放特別是"一帶一路"沿線經濟帶的世界級的國際航運物流樞紐，正成為灣區建設的重要內容。

第三，加強和深化粵港澳科技創新合作，共建世界級的中國"矽谷"。

世界級灣區的一個重要功能，是成為區域內甚至全球性科技創新的引擎。香港回歸以來也一直致力於科技創新的發展。香港特區政府於2000年成立創新科技署，專責推動科技創新工作。2001年成立香港科技公司，專責香港科學園的營運。2002年，投資30億港元的香港科學園一期正式開幕。2008年，面對全球金融及經濟危機的衝擊，香港特區政府接納了香港經濟機遇委員會提出的關於發展包括教育、醫療、檢測和認證、環保、創新科技和文化及創意產業等六項優勢產業的建議。2016年，香港特區政府更成立創新及科技局。可以說，經過多年的發展，香港的科技創新產業的發展已具備了初步的基礎。

近年來，中央亦加大對廣東珠三角創新的支持力度。2014年6月，深圳成為首個以城市為基本單元的國家自主創新示範區。深圳在全國率先實現創新驅動，通信設備、資訊技術、生物科技、電腦製造和遙控飛行器等產業的領先企業匯集於此，正着力打造內地高科技硬件行業的新"矽谷"。2015年7月，廣東省印發《加快推進創新驅動發展重點工作方案（2015—2017年）》，明確提出以深圳、廣州為龍頭，形成"1+1+7"珠三角國家自主創新示範區建設格局，建成國際一流的創新創業中心。同年11月，國務院批文同意珠三角國家高新區建設國家自主創新示範區，廣州、珠海、佛山、惠州仲愷、東莞松山湖、中山火炬、江門、肇慶等八個國家高新區獲批建設國家自主創新示範區，統稱“珠三角國家自主創新示範區”。示範區重點在創新驅動發展路徑、產業轉型升級方式、一體化協同創新、創新創業生態系統等方面進行示範；通過機制創新、網絡構建、全球連結、資源整合，實現珠三角創新環境、創新主體、創新要素、創新應用的開放，構建“大眾創業、萬眾創新”氛圍，提升區域自主創新能力、產業競爭能力、對外開放能力和輻射帶動能力，打造國際一流的創新創業中心。

因此，從灣區建設來看，其中一個重要內容是如何加強合作和統籌，整合灣區內的科技創新資源，實現雙方的優勢互補。香港擁有健全的知識產權保護機制、可靠的司法制度，並且國際聯繫緊密，為交流新意念、新技術營造出最理想的環境；而廣東珠三角地區特別是深圳，則緊貼創新科技發展的脈搏，既能提供大量人才，又擁有大量的科技創新產業，能協助企業實踐創新意念。兩地科技創新發展的比較優勢具有很強的互補性。因此，加強、深化粵港澳的科技創新合作，包括加快深港創新圈的建設和發展，充分利用廣東省已建立 25 個國家級和省級高新技術區的有利條件，可發揮“珠三角國家自主創新示範區”功能，從而共同構建世界級的中國“矽谷”。

第四，深化粵港澳旅遊、會展合作，共建世界級旅遊休閑目的地。

20 世紀 80 年代以來，香港發展成為亞太區著名的貿易中心、航運中心、航空中心和金融中心，推動了旅遊業的迅速發展。憑藉着“自由港”及低稅制的優勢，憑藉着迷人的維多利亞海港景色、風貌多樣的名勝景點、郊野景致、購物及美食，再加上居亞太地區中心及國際交通樞紐地位、完美的酒店設施和優質的服務、高效便捷的航運交通、旅遊業的綜合意識和教育成就，以及殖民地色彩和中西文化交匯的獨特都會文化，香港發展成為亞太區著名的旅遊中心，享有“東方之珠”和“購物天堂”的盛譽。2003 年 7 月，中央政府宣佈實施內地居民赴港澳“自由行”政策，極大地推動了港澳旅遊業的發展。目前香港每年遊客已超過 5,000 萬人次。2012 年，國際旅遊網站 Trip Advisor 根據數以百萬計用戶的投票，已將香港評選為亞洲第一位及全球第十位好去處；[01] 同年，在萬事達卡公佈的 2012 年全球最佳旅遊城市報告中，香港在全球 132 座城市中排名第六。[02]

與香港一樣，澳門的旅遊業亦極大地得益於內地“自由行”政策。從旅遊資源來看，

01′
參閱《港膺亞洲最佳去處》，《星島日報》，2012 年 1 月 25 日。

02′
參閱《全球最佳旅遊城市香港第六》，《明報》，2012 年 6 月 12 日。

澳門融合了中國傳統及葡萄牙文化，彌漫着獨特的歐陸風情，是世界三大賭城之一，被譽為"東方蒙地卡羅"。2002 年開放博彩專營權以來，澳門的博彩業發展超過了美國拉斯維加斯，澳門的長遠戰略目標是要發展成為"世界旅遊休閑中心"。

歷史文化悠久的廣東省，是中國近代史的發源地，也是中國現代經濟發展最迅速的地區。目前，廣東共有 7 個國家級歷史名城、3 個國家級和 34 個省級風景區、29 個高爾夫球場和約 2,000 個旅遊景點。這些景點促進了整片旅遊區的發展，形成了規模效應和品牌效應。

因此，粵港澳三地旅遊資源豐富，互補性極強。整合灣區旅遊資源，將可把灣區建設成為世界級的旅遊休閑目的地。

五、結束語：灣區建設面臨的障礙與挑戰

目前，粵港澳大灣區的建設儘管已有相當的基礎和優勢，並已上升到國家戰略層面，其發展潛力巨大，然而，也應該看到，灣區的構建仍然面臨不少障礙和挑戰。就灣區內部的整合而言，仍需重點解決以下問題：

第一，香港、澳門與廣東珠三角地區的制度協調和體制對接的問題。

縱觀國際著名灣區，如三藩市灣區、紐約灣區、東京灣區等，基本都處於市場經濟發達的一國之內，灣區的形成、發展主要由市場推動而不受行政區的干擾。如三藩市灣區，區內著名的高科技創新中心矽谷，是由史丹福大學的科技力量為原動力推動形成的。相比之下，粵港澳灣區由中國的兩個特別行政區香港、澳門及內地的廣東珠三角地區組成，三地是不同的獨立關稅區。其中，香港是國際著名的自由港，市場經濟發達；澳門作為微型經濟，是全球最大的博彩中心；而廣東珠三角地區市場經濟儘管已有了相當的發展，且有中央的"加持"（中央賦權廣東在 CEPA 開放方面先行先試，又授權成立自貿試驗區），但其經濟體制與港澳仍有相當大的差距。三地之間的合作仍存在不少"玻璃門"之類的障礙。因此，如何創新合作機制，推動粵港澳三地加強制度協調和體制對接，以推動三地資金流、人流、物流、信息流等的雙向暢通流動，仍然是灣區建設面臨的首要問題。

第二，在灣區的合作中，如何充分調動和發揮香港經濟中的潛力和競爭優勢是一個關鍵性問題。

不過，從實踐看，回歸 20 年來，香港經濟（除了金融業之外）並未能成功實現轉型，經濟增長動力減弱，總體發展態勢遠落後於同區的新加坡。這其中的原因固然是多方面的，但特區政府的弱勢不能不說是一個重要原因。而在區域合作、在灣區整合中，香港特區政府所擔當的重要角色卻是毋庸置疑的。然而，在高度政治化的環境下，香港特區政府施政困難重重，只能糾纏於一些社會福利、民生改善等議題，更遑論作出具前瞻性、長遠性的戰略決策並付之實施。在泛政治化的環境下，香港社會對區域合作存在不少疑慮，擔心合作將進一步導致經濟的"空心化"而不是提升自身在國際經濟中的競爭力，這更加劇了特區政府施政的難度。因此，在灣區建設中，如何突破香港自身存在的種種問題，從而充分調動和發揮香港現有的競爭優勢和發展潛力，將是灣區建設面臨的另一個問題。

第三，廣東部分地方政府對港澳合作重視不夠，廣東珠三角自身也存在經濟增長動力減弱特別是經濟轉型和體制深化改革等問題。

從港澳回歸以來的實踐看，隨着港澳主要是香港近年經濟增長乏力、競爭力下降，以及兩地關係的疏離等，廣東從地方政府到商界，乃至民間社會輿論等，對加強與香港合作的重視程度均出現下降的趨向。在灣區建設中，廣東方面無疑處於主導的地位；然而，廣東也需要港澳，尤其在向中央爭取政策、制度安排時都相當重視港澳的地位和作用。但是，一旦中央給予廣東優惠政策或授予廣東更開放的制度安排，就會出現疏離港澳自行幹的傾向，這在下面地方政府方面表現得尤為明顯。這就使得港澳對相關合作存在不少疑慮，進而使得近年來粵港澳合作在一些方面停留在紙上。與此同時，受到國際大環境影響，廣東珠三角地區近年經濟增長放緩，對經濟轉型和體制改革提出更高的要求。廣東如何回應當前的挑戰，如何把握自貿區建設和"一帶一路"機遇，如何積極推動經濟轉型和體制深化改革，特別是如何真正建設好前海、南沙、橫琴三大對港澳開放平台，將對外開放提升到一個更高的層面，將是粵港澳大灣區面臨的又一個重要挑戰。

第四，在灣區建設和整合過程中，粵港澳三方的利益分配與協調問題。

在粵港澳大灣區建設過程中，最重要的問題就是各地的戰略定位和利益分配問題，這也是過去多年來一直沒有解決好，或者說缺乏解決機制合理解決的。無論是構建大珠三角金融中心圈、建設世界級航運物流樞紐和世界級旅遊休閑目的地，還是構建香港—珠三角科技創新灣區等，其實都涉及到角色定位和利益分配問題。這個問題不解決，灣區整合就無法有效推進。從國際經驗看，世界級灣區經濟的整合主要由市場機制推動。粵港澳大灣區構建涉及在中華人民共和國框架下如何整合三個不同的關稅區（廣東只是內地關稅區的一個組成部分）的問題，無疑需要中央政府和粵港澳三地政府的協調配合，如何將政府協調和市場推動有機結合起來，達到三地共贏的格局，是灣區建設面臨的最艱難問題。

（未公開發表文稿，撰寫於 2016 年 5 月，修訂於 2017 年 2 月）

責任編輯　楊　昇
版式設計　陳曦成
封面設計　吳丹娜

書　　名　轉型時期的香港經濟

著　　者　馮邦彥

出　　版　三聯書店（香港）有限公司
　　　　　香港北角英皇道 499 號北角工業大廈 20 樓
　　　　　Joint Publishing (Hong Kong) Co., Ltd.
　　　　　20/F., North Point Industrial Building,
　　　　　499 King's Road, North Point, Hong Kong

香港發行　香港聯合書刊物流有限公司
　　　　　香港新界大埔汀麗路 36 號 3 字樓

印　　刷　美雅印刷製本有限公司
　　　　　香港九龍觀塘榮業街 6 號 4 樓 A 室

版　　次　2017 年 8 月香港第一版第一次印刷

規　　格　16 開（180 mm × 240 mm）424 面

國際書號　ISBN 978-962-04-4167-7